主　编　欧阳宏生　谭筱玲
副主编　曾娅妮　梁湘梓　李　鹏
　　　　朱婧雯　杨　璐

广播电视学教程

四川大学出版社

责任编辑：陈　蓉
责任校对：张伊伊
封面设计：墨创文化
责任印制：王　炜

图书在版编目(CIP)数据

广播电视学教程 / 欧阳宏生，谭筱玲主编. —成都：四川大学出版社，2018.6
ISBN 978-7-5690-1995-7

Ⅰ.①广… Ⅱ.①欧… ②谭… Ⅲ.①广播电视－教材 Ⅳ.①G220

中国版本图书馆 CIP 数据核字（2018）第 144664 号

书名	广播电视学教程
主　编	欧阳宏生　谭筱玲
出　版	四川大学出版社
地　址	成都市一环路南一段24号（610065）
发　行	四川大学出版社
书　号	ISBN 978-7-5690-1995-7
印　刷	郫县犀浦印刷厂
成品尺寸	170 mm×230 mm
印　张	23.5
字　数	433 千字
版　次	2018年7月第1版
印　次	2018年7月第1次印刷
定　价	68.00 元

◆读者邮购本书，请与本社发行科联系。
　电话：(028)85408408/(028)85401670/
　(028)85408023　邮政编码:610065
◆本社图书如有印装质量问题，请
　寄回出版社调换。
◆网址:http://www.scupress.net

版权所有◆侵权必究

内容提要

全书以马克思主义新闻传播观为指导，结合中国广播电视事业的发展实际，从理论到实践的不同角度，分析了中国社会主义广播电视的基本特色，阐明了广播电视事业的性质、任务和功能，揭示了中国广播电视内容生产、产业经营、媒介融合发展的基本规律，分析了中国广播电视的传播理念、法治化建设的发展战略，论述了从业人员的素质要求、广播电视受众与事业发展的密切关系。该著作具有科学性、系统性、理论性、实践性、前瞻性特征，可供新闻传播研究人员、广播电视从业人员、高校新闻传播广播电视专业师生使用。

目 录

绪 论 …………………………………………………………（ 1 ）
  一、广播电视学的研究对象 ………………………………（ 1 ）
  二、广播电视学研究的目的和意义 ………………………（ 3 ）
  三、广播电视学的特性与当代价值 ………………………（ 5 ）

第一章　中国广播电视的基本性质 ……………………（ 8 ）
第一节　中国广播电视的社会主义特色 ………………（ 8 ）
  一、坚持中国共产党的领导 ………………………………（ 8 ）
  二、以社会主义公有制为主体 ……………………………（11）
  三、坚持社会效益优先原则 ………………………………（14）
  四、文化产业的重要组成部分 ……………………………（16）
  五、全国统一的传播网络 …………………………………（19）

第二节　中国广播电视传播的指导思想 ………………（22）
  一、以人为本，为受众服务 ………………………………（22）
  二、尊重传播规律，保障公民"四权" ……………………（24）
  三、坚持党的主张与人民心声的统一 ……………………（27）
  四、坚持正确舆论导向与通达社情民意的统一 …………（29）
  五、坚持国内国际两个大局的统筹 ………………………（30）

第三节　中国广播电视传播的基本功能与任务 ………（33）
  一、积极监测环境，推进民主政治 ………………………（33）
  二、做好信息服务，促进经济建设 ………………………（37）
  三、传播先进文化，引导娱乐审美 ………………………（38）

第二章　广播电视传播理念的变革 ……………………（43）
第一节　传播本位理念的确立 …………………………（43）
  一、"正面宣传为主"的理念 ………………………………（43）
  二、"按新闻传播规律办事"的立场 ………………………（44）

三、"贴近实际、贴近生活、贴近群众"的原则 …………………（49）
　　四、"三善论"的辩证媒体观 ……………………………………（52）
第二节　新的传播环境的形成 …………………………………………（55）
　　一、从重"量"到重"质" …………………………………………（55）
　　二、从"封、捂、压"到"社会信息公开" ……………………（60）
　　三、从"单一声音"到"多元话语" ……………………………（63）
第三节　传播途径及手段的变化 ………………………………………（65）
　　一、社会结构转化与广播电视功能变革 ………………………（65）
　　二、数字化、受众需求与传播理念重构 ………………………（67）
　　三、"交互传播"实现的现实基础与发展趋势 …………………（71）
第四节　公共空间场域的构建 …………………………………………（73）
　　一、大众传媒与公共空间场域 …………………………………（73）
　　二、大众传媒的"公共原则"及其现实表征 ……………………（74）
　　三、积极利用传媒构建"公共空间" ……………………………（78）

第三章　广播电视节目的内容生产 ……………………………………（84）
第一节　广播电视节目形态与发展 ……………………………………（84）
　　一、广播电视节目基本形态 ……………………………………（84）
　　二、广播电视节目形态的发展与创新 …………………………（89）
第二节　广播电视节目的生产流程 ……………………………………（92）
　　一、广播电视节目的策划 ………………………………………（92）
　　二、广播电视节目的采编制作 …………………………………（94）
　　三、广播电视节目的编辑合成 …………………………………（100）
第三节　新媒体语境下广播电视节目的生产传播 ……………………（101）
　　一、新媒体与广播电视新媒体 …………………………………（101）
　　二、广播电视节目生产传播与新媒体的融合 …………………（106）
　　三、新媒体语境下广播电视节目的生产趋势 …………………（109）
　　四、全媒体时代广播电视节目的发展与创新 …………………（111）

第四章　广播电视的产业经营 …………………………………………（119）
第一节　广电产业经营的内涵、特征、进程与必然性 ………………（119）
　　一、中国广播电视产业的内涵及特征 …………………………（119）
　　二、中国广播电视产业发展基本进程 …………………………（121）
　　三、广播电视产业经营形成的社会条件 ………………………（123）
　　四、社会主义市场经济与广播电视产业 ………………………（125）

第二节 广播电视产业经营基本原则……(127)
　　一、广播电视产业经营的双效原则……(127)
　　二、广播电视产业经营的差异化原则……(127)
　　三、广播电视产业经营的主业凸显原则……(130)
　　四、广播电视产业经营的专业化原则……(131)
第三节 广播电视产业经营模式与内容……(133)
　　一、广播电视产业经营管理模式……(133)
　　二、广播电视产业经营内容……(138)
第四节 我国广播电视产业集团化运营……(146)
　　一、广播电视产业集团化运营的基本机制……(146)
　　二、广电产业集团化运营的优势与风险……(149)
　　三、广播电视产业集团化运营趋势……(153)

第五章 广播电视体制管理与目标建设……(156)
第一节 中国广播电视事业体制建设……(156)
　　一、中国广播电视事业体制建设的意义……(156)
　　二、中国广播电视事业体制建设的发展……(158)
　　三、中国广播电视事业体制建设的特征……(162)
第二节 中国广播电视体制管理的创新……(165)
　　一、"四级办"：加快广电事业的发展……(165)
　　二、"事业单位，企业管理"：激发广电事业的活力……(168)
　　三、制播分离：挖掘广电事业的潜力……(170)
　　四、三网融合：创新广电体制的契机……(173)
第三节 中国广播电视体制改革的总体目标……(177)
　　一、建立公共服务体系……(177)
　　二、建立市场运营体系……(180)
　　三、建立政府监管体系……(183)
　　四、建立中介社会服务体系……(185)
第四节 建立科学的中国广播电视管理体制……(186)
　　一、媒体的分类管理……(186)
　　二、核心资源的两种配置方式……(188)
　　三、产业主体的多元化……(189)
　　四、建立国有出资人制度……(190)
　　五、公共服务的多元互动……(191)
　　六、建立现代监管制度……(192)

第六章　广播电视的法治化建设 (194)

第一节　广播电视法治的内涵与发展历程 (194)
一、法治与广播电视法治 (194)
二、加强广播电视法治建设的重要意义 (198)
三、广播电视法治建设进程 (200)

第二节　中国广播电视法律制度 (206)
一、广播电视的法律关系 (207)
二、中国广播电视法规体系 (211)
三、广播电视法规体系的主要内容 (214)

第三节　中国广播电视法治建设前瞻 (225)
一、广播电视立法任务 (225)
二、广播电视行政执法任务 (226)
三、广播电视普法任务 (227)
四、广播电视法律监督和执法监察任务 (229)

第七章　广播电视的接受主体 (231)

第一节　中国广播电视受众的基本特征 (231)
一、广播电视接受主体的结构特征 (231)
二、广播电视受众的视听心理特征 (235)
三、广播电视受众的视听行为特征 (238)

第二节　中国广播电视受众研究的沿革 (240)
一、中国广播电视受众研究的指导思想 (240)
二、逐步提高的地位：受众角色的变迁 (243)
三、日益清晰的图谱：受众理论的发展 (246)

第三节　中国广播电视受众调查的主要方式 (249)
一、中国广播电视受众调查的重要性 (250)
二、受众调查的主要形式 (251)
三、受众研究的分析方法 (254)
四、建立合理的受众调查机制 (256)

第四节　构建科学的广播电视节目评估体系 (259)
一、广播电视节目评估体系建构的背景 (259)
二、广播电视节目评估体系的发展历程 (261)
三、广播电视节目评估体系的未来趋向 (266)

第八章　广播电视的传播主体……(270)

第一节　广播电视人才素质的架构……(270)
一、广播电视人才的基本素质……(270)
二、广播电视人才的职业素质……(273)
三、广播电视人才的职业道德……(278)

第二节　新媒体时代对广播电视人才的需求……(282)
一、广播电视人才队伍的特征……(282)
二、媒介融合对人才的新需求……(286)

第三节　广播电视人才的培养……(288)
一、加快人才培养的重要意义……(288)
二、广播电视人才培养的原则、目标和任务……(289)
三、中国广播电视人才培养现状……(293)
四、建立广播电视人才培养新体系……(300)

第九章　广播电视发展的外部环境……(303)

第一节　广播电视与政治建设……(303)
一、和谐社会与善治视野下的广播电视……(303)
二、主动设置议程，搭建公共交流平台……(305)
三、做好舆论监督，辅助政府调查决策……(308)
四、维护社会稳定，掌握信息发布主动权……(309)

第二节　广播电视与经济建设……(310)
一、经济基础是广播电视发展的物质条件……(311)
二、广播电视经济报道促进经济信息的交流……(312)
三、多元化节目类型丰富经济传播的样式……(314)
四、广播电视产业和相关文化产业的互动发展……(315)

第三节　广播电视与文化建设……(317)
一、文化是广播电视发展的不竭动力……(317)
二、中国广播电视与多元文化格局……(318)
三、传播和引领社会主义先进文化……(320)
四、反对"三俗"，增强"三力"，提升文化品格……(321)

第四节　中国广播电视与社会发展……(323)
一、广播电视是构建和谐社会的重要力量……(323)
二、推动社会结构优化，促进社会公平分配……(324)
三、有效利用广播电视手段，增强社会管理职能……(326)
四、加强对农广播电视建设，缩小城乡信息服务差别……(327)

第五节 中国广播电视与全球语境 (329)
  一、全面实施"走出去"工程 (329)
  二、从"以内为主"到"内外并重" (331)
  三、从"对外宣传"到"国际传播" (333)
  四、平等互信、互利共赢，开展交流合作 (334)

第十章 媒介融合背景下的中国广播电视的发展 (337)
第一节 媒介融合：广播电视与社会发展互动之产物 (337)
  一、媒介融合是科学技术发展的产物 (337)
  二、广播电视与媒介融合 (338)
第二节 新媒体对传统广播电视的冲击 (340)
  一、新媒体在传播特性上的优势 (341)
  二、新媒体对广播电视市场份额的瓜分 (344)
  三、新媒体对受众习惯和媒介生态的改变 (347)
第三节 "广播电视＋互联网"：媒介融合的高级表征 (351)
  一、争议："互联网＋"与"＋互联网" (351)
  二、"广播电视＋互联网"理念：创新之根本 (352)
  三、"广播电视＋互联网"的创新动力模型 (357)

后　记 (364)

绪 论

作为20世纪人类最伟大的十大发明之一,广播电视是通信技术发展到一定水平和阶段的产物。广播电视的诞生不仅开辟了人类传播史上的新纪元,带来了媒介传播历史上的革命,而且逐步成为人们政治、经济、社会和文化生活中的重要组成部分,形成了当代人类文明中宏伟而壮丽的文化景观。中国的广播事业诞生于20世纪初期,电视事业诞生于20世纪50年代末期。随着广播电视事业的蓬勃发展,起步于20世纪50年代的中国广播电视理论研究经过几十年的探索,逐渐成为一门独立的学科。

一、广播电视学的研究对象

正确理解广播电视与中国广播电视,有助于更好地认识中国特色社会主义广播电视理论的深刻内涵。

首先,就广播电视而言,19纪世纪末至20世纪20年代,无线电广播作为一种传播媒介诞生;1936年11月2日,英国广播公司(BBC)开始正式播送电视节目,拉开了电视作为一种大众传播媒介的序幕。可以说广播电视是人类在社会实践中日益增长的对信息的需求与现代科学技术结合的产物,是一种以电子技术设备为物质基础的大众传播媒介。它们以无线电波或导线为载体,将声音、图像信息传递给广大受众,是一种更为广泛地面向社会的大众传播方式。

其次,是理解"中国广播电视"的含义。中国广播电视是人类广播电视行业发展中的重要组成部分。中国是社会主义国家,中国广播电视既具有广播电视的自然属性,也具有中国特色社会主义性质的特殊属性:中国广播电视是以社会主义公有制为主体的大众传播媒介;是党和政府的喉舌,也是人民的喉舌;是一种受众群体庞大的现代化大众传播媒介,是一种独特的现代文化与艺术形态;具有产业属性,是文化产业的重要组成部分。因此,中国广播电视是中国社会政治、经济、科技、文化、伦理、道德以及各种价值观念的综合体现。从自然属性和社会属性考察广播电视和中国广播电视的含义，可以得出较为科学、全面的结论，从而更快地发展中国特色社会主义的广播电视事业。

广播电视学是研究广播电视的传播活动及其规律的科学。其根本目的是从广播电视的传播活动中总结规律，以指导广播电视工作实践，促进中国特色社会主义的广播电视事业健康、快速、可持续发展。当前，在国际传播活动愈加频繁、意识形态冲击愈演愈烈的大背景下，加强广播电视学研究，是推进社会主义的广播电视事业发展的必由之路。

一个学科之所以成立的首要特征与结果乃是拥有了自己独立而且重要的研究对象。中国广播电视学是在有独立且丰富的研究对象和研究内容的基础上形成的。尤其是当代广播电视业发展迅猛，广播电视研究者们应不断开拓新的研究领域，深化理论研究，扎实推进学科建设不断向纵深方向发展。这也是本书的要义所在。

具体而言，广播电视学是研究广播电视传播活动及其规律的新兴学科，包括广播电视基础理论、广播电视应用理论、广播电视决策理论和广播电视历史研究四个方面。

其一，广播电视基础理论是广播电视学的学理部分，是探索广播电视事业、广播电视实践本源的一般性、普遍性规律的各学科的总和。它是应用理论和决策研究的依托和主要理论根据。基础理论由三个方面组成：一是广播电视本质理论，包括中国广播电视事业的性质、功能、任务等方面的理论；二是广播电视内部关系研究理论，包括广播电视传播学、广播电视美学、广播电视艺术学、广播电视语言学、广播电视批评学等；三是广播电视外部关系研究理论，包括与政治的关系、与经济的关系、与文化的关系、与社会的关系、与法律的关系、与道德的关系、与科技的关系等。

其二，广播电视应用理论是对广播电视传播、广播电视运行中的具体环节进行的可操作的有针对性的研究。它要对实践提出的各种问题予以回应，其研究水平直接关系甚至决定广播电视传播和运行的效果与效益。这一部分的理论研究主要由广播电视技术应用理论、广播电视创作理论、广播电视传播理论、广播电视构成要素理论四个部分组成。其中，广播电视技术应用理论包括广播电视制作技术、传播技术理论两方面；广播电视创作理论是广播电视应用理论的主体部分，分为栏目和节目两大块，前者涉及策划、选题、采录、编辑、制作等环节，包括栏目宗旨、目标、定位、版块设计、主持人设计、编排、制作方式等方面的研究，后者包括新闻节目、纪实节目、社会教育节目、专题节目、综艺节目、广播剧、电视剧等理论，属于广播电视文化批评的范畴；广播电视传播环节的理论是关于传播过程中不同职能、不同工种从业者的研究；广播电视构成要素理论是对广播电视的成品的主要构成要素，包括声音、色彩、光等的研究理论。

其三，广播电视决策理论包括对事关广播电视发展全局的规划、方针、政策、条例、法规、制度等各种决策的研究，主要由战略规划理论、政策法规理论、管理制度理论这三部分理论组成。其中，广播电视战略规划理论是宏观性理论，它涉及广播电视事业发展全局的方方面面，包括发展目标、发展阶段、发展规划等理论；广播电视政策法规理论是广播电视的中观性决策理论，对广播电视理论的顺利健康发展具有重要的保障作用；广播电视管理制度理论是广播电视的微观性决策理论，是对广播电视事业发展中针对具体问题所制定的一系列措施的研究。

其四，广播电视历史研究是研究广播电视事业产生、发展的历史过程及其规律的一门新兴学科。它既是研究广播电视学的基础，又是广播电视学的一个重要组成部分。具体而言，广播电视历史研究按国别划分，可分为中国广播电视史、外国广播电视史；按历史时期划分，有通史、断代史；按媒介划分，有广播史、电视史、广播电视新闻史、广播电视文艺史、广播电视媒介批评史、广播电视节目史等。此外，还有广播电视台台史、广播电视报报史、广播电视管理史、广播电视技术史等。

本书主要研究中国广播电视的基础理论，即学理部分。

二、广播电视学研究的目的和意义

任何一门社会学科的成立，都要满足三个要件：其一，有特定的研究对象及其理论体系；其二，有社会认可的职业化人才队伍建设和工作实务流程；其三，有一定的历史沿革。广播电视学有自己特定的研究对象，有广播电视事业人才队伍，广播电视从技术发明到事业发展已经走过近百年的历史，具备这三方面的要求。因此，建构广播电视学科体系，研究广播电视独具特色的个性和规律，研究其自身属性、传播规律、工作原则、工作程序、业务要求、技术手段、经营管理、人才培养等，不仅是整个社会对广播电视学科提出的外在要求，也是广播电视学科自身发展的内在需求。

具体而言，广播电视学的研究可以分为以下几个方面：

一是梳理发展脉络，总结当代广播电视的新规律、新特点。中国广播电视事业经过近百年的发展，具有自己独特的运行方式、自身属性、传播规律、工作原则、业务要求、技术手段、经营管理、人才队伍等个性和规律。特别是随着信息化的发展和广播电视的变革，面对市场机制被引入传媒领域、"受众本位"的确立、传媒业宏观管理政策的深刻转型等新形势，对广播电视学的研究，必须通过对历史的梳理，深刻揭示这些个性和规律。尤其是在新的时代背景下，只有在规律的指导下，才能更好地发挥广播电视的作用。

二是探索总结广播电视工作中具有典型意义的新模式和新方法。对这些模式和方法的深刻理解和准确把握，有助于从中发掘理论、规律，以推动在进一步的实践中解决问题。

三是推动广播电视行业开阔视野，在更高层面建构完整的生态环境。在信息化时代，广播电视面临的形势瞬息万变，其自身在社会各个环节中的存在和融入程度不断加深，对社会的影响力不断增大。同时，面临着行业内、外的竞争和挑战，如体制变革的影响、网络的冲击。从理论与实践来看，广播电视与各学科、各行业都在发生愈加紧密的联结、交叉和渗透。为确保广播电视可以有效调节自身、应对外来影响、保持持续稳定的发展态势，必须从更广阔的视野、更高的层面去认识广播电视系统内、外部环境中影响因素的积极变化，系统梳理广播电视的整体发展态势及未来发展趋势。

四是深化和升华广播电视研究的新成果。随着广播电视行业的发展，尤其是在21世纪媒介融合背景下，广播电视理论研究也掀起了新的热潮。其研究成果不断丰富，视野愈加开阔，从各个角度、各个层面提供新鲜血液，丰富着广播电视理论体系。但这些理论在整个广播电视理论系统中的地位和关系尚不明确，这些新成果、新理论也迫切需要通过有机的组织得到深化和升华，使其更为有机地纳入广播电视理论体系中。

中国广播电视学的研究意义不仅体现在理论层面，更为重要的是体现在其总结了中国广播电视行业发展的基本经验与基本规律，指导广播电视行业发展实践，以此推动广播电视行业健康、快速、可持续发展。具体说来，中国广播电视学的研究意义主要体现为以下四个方面：

一是推动广播电视事业的深层次变革。当前是广播电视产业发展的关键阶段，广播电视体制已经做出了一些调整，广播电视的内容、业务、经营方式更发生了巨大变化。但面对新媒体势不可挡的冲击，这些仍显力度不够。在这样的背景下，改革需要理论指导，需要对广播电视事业进行宏观研究、系统研究和战略研究，需要总结历史经验，并将其升华为理论。这样有助于推动广播电视行业主动融入时代发展的步伐，积极吸收新媒体的先进技术和操作模式，兼容并蓄，在广播电视的技术、观念、体制、政策、法制、经营管理等各方面进行深层次变革，确保改革与发展更加规范化、科学化。

二是推动广播电视节目水平与质量提升。在外部市场冲击与内部体制机制改革的影响下，广播电视节目对质量和水平的要求不断提高，但这样的提高不仅仅是针对技术、经费投入、人员配备上的要求，更需要有充分的理论准备和理论支持。尤其是在节目制作中凸显时代特色，与新媒体相互融合，更成为当代中国广播电视的重要使命。

三是更有效地提高从业者素质。作为当代广播电视行业的从业者，必须有系统的理论知识储备，涵盖从马克思主义的理论修养到广播电视业务修养。当代广播电视学深刻阐述了中国特色的广播电视事业方方面面的内容，可以增强广播电视从业者的宏观意识和系统观念，帮助他们更加深刻地认识广播电视理论；可以帮助他们提高理论水平，学会并善于运用理论武器解决实际工作中的问题；可以帮助他们与时俱进地增长广播电视的新技术和新业务知识。

四是应时代变化发掘广播电视的时代生命力。当代广播电视学注重将时代规律特点与广播电视学的自身规律相结合，丰富了马克思主义传播观在新媒体时代环境中的运用，梳理了传播理念的嬗变，研究了在传媒新生态环境中广播电视与其他媒体的教育作用，研究了广播电视在我国社会主义事业中的作用与地位，为广播电视行业更新观念，更加积极有效地融入时代环境提供了重要的理论武器。

三、广播电视学的特性与当代价值

无论从理论还是实践上，抑或是历史渊源上，广播电视学与新闻学、传播学都有着直接的联系。广播电视学是在新闻学和传播学的基础上产生的，兼容了这两门学科中的部分研究内容，同时又融合了文学、艺术、美学等学科的大量成果，同新闻学、大众传播学有着明显的区别。从研究的对象和范围来看，广播电视学、新闻学、传播学这三门学科既自成体系又相互交叉。

需要指出的是，广播电视经过发展已形成自身的传播特点，其传播内容日益丰富，传播形式更加多样化，其内涵远远超出了新闻传播学的范畴。以传播内容为例，除广播电视新闻节目以外，充斥广播电视播出时段的是专题节目、综艺节目、广播剧、电视剧等，而这些内容显然不是新闻学的研究对象，不能纳入新闻学的研究范畴中。另外，根据传播内容，广播电视学可以划分为广播电视新闻学、广播电视社会教育学、广播电视文艺学等分支学科，其他诸如广播电视社会学、广播电视文化学、广播电视心理学、广播电视哲学、广播电视批评学、广播电视美学、广播电视受众学、广播电视经营学、广播电视节目学、广播电视管理学、广播电视传播学、广播电视播音主持学、广播电视纪实学等分支学科已经形成了自己完整的知识理论体系。通过几十年的发展，广播电视学同新闻学一样，已成为一门具有自己完整理论体系的学科。

具体说来,我国广播电视学的当代价值体现在以下四个方面:

1. 推动广播电视为构建社会主义和谐社会提供有效的传播平台

构建社会主义和谐社会是推进经济社会发展的重要目标和重要保障。构建社会主义和谐社会既是一项复杂而系统的庞大工程,也是一项长期而艰巨的战略任务。具有较强传播优势的中国广播电视行业在构建社会主义和谐社会的进程中大有作为。中国广播电视学应该并且可以通过推动广播电视的发展,从而为构建社会主义和谐社会提供有效的传播平台,实现其自身的当代价值。另外,着力体现广播电视学的当代价值,指导广播电视加强对和谐社会建设的宣传,有助于正确处理利益群体间的各种矛盾和纠纷,这对处于深刻变革的社会转型期的中国而言,其现实价值更是非同寻常。

2. 促进广播电视为提高国家文化软实力提供舆论支持

文化软实力是综合国力和国际竞争力的重要指标之一。大力提升国家的文化软实力才能使我国在激烈的国际竞争中赢得主动地位。党的十八大报告指出,当今时代,文化越来越成为民族凝聚力和创造力的重要源泉,越来越成为综合国力竞争的重要因素,丰富的精神文化生活越来越成为我国人民的热切愿望。作为党、政府和人民的喉舌,广播电视集意识形态宣传、信息资讯服务和先进文化传播功能于一体,既是文化软实力建设的重要领域,又是文化软实力建设的主力军。一方面,广播电视学强调要"坚持中国广播电视的党性原则"。广播电视在促进群众价值观念的形成与更新,丰富群众的文化生活,提高精神文化力量的吸引力、影响力、号召力、凝聚力等方面具有不可替代的重要作用。另一方面,随着全球化进程的日益加快,特别是我国加入WTO以后,国内的文化市场更大规模、更深层次地参与国际市场的运营体系当中。在当前我国文化需求、文化消费与供给在总量和结构上仍然存在很多矛盾的现实情况下,国外文化消费品更是乘虚而入,大举进入国内市场。广播电视学重视研究广播电视产业竞争力的提升路径,对捍卫国家文化安全、维护国家文化主权起到了不可低估的作用。

3. 指导广播电视为社会发展提供坚实后盾

在现代社会的有机体中,存在高度组织化的社会分工。现代社会的运行体系又要求不同部分的社会群体相互依存、关联发展。在这种社会发展的客观环境之下,大众传媒特别是其中居于主流地位的广播电视能够呈现社会各方相互作用的复杂情状,反映出各种社会关系的整合要素的调整与变化,为社会整合提供必要的沟通渠道和传播平台,同时还有利于各社会阶层明确社会整合所表现出的趋向性。中国广播电视学重视研究广播电视观照社会各个领域、各个层面已发生了急剧分化的现实境况，以及在畅通信息沟通渠道、维护社会发展秩序、促进社会稳定等方面所发挥的重要作用，这对处于社会转型过程的中国而言，其当代价值不言而喻。

4. 为广播电视行业持续创新提供理论保障

创新是一个民族发展的源泉，更是孕育新思想的摇篮。持续创新是广播电视工作的永恒主题，是提升广播电视传播质量和效果的根本手段。广播电视行业持续创新要以导向为核心、以发展为主题，着力提高内聚力量，不断增强对外影响力。中国广播电视学研究广播电视的内容创新、管理创新、产业创新、理念创新、品牌创新，为广播电视行业持续创新提供理论保障。

总之，全书的理论体系立足于中国广播电视的特殊属性，从广播电视研究的问题出发，最终回归到中国广播电视实践的本体上来，并提出了在媒介融合背景下，中国广播电视的战略发展新模式。本书将帮助大家理解中国特色社会主义广播电视理论的基本观点，帮助大家认识、分析、研究中国特色社会主义广播电视学的各个分支学科，处理在广播电视实际工作中遇到的各种问题。因此，本书无论对于广播电视的研究者，还是广播电视的实践创作者来说，都是至关重要的案头参考。

课后习题：

一、名词解释

1. 广播电视
2. 中国广播电视
3. 广播电视学

二、简述题

1. 简述什么是广播电视基础理论？
2. 简述什么是广播电视应用理论？
3. 简述什么是广播电视决策理论？
4. 简述什么是广播电视史学研究？

三、论述题

1. 论述研究中国广播电视的目的和意义。
2. 论述研究广播电视的当代价值的具体体现。

第一章　中国广播电视的基本性质

属性是事物的质的规定性，它揭示事物内在的本质特征。作为世界广播电视业的重要组成部分，当代中国与其他国家的广播电视一样存在许多共性特征。这些共性特征可被归纳为一般属性。同时，作为社会主义新闻事业的一部分，中国社会主义制度的性质决定了当代中国广播电视的基本属性。中国广播电视事业具有鲜明的社会主义特色。坚持党的领导、坚持党性原则是中国广播电视事业区别于西方资本主义广播电视事业的最鲜明的特征。与国外的广播电视相比，我国的广播电视是一个统一的传播网络，由国家统一管理、规划，具有较强的系统合力和无可比拟的舆论强势。中国广播电视传播的基本功能主要表现为新闻传播、社会教育、文化娱乐、信息服务等方面。科学认识中国广播电视的诸多功能，有利于在广播电视传播中准确地发挥这些功能，在广播电视改革中不断地开发这些功能，最终推进社会主义事业的全面发展。

第一节　中国广播电视的社会主义特色

中国广播电视事业是中国共产党领导下的整个新闻事业的一个重要的有机组成部分，所以，坚持党的领导、坚持党性原则是中国广播电视事业的根本属性之一，是区别于西方资本主义广播电视事业的最鲜明的特征。中国广播电视事业建立在社会主义公有制经济基础之上，归国家所有，由人民共享。在事业建设和传播活动中，中国广播电视以为人民服务、为社会主义服务为宗旨，以社会效益为最高准则，强调为人民服务与为社会主义服务的一致性，是中国特色社会主义广播电视。中国广播电视事业的这些个性特征是区别于其他国家广播电视的显著标志。

一、坚持中国共产党的领导

中国共产党从成立之日起，既是中华优秀传统文化的传承者和弘扬者，又是中国先进文化的倡导者和发展者。在我国,广播电视是教育、鼓舞全党、全军和全国各族人民,建设社会主义物质文明和精神文明的现代化工具,是党所领导的整个社会主义革命和建设事业的重要组成部分,也是党和政府联系群众的最有效的渠道之一。坚持党的领导是保障中国广播电视事业健康发展的关键,坚持党的领导在新的历史时期有着新的具体体现。

(一)坚持党的领导是保障中国广播电视事业健康发展的关键

中国广播电视事业是在中国共产党的领导下创办的。历史证明,坚持党的领导不仅是中国广播电视在社会主义现代化建设中努力发挥作用的根本保障,也是实现自身事业健康发展的根本要求。

新中国成立初期,中国共产党和人民政府通过接管、改造旧中国的广播电台,在全国范围内建设了人民广播电台,为我国社会主义广播事业奠定了初步的基础。虽然"文化大革命"的"左"倾错误让我国广播电视事业发展走了一段弯路,但总的来看,广播电视技术的发展还是持续的。1978年党的十一届三中全会"拨乱反正"之后,中国共产党领导全国人民齐心协力开创了改革开放和社会主义建设的新局面。目前,中国作为最大的发展中国家已建成了世界上覆盖人口最多的广播电视传输覆盖网络。正是在党的领导下,中国广播电视宣传坚持"自己走路"方针,"扬独家之优势,汇天下之精华",各类节目的改革与时俱进、导向正确、精品迭出、成绩斐然,为我国的改革、开放、稳定做出了重要的贡献,积累了许多成功的、丰富的新鲜经验。①

当前,我国正处于改革攻坚、社会转型的关键时期,加上国际局势的深刻变化,使我国广播电视面临着挑战和机遇并存的局面。这无疑需要中国广播电视媒体制定出一套科学、完善的发展战略,使中国广播电视事业的发展能适应时代的要求。为实现这样的要求,最重要的就是坚决维护和服从党中央的坚强领导,坚持以邓小平理论和"三个代表"重要思想为指导,努力提高广播电视事业的舆论引导水平,增强广播电视事业和产业的竞争力,为全面建设小康社会、开创中国特色社会主义事业新局面提供强大的精神动力、舆论支持和思想保证。

(二)坚持党对广播电视事业的领导的具体体现

中国共产党对广播电视事业的领导表现在多个方面。我国广播电视坚持

---

① 赵玉明:《中国广播电视通史》,中国传媒大学出版社,2006年版,第332页。

党的领导具体体现在：坚持党性原则；坚持"政治家办台"，加强广播电视从业人员队伍建设；逐渐完善中国特色广播电视管理体制；坚持党对广播电视事业建设和发展的统一调控等方面。

第一，坚持党性原则。

党性，取决于中国共产党的性质，是无产阶级阶级性的集中表现，是人民利益的集中表现。广播电视作为中国共产党领导整个社会主义事业的重要组成部分，离不开党性原则的规范和约束。因此，坚持党性原则是指导我国广播电视传播工作的第一要旨。坚持党性原则，要求广播电视把马克思列宁主义、毛泽东思想、邓小平理论作为传播活动的根本指导方针；要求广播电视结合党在特定历史时期的中心工作，积极、正确、全面、生动地宣传党的纲领路线和方针政策；要求广播电视在其日常传播中充分体现以为人民服务为核心、以集体主义为原则的社会主义道德观念，突出民主与法制的思想，引导人们热爱祖国，增强民族凝聚力等。

第二，坚持"政治家办台"，加强广播电视从业人员队伍建设。

我国实行的是党的一元化领导下的机关报、国家通讯社与国家电台、电视台体制，所有权与经营权合一，台长由党和政府任命，全体员工都要对党与政府负责。加强党对广播电视事业的领导，就是要坚持"政治家办台"的方针，充实和加强广播电视队伍的领导力量。加强党对这一事业的领导，还要加强广播电视从业人员队伍建设，培养和选拔坚持建设中国特色社会主义理论、原则性强、思想觉悟高、能按电视传播规律办事的优秀干部来充实加强广播电视队伍的领导力量，实现积极性、创造性和组织纪律性的有机统一。

第三，逐渐完善中国特色广播电视管理体制。

由于长期以来我国广播电视以社会主义公有制为基础，所以对其的管理一直被纳入国有事业的管理范畴，成为国家行政管理体制的一部分。1983年，原广播电视部在《关于广播电视工作的汇报提纲》中确定了"四级办台"的事业建设体制。这种"宣传、经营、管理三位一体"，按照行政级别和行政区划进行资源配置的模式，从权力上保证了各级党委和党委宣传部对同级所属及下属各级广播电台、电视台的宣传工作进行直接领导和具体管理，在当时促进了中国广播电视事业的繁荣，具有一定的历史合理性。而自20世纪90年代开始，随着我国社会主义市场经济体制的建立和逐步完善，我国广播电视也逐步被赋予了事业、产业的双重属性，"事业单位企业化管理"成为我国广播电视做大做强的必然选择。这就对广播电视的管理体制提出了新的要求：一方面要坚持党对广播电视的领导；另一方面必须建立健康发展、科学分工、运行高效的广播电视管理机制，以便切实解决事业发展中由管理权分散带来的结构松散、力量分散、重复建设、效益不高及资源浪费等实际问题。

第四，坚持党对广播电视事业建设和发展的统一调控。

对广播电视事业的建设和发展进行统一调控是党领导中国广播电视的又一表现。我国广播电视传播活动属于精神文明建设的一部分，我们的广播电视机构在运作过程中只有坚持党的领导，才能保证传播活动方向的正确性，才能保证社会主义精神文明建设的健康发展。因此，中共中央及宣传部的一系列文件，各种由党中央颁布的决议和决定，中央领导人的讲话与指示等，都是指导广播电视运作的主要依据和指导方针。

总之，坚持共产党的领导是中国广播电视发展的一个重要原则问题，中国广播电视事业必须在政治上、思想上、组织上全面接受党的领导，坚持党对广播电视事业建设和发展的统一调控，才能保证自身沿着一条健康的道路发展前进。

二、以社会主义公有制为主体

我国的基本经济制度并非是一成不变的，而是根据世情、国情、党情的发展，由党的历届领导集体解放思想、实事求是、与时俱进，不断开创马克思主义理论新境界的结果。新中国成立之初，社会主义性质的国营经济、半社会主义性质的合作社经济、农民和手工业者的个体经济、国家资本主义经济和私人资本主义经济五种经济成分是并存的。但从1953年开始，由于受苏联模式和"左"倾思潮的影响，我国在所有制结构问题上大搞"对立论"，将非公有制经济视为社会主义经济的对立物，追求"一大二公三纯"。由于当时严重违背了社会主义初级阶段的经济发展规律，最终导致国民经济到了崩溃的边缘。直到1978年党的十一届三中全会召开，"对立论"才逐步得到纠正。从最初的允许非公有制经济的存在，到可以适当地发展非公有制经济，到非公有制经济是社会主义市场经济的有益补充，到非公有制经济是社会主义市场经济的重要组成部分，再到非公有制经济主体与公有制经济主体的地位是平等的，这一历程的发展说明，我国的非公有制经济正在走上健康的发展道路。

广播电视属于上层建筑的组成部分，由经济基础决定，并反作用于经济基础。经济制度的变化也给我国广播电视的所有制形式带来了深刻的变化。如今中国的广播电视是建立在以社会主义公有制为主体基础上的大众传播媒介。这是中国广播电视的又一鲜明特色。尤其是党的十六大召开以来，随着我国改革开放的不断深入和社会主义市场经济体制的建立完善，发展广播影视产业包括支持民营企业参与广播影视产业发展已成为热门话题。2003年年底，国家广播电影电视总局（以下简称国家广电总局）专门出台了《关于促进广播影视产业发展意见》。此后，促进非公有制经济成分参与我国广播电视建设的相关规定也陆续出台。这些都极大地丰富了我国广播电视事业的所有制结构，促进了其健康发展。

（一）中国广播电视以公有制为主体

我国广播电视事业的国家所有制形式是从新中国成立前夕开始确立的。中共中央于1948年发出的《对新解放城市中原有之广播电台及其人员的政策决定》以及后来的《关于对私营广播电台的处理办法给天津市委的指示》等文件，将国民党政府、军队和党部管理的广播电台收归中国人民解放军军事管制委员会，并将其设备用于建立人民广播电台；对于私人所有的广播电台，在军事管制期间，一律归军管委统一管理；凡外国资本及外国人经营的广播电台，均停止广播。此后，我国广播电视的国家所有制性质不断得到强化，党和政府明确规定："广播电台、电视台只能由广播电视部门开办，不能由其他部门、其他系统办，也不能'民办'，更不能同外资合办。"① "广播电台、电视台由县、不设区的市以上人民政府广播电视行政部门设立，其中教育电视台可以由设区的市、自治州以上人民政府教育行政部门设立。其他任何单位和个人不得设立广播电台、电视台。"②

社会主义公有制包含了社会主义全民所有制和社会主义集体所有制两种形式。除了各级广播电视部门主管的广播电台、电视台，一些国有大中型企业、部分机关、团体以及城乡社区为解决信号覆盖或进行本地、本单位信息交流及服务而开办的有线广播或有线电视台站，不一定都是全民所有制，也不一定是国家或各级政府直接开办的，但它们属于集体所有制性质，仍然属于社会主义的公有制范畴。2001年8月20日中共中央办公厅、国务院办公厅转发了中宣部、国家广播电影电视总局、国家新闻出版总署《关于新闻出版广播影视业改革的若干意见》（17号文件），肯定了国有大中型企业的合法投资地位，即允许国有大中型企业参与非内容性的传媒经营活动。

在社会主义市场经济中，以公有制为主体的中国广播电视具有充分的优

---

① 《全国广播电视厅局长会议纪要》，收录于《中国广播电视年鉴》，中国广播电视出版社，1989年版。

② 《广播电视管理条例》，国务院1997年颁布。

越性。尽管广播电视传媒之间以及同其他传媒之间必然存在着某种程度的业务竞争，但它们在根本利益上是一致的，都是为了更好地满足人民物质文化生活的需要。这样，我国广播电视事业整体上处于协调健康发展的格局之中。这也是我国广播电视事业能在很短的时期内就得到快速发展的根本原因。

（二）多种所有制经济共同促进中国广播电视事业的建设

中国共产党坚持在所有制问题方面不断探索、发展创新。党的十一届三中全会指出，非公有制经济是社会主义经济的必要补充。党的十二大指出："鼓励劳动者个体经济在国家规定的范围内和工商行政管理下适当发展，作为公有制经济的必要的、有益的补充。"党的十三大提出："在公有制为主体的前提下继续发展多种所有制经济。"党的十四届三中全会进一步提出，必须坚持以公有制为主体、多种经济成分共同发展的方针。党的十五大将"公有制为主体、多种所有制经济共同发展"作为社会主义基本经济制度肯定下来。党的十六大强调坚持两个"毫不动摇"和一个"统一"。党的十七大进一步提出："坚持平等保护物权，形成各种所有制经济平等竞争、相互促进新格局。"这样，我们党对社会主义初级阶段基本经济制度的探索，由"必要补充"到"基本方针"，由"基本方针"明确为"基本经济制度"，进而强调要坚持两个"毫不动摇"和两个"平等"，确立公有制为主体、多种所有制经济共同发展的基本经济制度，是社会主义初级阶段必须长期坚持的经济制度。

与基本经济制度的发展相适应，中国逐步加大广播电视市场的开放力度，有步骤地放宽市场准入门槛，吸引、鼓励国内外各类资本广泛参与广播电视产业发展，不断提高广播电视产业的社会化程度。从20世纪90年代后期开始，国家逐年减少了对广播电视机构的行政拨款，广播电视媒体逐步走向产业集团经营。1999年6月，我国第一个广播电视集团——无锡广播电视集团正式组建。紧接着，上海、湖南、广东、北京等7个广播电视集团先后成立。成立以后的广播影视集团可以产权关系为纽带，采取国有资产授权、多种经营方式的产业经营运行模式。随着广电媒介集团化进程的加速，国家对业务资本进入广播电视领域的开放力度也逐步加大。2004年11月28日，国家广电总局正式批准外资媒体可以入股国内广播电视节目制作经营企业。2005年7月，国家广电总局提出在确保国有广播影视事业单位控股51%以上的前提下，可以吸收境内非公有制资本参与推进有线电视数字化的整体转换工作及开发业务。2005年9月，国家广电总局明确规定，非公有制资本可以投资参股国有广播影视机构控股 51% 以上的广播电视节目制作经营企业，开展音乐、科技、体育、娱乐等节目制作。

对系统外和国外资本的有限度的开放，有利于充分吸纳和利用社会资源发展广播电视产业，形成多主体公平竞争、开放有序的市场环境，促进市场繁荣和产业壮大，有利于实现公有制经济的多种有效形式。经过"十五"计划以来的产业体制改革，中国广播电视产业已经初步形成了国有主导、多种经济成分共同参与的多元产业组织格局。

三、坚持社会效益优先原则

中国人民的广播电视宣传事业是党、政府与广大人民群众联系的桥梁和纽带。中国社会主义新闻事业的性质决定了我国广播电视宣传事业坚持以社会效益为一切活动的最高准则。这具体体现在以下几点：

（一）坚持以正面宣传为主

1957 年毛泽东同志明确指出社会主义文化建设应"为人民服务，为社会主义的国家服务"的"二为"方向。"坚持正面宣传为主的方针"是针对"二为"方向所提出的具体工作方针。在 1989 年 11 月举办的全国新闻工作研讨班上，时任中共中央政治局常委的李瑞环做了题为《坚持正面宣传为主的方针》的讲话。他说："新闻报道必须坚持以正面宣传为主的方针。……这是社会主义新闻事业必须遵循的一条极其重要的指导方针。"[①] 2008 年 6 月 20 日，中共中央总书记胡锦涛在人民日报社考察工作时，再次对新闻媒体"坚持正面宣传为主的方针"做了要求。

"坚持正面宣传为主的方针"的具体内涵，就是要准确、及时地宣传党的路线、方针、政策，实事求是地反映社会现实生活的主流，让人民群众用创造新生活的业绩教育自己，形成鼓舞人们前进的巨大精神力量，在当前就是要营造一个有利于稳定局面的舆论环境。对于广播电视从业人员来说，坚持以团结、稳定、鼓劲和正面宣传为主，则意味着要"大力弘扬爱国主义、集体主义、社会主义思想，以增强诚信意识为重点，加强社会公德、职业道德、家庭美德、个人品德建设，发挥道德模范榜样作用，引导人们自觉履行法定义务、社会责任、家庭责任"。

"坚持正面宣传为主的方针"为我国的社会主义新闻事业提供了具体的思想原则和实践准则，是中国特色社会主义新闻事业健康运转并发挥其舆论

---

① 李瑞环：《坚持正面宣传为主的方针》，《求是》，1990 年第 5 期。

引导功能的重要前提和基础。"以正面宣传为主"也是我国广播电视长期以来形成的独特风格，是坚持社会效益优先原则的首要体现。

（二）坚持弘扬主旋律，塑造社会主义核心价值体系

"主旋律"一词原为音乐术语，用于界定思想、文化等意识形态领域问题，指的是什么样的思想、什么样的文化在意识形态领域占主导地位。在人类发展史上，每一个时代、每一个社会，都有代表历史发展方向的思想文化主潮，都有代表这一主潮的时代精神，因而，也都有意识形态领域的主旋律。主旋律代表着时代精神，反映着社会主流和历史发展大趋势。弘扬主旋律，提倡多样化，从而全面提高广播电视传播水平，塑造社会主义核心价值体系，是中国广播电视在自身发展中以社会效益为最高准则的另一个体现。然而，我国文化发展同经济社会发展和人民日益增长的精神文化需求还不完全适应。这导致了一些领域道德失范、诚信缺失，一些社会成员的人生观、价值观扭曲。广播电视节目作为一种重要的精神文化产品，是社会主义核心价值体系的重要载体，潜移默化地影响着人们的思想观念、价值判断和道德情操。

这就要求中国广播电视要继续高度重视、积极主动地做好意识形态领域的工作，密切关注社会思潮的运动进程，把握趋势、正面引导、重在建设，从而唱响弘扬时代精神、民族精神，弘扬爱国主义、集体主义精神，提倡民族团结、社会进步、人民幸福的时代主旋律。这不仅有助于进一步巩固安定团结的局面，更有助于维护改革开放的成果，净化社会风气，抵制享乐主义、拜金主义和极端个人主义，引导人们特别是青年人树立社会主义核心价值观。

（三）倡导绿色收视率，坚持抵制低俗之风

近年来，随着电视业的激烈竞争，一些电视机构片面追求高收视率，甚至不惜降低节目的品质、品位，造成了电视媒体的喉舌功能和导向作用的弱化。

在这种情况下，中央电视台提出了"绿色收视率"的理念，倡导电视台向社会提供绿色影视文化产品，要求电视台在确保导向正确的前提下，既要努力提高收视率和收视份额，确保国家主流媒体对观众的影响力和对舆论的引导力，又要杜绝媚俗和迎合、坚守品位、抵制低俗，有效体现节目的思想性和导向性，实现收视率的科学、健康、协调、可持续增长，增强电视台传播的权威性、公信力和品牌价值。"绿色收视率"理念的提出无疑具有非常

深远的现实指导意义，有利于电视传播机构正确看待、把握收视率，从而实现自身的健康、协调、可持续发展。

为了确保电视传播的正确导向，抵制低俗之风，国家广电总局近些年在全国广播电视系统积极制定治理方案，采取相应措施，强化监管督察，全面抵制广播电视低俗之风。2005年6月，国家广电总局专门研究了抵制低俗的策略和重点栏目整改的问题，将抵制低俗的重点明确放在了综艺类节目、娱乐游戏类节目及电视剧等方面；2006年国家广电总局先后5次召开相关会议，制定下发了10多项规定，把抵制低俗之风工作作为广播电视宣传管理的重要内容，先后派出调研组分赴上海、辽宁、黑龙江、江苏、湖南、广东等地督促检查。2007年"全国电视台台长论坛"在北京召开，时任国家广电总局局长王太华要求电视台在推进改革发展的过程中必须正确处理好社会效益与经济效益的关系，要求各级电视台必须把公益性服务放在更加突出的位置，必须正确看待收视率，坚决抵制低俗之风，真正树立健康、有益、向上的风气。

总之，中国广播电视以社会主义公有制为主体的性质决定了要在党的领导下，坚持社会效益优先的原则；坚持以正面宣传为主；坚持弘扬主旋律，塑造社会主义核心价值体系；倡导"绿色收视率"，坚持抵制低俗之风。

四、文化产业的重要组成部分

中国广播电视不仅是现代传播体系、优秀传统文化传承体系的重要组成部分，也是我国文化产业的重要组成部分。中国广播电视对于构建现代文化产业体系，形成以公有制为主体、多种所有制共同发展的文化产业格局，推进文化科技创新，扩大文化消费等意义重大。

（一）我国广播电视产业的性质与内容

从文化产业的角度来看，广播电视媒体是由各种生产要素构成的具有政治属性的经济实体。广播电视媒体所拥有的各种有形资产和无形资产（如广播电视台的品牌资本、人力资本等）都可视为资本，并通过资本运营方式实现价值增值。然而，对中国广播电视的产业属性的认识却是随着时代进步不断发展的。

长期以来，广播电视的产业属性受到压制。直到1979年1月28日，上海电视台播出了一条介绍"参桂补酒"的幻灯片，成为我国内地第一个电视广告。此后，各级广播电视台纷纷效仿。广告在广播电视上的出现，标志着我国广播电视媒体迈出了产业经营的第一步。1983年，第十一次全国广播电视会议确立了要"以新闻改革为突破口",要"开展多种经营,广开财源"的方针。1985年,国务院在有关文件中正式将广播电视业列入第三产业,广播电视的产业性开始被人们认识。特别是1992年邓小平同志的南方谈话和同年召开的党的十四大,使中国走向了社会主义市场经济建设的轨道,也深刻地影响了广播电视产业的改革和发展。进入21世纪,随着社会主义市场经济体制改革的不断深入、政府职能的转变和广播电视国际竞争的加速,广播电视的产业性质更加明显。产业经营之路成为我国广播电视发展的必然路径。

目前,我国广播电视产业的组织形式主要有两类:一是通过组建公司等方式,把政府主管的广播电视机构中可以实行产业经营的事业单位转变成企业单位,或对之实行企业化经营。二是指广播电视行业内部各广播电视机构之间、广电与其他行业之间的市场关系及其调整。在这两大类组织形式下,我国广播电视产业经营主要包括以下内容:

第一,广告经营。广告是中国广播电视媒体最主要的收入来源,也是最传统的收入来源之一。

第二,节目经营。广播电视节目不仅是精神产品,还是一种特殊的文化商品,不仅具有文化价值和宣传价值,同时具有经济价值。节目的经济效益是节目的经济价值外化的表现。在节目市场中,有价值的节目才能真正获得经济效益,为再生产或购买更新更好的节目提供基础,实现节目的社会价值与经济价值的良性循环。

第三,广电网络经营。电视发射、微波电路、卫星上下通道、有线电视线路都是电视的传输网络,其中有线电视网络是电视资源中最具开发价值和增值空间的资源之一。由于有线电视传输建设使用的是光缆,它具有频带宽、传输信号好的特点,因此具有巨大的产业开发价值。

第四,电视资本运营。电视资本运营是中国电视产业经营的一个十分重大又引人注目的动向。广播电视是一个大制作、大产出、高风险、高消耗的行业,若没有经济实力不仅难以承担起信息传播、文化娱乐等职能,而且自身的进一步发展将难以为继。目前,广播电视行业资本的基本来源有三个:一是财政拨款,二是广播电视机构自身积累,三是进入资本市场融资。长期以来,我国广播电视业的产业资本的主要构成是国有资本,社会资本和外国资本的比重较低甚至为零。单一的资本构成形成了规模小、成长慢的特点,成为制约我国广播电视发展的瓶颈之一。改善广播电视的资本结构,将会极大地推动我国广播电视事业的发展。

（二）采取积极举措，促进广播电视产业发展

当前，我国广播电视产业化程度还处于较低的水平，我们必须重视以下几个方面的关键问题，并采取积极的举措促进广播电视产业的发展。

一是积极参与现代文化产业体系的建构。推进我国文化产业发展的首要任务，就是构建结构合理、科技含量高、竞争力强的现代文化产业体系。广播电视作为传统文化产业的重要组成部分，应该在这个现代化的文化产业体系中找到坐标，并不断探寻新兴的产业增长点。重点领域的一批重大项目的实施，可有效推动有实力的广电企业跨地区、跨行业、跨所有制兼并重组，从而优化广播电视的产业布局，提高文化产业的规模化、集约化、专业化水平。

二是形成公有制为主体、多种所有制共同发展的广播电视产业格局。加快广播电视产业的发展，不仅要毫不动摇地支持和壮大国有或国有控股的广电企业，也要毫不动摇地鼓励和引导各种非公有制广电企业的健康发展。既要培育一批核心竞争力强的国有或国有控股的大型文化企业或企业集团，在发展产业和繁荣市场方面发挥主导作用，也要在国家许可范围内，引导社会资本以多种形式投资广电文化产业，参与国有经营性文化单位转企改制，营造公平参与市场竞争、同等受到法律保护的体制和法制环境。同时，还要加强和改进对非公有制文化企业的服务和管理，引导他们自觉履行社会责任。

三是推进广播电视科技创新。广播电视文化产业的发展与科技创新息息相关。对于广播电视产业而言，切实加强核心技术、关键技术、共性技术攻关，发挥科技的带动作用，以先进技术支撑文化装备、软件、系统研制和自主发展，提高我国广播电视领域的技术装备水平，是增强广播电视文化产业核心竞争力的重要途径。健全以企业为主体、市场为导向、产学研相结合的文化技术创新体系，是一条可行之道。

四是扩大广播电视文化消费。增加广播电视文化消费总量、提高文化消费水平，是广播电视文化产业发展的内生动力。这就要求广播电视产业要创新商业模式，拓展大众文化消费市场，提供个性化、分众化的文化产品和服务，培育新的文化消费增长点。

当然，广播电视产业运营不是整个广播电视业的商业化。广播电视业包括公益性事业，也包括其经营性产业部分。公益性广播电视事业主要是指广播电视向社会提供的公共文化服务，比如新闻传播、公共服务等。发展公益性广播电视事业要以政府为主导，实现和保障人民群众的基本文化权益。经营性广播电视产业是指通过市场来组织广播电视产品和服务的生产、传播和

消费。发展经营性广播电视产业要以市场为主导，满足人民群众多方面、多样性、多层次的精神文化需求。两者性质、功能有所不同，但又相互联系、相互促进。在广播电视产业经营中，我们一定要正确区分和把握广播电视事业和广播电视产业的不同性质，坚持"两手抓"，既集中力量办好公益性广播电视事业，又放手发展经营性广播电视产业，推动事业部分和产业部分相互配合、共同发展。

五、全国统一的传播网络

中国广播电视是一个由各级政府主办的广播电台、电视台构成的系统，实行的是"条块结合"、双重领导的管理体制。广播电视事业的发展规划、技术实施、事业管理等都是在全国的统一政策、统一规划的前提下分级实施的。

目前，我国已建成世界上覆盖人口最多，中央与地方、国内与国外相结合，有线、无线、卫星等多种手段并用的广播电视网。中国广播电视经过不断的改革、演变和发展，已经形成了统一的、分级管理的网络，宣传上形成全国一盘棋，很好地保证了系统优势的发挥。

（一）中国广播电视传播网络的构成

中国的各级电台、电视台都有自己特定的传播网络。这些网络交叉覆盖、分工合作、主次结合，形成了全国统一的传播网络。

对广播实行中央和地方的双重领导管理是从新中国成立之初便开始的。1955年国务院发布《关于地方人民广播电台管理办法的规定》，指出各省、自治区、直辖市的广播电台是当地人民委员会（政府）的直属机构，受当地政府和中央广播事业局的双重领导。此后，各省、自治区、直辖市也分别建立了广播事业局（1982年后改为广播电视厅），两级管理制度更趋完善。1983年起我国实行"四级办台"方针。几年时间里，全国就形成了上下纵横结合，有线、无线、卫星等多种技术并用的多层次的节目传输和覆盖网络。无线覆盖是广播电视为城乡群众提供基本服务的主要手段，有线电视是城镇居民接收广播电视节目的主要手段，卫星传输是为全国各地传输机构提供节目源的主要手段，卫星直播是目前为偏远山区和覆盖盲区提供广播电视节目的主要手段。

经过长期建设，无线、有线、卫星有各自的定位，相互分工、相互补充、互为备份，形成了以微波干线和通信卫星为传输手段的实行四级混合覆盖的全国广播电视网，并成为国家信息基础建设的三大支柱网之一。

当前，党和政府正按照科学发展观的要求，统筹无线、有线、卫星和移动多媒体广播等各种技术手段，明确各自定位，发挥各自优势，力求形成全方位的广播电视传输覆盖体系和统一的宣传网络，真正实现让党和国家的声音传入千家万户，让中国的声音传向世界各地的目标。

（二）中国广播电视具有强大的系统合力

以全国统一的传输覆盖网络为基础，中国广播电视事业形成了一个完整统一的宣传网。在这个网络系统中，各级广播电视传媒代表着党和各级政府，在统一的政治标准下相互协作、彼此支持，既有分工又有合作，形成了强大的系统合力。

第一，中央台与地方台的合理分工。中央台积极主动地为地方台提供服务，定期给地方传媒通报宣传思想，召开全国性广播电视系统会议，通报情况、交流经验，举行全国节目展播，组织各类评奖和业务研讨活动等。在节目制作与播出上，中央和省级广播电视媒体侧重于发挥政治优势，突出其传达政令、传播重大新闻信息和传播优秀文化的主要作用；市、县广播电视侧重于体现地域特色，主要在传播党的新闻和经济信息、社会教育和服务以及大众文化娱乐等方面发挥作用。全国性节目主要由中央人民广播电台、中央电视台办，地方性的节目由地方台办。地方台把转播中央电视台的节目和向中央电视台提供节目作为一项工作任务，在此基础上，则较多地播出具有本地特点和特定服务对象的节目，优秀节目还可以通过送上级台和中央台播出，在全国产生更大影响。这样，中央和地方在节目上就可以相互补充，获得双赢效果。

以广播系统为例，中央电台采用大量地方电台稿件，既加强了地方的宣传力度，又丰富了中央电台的节目。1994年8月，中央电台在重点新闻节目《新闻和报纸摘要》和《全国新闻联播》中分别开辟了"介绍地方台播出的部分内容"和"来自地方台的报道"专栏；10月1日又开办了以采用地方台稿件为主的《九州巡礼》节目。这三个栏目成为展示地方台报道的重要窗口。另外，《新闻纵横》及其他新闻和专题节目也经常采用地方电台的一些节目和稿件。1997年、1998年，中央电台和深圳电台两度联手，分别录制了《罗湖桥头话九七》和《九九回归看澳门》节目，在两台同步播出，上海、江苏、长沙等20多家广播电台还同时订购了播出磁带。中央台和地方台的这种合理分工和通力协作，使全国广播电视的系统优势得到了很好的发挥。

第二，中央台和地方台的通力合作。中央台与地方台之间各方面的共享程度不断加深，主要体现在：

新闻素材的共享。1994年海南等地20多家电台与中央电台实行新闻信息计算机联网；1995年联网电台增加到70多家；1999年年底中央电台新闻中心已同全国一百多家电台建立了固定的供稿关系。中央电台与地方电台的联系不断向纵深发展，在主要依靠省级电台的基础上又把联系的触角延伸到地方电台，建立起了一个"以省台为骨干支撑，以地市台为补充"的新闻传播网络。

制作方式的共享。在发挥系统优势的过程中，中央台注重"汇全社会之精华"的意识，放开视野，把社会上的节目制作纳入自己的计划，出好点子、抓好选题、做好组织工作，在这方面积累了丰富的经验。在广播领域，各台注重加强横向联合，在这方面较早做了有益探索的是《在祖国各地》，它的前身是中央电台1959年开办的《省、直辖市、自治区广播电台编排的节目》。该节目每月由全国28个省、自治区、直辖市以及中央电台对台湾广播部轮流编排，及时反映各地的中心工作、新人物、新风貌等。2007年，为了庆祝香港回归祖国10周年，中央电台、上海电台、深圳电台三家广播媒体联合，在7月1日推出了《潮涌香江——香港回归10周年12小时直播》的活动。在电视领域，以中央电视台《新闻联播》为代表的不少新闻节目，就是全国各级电视台发挥协作优势的具体体现。据统计，《新闻联播》中55%的新闻都是地方电视媒体提供的。中央电视台新闻频道成立后，为巩固原有省台资源、积极启动与城市台的互利合作，初步搭建起了与地方台之间的比较完备的联动网络。

播出平台的共享。中国广播电视媒体在节目播出中统一政治标准，在重大事实传播上统一口径。各地方台都要完整地转播中央人民广播电台的《新闻和报纸摘要》、中央电视台的《新闻联播》，以保证中央政令畅通，把中央的声音直接传播给广大人民群众。在此前提下，从中央到地方，各广播电视媒体通力合作，形成了无可比拟的舆论强势。

第三，中国广播电视具有集约化经营优势。进入21世纪后，我国广播电视业从分散经营向集约化发展过渡，从重点突破向整体推进过渡。国家"十五"计划提出要推进广播电视等领域的信息化进程，大力发展高速宽带信息网，重点建设宽带接入网，促进电信、电视、计算机三网融合。在"十五"计划到"十一五"规划期间，广播电视集团相继整合资源，集约化的经营使我国广播电视的系统优势得到很好的发挥，整体效益大大提升。

在"全国一盘棋"的系统优势下，我国广播电视坚持走出了一条中国特色社会主义道路。这一特点随着我国广播电视事业的发展显得越来越突出，它丰富了各级电视台的屏幕，提高了编导水平，使地方台的优秀节目在更广泛的范围内传播；同时，集约化的广电科技创新实践，有力地推动了广播电视全面、协调、可持续的发展，提高了经济效益和社会效益，进一步推动了我国广播电视事业的发展。

第二节　中国广播电视传播的指导思想

　　改革开放以来，中国共产党适应国内外的新形势的要求，进行了一系列的观念更新和理论创新。这些观念更新和理论创新也成为如今中国各领域发展变化的支点。

　　进入21世纪，党中央围绕如何认识媒体、如何对待媒体、如何使用媒体、如何管理媒体进行了一系列的思维创新、观念更新和理论创新，从而使党、政府以及新闻媒体在人本观念、传播规律、官媒观、民媒观和内外传播观等方面发生了可喜的变革与进步，进而使广电传播在许多方面都出现了新面貌、实现了新突破、创造了新经验、达到了新高度。

一、以人为本，为受众服务

　　梳理中国广播电视传播的指导思想的流变，离不开公民、人民、民意等关键词，而这一切的起点来自对"人"的认识。党的十六届三中全会通过的《中共中央关于完善社会主义市场经济体制若干问题的决定》中指出："坚持以人为本，树立全面、协调、可持续的发展观，促进经济社会和人的全面发展。"这一新论断，是对马克思主义人的全面发展理论的继承、丰富和发展，是党的根本宗旨的体现。以人为本，也是中国特色社会主义新闻传播事业的内在要求。

　　随着社会的发展和传媒技术的进步，中国广播电视受众的基本特征、视听心理和视听行为等，都发生了急剧的变化。受众的主动性、参与性大大增强，受众群体也在不断细分。受众由原来的"受传者"变成了"互联网＋"时代的"用户"。具体来说，中国广播电视要做到"以人为本，为受众服务"需把握好两个层面的内容。

　　第一，加强基础投入，保障受众基本收视需求。

　　广播电视为人民服务，首先应满足各阶层民众对新闻、娱乐节目的基本需要，建立广播电视公共服务体系。这是人民群众参与国家事务和社会公共事务的前提。因此，各级政府和主管部门正大力加强广播电视的覆盖；各级广播电台、电视台也以广大人民群众为服务对象，努力向人民群众提供一切有益的信息、知识，丰富多彩的艺术享受和周到的服务，使广播电台、电视台真正成为党和政府联系群众的桥梁。

为满足农村地区人民的精神文化需求、提高当地人民的媒介素养，从1998年起国家投入巨资实施了"广播电视村村通"工程。截至2011年年底，在有线电视未通达的农村地区基本已建立了直播卫星接收设施专营服务网点，基本解决了20户以下已通电自然村1000万户农民看电视难的问题。

不仅如此，根据国家广电总局制定的我国地面数字电视广播发展的时间表，我国地面数字电视覆盖网建设取得了长足进展。此外，高清电视发展强劲，电视台的高清制播能力进一步提高。而在重大自然灾害等突发公共事件的应急处置中，广播电视在及时传达政令、发布信息、引导舆论、协助救灾等方面发挥了不可替代的作用。因此，加快安全和应急广播体系建设，进一步提升广播电视安全保障能力，已经成为国家应急体系不可缺少的重要组成部分。这些基础设施的建设，有效保障了受众基本收视需求，是广播电视践行以人为本精神的重要体现。

第二，丰富节目类型，满足受众更高层次的文化需要。

自20世纪90年代以来，随着受众层次与类型的不断分化及其参与性和互动性的增强，各级电台、电视台越来越注重根据受众特点来细分专业频道与专业节目，不断增强广播电视节目的参与性与互动性，使广播电视的节目内容与表现形式呈现多样化和新兴化的趋势，受众更高层次的精神文化需要逐步得到满足。

在广播领域，应受众市场不断细分而生的类型化广播实践，已成为中国广播节目创新发展的主要动力之源。类型化广播的概念来源于美国，即频道不再分拆时段地去打造不同栏目，而是全频率地去打造一种概念、传播一种文化、经营一类人群。国内较为知名的类型化广播是中央人民广播电台的《音乐之声》《经济之声》等。在省级电台中，云南人民广播电台的类型化是走在前列的。该台自2004年开始致力类型化改革，如今已拥有新闻广播、民族广播、香格里拉之声等10套广播，共13种广播节目。通过类型化电台的本土化实践，节目内容专业制作更加精细、人员更加精简，更使该台的经济、社会效益大幅提升，跻身于西部一流、全国前列。而为了提升广播节目的参与性和互动性，广播界自1992年兴起了热线参与、明星主持等样式。比如各级广播中"阳光热线"类节目遍地开花，"两会"期间开办《我有问题问总理》专栏等，从而为民众反映诉求、同政府直接沟通提供了一个有效渠道。这些都大大增强了广播为受众服务的能力。

在电视领域，为满足不同类型受众的需求，电视频道专业化实践不断深化，节目类型不断丰富。如今，中央电视台已具有综合频道、经济频道、综艺频道、中文国际频道、体育频道、新闻频道等近二十个频道。不仅如此，涉农、关注老年人等困难群体的专业频道也逐步增多，电视传媒的公益性得到彰显。

电视领域节目层面的创新更是层出不穷，新闻评论节目、调查性报道、谈话节目、法治节目以及各类娱乐节目样式不断更新，令人目不暇接。尤其是进入21世纪后，我国新闻界蓬勃兴起一股"民生新闻"热潮。民生新闻在内容上锁定群众的生存状况、生存空间，关注群众的冷暖痛痒、喜怒哀乐；在传播形态上注重平民可亲性，充分利用先进的传播手段，提高新闻的时效性和互动性，拉近电视与观众的距离。它从平民的视角关注民众，对民众负责，为民众服务，"以民为本"成了民生新闻的核心理念。

从节目制作方式和报道手法上看，各台不断探索新路子，充分利用先进的技术手段，用更新更好的节目来满足受众需要。现场直播成为电视领域广为采用的报道方式。电视媒体与受众互动的方式也随着现代传播技术和手段的突飞猛进而日新月异。无论是在节目播出前、节目直播中，还是节目播出后，观众都可以通过热线电话、短信及各种网络平台来提供新闻线索、视频素材，发表评论，参与实时互动，因此具有原生态和双向互动性，极富现场感和交流感。电视节目参与性的增强进一步满足了受众的心理需求，让其成为"主动参与者"乃至"内容提供者"，更加体现了广播电视为人民服务的宗旨。

另外，互动电视、智能电视等的诞生与发展，使受众成了享受大众传媒服务的客户。借助互动电视机顶盒，电视媒体可提供广播、交互及多媒体等增值业务，为用户实现自主互动点播及获取各种多元化信息提供服务，彻底改变了传统电视"你播我看"的被动接收方式，是集公众传播、信息服务与文化娱乐为一体的家庭互动信息平台。而受众演化成了享受电视服务的对象。

总之，21世纪以来，广播电视为践行"以人为本"的原则进行了一系列探索与创新。比如广播电视以发现和表彰普通人中间的先进人物为主题的媒体活动（如"感动中国十大人物评选"）的广泛展开，以及在有关地震、矿难等重大灾难和动乱的报道中彰显的对人的关怀和对生命的尊重等，都使广电文化闪烁着浓浓的人性光辉和"以人为本"的理念。

二、尊重传播规律，保障公民"四权"

马克思主义新闻观有多重维度，其中之一就是对新闻传播规律的认知、认定和尊重。在马克思主义新闻观中，承认和尊重新闻规律是一个基础性维度。马克思早在1843年就提出："要使报刊完成自己的使命，首先必须承认它具有连植物也都具有的那种为我们所承认的东西，即承认它具有自己的内在规律。"①

但长期以来，我们有意无意地模糊了新闻与宣传的不同，常常不顾新闻传播规律，一味地按宣传规律，把新闻完全等同于宣传，结果往往既达不到宣传的目的，也达不到新闻传播的效果。尤其是在对外开放和全球化语境的背景下，我们的新闻报道是否按新闻传播规律办事，还会直接影响媒体乃至国家的国际形象、信誉和公信力。2003年"非典"爆发初期媒体的缺位、失语；1976年唐山地震死亡24万人，1970年云南通海地震伤亡5万人，时隔三年甚至三十年才披露，这不仅是对生命的漠视，也是对公民权利和新闻规律的漠视，在国内、国外都造成了极坏的影响。

事实上，媒体既有思想宣传功能，又有新闻传播功能；既不能以思想宣传替代新闻传播，也不能以新闻传播取代和否定思想宣传。总的来说，新闻与宣传既有重合点，又有不同点。关于二者之"同"，典型的新闻事实具有强大的说服力和宣传价值，因此，生动、有效的新闻常常与宣传同道。但新闻与宣传又不完全是一回事。新闻是对新近发生的事实的报道，而宣传则是某种观念、意志的传播；新闻的价值着眼于"客方"，即努力满足受众的信息需求，而宣传的价值则着眼于"我方"，即宣传者的观念、意图如何为宣传对象所接受；新闻讲时效，宣传重时宜；新闻讲究客观地叙述事实，遵循的是新闻传播规律，而宣传意在说明观点，遵循的是宣传规律。

正是出于对新闻传播规律认识的不断深化，习近平同志在2013年全国宣传思想工作会议上，对在新时期、新环境、新条件下，如何认识、把持马克思主义新闻观做了重要阐释。他指出，意识形态工作是党的一项极端重要的工作，宣传思想工作就是要巩固马克思主义在意识形态领域的指导地位，巩固全党全国人民团结奋斗的共同思想基础。而胡锦涛同志也曾在2009年10月9日的世界媒体峰会上提出：中国政府应"促进新闻信息真实、准确、全面、客观传播"，"鼓励和支持中国媒体……搞好舆论监督和保障人民的知情权、参与权、表达权、监督权"。这四权的提出，体现了新时代党和政府对新闻传播规律的认识和尊重。

首先，知情权是基础。知情权就是了解权、知悉权，是指公民、法人或其他组织对国家机关掌握的信息享有了解的权利。对于广播电视机构而言，

---

① 中共中央编译局：《马克思恩格斯全集（第2版）》，第1卷，人民出版社，1998年版。

这意味着我们需要尽可能客观、真实地为最广泛的受众群体描绘出现实世界的图景，使他们了解党和政府的大政方针、经济形势的变化和社会文化的动态。正是由于对新闻规律的认定和尊重，才有了对"非典"后期的疫情与防治以及接下来对伊拉克战争、汶川地震及时充分的报道；也正是由于对广播电视作为新闻媒体必须首先做好新闻传播这一责任担当的再认识，以及对新闻规律的认定、尊重和张扬，使得中央电视台（简称"央视"）、中央人民广播电台（简称"央广"）重申"新闻立台"的宗旨，并于2003年、2004年先后推出了各自的新闻专业频道。如今，无论是央视的新闻频道还是央广的"中国之声"，都以国内外新闻的及时滚动播出，并辅以重大新闻的及时解读而广受好评。

其次，参与权是进一步尊重公民权利的具体表现。民众参与权的行使，需要广播电视机构扩大信息来源的渠道和途径，广开言路，不仅使民众参与到广播电视节目的具体制作过程之中，更要通过信息及时、准确地告知，使民众可以更广泛地参与到具体的社会事务之中。广电媒体在21世纪以来，不仅将更多的舞台交给了受众，还不断开拓受众参与的渠道与方式。如今，网络、短信、社交媒体等都成为受众参与电视节目制作和社会事务的有效途径。

再次，表达权是受众权利的一种层次较高的权利。表达权的提出拓宽了人民民主的渠道，为人民缓解矛盾、解决冲突提供了一个很好的平台。广播电视媒体只有心中装着人民、切实做到为人民服务、记清自己的立场和属性，才能给予人民足够的表达权利。截至2016年6月，中国网民规模达7.10亿，因应这种变化，中央三台及地方电台、电视台不仅在传统的广播电视节目中，通过镜头和麦克风朝下来突显受众表达权，还都十分重视网络新媒体中受众意见的及时反馈与表达，从而更有效地保障了受众的表达权利。

最后，监督权是指公民有监督国家机关及其工作人员的公务活动的权利，这是民主政治与和谐社会构建的一个重要基础。广播电视新闻传播中的舆论监督包括人民群众通过广播电视对党和政府的宏观决策的监督，对宏观决策贯彻执行的监督，对政府公职人员行为的监督，对企事业行为的监督以及对社会行为的监督。广播电视特殊的公开性和广泛性特点，使其在进行社会批评、社会监督方面有着特殊的优势。

总之，规律是客观事物之间内在的必然联系，决定着事物发展的必然趋势。同样，新闻传播规律也是新闻传播过程和大众传媒发展过程中的客观法则。由于客观事物是发展变化的，因此规律并非一成不变。同样，新闻传播规律也应随着媒介生态环境、传播技术的发展而发展。可以说，承认、尊重、倡导和强调新闻报道按新闻传播规律办事，是我们党在对新闻工作规律性的认定上和对新闻传播的管理上的一次理性回归和思想解放，是在新闻观上的一种自我超越和完善。

三、坚持党的主张与人民心声的统一

"人民"，在商务印书馆1980年版《新华词典》中的解释是：以劳动群众为主体的社会基本成员。《辞海》指出：在不同的国家和各个国家的不同的历史时期，人民有着不同的内容。在社会主义时期，一切赞成、拥护和参加社会主义建设事业的阶级、阶层和社会集团都属于人民的范围。坚持党的主张与人民心声的统一，也是中国特色社会主义新闻传播事业的内在要求。

（一）党的主张和人民心声相统一的重要意义

邓小平同志曾多次指出："新闻宣传必须心中想着人民，自觉地服务于人民。"2003年以来，中国共产党的新一代领导集体提出了"以人为本"的科学发展观和"情为民所系，利为民所谋，权为民所用"的执政理念。中央领导集体针对包括广播电视在内的新闻宣传工作提出的"三贴近"的要求，核心就是贴近人民群众。因此，广播电视要真正做到"三贴近"就必须加深对广播电视事业人民属性的认识，牢固树立以人为本的信念。

习近平同志在2013年全国宣传思想工作会议上提出："坚持人民性，就是要把实现好、维护好、发展好最广大人民的根本利益作为出发点和落脚点，坚持以民为本、以人为本。要树立以人民为中心的工作导向，把服务群众同教育引导群众结合起来，把满足需求同提高素养结合起来，多宣传报道人民群众的伟大奋斗和火热生活，多宣传报道人民群众中涌现出来的先进典型和感人事迹，丰富人民精神世界，增强人民精神力量，满足人民精神需求。"而这也是新闻宣传工作的出发点和落脚点。

媒体的新闻报道始终存在一个根本取向的问题，即"让谁说话、听谁说话和为谁说话"。因此，媒体要做好新闻报道必须树立这样一种观念：媒体既是党和政府的喉舌，又是人民群众的喉舌；既是党的执政资源，又是人民群众的公共资源及信息平台和话语平台。

人民群众是历史的创造者，是社会的主体。因此从根本上说，人民群众绝不应仅仅是媒体的受众主体，更应是媒体的报道主体和话语主体。长期以来，我们的媒体既有关注群众的传统，但也有忽视群众的倾向，否则就不会有"三贴近"的提出。应当看到，在传播渠道多样化、思想文化多元化的今

天,在信息传播进入买方市场的情况下,媒体如果罔顾人民群众、脱离人民群众,不仅难以引导社会舆论,甚至连自己的生存、发展都会成为问题。正如马克思所说:"民众的承认是报刊赖以生存的条件,没有这种条件,报刊就会无可挽救地陷入困境。"①

(二)党的主张与人民心声相统一的具体举措

要做到党的主张与人民心声相统一,需要官方与民间两个方面的共同努力,广播电视媒介在其中起到了重要的中介作用。

第一,做到"三善",重塑新形势下党和媒体的关系。

在媒介化社会,媒体日益成为重要的执政资源。这要求我们必须从提高党的执政能力的高度重新审视在新形势下党和媒体的关系,包括该如何看待媒体、如何使用媒体、如何管理媒体,从而实现媒体作为执政资源的效能最大化。

2009年习近平同志在中央党校春季开学典礼上提出,各级党委、政府及各级领导干部要"提高与媒体打交道的能力"。2010年年初全国宣传部长会议进一步提出,各级党委要"切实做到善待媒体、善用媒体、善管媒体,充分发挥媒体凝聚力量、推动工作的积极作用"。"三善论"可以说是对胡锦涛同志的"各级领导干部都要充分认识新闻舆论的重要作用,提高同媒体打交道的能力"以及新闻报道要"按新闻传播规律办事"等重要精神的诠释和具体化。

"三善"之中,善用是目的,善待是关键,善管是基础。"善待媒体"的前提是全面、正确地认识媒体的地位和作用,树立正确的媒体观、新闻观,从而既领导媒体又相信媒体,既管理媒体又包容媒体。"善用媒体"意味着党和政府对于媒体要从"单纯的'管控者'角色向'善用者'角色转变"②,把媒体作为"凝聚力量、推动工作"的重要执政资源和有力助手,充分发挥其在公共管理中的重要作用。"善管媒体"是指"既要加强对媒体的管理,又要接受媒体的监督";"既要尊重媒体的新闻自由,又要防止媒体权力的异化"。"善管媒体"还指要民主决策、科学决策,按照新闻事业发展与改革的内在规律指导和推动新闻媒体的体制机制改革和经营管理,以利于新闻事业的顺畅发展,防止"折腾",防止"翻烙饼"。

---

① 中共中央编译局:《马克思恩格斯全集(第2版)》,第1卷,人民出版社,1998年版。
② 胡智锋、张毓强:《"三善"的时代意义与现实价值:媒体与执政党关系研究》,中国广播电视出版社,2010年版。

总之,"三善论"是党中央在新世纪新时期对党和媒体关系重新审视后的新调适、新表述,是对党管媒体原则的内涵拓展、观念更新和理论创新。对于广播电视的建设而言,"三善论"的提出无疑为我们重新界定自身位置、功能和行为划定了新的界线,提供了新的空间。

第二,贴近群众,坚持重大信息及时回应。

"重大信息能否及时发出,重大政治、实践问题能否敏感回应,群众的切身利益能否快速感知、呼吁、帮助解决,假丑恶现象能否揭露、鞭挞,社会关注的重大议题能否主动设置,面对社会矛盾能否及时说话"已经成为广大民众亲疏媒体和是否信任媒体的重要标尺。

总之,在传播活动中,政府、媒体和公众是相互联系、相互作用的三个方面。而无论是对新闻工作而言还是对政府工作而言,始终处于检验地位、决定地位的都是人民大众。"新闻和政治既按照自己的规律又尊重对方,在对立统一中壮大和发展。而最终检验其成败的则都是人民群众的实践。"[①]因此,是否尊重人民群众的主体地位是检验新闻工作成败的一个命脉和重要标尺。只有在党和政府做到"三善"的前提下,广播电视才能保持公正、客观的立场,积极发挥其中介功能,有效促进党的主张与人民心声的结合。

四、坚持正确舆论导向与通达社情民意的统一

所谓社会舆论,是指在一定范围内的多数人基于一定的需要与利益,针对特定的社会现实公开表达的态度、意见、要求和情绪,通过一定的传播途径而形成的整体知觉和共同意志的外化。而舆论引导,指的是相关主体运用大众媒介以新闻舆论的形式倡导、涵化和培育主流价值及思想意识的方法、策略和效能。

任何一个国家都会存在两个舆论场,即由政府主导的主流舆论场和由民众主导的社会舆论场。广播电视只有坚持正确舆论导向与通达社情民意的统一,才能协调好两个舆论场之间的关系,真正做到下情上报、上情下达。

首先,在重大活动、热点事件、敏感问题的新闻报道上,使不同舆论场的声音能够统一协调起来,达到传播效果的最优化。其次,新兴媒体要主动、积极地配合传统媒体,主要是主流媒体的新闻宣传……主流媒体运用"美声唱法",新兴媒体则可以采用"通俗唱法";主流媒体有时低调一些,新兴媒体不妨张扬一些。第三,既把握好主流媒体的"正音",又处理好新兴媒体的"杂音"。"网络……出现'杂音'是正常的,不出现才是反常的。

---

① 梁衡:《改革开放 30 年:中国的新闻与政治》,《新闻与写作》,2009 年第 1 期。

封堵'杂音'在技术条件上难以办到，在现实中也容易引起误解甚至反感。更何况通过'杂音'还可以了解到广大群众的真实想法，汲取群众的智慧，有助于领导层和决策者的正确执政和科学执政。'杂音'没有不行，太多也不行，太大更不行，关键是如何引导'杂音'向'正音'看齐和靠拢。"

总之，"舆论引导新格局"这一概念，是针对媒介生态的重大变化就舆论引导问题做出的新概括、提出的新方略。这意味着在舆论问题上，要由过去单纯重视和强调传统主流媒体营造的舆论场和舆论导向，向同时关注新兴媒体营造的社会舆论场及其导向转变；以及从过去单纯强调舆论导向，向同时强调必须"提高舆论引导能力"转变。这是新形势下党和政府对传统舆论观的一种丰富和发展，是适应时代变化的新的、更为全面的舆论观的再造与重构。"提高舆论引导能力"是广电提升其引导力、影响力之必须，是"正确引导舆论"和"提高舆论引导有效性"的前提和基础。而舆论引导能力包括从业人员的党性原则、政策水平、人文情怀、知识层面、业务素质、专业技能、沟通和引导艺术等多个方面。这些都对广播电视管理者和从业人员提出了更高的要求。

五、坚持国内国际两个大局的统筹

在当今经济全球化时代，中国与世界你中有我、我中有你。在当今信息化时代，媒体传播已经打破了国与国的物理疆界。因应这种变化，在新世纪新时期，广播电视在新闻报道上不仅加强了国际报道的力度，而且无论是国际报道还是国内报道，统筹、兼顾国内、国际两个大局的意识也明显增强。

在宣传工作中，长期以来有"重内轻外""以内代外""以宣传代传播"等倾向。在全球化背景下，不仅要重视外宣，而且要改变观念和方式方法，从而优化外宣，以提高对外传播能力和影响力。习近平同志强调："对世界形势发展变化，对世界上出现的新事物新情况，对各国出现的新思想新观点新知识，我们要加强宣传报道，以利于积极借鉴人类文明创造的有益成果。要精心做好对外宣传工作，创新对外宣传方式，着力打造融通中外的新概念新范畴新表述，讲好中国故事，传播好中国声音。"

根据中央制定的《2009—2020年我国重点媒体国际传播能力建设整体规划》，其中既包括硬件建设规划，也有软件性要求。软件建设主要是指传播观念、传播内容、传播语态。由于长期形成的惯性与模式，以及新闻管理上常常不得其法，因此不仅改进起来难度大，而且不易量化。但软件恰恰又是国际传播的核心竞争力。观念不更新、内容不得当、方式不得法，硬件规模再大、平台再多、技术装备再先进，也可能是做无效功甚至是反效功。一个正面的例证是有关5·12汶川地震的报道，由于体现了信息公开、透明和以人为本的原则，因而得到了国际社会和舆论界的一致好评。从国际舆论界来看，震后1周之内，有113个国家和地区的298家电视机构包括BBC、CNN等大电视公司都使用了央视的报道或信号。这在中国电视史上是空前的。可以说，央视有关5·12汶川地震的报道，既是一次成功的对内宣传，又是一次有效的对外传播，是集"内宣""外宣"于一体的成功范例。所以学者把中国广播电视关于汶川地震的报道称为中国新闻史上的一个"里程碑""成人礼"。而有关汶川地震报道的成功、有效的内外传播则源于一个起点，即传播观念的改变。

实践一再证明，要完成中央关于外宣的使命性要求，既要抓硬件建设，更要抓软件建设，特别是观念的转变。广播电视对外宣传的观念更新、观念创新，要注意以下三点：

第一，要树立对内宣传已经"外宣化"的观念意识。

首先，随着中国越来越广、越来越深地融入世界，国内问题在国际化，国际问题在国内化。其次，随着卫星电视特别是网络的兴起，新闻传播已经冲破了物理疆界。无论是从技术层面、传播地域层面，还是从传播的主观对象和实际对象上讲，内宣和外宣的界限越来越模糊，彼此的同一性越来越明显。因此，在信息全球化的情况下，所谓的"内宣"再也不是自家人办给自家人看、自家人听，再也不能关起门来自说自话。在全世界面前，地方的传播、地方的事态都是整个国家形象的一个"细部"，都是世界把脉中国的依据。在这种新情势下，对以往一再强调的"内外有别"原则，显然需要重新审视、重新校位。即便是内宣，也要统筹国内、国际两个大局、两种背景和两种语境。要跳出本地看本地、跳出中国看中国，报道国内问题时要有国际的考量，报道国际问题时要有国内的考量。总之，以往那种"家丑不外扬""内外有别"等有悖新闻传播规律的做法必须改变。

第二，要正确处理传播与宣传的关系，以及按新闻传播规律办事与以我为主、以正面宣传为主的关系。

长期以来，西方认定中国没有新闻自由；西方民众认定中国媒体所做的都是"宣传"，因而对其有一种本能的质疑、不屑甚至抵制，从而大大削弱了传播效果。究其原因，首先是由于我们常常悖逆新闻规律，混淆新闻传播与宣传的不同，往往把新闻做成宣传，以宣传代替传播。其次，西方受众认定中国的传播是宣传，还由于长期以来，我国形成和使用了一整套的政治性话语、宣传式话语，政治性的概念、术语、套话连篇累牍，缺乏国际沟通能力。实际上，坚持正确导向并不等于贴政治标签，对外传播应讲究"去宣传化"的"无痕性"，讲究"硬内核、软包装"。而"去宣传化"并非是"去政治化"，中国立场的国际化表达才是我们追求的目标。

总之，上述违背新闻传播规律的种种观念和做法必须改变。在对外宣传中，应该既坚持以正面宣传为主，但又不能回避问题，要讲究报道的真实、客观、全面，从而向外国描述一个真实的中国；既要坚持以我为主，不能跟着西方的舆论节拍跳舞，又要考虑国外受众的关心点、兴趣点。在表达方式上则应追求中国立场、国际表达，从而从内容和形式两个方面提高中国对外传播的能力、水平和效应。

第三，要正确把握中国立场与世界眼光和大国心态的关系。

在全球化背景下，中国不仅在改变着自己，也在改变着世界。正是由于中国的发展给世界带来了结构性、格局性的变化乃至冲击，所以不仅如何向世界说明中国成了中国对外传播的一个重大课题，而且如何认识和应对各类涉华舆论也成了中国对外传播的一个长线课题。因此，在有关中国国情的对外传播中，既要从中国自身的纵向坐标比对中充分报道中国的发展与进步，又要从与发达国家对比的横向坐标以及我国未来的追求目标中报道中国的差距与不足。总之，既要以中国的眼光看中国，又要以世界的眼光看中国；既要以历史的眼光看成绩，又要以未来的眼光看不足。防止浅薄与张狂、盛气与膨胀、溢美与吹擂，防止我们的片面报道被人误判、为人所用，防止对中国新闻报道公信力的质疑，从而避免片面的正面报道产生的负面效果。

其次，对于中国的发展，世界尚未做好准备。各国出于不同的利益和考虑，心态也各不相同，欢迎、支持者有之，忧虑、担心者有之，失落、嫉妒者有之，恐惧、围堵者亦有之。在日益增多、纷繁多元的涉华舆论中，既有真诚的赞誉、善意的批评、基于不了解的误判，也有别有用心的忽悠、哄抬注水、戴高帽之类的"捧杀"，还有恶意的抹黑、中伤、攻击之类的"棒杀"。在对外传播中坚持中国立场，既不意味着可以不加区分，一味地喜听赞歌、接受颂扬甚至放大吹捧，也不意味着对各类逆言不加区分地过度重视、过度解读、过分反应而感情用事，刀兵相见。

总之，上述新闻观、舆论观、媒体观、官媒观、民媒观和内外传播观中的新理念、新要求，既是针对党和政府及各级领导干部提出的，也是对媒体提出的。比如对新闻新媒体带来的舆论场的新变化，不仅党和政府要积极应对，传统媒体也应积极应对。如果任凭新兴媒体营造的社会舆论场的场强越来越大，传统媒体视而不见、听而不闻、置身度外、顾左右而言他，仍然自拉自唱、孤芳自赏，不要说引导舆论，恐怕连固有的阵地都会丧失。因此，传统媒体应积极跟踪、回应社会舆论场，对之加以引导，甚至通过议程设置加以主导。

第三节 中国广播电视传播的基本功能与任务

拉斯韦尔在1948年发表的《传播在社会中的结构与功能》一文中，将传播的基本社会功能概括为以下三个方面："监视周围环境，联系社会各部分以适应周围环境，一代代传承社会文化。"① 简单来说，即监视功能、联系功能和传承文化功能。监视功能指的是大众传播帮助人们持续地、及时地注意环境的变化。这种功能通过向受众提供新闻信息来完成。这类信息主要是那些危险情况和与经济、公众和社会生活密切相关的重要新闻；联系功能指的是大众传播"指示人们应如何对周围发生的事件做出反应"②，因此在大众传播中发挥联系功能的主要是言论信息；传承文化功能指的是大众传播通过对知识和社会规范的传播，使之在社会成员中一代一代地传递下去。后来，社会学家查尔斯·赖特（Charles Wright）在《大众传播：功能的探讨》（1959）一书中，又补充了大众传播的另外一个功能，即提供娱乐的功能。这一功能指的是大众传播通过传播娱乐性信息来提供娱乐，让人们放松身心。威尔伯·施拉姆（Wilbur Schramm）在《传播学概论》（1982）一书中，将以上这四种传播的功能概括为：雷达功能、控制功能、教育功能和娱乐功能。这种"四功能说"在大众传播学领域得到了广泛的认可。

对于中国广播电视传播而言，其监视环境、促进民主的功能主要通过传播新闻信息来完成，从而起到了和雷达一样的作用；其做好信息服务、促进经济建设的功能主要通过传播言论信息来协调社会各部分，所以具有社会控制的作用；其传播先进文化、引导娱乐审美的功能主要通过传播知识信息来传承社会文化，起到了教育人民的作用；最后，它还通过传播娱乐信息来提供娱乐、提供多元资讯、倡导健康生活，具有让人们放松、娱乐的功能。

一、积极监测环境，推进民主政治

新闻传播是广播电视传播最基本和最重要的内容。从普遍意义上来说，

---

① 【美】沃纳·赛佛林，小詹姆斯·坦卡德：《传播理论：起源、方法与应用》，华夏出版社，2000年版。

② 【美】沃纳·赛佛林，小詹姆斯·坦卡德：《传播理论：起源、方法与应用》，华夏出版社，2000年版。

新闻传播就是借助特定的媒介所完成的信息流动过程，从而使人们完成对其生存环境的监测。具体而言，新闻传播是新的信息借助一定的传播媒介存在并反映现存的社会关系的内容，表现在社会生活领域中即为某种新鲜事物的传递与散播。随着广播电视媒体影响力的加强，其新闻传播已深深地影响着人们的生产方式、生活方式、交流方式、思维方式和思想观念。在中国，这尤其体现在对民主法治的推动作用上。

（一）中国广播电视新闻的传播特性

与报纸、杂志等传统印刷媒介相比较，作为电子媒介的中国广播电视新闻传播在时效性、传真性和受众范围等方面具有明显优势。

第一，时效性强。

在传播实践中，为增强新闻的时效性，中国广播电视在节目编排和节目设置等方面苦下功夫。例如，中央人民广播电台和许多省市电台设置了"整点新闻"和"半点新闻"，为最新新闻的发布提供了一小时甚至半小时的更换周期。从节目类型来看，中央电视台有《整点新闻》《午间新闻》《新闻联播》《晚间新闻》等各类新闻节目，各级省市电视台在各个时段也编排有体现地域特色的地方新闻和容纳国际国内重大新闻的综合新闻节目。特别是2003年5月以来，中央电视台新闻频道开播，全天24小时提供国内、国际新闻资讯，并分设财经、文化、体育、国际四大类新闻，以及各种形式的新闻深度节目，分析新闻背景、探讨热点话题，更是增强了中国电视对重大新闻事件的报道和应变能力。

第二，传真性强。

广播电视传播符号具有具体、直观、形象的特点，通过声音和图像进行传播，能够绘声绘色地再现人物的音容笑貌和事物现场的情景，给观众以身临其境的感染。与文字相比，这些传播符号更为生动、具体、形象，从而增强了可信性，具有更强的表现力和感染力。

第三，受众面广。

相比读报纸杂志受文化程度等的限制，广播电视的受众很少受文化程度和年龄、性别等因素的制约，不论是成年人还是儿童，只要具有一定的听力、视力和语言能力，都可以收听收看，而且还可以边做其他事情边收听收看。因此，从受众层面上看，看电视听广播的人比看报纸杂志的人要多许多。

当然，也应看到广播电视传播也具有某些弱点，如线性传播、选择性差、声光符号不易保存等。虽然这些缺点在数字网络的二次传播中得到了一定的弥补,但在大部分情况下,广大新闻工作者仍需在实际工作中,坚持扬长避短的方针,遵循新闻传播的客观规律,更好地实现广播电视新闻的传播功能。

(二)广播电视新闻对环境的监测

新闻传播是广播电视最重要的功能。广播电视以特有的技术和专业化的信息处理优势,提供最新、最快的新闻信息,并能连续跟踪热点新闻事件,及时进行深度报道,从而完成对人们生存、发展环境的监测。具体而言,广播电视新闻对环境的监测功能主要体现为信息传播、社会控制和舆论监督三个方面。

第一,信息传播。

广播电视新闻能够得到迅速发展的驱动力,正是来源于信息时代社会对信息需求的急剧增长的要求。广播电视新闻传播信息及时、鲜活、容量大,通过"扬独家之优势,汇天下之精华",传播一切值得传播的信息。通过收听收看广播、电视的各类节目,人们可以对自己所生存的这个世界从总体上有基本的把握,帮助人们消除认知上的模糊状态,扩大认知领域。

第二,社会控制。

信息流通过程中,大众传播媒介对信息起着"过滤器"和"放大器"的作用。一方面,作为把关人的电台、电视台的记者、编辑、主持人、制片人等对新闻素材进行筛选、过滤、加工。另一方面,广播电视将大众的意志、意见、要求和呼声汇集起来,形成一种集中的、大范围的舆论,进而形成舆论导向。因此,广播电视的新闻传播活动成了一座信息桥梁,起着沟通协调的作用。这种沟通既可以纵向沟通,又能够横向沟通。在纵向沟通上,广播电视通过新闻播报,使上情下达、下情上传。不仅让群众了解国家大事,把中央关于"重大情况让人民知道,重大问题经人民讨论"的精神落到实处,也让党和政府及各级领导部门了解群众疾苦、体察民间百态,为制定正确的方针政策提供参考和依据。在横向沟通上,广播电视通过新闻传播,使各个地区、各个部门之间相互了解、互通有无,从而增强全民族的凝聚力,促进共同繁荣发展。

第三,舆论监督作用。

广播电视的公开性和广泛性使其在进行社会批评、社会监督方面有着特殊的优势。它将批评诉诸社会,借助社会舆论的力量对被批评者施加压力,形成监督,促成问题的解决。20世纪90年代以来,随着《东方时空》《焦点访谈》《新闻调查》以及《每周质检报告》等栏目的开播,调查监督类节目开始兴盛，并在社会上产生强烈反响，广播电视新闻对环境的监测功能得到了进一步提升。

需强调的是，监督作用的发挥要确保以正确舆论导向为前提，要确保事实的准确，采取与人为善的态度，要确保舆论监督作用发挥的适度和适量。在工作中要正确行使监督权利，规范记者的采访行为，明确舆论监督报道选题的范围和重点。报道要坚持"用事实说话"，记者进行舆论监督报道的起点和终点都要有事实依据。发挥监督作用是让被监督的对象改进工作，以促进问题的解决为目的。只有这样，才有助于广播电视新闻传播的舆论监督作用的发挥。

（三）广播电视新闻对民主法治的推进

所谓民主法治，"就是社会主义民主得到充分发扬，依法治国基本方略得到切实落实，各方面积极因素得到广泛调动"①。广播电视新闻对于民主法治建设的推动是非常有力的。

首先，广播电视新闻信息传播无论是对社会民主法治和公平正义的倡导，还是对充满活力和安定有序的社会的促进都具有重要影响。列宁就曾说过："没有公开性而来谈民主是很可笑的。"正是广播电视新闻对关乎国家和大众利益的重要信息的提供，对大众与国家之间暂时矛盾的揭示分析并提出解决之道，尤其是对公共危机事件的监测和政府行为的报道，民主法治才得以建立，公平正义才得以维护，充满活力才得以实现，安定有序才得以促成。

其次，正是由于广播电视新闻传播的社会控制功能在管理国家事务方面有巨大能量，在营造有利于我国的国际舆论环境中负有重大责任，因此广播电视媒体已经成为一种重要的执政资源。围绕这一命题，学界、业界已经提出了"政府新闻学"等新学科和"广播办公""电视办公"等新概念。所谓"广播办公""电视办公"则是指在发生重大公共危机事件的特殊时刻，政府可以把广播电视作为应急管理机制的一个信息枢纽和指挥中心。事实上，在2008年的南方冰冻灾害和5·12汶川地震中，广播电视已经发挥了这方面的作用。特别是广播，在一些断电、断路的灾区，广播成了信息孤岛的唯一信息源，成了非常时期的非常媒体，以至于有的省把广播电台当作抗灾救灾信息发布和指挥的中心枢纽。

第三，民主要得到充分发扬，依法治国的基本方略要得以全面落实，前

---

① 《胡锦涛强调：深刻认识构建和谐社会的重大意义》，《人民日报》，2005年2月20日。

提是民主需要得以"阳光"式履行,法律的权威性要得到大众见证。这意味着支配民主与法治背后的权力必须得到有效监督。这种监督不仅包括权力相互制衡的内部监督,更要有制约权力的外部监督。我国广播电视在构建民主法制的和谐社会中发挥了积极作用。一方面,使行政和司法权力得到监督,使公民的知情权、监督权和参与权得以维护,积极推动我国民主进程。如湖南经济电视台2003年对湖南省政府各组织部门一把手拟任人选"施政言说"进行实况直播,江苏卫视2004年现场直播了6场江苏省厅级干部竞职演讲,营造了一种科学民主选拔干部的良好氛围,官员的执政能力和综合素质在"全面监督"下得到了检验和考察,在社会上引起了积极反响。另一方面,促进了司法权的正当行使和法律法规的完善,最终加快了我国依法治国方略的积极落实。

二、做好信息服务,促进经济建设

长时间以来,由于思考问题的角度不同、方法不同,业界对广播电视的信息服务功能的看法也不尽一致。从大的方面说有"广义说"与"狭义说"之分。持"广义说"观点的人认为广播电台、电视台所办的各种节目都是具有服务功能的,不应该把服务功能单列出来。赞成"狭义说"观点的人认为广播电视的信息服务功能与新闻报道、社会教育和文化娱乐同为广播电视的四大基本功能,应单列一项。本书认为,虽然广播电视的新闻、社教、文娱等各类节目都包含一些信息服务的内容,但广播电视的服务性节目[①]尤其是广告是其信息服务功能的专门体现,具有明显区别于广播电视其他传播功能的特性,有必要对此单独加以讨论。

中国广播电视信息服务功能的日益突出,是社会主义市场经济发展、媒体工作者市场经营和受众意识不断增强的结果。随着当代中国社会经济生活的日趋繁荣,受众对信息服务方面的需求也在不断增加,广播电视的信息服务功能正在不断被开发和利用起来。广播电视的信息服务功能具体体现在:

第一,提供日常生活信息服务。深入家庭生活的广播电视比起其他媒介来,在为群众提供日常生活信息服务方面,有着更大的渗透力和更好的效果。广播电视信息服务节目的内容与百姓生活的方方面面息息相关。例如许

---

① 所谓服务性节目是指实用性强,为群众做咨询、通信息、当参谋,反映群众呼声,为帮助社会各界解决各种实际问题提供方便,对受众的心理和生活需要有直接影响作用的广播电视节目。例如报时、天气预报、生活顾问、法律咨询、旅游指南、节目预报、受众参与(特约点播)、广告等。

多电台开设了《交通信息》节目,采用节目主持人直播的方式,每隔一定时间就向听众报告交通路况信息,便于司机和乘客及时了解情况,做出适当选择。

第二,为专门的经济活动服务。当前,经济信息在人们生产、生活中的作用日显重要。广播电视传播迅速、影响广泛的特性,对传播经济信息,推动生产,沟通产、供、销渠道有明显的优势作用。《经济半小时》《中国财经60分》以及《证券时间》等经济类栏目深受观众的欢迎就说明了这一点。

第三,特殊的服务节目形式——广播电视广告。广告是一种特殊的单项性的服务节目,是广播电视信息服务功能的重要体现形式。广告是商品经济发展的产物,它是一种介于生产、流通和消费之间的信息渠道,在促进生产、扩大流通、指导消费、活跃经济、方便人民生活和发展国际贸易等方面起着重要的媒介作用。

从历时性的角度考察,新中国成立后的广播电视机构所提供的信息服务功能大致可以分为两个阶段:第一个历史阶段是1949年—1977年。这个阶段中国大陆的广播电视机构的主要功能就是突出政治,为意识形态服务。第二个历史阶段是1978年以后。中国本土的广播电视机构进入了一个新的历史时期。以上海电视台1979年1月28日播出的中国大陆第一条电视广告"参桂补酒"为标志,各家广播电台、电视台相继开通了广告业务。在当代,中国广播电视信息服务功能得以充分展开。广播电视广告有多种层次的服务范围和发布内容。按照广告发布的范围可划分为"地区性广告""全国性广告"和"国际性广告"。按照传播的内容和性质分,有"商品广告""企业广告""公关广告""赞助广告""公益广告"等。广播电视广告的信息服务功能具体体现在:迅速传播商品、科技、文化和劳务方面的信息,推进健康向上的社会风气,以及为广播电视事业的发展提供财力支持等方面。

总之,广播电视无论是宏观上对经济政策的传达和经济环境的监测,还是中观上对经济现象的分析和经济生活的指导,乃至微观上对经济知识的传播和经济信息的传递,相互之间都不是孑然独立的,而是相互交织、相辅相成的。广播电视需要充分利用自身的技术优势和政治优势,对这三个层面有效合理地进行组织安排,最终为经济建设的全面展开发挥自身应有的作用。

三、传播先进文化,引导娱乐审美

文化是国家和民族发展的精神基石,更是国家和民族立于世界的身份标志。在经济高速发展的同时,文化建设如何实现同步发展,成了中国现阶段面临的一个紧迫问题。中国共产党是传统优秀文化的继承者,同时代表着中国先进文化的前进方向,而作为党和政府喉舌的广播电视积极为文化建设服务也自然成了其题中应有之义。

(一)中国广播电视传播先进文化的重要内容

广播电视传播为文化建设服务,其内涵十分丰富,涵盖了整个文化系统,包括文学、艺术、教育、科学以及人们的生活方式等。以下仅从广播电视为教育、文艺、科技服务等方面进行简要阐述。

第一,为教育服务。

广播电视是一种先进的教育工具,它具有先进的技术性、开放的辐射性、系统的网络性和广泛的社会性等特点,使教育范围变得空前广泛,是实现教育现代化的重要途径。具体来说,体现在开设广播电视社教节目和开展广播电视教学两大方面。

社教节目经过几十年的发展已经成为目前广播电视中比重较大的节目种群。如中央电视台科教频道的《百家讲坛》,坚持"让专家学者为百姓服务"的宗旨,以"文化品位、科学品质、教育品格"为其风格定位,以"构筑时代常识、享受智慧人生"为其内容定位,通过娱乐通俗的讲解方式最终达到向大众普及优秀中国传统文化的目的。无论是刘心武以其特有的文人气质和平民化阐释揭秘《红楼梦》,还是易中天以其风趣幽默的话语方式"品三国",甚至是于丹以其流畅的解说方式"话论语",都在观众中引起了巨大反响,激发了大众对我国历史文化的浓厚兴趣。

另一种形式是开展广播电视教学,即运用广播电视技术组织专门的教育活动。它涵盖政治、经济、历史、文化、军事等方面,其中为适应改革开放和科技现代化而举办的外语、计算机等方面的讲座,为渴望新知识的受众提供了难得的学习机会。以中国教育电视台为例,教育一频道、二频道,在不同时段分别播出英语、日语、法语、德语等各个语种的教学讲座和计算机应用程序讲座等各类知识讲座,为想继续受教育的广大群众提供了广泛有效的学习环境。尤其是全国各地都办有的各种形式的广播电视大学,到今天已经成为我国教育系统不可或缺的一部分。广播电视教学作为一种行之有效的新型教育形式,仍将与广播电视社教节目一起担当起教育重任,成为传统教育之外的第二大教育模式。

第二,为文艺服务。

广播电视传播先进文化的一项重要内容,就是满足人们日常的文化艺术需求。广播电视为文艺服务可以从两个方面进行努力。

一方面是通过广播电视普及优秀的文学作品,将文学作品的诸多文学样式和文学形态与电视融为一体，形成独特的广播电视文学样式与形态。在电视方面，如电视小说、电视诗以及各种类别的电视剧等。这些文学形态通过特殊的屏幕造型手段，运用文学创作的一般规律，以丰富的文学作品和浓郁的文学氛围，形象地反映生活、塑造人物、抒发情感，给观众以文学审美享受，进而提高人们的文学修养。

另一方面，广播电视还可以通过各种不同类型的栏目或节目对人们进行艺术熏陶和满足，提升大众的艺术素养和专业品位。这主要以中央电视台戏曲频道的各档节目最为突出。如《跟我学》节目，作为中央电视台戏曲频道唯一一档以教授京剧与地方戏为宗旨的节目，其以普及戏曲艺术、弘扬传统文化为己任，为戏曲迷们提供了一个学习、体会戏曲神韵和欣赏中华民族优秀传统艺术的平台。

第三，为科技服务。

科学技术是实现我国战略目标的三大战略重点之一，重视科学技术是振兴经济的战略问题。1988年9月，邓小平同志提出，科学技术是第一生产力。但2003年中国科普研究所进行的中国公众科学素养调查结果却令人悲观，中国公众具备基本科学素养的比例只有1.98%。公众如此低下的科学素养已成为我国可持续性发展战略进程中的一个基本制约因素。而现代科学技术发展日益加快，新技术不断出现，科技界和广大群众迫切需要交流科技信息，不断更新科技知识，因此进行科学技术知识的普及和推广工作十分重要而紧迫。

广播电视作为一种大众传播工具，应该大力普及科技知识，提高全民族文化水平，承担起科技宣传的重要任务。中央电视台开办的介绍当今世界高新技术和我国科技领域最新成就的《科技博览》和《走进科学》等栏目，其关于诸如"日全食——彗星天象奇观""克隆羊"等重大科技新闻的报道，深受广大电视观众的欢迎。另一方面，在普及、传播科学知识的同时，广播电视还要高举科技新闻的旗帜，弘扬科学精神，坚决反对封建迷信，揭露和抵制各种伪科学行为，为提高全民族的思想道德素质和科学文化素质进行不懈的努力。如《走进科学》栏目，制作播出了如《中国水怪调查》《揭露江湖骗术系列》等大量优秀节目，对生活中的各种"神秘"现象进行了生动揭秘，激发了大众关注科学的热情和用科学知识、科学思想、科学态度看待生活的愿望，为提升大众的科学素养起到了很好的促进作用。

（二）中国广播电视文化娱乐功能的具体体现

美国社会学家约翰·凯利在《走向自由——休闲社会学新论》一书中指

出，休闲应被理解为一种"成为人"的过程，是人的一生中一个持久的、重要的发展舞台。"成为人"意味着摆脱"必需后"的自由，与他人一起行动，使生活充满朝气，并促进自由与自我发展。[①] 广播电视文艺节目以声音、图像为载体，形象感染力强，容易使人们的身心都获得愉悦的享受，为最广泛的受众打开了收听、收看广播电视文娱节目的大门。提高人们的审美水平，满足受众的娱乐休闲需求，是广播电视文化娱乐功能的具体体现。

第一，提高人们的审美水平。

广播电视艺术是综合的艺术，它综合了各种艺术门类之长，为我所用、融会贯通，因而它提供给人们的审美也是多方面的。人们在收听优秀的广播音乐、广播小品、广播剧、广播小说等广播类文艺节目时，得到了审美体验。人们在收看电视文学、音乐、戏曲、曲艺以及电视文艺晚会、电视剧的过程中，得到的不仅是愉悦感，更是一种美的享受。

每年一度的春节联欢晚会，全国约有6亿名观众共同欣赏，其情景是空前的，所产生的审美效应也是强烈的。我国各类广播电视节目都可以不同程度地满足人们的审美需求，特别是文艺节目在提高人们的审美意识方面发挥着重要作用。比如中央人民广播电台的《开心30分》《空中大舞台》等节目，中央电视台的《曲苑杂坛》《艺术人生》等节目，在满足广大受众对美的需求的同时，提高了人们的审美水平。

第二，满足了受众娱乐休闲需求。

感到轻松、获得愉悦，是许多人收听广播、收看电视的主要目的。广播电视文艺类节目可以较好地满足人们这一娱乐的需求。广播电视除了有专门的文娱频道，其他频道的文娱性节目也都占了很大比例。并且这些节目的体裁多样、内容丰富，如歌曲、舞蹈、广播剧、电影、电视连续剧等，能够满足各种层次各类人群的娱乐需求。广播为青年人提供的各式各样的流行歌曲排行榜成为年轻人喜爱的节目，部分广播电台改版为"音乐台"，更是体现了广播音乐节目市场看好的趋势；歌剧、古典音乐受到了文化层次较高的知识分子的钟爱；而根据老年人的欣赏心理播放的一些戏剧、评书、广播剧，受到了老年受众的欢迎。况且广播电视文艺节目都能及时播出和应广大受众需求重播，扩大了受众面，提升了节目价值。

广播电视文艺节目具有参与性的特征，受众能够积极参与到文艺节目的现场中去，感受娱乐给人带来的愉悦。例如"听（观）众点歌""热线参与""现场观众"等多种方式使得亲身参与的观众对节目有更贴近、更亲切的感

---

① 【美】约翰·凯利：《走向自由：休闲社会学新论》，云南人民出版社，2000年版。

受，也能够感染其他收听、收看节目的受众。电视节目中的《幸运52》《开心辞典》《快乐大本营》等娱乐类节目使参与者得到愉悦、欢快的感受。因此，广播电视艺术成为今天最有群众性的一种艺术。通过收听、收看广播电视娱乐节目获得休息和消遣，成为当代中国社会民众非常普遍的生活方式之一。

而就发展方向而言，我国广播电视文化娱乐功能的发展方向应该是弘扬主旋律，提倡本土化、创新性，树立精品意识；广播电视从业者应努力创作出更多思想精深、艺术精湛、制作精良，具有强烈吸引力、感染力，深受广大群众欢迎，并能经受历史检验的优秀作品。

课后习题：

一、名词解释

1. 政治家办台
2. 精品意识
3. "四级办台"
4. 绿色收视率
5. "自己走路"
6. "扬独家之优势，汇天下之精华"
7. 低俗之风

二、简述题

1. 简述中国广播电视的性质。
2. 简述中国广播电视的基本功能和任务。

三、论述题

1. 论述中国广播电视的基本指导思想。
2. 论述中国广播电视的社会主义特色。

第二章　广播电视传播理念的变革

改革开放以来，为了适应国内外的新形势、新要求，中国共产党进行了一系列的观念更新和理论创新，而这也是新闻传播领域发展变化的起点。党中央围绕如何认识新闻报道以及如何使用和管理媒体同样进行了一系列的观念更新和理论创新，从而使党、政府以及新闻媒体在新闻观、舆论观、媒体观和内外传播观上都发生了可喜的变革与进步。

第一节　传播本位理念的确立

中国共产党在新闻舆论宣传领域的基本思想原则之一就是正面宣传为主。这条原则已经成为广大新闻媒体的优良传统，是中国新闻传播事业必须遵循的重要的原则性指导方针。在不断变化的传播环境中，重新认识正面宣传为主的方针仍然有着重要的现实意义。

一、"正面宣传为主"的理念

宣传的初始意义是指通过信息传递的方式来传播哲学的论点或见解，但现在一般被用于政治环境，特指通过采取信息劝服和导向的策略来支持政府或政治团体的舆论运作。邓小平同志特别强调指出，要大力宣传社会主义的优越性，宣传马克思列宁主义、毛泽东思想的正确性，宣传社会主义中国的巨大成就和无限前途。因此，正面宣传为主的政策方针，既是中国共产党领导的新闻媒体工作的基本目标和策略，同时也是我国广播电视新闻媒体党性和政治立场选择的必然结果。

但需要注意的是，新闻和宣传是既有联系又有区别的。从两者的共性上来说，两者都是信息传播方式的一种，同样都承担着传播信息的目标与任务，因此，宣传与新闻都同属于"传播范畴"。但作为两种具有不同目标、内容、策略的信息传播方式，还是有着明显的区别和差异性。

第一，从传播的内容上看，新闻主要的传播内容是社会各种信息，而宣传则侧重于传播信息传播者的观念、意图和意识形态。"新闻是新近发生或正在发生事实的报道",因此,新闻信息传播要求必须客观地反映社会状况和事实,其主要目的在于将信息作为一种主体内容通过媒体传达给受众,以促进社会发展的信息需要。而宣传工作的特征则是强调信息的主观性,表现为明显的意识取向性、信息出现的反复性和传播范围的扩散性。这意味着宣传侧重于对信息传播的控制和内容渗透,试图在最大程度上将宣传者的观念和意图内化为信息内容,从而使宣传对象接受,并试图改变社会大众的行为方式,以符合宣传者的意识形态需求。

第二,从传播的时间性来看,新闻信息传播注重时效性,要求在第一时间将信息准确地传达给受众;宣传则更强调时宜性,要求在适合的条件下进行信息传递,以使得宣传的意图和目的能够取得最大化的效果。

第三,从传播的信息策略来看,新闻是以大众传播媒介为信息载体和渠道,对社会生活意识形态做出真实客观的反映,任何信息的报道与传播都要建立在真实性的基础之上,不能渗透信息提供者的主观意志和立场;而宣传工作恰恰相反,宣传以强化主体意志为基本目标,宣传者会通过传播的重复性来强化信息的传播力度,从不断突出自身主观愿望来同化信息的理解方式,进一步改变受众者的行为或对特定利益团体的期待。因此,新闻报道可以作为一种宣传手段和方式,但宣传活动不一定等同于新闻报道。

马克思主义新闻观要求必须处理好新闻和宣传的关系。首先,马克思主义新闻观要求正确对待新闻传播规律。作为党和人民耳目喉舌的新闻媒介,必须要兼顾宣传思想功能和新闻信息传播功能,在实际工作中不能以思想宣传代替新闻传播,也不能以新闻传播代替和否定思想宣传。其次,作为统一在社会主义新闻事业之中的新闻活动与宣传工作,具有完全一致的指导思想和理论基石,两者服从和服务的基本目标和最终目的是一致的,都是为了加强党的领导,促进社会主义社会的建设、发展和进步。作为政治宣传的一个强有力的组成部分,新闻报道必须坚定不移地宣传好中国共产党的路线、方针、政策,用符合党的执政要求和理念的新闻事实来引导社会主义各个阶层和群体共同团结于社会主义现代化建设之中。所以,鲜明地突出新闻事业的政治性是我国新闻与宣传工作的共同准则和基本要求。

二、"按新闻传播规律办事"的立场

长期以来,包括广播电视媒体在内的传媒机构常常有意无意地忽略、模糊了新闻与宣传的不同,常常不顾新闻传播规律,一味地强调宣传报道,甚至是部门、长官意志管新闻、做新闻,结果往往既达不到宣传的目的,也达不到新闻传播的效果。尤其是在对外开放和全球化语境的背景下，我们的新闻报道是否按新闻传播规律办事，还会直接影响媒体乃至国家的国际形象、信誉和公信力。

(一)"按新闻传播规律办事"的理论维度

马克思主义新闻观认为，承认和尊重新闻规律是一个基础性维度。马克思提出:"要使报刊完成自己的使命，首先必须承认它具有连植物也都具有的那种为我们所承认的东西，即承认它具有自己的内在规律。"[1] 一般来看，"按照新闻传播规律办事"的基本内在要求具有三个不同的维度：首先是新闻信息如何实现传播效果；第二是如何进行新闻信息的选择；第三是如何实现新闻信息传播与受众的接近性。这三个维度落实到具体的实践中即表现在：要按照新闻理念处理新闻，按照新闻信息价值标准进行信息内容筛选，按照信息传播基本规律实现新闻传递。

新闻传播规律具备自身特有的内涵与特征，表现为其在产生、发展过程中形成的具有一定规范性、恒定性的特质。首先，要以新闻观念处理新闻信息。按照新闻传播规律办事，需要采取科学的新闻观念来对待新闻信息，利用适合新闻自身核心价值意义的观念和态度来处理新闻信息和传播活动。对于传播主体而言，就需要根据科学、合理、有效的新闻理念、新闻观念来引导并控制自我信息传播活动的方式和策略。所以，新闻媒介需要协调和满足不同受众群体的信息需求。第一，必须提供充足信息来满足目标受众的信息需求，使得新闻传播的主要目标得以实现。第二，必须在此基础上扩大受众群体范围，尽最大可能满足多样化的受众群体的信息需要。这样，才能使媒体提供的新闻信息做到物尽其用，实现传播效果的最大化。

其次，要按照新闻信息价值标准进行信息内容筛选。新闻是一种信息，但不代表所有信息都是新闻，只有那些能够满足新闻信息价值标准的信息才能够被视为新闻。因此，按照新闻信息价值标准进行新闻传播内容选择，也是实践"按新闻传播规律办事"的必然要求。

那么该如何按照新闻标准选择进行信息内容筛选呢？就是要严格按照新闻价值来确定内容，即按照新闻的时效性、接近性、突发性、变动性、重要性等原则来确定信息是否能够成为新闻。需要指出的是，新闻内容选择绝不能采取实用主义的标准，任意将新闻信息的选择标准庸俗化，如按照商业利

---

[1] 中共中央编译局：《马克思恩格斯全集（第2版）》，第1卷，人民出版社，1998年版，第397页。

益取向、长官意志取向甚至个人私利主义取向，都有悖于新闻信息的价值标准，也是严重同"按新闻传播规律办事"的思想相背离的，偏移了正确的马克思主义新闻观的要求，不但不能为受众提供真实有效的信息服务，甚至还有可能造成严重的社会观念混乱问题，不利于社会主义新闻事业的良好发展。

再次，应按照信息传播基本规律实现新闻信息传递。新闻信息传播的主要目的是满足广大社会公众的信息需求，因此，科学合理地选择传播方式、渠道、手段等是有效传递新闻信息的必然要求。作为科学的新闻传播原则，其主要核心维度体现在时效性、真实性、平衡性、客观性、全面性、可靠性、权威性、趣味性等层面。信息传播在坚持这些核心维度及原则的基础上，才有可能达到"按照新闻传播规律办事"的基本要求。对于信息提供者而言，要想达到预期的传播效果，必须真实地再现和表征新闻事实，将社会机构和社会公众的日常社会活动、行为、思想、理念等内容的变化过程展示出来。目前，我国正处于社会转型期，由于历史和现实的不同因素的作用，各种重大、突发、公共事件层出不穷，并且这种变动性社会结构问题还会在未来很长的一段时间影响我国新闻传播事业。因此，科学、系统地探索广播电视媒介的信息传播功能，研究其新闻信息传播规律，做好社会环境监测，提供社会活动守望服务，报道社会重大新闻事件和活动，已经成为广播电视媒体今后发展的基本要求和必然选择。

（二）"按新闻传播规律办事"的现实举措

在新的传媒环境下，根据马克思主义新闻观要求，我国新闻活动和新闻事业发展必须要在新闻规律的指导下进行，以支持和支撑新闻活动的科学运行和新闻事业的科学发展。"按新闻传播规律办事"是我国新闻工作的基本指导原则和实践策略。作为一个多样化、系统化、复杂化的体系，新闻规律在新闻活动实践和新闻事业发展中分别从显性和隐性两个层面发生作用，并制约二者的价值取向。

1. 在新闻实践和新闻事业中坚持"按新闻传播规律办事"

第一，从新闻实践层面来看，马克思主义新闻观认为，新闻活动的基本规律之一就是：事实决定新闻生产，而信息报道主体可以发现事实，并通过各种技术手段来传播事实，以满足社会信息需求。按照新闻生产的流程，记者通过发现线索、接触事实、筛选内容、扩散信息、接受反馈等环节对新闻信息进行了加工。在整个生产流程中，由新闻事实、信息提供者、受众、媒介等不同基本要素构成了一个信息流动的多维空间。从事实角度看，它处于新闻生产的核心地位，自身是一个被发现、加工、扩散、接受的对象。因此，必须根据事实本身的存在发展规律来真实、完整、全面地将其展示出来。这样，才符合马克思主义新闻观对于新闻真实性的基本要求。从信息提供者角度看，马克思主义新闻观认为，任何事实的发现与传播，其中心目的和最终归宿都是要以人为基本依托。因此，必须在新闻生产活动过程中发挥人的主体意识功能，信息生产必须将人的自我主体性与新闻事实的规律性辩证统一于新闻生产过程之中。首先，要承认规律的客观存在性。规律都是事物自身客观条件共同作用的结果，是独立于意识之外的客观存在，而人的主体能动性可以认识这些存在于事物内部和事物之间的各种规律，并受其制约，从而使主体的自身实践与事物的规律性在社会历史维度中相符合，自觉遵循和符合客观规律的要求。其次，要在承认规律客观存在的基础上，积极发挥主体意识的认识功能，相信主体对规律的认知和把握，而这种认知和把握可以指导和规约主体的社会历史实践，从而达到影响主体行为，并进一步改造现实的目的。

第二，从新闻事业发展层面来看，我国一直秉承马克思主义新闻理念，认为在长期的新闻事业发展和实践中，新闻始终处于一个受政治、经济、文化等多重机制共同促进与制约的位置，所以新闻事业是新闻自身实践活动依据特定的发展规律不断演化、流变的必然结果。从新闻组织和机构的社会身份来看，无论是在哪种社会制度下，新闻组织和机构都兼有多重的身份特征和功能定位。首先，从基本功能上看，它属于以信息传播为手段，以满足社会各个阶层信息需求为目的的社会传播机构；其次，作为一种可以被利用的宣传工具，它可以被权力阶层作为一种政治权力实现与保障的手段，可以通过控制社会舆论的走向来实现政治目标；第三，可以成为一种国家意志力的体现机构，即可以反映处于统治地位的执政阶层的上层建筑意识形态；最后，随着大众传媒的经济功能的不断发展和深化，新闻组织和机构自身成为市场经济活动的重要组成部分，可以通过提供信息服务，传播网络服务、信息技术服务等内容实现自身的经济利益。因此，对于新闻事业来说，其发展过程是处于政治、经济、文化运行规律等多重社会发展规律共同作用之中的。这种多元的、复杂的规律体系会对新闻事业的舆论引导、新闻宣传、经济活动等新闻实践产生巨大的影响和制约。而正是由于这种系统化的规律结构，要求我们在认识和把握新闻规律的问题以促进新闻事业的发展上，坚持认识社会规律和新闻事业自身规律的二元统一，既要坚持看到新闻活动受社会政治、经济、文化等多规律的制约，又要看到新闻事业自身受到舆论引导、新闻宣传、意识形态等特定性规律的影响。

2. "走、转、改"是"按新闻传播规律办事"的现实表征

我国现已进入社会主义现代化建设的关键时期,作为重要的精神建设力量,新闻传播和舆论宣传工作关系到整个党和国家构建思想意识形态工作的全局,关系到改革和经济社会发展的大局,关系到国家的长治久安。因此,新闻工作自身的特殊属性与特殊功能决定了必须将政治责任和社会责任视为最重要的两大工作任务。而这也要求新闻工作必须始终坚持党性原则毫不动摇,始终保持与党的高度一致;同时,要认真做好新闻信息的传播工作,树立良好的社会形象和媒介公信力,以满足现代社会建设的信息需求。

改革开放以来,我国新闻事业蓬勃发展,新闻工作较好地完成了传播新闻信息、引导社会舆论和服务社会与公众的光荣任务,充分体现了作为党、政府和人民的耳目喉舌的性质,发挥了作为党联系人民群众的桥梁的作用。但随着我国改革开放的进一步深化,特别是经济改革的不断推进,受到经济利益驱动以及其他不良思潮的影响,我国新闻界开始出现了曲解政策、虚假报道、片面报道甚至是有偿新闻、权力新闻等有悖于新闻传播规律的现象。而这些现象严重威胁到新闻和舆论宣传工作的开展,降低了党和政府的威信,新闻机构自身的社会公信力受到严重伤害。这些情况的出现,归根结底是没有"按新闻传播规律办事",脱离了马克思主义新闻观的基本立场。"走基层、转作风、改文风"活动,是新闻界贯彻党的以人为本、执政为民的执政理念的重要体现,是坚持"三贴近"、保证新闻信息真实准确的重要途径,是加强新闻队伍建设,树立和维护新闻工作者良好社会形象的基础性工程。"走基层、转作风、改文风",正是对"按新闻传播规律办事"的严肃而认真的实践,是党和国家在新的历史时期和社会发展阶段对新闻实践提出的最新要求。这一观念的提出,毫无疑问是坚决贯彻马克思主义新闻观的"按新闻传播规律办事"思想的重大现实举措。

信息时代,认识到受众作为新闻信息主要的接收者与消费者,已经成为新闻工作最重要的共识之一,满足受众的信息需求,是"按新闻传播规律办事"的必然选择。"走基层、转作风、改文风"活动的开展,就是基于这一理念的一个重要结果。作为一种传播活动和过程,新闻信息的产生与传播的最终目的是满足社会成员的信息需求,而这种需求是由社会成员的社会生存需要所决定的。因此,新闻信息的生产与传播是受众社会生存实践决定的结果,新闻机构的服务对象是受众。新闻实践工作必须将受众的需求视为核心目标,应当把适应和满足受众的需要看作新闻工作的归宿。从信息接收的过程来看,一般来说,受众的自身需求、动机态度、知识背景往往是对信息进行选择性的接触、理解和记忆的条件和原因。所以,新闻工作如果想要满足

受众的信息需要，就必须对受众进行充分的调查，发现不同受众群体的不同信息接收动机和目的，有针对性地为受众提供信息服务；要结合受众的生活、工作环境来把握受众的关注重点和接收信息的方式和习惯。只有这样，才能准确、有效地选择新闻信息，制定传播方案，确定传播载体，提高传播效率，更好地满足受众的信息需求。

新闻活动需要满足受众的信息需要的规律，要求新闻战线"走基层、转作风、改文风"。新闻传媒机构和工作者必须走向基层，扎根于社会实践之中，才有可能深入了解受众的信息需求特点、接收方式、理解能力，较准确地把握受众的现实脉搏，理解受众的真实思维，反映受众对社会生活的确切意愿和切身感受。因此，"走基层、转作风、改文风"是紧紧围绕党和国家的工作大局，按照马克思主义新闻观的要求，依据新闻传播规律，履行新闻工作服务人民的宗旨要求的结果。这一活动与理念坚持和遵循了新闻工作的基本规律，有利于解决当前新闻工作出现的突出问题，推动新闻工作迈上新的台阶，体现了党中央在领导新闻工作方面坚持和实践科学发展观的自觉性，标志着党对新闻规律的把握达到了新高度。

三、"贴近实际、贴近生活、贴近群众"的原则

马克思说："民众的承认是报刊赖以生存的条件，没有这种条件，报刊就会无可挽救地陷入绝境。"① 因此，为了真正实现我国新闻工作服务党和国家、人民的根本要求，就必须将人的主体性地位突显出来。习近平同志在2016年党的新闻舆论工作座谈会上发表讲话："党的新闻舆论工作坚持党性原则，最根本的是坚持党对新闻舆论工作的领导。党和政府主办的媒体是党和政府的宣传阵地，必须姓党……都要坚持党性和人民性相统一，把党的理论和路线、方针、政策变成人民群众的自觉行动，及时把人民群众创造的经验和面临的实际情况反映出来，丰富人民精神世界，增强人民精神力量。"

（一）"三贴近"原则的理念内涵

必须清楚地认识到，在我国当前的政治、经济、文化制度下，新闻媒体既是党和政府的喉舌，又是人民群众的喉舌；既是党的执政资源，又是人民群众的公共资源及信息平台和话语平台。因此，要做好新闻传播和正确舆论导向工作，必须要以人为本，贴近实际，贴近生活，贴近群众，这体现了在

---

① 中共中央编译局：《马克思恩格斯全集（第2版）》，第1卷，人民出版社，1998年版，第381页。

新的传播环境下进行新闻传播实践和构建正确舆论导向的根本要求，体现出党的意志与反映人民心声相统一。

作为社会实践的主要实行者和参与者，特别是从新闻工作角度来说，作为受众群体的人民群众不但要成为信息的主要接纳者，更应在新闻实践中突出主体性地位，成为历史话语的真正发出者。我国过去长期以舆论宣传为导向，将媒体的功能简化为宣传工具，只注重"自上而下"的声音传递，而忽略了"自下而上"的声音表达，存在着忽视受众在传播中的主体性地位的倾向。而在媒体形式多元化、意识形态观念表达多渠道的现代传媒社会，信息传播方式已经开始进入"以受众为中心"的传播态势下，信息传播如果忽略受众、脱离社会基本群体，就不可避免地会导致传播的低效或者失败，不仅难以引导社会舆论，甚至连自己的生存、发展都会成为问题。另外，新闻传播实践是由传播主体、传播媒介、信息内容、受众四个部分所组成的，任何一个部分的缺失都将导致传播活动失效。因此，必须客观地看待这四个维度之间的辩证关系。而在其中，只有受众通过合理的传播渠道接收传播主体提供的信息，并认同信息内容中所蕴含的观念和意义，信息内容的价值才能实现。所以，受众本位思想是新闻传播实践活动的重要原则。刘云山指出，"新闻宣传战线要进一步增强贯彻'三个代表'重要思想的自觉性和坚定性，增强政治意识、大局意识和责任意识，牢牢把握正确舆论导向不动摇，始终抓好改进新闻宣传不放松，坚持不懈地大力宣传科学理论、传播先进文化、塑造美好心灵、弘扬社会正气、倡导科学精神，为改革、发展、稳定提供强有力的舆论支持"。因此，"三贴近"原则的本质和核心就是要关注作为受众的人民群众的信息需求和心理需求，在新闻信息传播和舆论宣传传达党的执政理念的同时满足受众的信息需要。

（二）在实践中努力践行"三贴近"原则

实践"三贴近"原则，广播电视新闻媒介在新闻活动中必须自觉地坚持党性原则，坚持正确的舆论导向，坚持政治意识、大局意识和责任意识。

1. 立足现实，将党性原则和民众意识统一到新闻实践之中

要充分认识到，坚持正确的舆论导向是符合全中国最广大人民的根本利益的。在新闻宣传活动中要把体现党的意志和反映人民群众的心声统一起来，把思想性、指导性和可接受性结合起来，遵循马克思主义的认识论，坚持一切从实际出发，新闻信息要能够反映客观现实，把握社会意识形态的主流思潮，牢固树立社会主义精神道德观念。同时，必须注重人民群众的利益，要能够协调民众需求与党的大局需求，能够通过新闻宣传工作将人民群

众团结起来,共同建设社会主义。另外,从具体新闻实践中看,新闻报道要善于从民众的生活实际中发现新闻线索和新闻事件,能够积极利用日常生活题材来展示社会主义建设成果,使舆论宣传工作能够更加灵活生动,将思想理念与实际生活色彩相联系,做到寓理于情、情理融合。

2. 受众本位,将"三贴近"原则落实到现实生活之中

"三贴近"原则的核心诉求在于将新闻传播和宣传工作与受众的现实生活相结合。因此,新闻报道和舆论宣传必须要深入我国社会建设的实际,将媒体的"眼睛"集中于实际生活的热点问题、焦点问题、难点问题上;新闻报道要能够反映受众的实际心声和呼声,体现他们在生活实践中的需求和意愿,反映他们对生活的切身感受。从新闻宣传的具体技术措施上看,"三贴近"原则要求在新闻报道中使用通俗易懂的受众语言,采用受众易于接受的灵活报道形式,使我们的新闻宣传具有地理空间和心理空间的"接近性",以适应不同群体、不同地域、不同阶层的受众需要。另外,对于广播电视来说,宣传贯彻落实"三贴近"原则,首先要在广播电台、电视台播出的节目内容上下功夫,多制作播出反映受众实际生活需要的题材;同时也要注意受众的接受习惯,在节目播出形式上尽量符合其收视收听习惯。因此,广播电视工作必须紧紧依靠"三贴近"原则,紧紧围绕社会、受众实际生活的进程和发展不断创新,使广播电视新闻宣传工作紧紧围绕受众的思想实际释疑解惑,发挥舆论引导作用,才能使传播实践提高效率,获得成效,更好地实现服务于党和国家、服务于社会、服务于受众的目的。

3. "三贴近"原则要以党的"路线、方针、政策"作为指导思想

"新闻和政治既按照自己的规律又尊重对方,在对立统一中壮大和发展",而最终检验其成败的则都是"人民群众的实践"。[①] 在我国,新闻工作的出发点是党和人民群众的根本利益,二者是一致的。新闻工作必须要以党的路线、方针、政策为精神内核,即以"三个代表"重要思想和科学发展观作为新闻工作的指导思想,深入细致地面对客观事实,掌握新闻活动的内在规律与联系,分清矛盾主次。因此,"三贴近"原则,实际上是党和国家领导人提出的"以人为本""执政为民"的执政理念在指导、改进和管理新闻宣传工作中的具体体现,是新世纪新时期对马克思主义民本传媒观念的再强调、新表述和新要求。"新闻与政治本质上都是代表人民大众意愿的,政治称之为群众,新闻称之为受众。因为有了这一点,两者有共性,可以联合。但具体运作中二者又都有自己的'私利',在新闻中表现为'媒体利益',会

---

① 梁衡:《改革开放 30 年:中国的新闻与政治》,《新闻与写作》,2009 年第 1 期。

违规、违纪；在政治表现为'集团利益'，会谋私、腐败。当新闻违规时，新闻就以人民的名义来监督他，发挥舆论监督的作用，从而起到一种体现民意、推动社会进步的合力。"① 21世纪，广播电视为践行"以人为本"的原则进行了一系列探索与创新。比如各级广播中"阳光热线""行风热线"类节目遍地开花，"两会"期间开办"我有问题问总理"专栏等，从而为民众反映诉求、同政府直接沟通提供了一个有效渠道；各级电视台中反映民生诉求的新闻节目大量涌现；广播电视以发现和表彰普通人中的先进人物为主题的媒体活动（如"感动中国十大人物评选"）的广泛开展；等等，都使广播电视文化闪烁着浓浓的人性光辉和"以人为本"的理念。②

四、"三善论"的辩证媒体观

媒体作为重要的执政资源，必须从提高党的执政能力的高度重新审视新形势下党和媒体的关系，包括该如何看待媒体、如何使用媒体、如何管理媒体，从而实现媒体作为执政资源的效能最大化。

（一）"三善论"媒体观的内涵

2009年习近平同志在中央党校春季开学典礼上提出，各级党委、政府及各级领导干部要"提高与媒体打交道的能力"。李长春同志则在2010年年初全国宣传部长会议上进一步提出，各级党委要"切实做到善待媒体、善用媒体、善管媒体，充分发挥媒体凝聚力量、推动工作的积极作用"。"三善论"的提出，适应了社会主义民主政治建设不断推进的需要；适应了媒体在对外开放、全球化语境下有效传播，以增强国际舆论影响力的需要；适应了传播方式、传播格局发生了深刻变化的需要；适应了提高党的执政能力建设和国家的发展进步、长治久安的需要。

（二）"三善论"的实现途径：善用是目的、善待是关键、善管是基础

善用媒体，就要运用新闻媒体提高治国理政的执政能力；善管媒体，就要探索新闻宣传管理的新的适宜路径。善待媒体包括理解新闻、尊重记者、宽容舆论和服务媒体等方面。

---

① 张振华：《新世纪10年新闻传播理念的诸多变革》，《中国广播电视学刊》，2011年第3期。
② 张振华：《新世纪10年新闻传播理念的诸多变革》，《中国广播电视学刊》，2011年第3期。

1. "善待媒体"的前提是全面、正确地认识媒体的地位和作用

首先,关于理解新闻,除了弄清楚新闻与宣传之关系,还需要尊重新闻记者。新闻记者既是时代潮头的瞭望者,又是历史风云的记录员,理应受人尊敬。但近期,有关记者被通缉、被追打的一连串事件接连曝光,让人对记者这个职业的风险"另眼相看"。其次,宽容舆论就是要支持舆论监督,容许媒体对工作的不足、缺漏进行批评。新闻舆论监督是实现民主监督、群众监督和社会监督的有效途径,监督是动力、是支持、是爱护。作为公众决策的主导者、公共管理的行使者,必须适应在媒体关注、舆论监督下开展工作,确保事件真相和工作进展等信息在第一时间准确传递给公众。最后,善待媒体的具体行动,就是服务媒体。主管媒体的宣传部门,管理就是服务。信息公开是政府的法定义务。从2009年12月1日起,在涉及公众利益的重大决策和重要工作以及重大灾害、事故等事件时,如果政府部门负责人无故拒绝、阻挠记者采访,将受到行政问责。近年以来,许多地方政府推行或准备推行网络发言人制度,已成为一个趋势性现象……尽管政府方面有了一些进步,但在新媒体时代,其反应速度还需加快。

2. "善用媒体"意味着党和政府对于媒体要从"单纯的管控者"角色向"善用者"角色转变[①]

把媒体作为"凝聚力量、推动工作"的重要执政资源和有力助手,充分发挥其在公共管理中的重要作用。要使媒体更好地发挥引导舆论的作用,管理部门就要支持、扶持媒体开展正常的业务活动,积极构建优质高效的服务物理环境与软环境。积极引导媒体共同创造先进的媒体文化,共同享用文化发展的新成果。要注重引导新媒体弘扬社会正气、通达社情民意、引导社会热点、疏导公众情绪、搞好舆论监督,保障人民的知情权、参与权、表达权、监督权得到落实。要引导媒体由随意、即兴式的信息发布向自觉策划延伸,由单兵作战向联合作战延伸,协调统筹创优质服务、创品牌媒体。使用媒体,要有新思维。要积极促成媒体携手共进、互利共赢,而不是各自为政、各自为战。认识上,要从把媒体视为应对的对手阵地,转变到把媒体视为发挥政府主场优势的最佳园地。危机和风险从来不是捂得住的,政府要做的是及时发布和反馈信息而不是封锁社会异常信息,不能将自己置于舆论的对立面,而要做舆论的积极引领者。对发现与传播的先进典型,要充分肯定,组织媒体积极参与宣传,共同做好做强正面宣传。要引导媒体注重正面

[①] 胡智锋、张毓强:《"三善"的时代意义与现实价值》,中国广播电视出版社,2010年版,第21页。

典型内容精品的开发和日常内容产品的交互提升，控制传播走向。要鼓励进行优秀的媒体内容传播，建立媒体服务评价标准，建设经常化、制度化的长效机制，用制度与机制来保持媒体的正确舆论导向。引导媒体关注文化安全，树立责任意识，做责任媒体。

3."善管媒体"是指"既要加强对媒体的管理，又要接受媒体的监督"

"既要通过媒体了解社情民意，又要牢牢掌握舆论的主导权"；"既要让媒体为我所用，又要为媒体提供服务"；"既要尊重媒体的新闻自由，又要防止媒体权力的异化"；"既要推动媒体产业发展，又要避免市场带来的低俗化倾向"；"既要开放境外媒体采访，又要抢占世界舆论的话语权"。[①] 从另外的角度说，"善管媒体"就是要改变过去把媒体单纯地看成下属、奴仆、工具甚至"麻烦制造者"，时时加以防范的陈旧观念和做法。变过去的人治、强制为现在的法治、善治；变过去的"我说你听"的命令式管理为现在的人性化、和谐化、科学化管理；由过去单一的上下级的线性关系，向既互相信任、相互协调，又相互监督、相互制衡的新型的双向互动关系转变。"善管媒体"还指要民主决策、科学决策，按照新闻事业发展与改革的内在规律指导和推动新闻媒体的体制机制改革和经营管理，以利于新闻事业的顺畅发展。

另外，从我国媒介发展的现实状况来看，"善管媒体"还要有针对性地区分不同运作机制的媒介，进行不同的管理，要体现出鲜明的管理艺术特色。在管理中既要贯彻和落实党的思想理念和管理思路，又要符合现代化传媒发展的客观实际和市场经济要求。这就需要我们既要遵循新闻传媒的既有体制，又要创新发展，依据不同传媒的特性，按照适度性、针对性、分类化、可操作性等方式和原则，重新制定符合传媒发展实际的科学、合理的管理政策制度和运营体制，实现分类化、层级化的管理方式，增强党和国家对不同发展状况的传播媒体的合理化监管。第一，对于主流媒体，即党报、台、网体系内的媒体，必须坚持新闻工作为人民服务、为社会主义服务，贯彻邓小平理论和"三个代表"重要思想，实践科学发展观，以建设和谐社会为目标，把坚持正确的舆论导向放在首位，要认识到以"三贴近"原则指导新闻工作是马克思主义新闻观在中国新闻工作实际中的反映。第二，随着我国政府、事业、企业单位的不断剥离，诞生了一大批具有国有性质、进行商业化运作的大型公共媒体，这些媒体开始在新闻传播和舆论宣传工作中不断地发挥作用，已经成为我国新闻传播的一支重要力量。因此，公共媒体虽不

---

① 叶皓：《试论当前政府和媒体关系的变化》，《南京大学学报》，2008年第1期。

隶属于党的直接领导，但不能拒绝接受党的宏观管理。制定管理策略时，应当充分考虑到公共媒体的特殊性与地位，可以参照其他社会体系下的公共媒介管理办法，建立合理的公共媒介管理制度，使党、政府、国家、社会公共集团的共同利益相协调，既发挥公共媒体的独立自主言论优势，又符合党和国家的政策方针，满足社会公共利益需求，做到多元共生、和谐发展。最后，基于我国特殊的国情，虽然目前私人资本还不能进入广电传媒领域，但随着我国社会主义市场经济的不断发展，越来越多的商业媒体以各种形式开始进入中国的新闻信息传播行业，它们已经成为我国新闻信息传播越来越重要的力量，也开始发挥越来越重要的作用。因此，"善管媒体"就要区别不同地位、不同机制、不同种类的媒体，制定不同的管理机制和策略，用灵活、多元、有效的手段和方法来促进我国传媒的合理、高效发展。

第二节　新的传播环境的形成

由现代媒体重构的传播方式、传播格局以及借此广泛增强的社会公民意识，已经对旧有的传播环境形成了巨大的挑战。随着社会主义和谐社会的提出、我国社会主义民主政治的推进、传媒技术的发展，社会公众参与社会管理的意识不断加强，提高信息传播质量、实现信息权力平等、建立强有力的社会舆论监督、提高政府信息透明度的要求和呼声越来越高。广播电视媒体提高内容质量是现代传播的必然要求，要在新的传播环境下继续恪守新闻专业性原则，提高媒体传播公信力。同时，广播电视媒体要积极促进社会信息公开制度的建立，了解社情民意、有效引导舆论、加强社会监督，以完善创新社会管理、推动民主法制建设。

一、从重"量"到重"质"

现代媒介发展极为迅速，使得传播的时间、空间、方式、手段等内容都发生了剧烈的变化，因此，必须顺应传媒环境发展，转换传播的重心和方式。毫无疑问，在任何新闻传播体制下，真实性原则是新闻传播工作的最基本要求，也是首要要求。新闻的真实性是由新闻传播自身特性所决定的，是不证自明的。作为一种信息传播扩散方式，新闻工作无时无刻不面对海量的新闻信息，需要对这些信息进行仔细的甄别、判断和筛选，才能够去伪存真、去粗取精，将真实、客观的信息传播给受众，满足其社会生活实践需求。

（一）恪守新闻专业性原则，提高传播公信力

新闻的虚假性、片面性、主观臆断性报道等错误方式往往使得新闻传播工作陷入困境，不但误导了受众的信息接收，导致生活工作上的损失，更严重的是，虚假失实等不良新闻容易使人的思想发生混乱，导致对事物的认识和判断出现错误，因此，特别有害于社会正常的舆论统一，会对社会正常秩序造成严重后果。在当前信息技术日益发达的现代传播环境下，由于媒介生态环境变化带来的信息传播的匿名性、交互性、随机性等因素，以及新闻从业人员自身的职业道德和业务能力的缺失和不足，加之各种政治、经济、文化等多重社会因素的共同作用，坚持新闻的真实性原则已经成为我国目前新闻工作的迫切要求。要想保证新闻传播和舆论宣传工作正常开展，就必须恪守真实性这一基本原则，即坚持新闻报道中的信息真实性、客观性。同时，把坚守新闻的真实性原则与灵活的报道手段相结合，兼顾新闻的真实性与可读性。

作为一个基本共识，新闻媒体的媒介公信力中的核心要素就是真实性。媒介之所以能够获得受众的信任，使受众将其看作信息的可靠提供者，最基本的前提就是媒介提供的信息是真实可靠的，这是新闻媒体赖以生存的基础。因此，新闻媒介被视为"社会守望者"，其工作职责与使命首先是要保证对日常发生的社会变化进行如实的再现，即通过新闻报道对新闻事实进行真实报道。这就要求在报道中所涉及的新闻事件的人物、事件、地点、时间等新闻要素真实准确，要同新闻事件发生的原貌相符合，这是恪守新闻真实性的第一个层面。同时，新闻媒体还必须认识到，客观环境是一个不断发展的过程，因此要对新闻事件发生的社会历史环境，即新闻事件所产生和发展的社会环境的变迁和调整进行反映，也就是要能够揭示出新闻发生的历史社会条件，通过及时报道不断变动的客观状态，从而在整体上反映新闻事件与客观环境条件之间的真实关系，这是新闻真实性的第二个层面的表现。

另外，根据新闻专业性原则，客观性也是保证新闻真实性、提高媒介公信力的另一个重要层面。客观性也是新闻报道工作在具体实践中的技术要求。从客观公正的角度出发，不带任何偏见地对待新闻事件，平衡地报道思想等内容都被视为新闻报道的基本立场，这同样是确保新闻真实有效的重要策略。客观性报道在具体表现方面有以下几个出发点：第一，要平衡报道，提供事实争论的不同方面的观点，便于公正地表述对事实的多元态度；第二，要不带偏见地进行报道，报道主体不能介入主观态度；第三，当事人的态度和意见要使用直接引语方式表明；第四，报道时尽可能全面、详尽，做

到事实信息不遗漏。只有做到以上四点，才有可能在新闻报道中坚守客观性原则，确立客观公正的报道立场，使所报道的信息真实可信，得到受众的肯定与接纳。因此，新闻报道，特别是新闻采访必须要仔细搜集信息、全面了解情况、认真核实信息来源、公正对待采访对象，在报道时更需要慎之又慎，以免顾此失彼、片面主观。在传媒日益开放、信息日益丰富、知识日益普及、思想日益多元化的现代传播环境中，必须客观公正地进行新闻报道，以获取受众和社会的信任，提高媒介公信力。

（二）拓展传播视野，关注多元信息

广播电视新闻媒体的主要观察和报道对象是现实客观世界，其本身既将客观世界作为工作对象，同时自身也是客观世界的构成部分。在瞬息万变的现实世界发现新闻信息、获取新闻信息、整合新闻信息、报道新闻信息，是广播电视新闻工作人员的基本职责和任务。不管是什么媒体，对新闻信息的处理能力都会直接影响到媒体自身的生存与发展。取得受众信赖、确立话语权威、形成社会公信力，都建立在进行新闻信息传播的能力的基础之上。而在新的社会历史环境下，媒体必须关注整体社会变迁与环境变化，并有所选择，才能适应现代传媒发展与竞争的态势与趋势。

1. 关注社会整体发展趋势，报道人类共同文明成果

作为社会主体的人，其生活生产的基本社会环境是最重要的自我生存环境，与自我的发展息息相关。因此，整体社会发展的趋势往往是人类最为关注的信息之一。作为现代传媒，必须帮助人类去认识、理解、关怀自身赖以生存的基本环境，以促进人与自然、人与社会、人与人之间的和谐共处，获得可持续发展。因此，媒体必须关注社会发展的整体趋势，帮助人类做出自我发展决策的正确判断，在满足自身日益增长的物质文化需求时，合理处理自身与整体社会的关系。另外，作为社会的存在，人类创造了现代文明，这些文明进步的成果往往可以成为激发人类改变自身生存现状的物质和精神动力，以提高自身文明程度，进而推动社会的发展与进步。因此，广播电视新闻传媒必须努力报道人类共同文明成果，让人类理解生存环境的深刻变化，让他们知道自己生存环境的发展进程，帮助人类准确认识自身的发展与改善；展示人类自身的创造力，展示人类的物质和精神的能动性，促进整个人类文明的共同发展。

2. 宣传党和国家的重大方针、政策、路线，协调社会关系

在我国，党和国家、政府作为社会的主要管理机构，其主要的社会管理理念往往是通过重大方针、政策、路线的层级化传递得以表达和落实的。重

大决策对于社会的政治、经济、文化等体制的发展、变化具有重要影响，事关每一个社会群体的利益，决定社会事务的走向。因此，这些重大方针、政策、路线必须要得到合理、准确、及时的解释与宣传，才能保证信息畅通，使有效的社会管理成为可能，而这一工作毫无疑问是我国新闻媒体必须要承担的任务之一。广播电视新闻媒体必须要通过积极主动报道、深刻清晰解释、迅速及时宣传、准确真实反馈等手段对这类重要新闻进行处理，要善于在报道、解释、宣传中协调好重大决策与社会公众切身利益的关系，处理好政策落实中的矛盾，要肯讲、会讲、敢讲，将重大决策与社会群体发展的重要辩证关系阐释明晰，配合党和国家的宏观管理，同时帮助社会公众理解接受这些决策。从技术层面上看，就是要把宏观的、抽象的、整体的方针、政策、路线转化为微观的、具体的、局部的表述，用便于社会公众理解和接受的新闻报道方式传递这些决策的理念和观点。

3. 监测社会环境，做好舆论监督

新闻媒体的一个重要的社会职能就是监测社会环境，并通过自身的媒介权力来对有悖于社会正常健康运转、有害于社会公共安全、威胁社会公共利益的行为和举措进行监督和批评。邓小平同志提出"共产党要接受监督"，因为"失去监督的权力必然走向腐败"。新闻传媒具有较高公信力和较大影响力，主流媒体尤其如此；同时，新闻传媒处于社会舆论的中心位置，常能形成社会公众舆论并影响已有公众舆论，因而其舆论监督在社会主义民主与法治建设和依法治国的进程中日益发挥着独特的重要作用。我国广播电视的新闻舆论监督一般来说有三个内涵：第一，评价功能。舆论监督的出发点是改进工作、解决问题、增进团结、维护稳定，通过舆论监督可使社会舆情和群众心声得以公开、充分地表达，以求得社会成员的心理平衡；通过舆论监督，及时化解矛盾，问题得到解决，取得很好的监督效果和社会反响。因此，舆论评判和舆论监督有助于阻止和抑制不正确、不道德的言论和行为的发生。第二，"社会减压阀"的宣泄功能。在转轨过程中，结构调整带来了群体之间利益的调整，不同利益群体的人，对同一社会现象会产生不同的情绪。在媒体上公开揭露不良事件和行为容易引起社会公众不满，新闻媒体可以有选择地反映人民群众的情绪，避免不满情绪的积淀和突然爆发。第三，激励功能。在媒体上开展批评，是一种诚实的表现，是一种相信自己力量的表现，它可以使公众从新闻报道中感受到我们党和国家已经看到了社会生活中的消极现象，而且完全有力量、有办法逐步解决这些社会问题。正因为如此，正确的批评性报道可以激发起社会公众同消极现象展开斗争的信心和勇气。

4. 关注社会重大事件，建立报道话语权

社会重大事件、突发事件，是指突然发生，造成或者可能造成严重社会危害，需要采取应急处置措施予以应对的自然灾害、事故灾难、公共卫生事件和社会安全事件。重大突发事件往往对社会生活产生突发性的巨大的震荡力，影响正常的生活秩序，对社会的正常运行产生种种难以预测的冲击力甚至是破坏力。能否做好对重大突发事件的新闻报道，是对新闻工作者职业素质的严峻考验。广播电视的直播手段是信息传播中的有力手段，可以突破时空限制，在第一时间提供最快的信息、展现真实场景、报道最新动态。因此，针对重大突发事件，首先，广播电视媒体必须快速应对，在第一时间内传递新闻信息，取得时效优势，例如采取直播新闻的方式来争取受众关注、扩大自身影响。其次，广播电视应当坚持连续报道，全面披露信息。重大突发事件的关注度极高，受众势必对事件发展进程的每个环节都极为关注，因此，连续提供可靠信息是实现并把握报道话语权的重要方法。第三，要维护国家安全，以社会公共利益为第一选择。对于重大事件，媒体争相报道，有些缺乏社会责任感的媒体不免会去满足受众潜在的、阴暗的猎奇心理，而不加取舍地一味追求新闻的"真实性"，以博取高的收听收视率。因此，在重大突发事件的报道中，广播电视新闻媒体必须要保护国家安全、促进社会稳定、维护民族团结，做出并实施有利于公共利益的报道策略。

（三）确立多维新闻理念，阐释新闻深度意义

广播电视的深度报道是重要的新闻信息传播方式，在新闻报道实践中越来越受到关注。深度报道是运用解释、分析、预测的方法，从历史渊源、因果关系、矛盾演变、影响作用、发展趋势等方面报道新闻的形式。深度报道擅长运用背景材料来分析一个新闻事件发生的原因、意义、影响，或预示发展趋势，侧重于说明新闻事实的来龙去脉，阐述事实发生的原因、结果以及相关事物之间的联系。深度报道从类型上可以分为解释性报道、调查性报道、预测性报道等类别，适用的题材主要包括政党和国家颁布的重要方针、政策及举措，政治、军事、经济等突发重大事件及趋势变化，重要的科技成果，涉及公众切身利益的重大问题等。随着市场经济的深化，我国面临政治、社会、文化多元维度的深刻变革，面对正在发生的急剧变化，中国新闻工作必须从思想意识上引领我国当代多元复杂的社会思潮，形成最高限度的社会思想共识，以社会主义核心价值体系为基础，建立和巩固构建社会主义和谐社会的思想认同机制。因此，广播电视媒体必须加强深度报道能力，建立多维新闻价值理念，善于利用新闻背景材料，全面、深刻地解析新闻事

件;同时善于利用多样化的表现手段,运用声音、画面等方式展示新闻事件,使新闻报道有理有力,便于接受。广播电视新闻媒体进行深度报道的同时要拓展范围多元的信息流通采纳网络,及时有效地获取信息、接收信息、发布信息。

二、从"封、捂、压"到"社会信息公开"

随着全球经济一体化、信息化的不断发展,加之大众传媒的不断变化,世界各个国家和地区都自觉或不自觉地由信息网络连接起来,丰富而多变的信息,已经作为社会经济、文化发展进步的核心动力,在人类社会发展中扮演了越来越重要的角色,甚至可以说,信息社会已经开始建立起来。而在信息社会中,信息和知识是整个社会发展的关键因素,获取信息优势地位,就意味着在竞争中取得了领先优势。

(一) 社会信息公开的制度保障

在不同的信息源中,政府被看作最重要的角色。根据统计显示,全球信息流动之中,来自社会管理机构的政府的信息占整个社会信息总量的80%以上。因此,政府信息是社会信息的主体资源。由于政府行为与社会公众的直接利益根本相关,公众也需要及时了解信息以对政府行为进行监督,因此,政府信息公开是社会管理和发展的必然要求。从法律层面来看,政府信息公开是指国家行政机关和法律、法规以及规章授权和委托的组织,在行使国家行政管理职权的过程中,通过法定形式和程序,主动将政府信息向社会公众或依申请而向特定的个人或组织公开的制度。从内容上看,政府信息公开主要包括政务公开与信息公开,主要是指行政机关公开其行政事务,强调的是行政机关要公开其执法依据、执法程序和执法结果,属于办事制度层面的公开;同时,政府还应当公开其所掌握的有关社会管理活动和行为的其他信息。推进政府信息公开,是社会发展的必然趋势。当前,我国经济社会发展正处于转型跨越发展的重要战略机遇期。随着经济社会的发展和改革开放的深入,人民群众的利益诉求更加直接,了解政府工作的愿望更加迫切,对政府信息公开的要求越来越强烈。推进政府信息公开,既是适应形势发展、满足群众需求,也是降低行政管理成本、为企业和市场合理配置资源提供信息服务、促进经济社会又好又快发展的需要。

我国于2007年正式确立了社会信息公开的相关规定,从制度层面保障和要求了信息公开机制。2007年1月17日,国务院第165次常务会议通过了《中华人民共和国政府信息公开条例》,自2008年5月1日起正式施行。

该条例从基本原则、公开的范围、公开的方式和程序、监督和保障等方面进行了明确的规定,是我国政府信息公开的基本法规,是一部政府加强自身建设的重要法律制度,有利于推进社会主义民主法制建设,加强对行政权力的监督,更加有效地防治腐败。政府应当按照"公开为原则,不公开为例外"的基本要求,大力推行政务公开工作。广播电视媒体是社会信息公开的重要载体,应当按照"统筹规划、资源共享、面向公众、保障安全"的要求,积极构建社会信息公开平台。

(二) 社会信息公开的意义

公民的知情权,又称为知悉权,1945年由美国AP通讯社专务理事肯特·库勃提出,即公民对于国家的重要决策、政府的重要事务以及社会上当前发生的与普遍公民的权利和利益密切相关的重大事件,有了解和知悉的权利。知情权实际上是一种"信息权",1946年联合国第一次大会通过的第59号决议,宣称信息自由权是一项基本人权。我国《宪法》第2条第1款之"中华人民共和国的一切权利属于人民",第27条第2款"一切国家机关和国家工作人员必须依靠人民支持,经常保持同人民的密切联系,倾听人民的建议和意见,接受人民的监督,努力为人民服务",第35条"中华人民共和国公民有言论、出版、集会、游行、示威的自由"等,均是公民的知情权受到宪法保护的体现。

1. 保障公民的知情权

我国的社会主体是公民,作为社会活动的真正参与者,公民有权利知悉并掌握作为社会管理部门的政府的信息,这是法律赋予公民的基本权利,也是政府的责任和义务。而个体公民由于受到资源分配、活动范围等的限制,无法及时、全面地掌握了解政府信息,因此,政府信息公开应当成为政府履行社会管理服务义务的内容之一。作为社会主要传播媒介的广播电视新闻传播媒体,应当积极同政府相互配合,充分利用自身传播优势,及时公开地传播政府信息,使得公民能够获取真实的政府和社会的公共信息和生活资讯。这是媒体自身的职责所在,也是公众知情权对广播电视媒体提出的迫切要求。作为社会信息传播机构,广播电视媒体既要能够保证公民及时获取政府和党的包括政策、方针和公务活动在内的内容信息,保障公民的知情权,同时还要积极对政府进行监督,督促其及时公布与公民利益有关的信息,使民众能及时保护自身的安全和利益。

2. 提升政府公信力,提高执政水平

利用广播电视媒体积极进行社会信息公开,可以有效提升政府公信力,促进政府与公众合作。政府公信力已经成为现代社会管理的一种潜在资源,主要体现在:建立政府与公众的相互信任机制,可以提高社会管理效率;建立政府与社会实体的相互信任机制,可以提升政治、经济、文化活动的影响力和效果,降低政府行政成本,节约社会资源。在过去的传媒环境下,由于传统社会管理思想的影响,政府信息公开没有得到很好的落实和发展,往往出现政府掌握信息渠道资源,公众难以及时接触有效社会信息的情况。因此,一旦出现重大事件,公众不能够及时了解事件真相和进程,不利于政府公信力的建立。

现在,随着广播、电视,特别是互联网等现代化传媒及信息传播方式的普及,公众获得信息的渠道日益丰富,信息传播更为自由。而由于各种原因出现的谣言、噪音及社会不良现象等往往会使政府公信力受到损害。因此,政府必须利用媒体及时公开信息,以开诚布公的态度面对社会和公众的质疑和询问,才能提升公信力。广播电视媒体作为主要媒介,更应当积极配合政府进行信息公开,树立政府公信力。特别是在危机处理中,由于广播电视的特殊地位,及时准确的信息公开对危机处理的进程和最后结果尤显重要。因此,广播电视媒体要善于建立信息公开化的应急预案,积极构建信息公开渠道,及时为党和政府反馈社会信息,在传播事实的基础上进行正确的舆论引导,做好党和政府与社会公众沟通的桥梁,以有效避免危机扩散,避免政府公信力受到威胁,维护政府形象。

3. 促进民主政治,实现公民监督权利

我国是人民民主专政的社会主义国家,首先要坚持国家的一切权力属于人民,保证人民依照宪法和法律规定,通过各种形式和途径,管理国家事务,管理经济和文化事业,管理社会事务,保证人民当家做主。因此,坚持人民民主专政的实质,就是要不断发展社会主义民主,切实保护人民的利益,维护国家的主权、安全、统一与稳定。民众只有真正有效地利用政府掌握的信息资源,才能对现行的制度和政府行为进行监督和提出意见,才能参与行政管理,从而促进政府民主制度和行为的改进,完善不足。对此,广播电视媒体要勇于扮演"社会守望者"的角色,保障群众知情权、参与权、表达权、监督权的实现,代表公众监督政府有效行使行政权力,提高权力运行的透明度,减少政府与公众的信息不对称,抑制政府的渎职、贪污、滥用职权行为的发生,推动政府官员廉政、勤政建设。因此,广播电视媒体要勇于承担责任,积极创造和改善社会公众的舆论监督条件,提升公众的监督能力。这既是社会公众的期望与要求,更是广播电视新闻媒介的基本义务。

三、从"单一声音"到"多元话语"

1988年3月15日,中国共产党十三届二中全会工作报告指出:"在社会主义制度下,人民内部仍然存在着不同利益集团的矛盾。"在政治层面首次承认了多元利益集团的存在,中国改革的基本特征决定了多元社会的形成。多元化是指在人类社会越来越复杂化、信息流通越来越发达的情况下,社会更新转型也日益加快,各种社会群体的发展均面临着不同的机遇和挑战,新的群体也层出不穷。

(一)多元社会的形成与传播主体多元化

在现代复杂的社会结构下,必然要求各种不同的群体要协调于社会的整体发展,这些多元化的群体造就了社会的多元化,也就意味着出现了多样化的利益主体。所谓利益主体就是利益的创造者、追求者、消费者和支配者,反映了在一定的社会关系中人们对各种社会资源和社会财富的分配要求。当今社会,错综复杂的利益主体层次,带来了利益主体价值观的复杂性和主体间的利益矛盾冲突,已经形成了利益主体多样化的格局。掌握不同社会资源的人在社会发展的进程中占有不同的优势和位置,表现在知识、管理、社会联系、信息、能力各个方面,因而有着不同的利益要求,必然产生不同的价值观,因此,必然出现传播主体的多样化、群体化。各利益阶层中的人越来越意识到集团内部利益的共同性,以联合方式表达自己的利益诉求。而要构建和谐社会,需要通过大众传媒建立广泛认同的核心价值观,形成社会共识,兼顾各利益主体的利益,平衡各利益层级的相互关系,解决层级中的矛盾。以科学发展观来统领社会的发展,是多元化社会建设的重要手段。

(二)确立主流意识形态与协调社会民意表达

美国社会学家帕森斯认为,社会整合是一种社会状态,是指一个国家不同阶层的分化与统一,包含着差异的社会协调,各个阶层之间有共同的利益和目标取向,不至于使得不同阶层陷入隔离状态。根据帕森斯的观点,社会整合包含四个维度,即文化整合、规范整合、意见与信息整合、功能整合。利益主体之间的调节可以采用经济的、法律的、行政的手段,但意识形态却有一种不可或缺的社会整合和规范的功能。马克思说过,如果从观念上考察,那么一定的意识形式的解体足以使整个时代覆灭,足可见意识形态维系社会的重要性。可以看出,利益冲突是社会冲突的根源。多元的利益主体为保证自身的合法利益而互相合作、互相斗争,而往往当利益冲突演化为对抗形式时，一旦超出社会系统的承受力和容纳力，就会造成社会系统的分化，破坏原有的团结和稳定，导致某种程度的混乱和失序。作为一种社会控制和管理手段，意识形态可以引导社会群体合理处理利益冲突，协调利益主体关系，形成一个平衡、稳定和有序的社会系统。

1. 确立主流意识形态，形成主导价值观念

"理论在一个国家实现的程度，总是决定于理论满足这个国家的需要的程度。"[①] 意识形态宣传是我国宣传舆论引导的核心要素。习近平总书记在2016年党的新闻舆论工作座谈会上的讲话提道："新闻舆论工作各个方面、各个环节都要坚持正确舆论导向。各级党报党刊、电台电视台要讲导向，都市类报刊、新媒体也要讲导向；新闻报道要讲导向，副刊、专题节目、广告宣传也要讲导向；时政新闻要讲导向，娱乐类、社会类新闻也要讲导向；国内新闻报道要讲导向，国际新闻报道也要讲导向。"可见新闻舆论处在意识形态领域的前沿，对社会精神生活和人们思想意识有着重大影响。当今社会，随着经济快速发展和科技不断进步，信息传递和获取越来越快捷，媒体意识形态传播的作用越来越突出，广播电视作为主流媒体意识形态传播主体，其效果关系到党和国家工作的全局，关系到改革和经济社会发展的大局，关系到国家的长治久安。因此广播电视新闻媒介必须坚持不懈地推进马克思主义中国化，必须坚持宣传主流意识形态的科学理论品质，将社会整体思潮统一于社会主义建设中来。这是党和国家对广播电视媒体提出的根本任务，也是适应我国社会主义建设的时代要求，是历史赋予广播电视媒体的必然选择。广播电视媒体必须把意识形态建设看作核心工作和重大责任，充分发挥自身的舆论导向作用，主导社会公众舆论，形成强大的舆论声势，以利于意识形态问题的解决，更好地发挥广播电视宣传工作在推动经济发展、引导人民思想、培育社会风尚、促进社会和谐等方面的重要作用。这就需要广播电视媒体坚持党性原则，牢牢把握正确舆论导向，坚持以正面宣传为主，唱响主旋律，更加自觉主动地为人民服务，为社会主义服务，为党和国家工作大局服务。

2. 积极表达民意，形成社会共识

多元化社会的新闻传播和舆论宣传要在尊重利益主体差异的基础上，最大限度地构建整体社会的"思想共识"。社会要作为一个统一的整体存在下去，需要该社会成员对社会有一种"共识"，即对社会事物及其相互关系持

---

① 中共中央编译局：《马克思恩格斯全集（第2版）》，第1卷，人民出版社，1998年版，第11页。

大体一致或接近的看法，只有在这个基础上，人们的判断和行动才会有共通的基础，社会生活才能实现协调。在新的历史条件下，大众传媒，特别是广播电视媒体必须要在社会主义意识形态建设中做到以人为本，形成社会共同意识，为多元利益主体各尽其能、各得其所而又和谐相处提供思想观念基础。这就要求广播电视媒体能够积极地承担起民意表达的任务，贴近实际、贴近生活、贴近群众，立足于社会公众的社会实践之中，反映不同利益主体的思想动态，综合运用多样化的舆论宣传形式，在保证主流意识形态得到传播的前提下，关注和解决社会公众的实际利益需求和观念表达，适时地了解社会心理变化的特点和趋势，做到既统一思想又尊重差异，既引导思潮又表达民意。广播电视媒体应当认识到要把意识形态的严谨性与新闻宣传报道的表述生动结合起来，做到尽可能用简洁清晰、透彻明了的方式传递严肃观念；同时必须关注"公共利益"，坚持"主旋律"，并更好地反映社会各个阶层、各个群体的愿望和要求，表达社会正当合理的利益诉求，形成社会共识。

第三节 传播途径及手段的变化

从仅仅把新闻事业视为上层建筑意识形态到承认新闻事业的产业性并将市场机制引入传播领域，是我国广播电视传播业发展的历史轨迹和趋势，也是我国广播电视传播理念的重大变化。同时，以三网融合为代表的传播技术的革新与进步，带来了传播观念和传播手段的变化，从而也使得传媒自身的定位与功能发生了显著转变。作为一种全新的传播观念，交互式传播已经成为广播电视发展的必然趋势，会对我国的社会结构变革和社会制度发展带来深远的影响。

一、社会结构转化与广播电视功能变革

从历史上看，由于客观原因，我党领导下的新闻事业是以宣传特性为表现特征的，广播电视媒介是作为宣传工具而存在的，单一宣传策略造成社会信息呈单向流动状态。随着科学技术的进步，特别是信息技术的发展，加之社会主义改革开放的不断深化，我国社会各个阶层开始关注自身利益，社会公众出于自身发展的需要，大大增强了对各类信息的需求，从而从受众层面提高了对信息传播的期盼。这一方面体现在公众要求广播电视媒体积极提供内容丰富、及时有效的新闻信息，同时要求我们不能再把广播电视媒体仅仅作为一种政治宣传工具，而应成为一种以传播信息为主，同时注重宣传功能

的媒介。另外，从社会经济结构看，随着我国社会主义市场经济体制的确立和不断发展，广播电视媒体的产业属性被确立，并被看作重要的社会功能之一。从过去传统的宣传功能过渡到多元化的功能结构，使广播电视的社会使用出现了多类型、多层次并存的新结构，而市场经济带来的多元化，在为广播电视媒体的生存发展注入新的推动力的同时，也为其提出了新的命题和任务。

  在我国传统意识形态下，广播电视媒体一直被单纯作为党的"耳目喉舌"，以行使单一的舆论宣传功能而存在的。随着我国社会结构的不断变化，传媒在社会中的地位与角色开始转变，传播知识、休闲娱乐、沟通交流等新的社会公众需求也开始要求广播电视在新的历史社会条件下转变自身定位，承担更多的社会责任与任务，以促进社会的纵深、协调发展。因此，在新的历史时期，广播电视媒体必须坚持在党的领导下，继续巩固完善"耳目喉舌"功能，做好社会主义舆论宣传导向工作；与此同时，广播电视媒体更要认真审视自身的信息传播功能，发挥信息交流沟通枢纽的作用，按新闻规律办事，从受众角度出发，提高信息传播能力，满足社会对信息的极速增长的需求。而实现这一目标的最重要的手段就是：广播电视媒体要时刻关注受众需求，采取与之相适应的传播方式。

  我国的社会结构变化对受众需求的制约和影响显而易见。从信息内容层面看，受众的实际需求往往要求广播电视媒体注重新闻信息报道，能够提供充足的信息源头和高质量的信息表述。首先，在我国市场经济确立初期，社会公众的思想刚刚从单一、简化的意识形态观念中解放出来，因此，对于具有丰富思想性、生活气息浓郁、明快活泼的融合知识性和趣味性的报道和节目关注很多，比如央视曾经的《为您服务》栏目，就获得了受众的积极关注与响应。其次，随着社会改革开放的进一步深化，经济意识逐渐开始成为社会各个群体关注的焦点。同时，社会的深刻变化，重大社会政治事件、经济事件、文化事件的发生，重要法律法规政策的出台，都对人们的生存与发展产生了强烈的影响，也使得受众开始积极关注自身的生存和发展环境。社会群体开始意识到社会发展进程中的自我调整变革与群体自身利益的双向互动，因此，开始对广播电视新闻媒体提出了更高的要求。第三，随着全球社会化分工的不断分散化、跨国化，资本的流动国际化，文化交流的普及性，我国社会更加深入地融入了全球一体化进程之中，国内时事与国际时事共同构成了受众关注的核心。然后，随着社会群体的分化，受众需求开始凸显个性需求。受众往往从主观兴趣出发，选择适合自己的传播媒体与信息，以满足自我的个性化需求。同时，传媒的高速发展、信息的海量增速，迫使受众必须面对众多的媒体内容进行自我选择，任何信息的获取都是筛选过滤的结果。

二、数字化、受众需求与传播理念重构

作为我国最主要的大众传播媒介，广播电视一直是最具社会影响力的媒介之一。我国广播电视媒体经历了长时期的基础性建设之后已经成为最大的网络覆盖媒体，无论是传播范围还是受众基础，都远远领先于其他媒体。进入信息社会以后，随着我国数字交互广播电视传播平台的不断完善与构建，大大突破并消除了原有不同传播媒介之间的界限，加之利用技术对传播手段进行不断的整合，广播电视媒体已经开始成为国内最大的多媒体信息交互式传播平台，形成了多维立体传播体系。毫无疑问，这种传播技术手段的革命势必使我国的信息传播方式从单向流动转向交互传播。

（一）媒介的数字化与受众需求

在交互传播已经开始构建我国信息传播环境的过程中，广播电视媒体应当意识到，需要更加关注受众信息需求。从最新的传播趋势来看，单一、单纯的信息模式已经不能适应数字化媒体时代的传播需求，如何运用、整合尽量多的资源，通过多种传播方式影响受众，达到传播效果的最大化，已经成为广播电视媒体传播所面临的重要课题。

从传受双方的地位和角色来看，交互式信息传播的前提是传播者与受众之间的关系平等，受众具有主动性，"传播参与者"的身份逐渐明显。新的信息环境下，受众已经开始不再采取传统被动式获取新闻信息的方式，而是通过互动式、体验式等信息传播渠道和手段很好地调节信息扩散与抵制信息之间的传递矛盾。交互式传播要求必须充分考虑受众群体的信息需要，根据受众易于接受、便于接触、容易理解的媒体渠道与表达方式，提供有针对性的相关信息内容，在交互性的信息沟通中获得受众的认可，从而达到传播效果的最大化。因此，在交互式传播过程中，互动式的信息传递与获取能够明显引起受众的高度注意，体现出的传播效果最好、接受度最高，具有传统媒体无法比拟的优势。因此，传播与反馈这一对映体在原有传播系统中的不平衡态势被打破，使传受双方做到自主、互动，实现了真正意义上的信息共享和交流，突破了以往传统媒体那种在"宣传本位"理念主导下的"我播你听、你看"的单向模式，弥补了由于忽略受众的主动性、不顾一切强制灌输信息，导致传受双方缺乏必需的交流互动、信息流通受阻、难以达到预期传播效果的不足。

从传播的过程来看，交互性就是传播过程中信息传递的双向互动性，强

调的是传播过程中参与者在相互交流中能够控制和改变角色的程度。交互式传播,使受众从传统媒体转移到融合媒体,信息传播过程是依赖以广播、电视以及互联网技术为核心的多维媒体传播。这种传播方式的优势在于:首先,将社会群体信息的传递速度大大提高,信息发布和获取的效率获得几何级增长。其次,这种传播方式确立了传播主体与接受客体的共生关系,传播主体必须了解受众需求和特性,要在真正满足需求的基础上提供真正有内容、有质量的信息;同时,受众通过传播行为积极主动地为传播主体提供了丰富的信息反馈资源。双方的信息传递是一种沟通互动的过程。据此理念,当前,我国广播电视已经开始逐步由传统的大众传播媒体向小众传播、分众传播和个性化服务过渡,在信息服务和节目服务等方面开始逐步采取分众经营与提供个性化服务方式,采纳吸收专业化传播理念,针对目标受众群体的需求差异建立传播系统中的用户层级,为不同受众群体提供最具个性化的信息产品服务。

从受众信息消费方式来看,数字化的交互式传播是我国广播电视媒体发展的必然趋势,也是满足受众需求的根本走向。数字化交互式传播手段,有利于促进广播电视的媒体采编发行、播发系统技术升级,加快媒体现代化进程,实现多媒体综合集成发展,这与当今受众的信息接收消费需求是一致的。从受众信息消费习惯看,数字化信息介质开始在我国现代社会普及,数字化阅读、数字化消费已经成为受众获得信息的重要方式和必然趋势。因此,广播电视媒体必须开始加快电台、电视台的数字化建设,构建采、编、播、存、用一体化的数字技术新体系,构建面向多个播出平台、多种用户终端的综合制播系统,大幅度地提升广播电视播出质量和水平;要积极利用互联网等新兴媒体技术与广播电视技术的多方优势,使广播电视迅速发展成覆盖广泛、影响巨大的大众传媒,抢占科学技术制高点、占领文化传播制高点、把握舆论引导主动权;要充分发挥资源优势,积极拓展网络广播电视、手机电视、移动多媒体等新兴领域和新兴传播阵地,使广播电视数字化交互式传播平台成为宣传社会主义先进文化的新阵地、提供公共文化服务的新平台、人们健康精神文化生活的新空间。

(二)媒介传播理念的重构

基于数字化技术手段的交互传播方式革新了广播电视的原有传播理念,有力地助推了大众传播理念的变革。受传播技术和传播平台建设能力不足的制约,一直以来,我国传统的广播电视传播方式都是建立在"单向线性"的信息传输的基础上的,其基本的传播流程就是采取播出机构制作信息、通过媒介播送平台传递内容、受众利用接收终端接收信息，呈现出明显的线性传输方式。而数字化交互传播平台则使得广播电视可以借助多元化的网络载体，形成的是整体性互动传播渠道，从而打破了广播电视听众、观众的"固定受众"角色概念，同时将广播电视媒体的"固定传者"角色进行了消解。双方的传播方式从原来的"点对面"过渡到了"点对点"的方式。可以说，数字化交互式广播电视媒介传播平台的建立，真正实现了基于"受众本位"的传播理念重构。

1. 转换传播现象观察视角

广播电视的数字化交互式传播方式对信息提供者的观察视角提出了新要求，即必须从媒介使用的立场来审视传播现象。观察视角的转变带来了对传播现象认知思维的转化，主要表现在以下方面。

首先，要充分认识到媒介使用者的主动权与选择权。交互式传播是突破传统观念的全新传播理念，受众可以在视、听、感方面进行积极主动的自我体验。交互式传播可以将无序化的信息进行有序的整合，并且大大压缩了信息的厚度，受众可以充分地根据自身需求进行信息选择和决策，在有限的空间与时间中获得无限的信息使用能力。同时，数字化交互传播平台还为广播电视的受众打破了传统信息发布者的信息垄断与限制，受众可以自行制作自己的新闻信息，并将之迅速扩散出去。广播电视媒体将成为人们进行信息互动交流的广阔平台。

其次，数字化交互式传播方式拓展了广播电视媒介使用功能，提高了信息使用率。广播电视的数字化，使其摆脱了以往单纯播出新闻、节目等固定内容的信息播发者角色，而利用广播电视传播平台进行发送和接收个人化信息、进行休闲娱乐、从事商务通讯沟通等活动已逐步随着这一平台的确立而为受众所接受。例如交互式广播电视点播系统，通过将互联网宽频技术同广播电视传播网络相结合，能够有效整合电视和电脑的传播功能，个人在数字电视提供的交互网络上可以随时点播节目、下载录播电视节目、从事电视商务、参加互动游戏等。再比如，数字电视采用数据压缩技术信号，易于实现信号的存储，可以实现时分多路、合理充分地利用各种类型的频谱资源和信道容量，进行多种形式的高质量广播，具有开放性和兼容性。因此，数字化交互式平台下，广播电视受众不但拥有主动参与传播过程的能力，而且可以利用数字技术提供的媒体多样化服务功能，充分提高媒介和信息的使用效率。

最后，交互式传播为广播电视传播的监管带来了新的挑战。广播电视交互式传播平台一方面带来信息使用的便利性，同时给我国广播电视的监管问题带来了新的要求。在广播电视飞速发展的过程中，一些消极、负面的内容日益凸显，利用交互式的传播手段介入广播电视的内容传播之中。利用广播电视进行低俗炒作之风流行，虚假消息不胫而走，淫秽色情不时露头，"信息水军"兴风作浪，少数广播电视暴力行为突破法律底线等不良倾向已经开始严重威胁到广播电视的信息传播活动。如何趋利避害，建设积极向上的广播电视文化，营造健康文明进步的社会文化环境，是我国广播电视建设面临的新课题，也是新形势下加强和创新社会管理面临的新挑战。可以看出，交互传播的发展已使包括广播、电视、互联网在内的传播平台演变成一个极其重要的舆论战略阵地，对国家安全、经济发展、社会秩序、青少年的素质培养等影响巨大，因此，必须认真加以监管。毫无疑问，认为依靠市场的力量和公民的自律就足以建立传播秩序和行为标准的看法是不符合我国传播状况实际的。应当认识到，单纯依靠市场的力量和民众的自律是远远不够的，不能充分保护广播电视受众的合法利益和国家社会的信息安全。因此，广播电视在交互式传播环境下的监管的相关政策、相应法律法规的制定成为重要问题，必须及时加以解决。

2. 创新调整传播内容和传播方式

随着交互式传播方式的深入，当今广播电视媒体已经进入"内容为王""渠道为王"的竞争态势之中，以受众导向来主导协调内容生产和传播已经成为一个新的趋势。因此，广播电视内容的生产制作、播出、经营推广各个环节都必须进行全方位的创新与调整，而这种创新与调整已经成为节目、栏目、频道、媒体提高收视率、扩大影响力、获得美誉度、提升竞争力的关键因素，其核心就在于对受众市场的把握和运筹。创新调整传播内容及传播方式，具体体现在两个维度上：第一，在内容生产上，以特色定位，优化传播内容与信息产品结构。要认真研究受众定位，形成在内容创立与传播之前必须要进行市场调查和受众分析的现代化传播基本思想，防止出现与主导思想价值体系不调和的内容，避免出现传播内容与主流价值观相分歧，这样才能在保证思想性的基础上真正做到有的放矢，满足受众的个性化需求。第二，在传播渠道的选择上，要按照有利于传播目标的实现、有利于传播受众的接受、有利于广播电视内容的传播、有利于经济效益的获得四个原则，在设计和建立传播网络时，针对不同社会受众群体的需求意向，研究和制定相应的传播手段和方式。在具体操作层面，可以通过充分利用已有传播渠道、拓展新的传播渠道、发挥技术优势、创新信息表现形式、扩大信息来源、合理进行内容编排、主动进行推广营销等手段，争取以最少的资源投入取得最大的传播效果。

三、"交互传播"实现的现实基础与发展趋势

《中共中央关于深化文化体制改革、推动社会主义文化大发展大繁荣若干重大问题的决定》指出，提高社会主义先进文化辐射力和影响力，必须加快构建技术先进、传输快捷、覆盖广泛的现代传播体系。

（一）三网融合是实现"交互传播"的现实基础

从技术层面看，随着现代信息技术的不断高速发展，传媒技术正呈现移动式、互动性、个性化的发展趋势。因此，广播电视媒体为适应这种竞争发展现状、充分实现社会功能，就必须加快发展与新兴媒体的对接与联合，不断创新传播业务形式，实现传统媒体与新兴媒体的融合发展。另外，从社会公共群体的需求来看，随着网络广播电视台、手持电视、车载电视、手机报等新业务的相继开通，新兴媒体已经成为传播社会主义先进文化的新阵地、提供公共文化服务的新平台、人们健康精神文化生活的新空间。因此，加快构建多元化现代广播电视传播平台，有利于弘扬和发展社会主义先进文化，满足社会精神需求。同时，从战略布局上看，我国广电系统自开始数字化改革以来，就提出要建立三个体系，即公共服务体系、市场服务体系和政府监管体系；要求有线电视运营商不断完善公共服务体系，继续发挥"喉舌"的作用；同时要求运营商按照市场规律运作，加快建立市场服务体系，形成强势传媒，以便应对未来的国际化竞争。

三网融合，就是在此背景下提出的。作为我国经济和社会信息化的重大战略任务，三网融合是充分发挥各类信息网络设施的文化传播作用的内在要求，是构建现代传播体系的关键基础性技术保障。一方面符合国家信息科技发展战略和信息安全管理需要，另一方面是国家级媒体抢滩新媒体、掌握舆论引导主动权、提升国内外传播能力的必然要求，同时更是交互式传播理念在广播电视传播实践中的具体落实。

（二）积极推进三网融合，实现广播电视交互传播理念

要适应三网融合的要求，就必须加快广播电视传播网络由小网向大网、模拟向数字、单向向双向的转变。

1. 提升广播电视网络建设

应当坚持"统一领导、分级建网，统一规划、分步实施"的方针，将各级广播电视网络的具体建设方案纳入全国统一的广电网络总体发展规划，按照技术先进可靠、施工统一规范的要求进行规范建设，实现各区域同一技术

平台、同一收听收视质量、同一管理保障体系的目标,建立健全全国立体化广播电视传输网络体系,提高人口综合覆盖率。同时,以有线数字电视、移动多媒体广播电视等网络为基础,以我国自主创新的核心技术为支撑,加快下一代广播电视网(NGB)建设,努力建设以视频服务为主、提供多种信息服务、可管可控、安全可靠的综合信息网络。

2. 改善传播内容和服务机制

我国广播电视发展要抓紧从过去单纯的节目内容提供向综合业务服务转变,从过去的各自为战、分散粗放经营向规模化、集约化、一体化迈进,实现广电行业的战略转型,这样才能适应三网融合的发展需求。按照基本功能划分,广播电视播出机构负责制定IPTV(交互式网络电视)、手机电视集成播控平台等建设方案,同时开发提供高清电视、视频点播、互动电视、政务信息、远程教育医疗、电子商务等数字广播电视网络多样化服务;通信网络则负责制定开展IPTV传输、手机电视分发、除广播电台电视台形态以外的公共互联网音视频节目服务等广电业务的实施方案,经营增值电信业务,以及比照增值电信业务管理的基础电信业务;此外,有线电视网络、互联网企业则负责制定并开展基于有线电视网络的互联网接入、互联网数据传送增值业务和国内IP电话业务的实施方案;而作为管理主体的政府部门需要对三网融合工作的具体目标任务、发展规划、扶持政策和组织保障措施等内容进行调控;行业主管部门则需要制定安全监管平台的建设方案并对方案的落实进行监督和管理。

3. 维护国家文化和信息安全

这是三网融合顺利开展的基础和前提,必须贯穿于三网融合全过程。我国已经明确强调,三网融合要做到保障网络信息安全和文化安全。政府部门、研究机构、运营企业以及用户等要在行政监管、法律规范、技术支撑、行业自律等方面进行合理有效的规划,切实保障三网融合下的网络和信息安全。必须成立统一的网络和信息安全管理机构,要加大对广电网络和信息安全工作的指导规划力度,加强基础性管理工作,推动行业自律;要制定国家级的网络和信息安全预案以及相应的标准和规范,协调相关部门、重点行业的网络和信息安全工作,做好基础性工作,积极推进监管平台建设,以确保播出内容安全和传输安全,切实维护人民群众的视听权益,促进健康有序发展;同时,从技术层面加大科研力度,做好技术保障,要针对三网融合中可能出现的网络和信息安全问题提前部署,进行有针对性的研究,加大核心技术研发和攻关力度,努力实现重大设备的国产化,构建具有自主知识产权的网络和信息安全保障体系;同时要把人才队伍建设作为网络和信息安全管理工作的基础任务之一,加强人才队伍建设,努力锻造一支技术过硬的科技安全保障的人才队伍。

第四节 公共空间场域的构建

随着我国改革开放的不断深入,构建公共空间、深化公共空间场域发展已成为当前中国的一个宏伟战略目标,而构建和谐的公共话语空间则是这一宏伟目标不可或缺的一个组成部分。广播电视媒体通过传播先进中国文化、树立优秀民族精神、弘扬社会正气、整合社会资源、履行社会责任等方式,为社会提供自由、公共的话语交流的互动平台,积极促进了以机会均等、平等参与、自由讨论为特征的我国社会民主化进程的发展。

一、大众传媒与公共空间场域

随着我国社会主义市场经济体制的确立,整体社会发生了深刻的变迁,国家、市场和社会相分离,由此催生了一个独立于国家和市场之外的公共领域,这个公共领域是构建社会主义和谐社会的关键,是推动政府管理效能提高的重要因素。增强公民意识,提高公众参与,培育出一个健全自律的公共空间场域,使公众有愿望也有能力进行政治参与和自我管理,是中国现代化进程的必然选择,也是我国社会更加和谐完善的必经之路。改革开放以来,随着社会自由度和自治程度的不断加大,社会公众的自主能力不断增强,我国民主的公民意识开始觉醒,越来越多的社会阶层进入社会领域、参与民生和社会发展问题的讨论和解决,公民不再仅仅理解为对自身权利的维护,也被理解为责任的履行和参与的精神,这种民众自身的主动性和自主性成为我国公共空间场域持久发展的动力。公共空间场域的建立,能够提供信息的多样性,尊重公民自主的道德选择,帮助社会民众积极参加国家事务管理,实现国家和公民的良性互动,对于构建社会主义和谐社会和改革政府治理效能都有积极的意义。

广播电视媒体作为极为重要的大众传播媒介,对于促进培育和发展中国的公共空间场域有着举足轻重的地位、巨大的推动力量和不可替代的重要作用。现代意义上的公共空间场域,意味着民主、法治,意味着公民享有独立自主的权利,意味着社会平等、社会诚信有序、社会共同体的和谐和社会自治。在中国特色社会主义制度的环境下,我国的公共空间场域主要有以下几个特点:第一,公共空间场域以民众的平等权利为基础。第二,公共空间场域的内在联系是基于社会契约性关系并遵循法治原则。第三,我国的公共空间场域通过公共传媒表达其意见和在公共空间交换意见。

从媒介与社会的关系来看，现代社会的自由媒体强调的民主责任是以社会大众为依归的，媒体是民众的"喉舌"，负责传达舆情与监督政府施政，因此政府、媒体、社会大众三者之间的关系是一种呈现接近信息平衡的政治参与行为。构建公共空间场域，就要鼓励和支持大众传播媒体，特别是广播电视媒体贴近实际、贴近生活、贴近群众，创新观念、创新内容、创新形式、创新方法、创新手段，在通达社情民意，引导社会热点，疏导公众情绪，搞好舆论监督和保障人民知情权、参与权、表达权、监督权等方面发挥重要作用。

二、大众传媒的"公共原则"及其现实表征

"交流是民主的灵魂"，这已经作为现代社会文明的共识被广泛接受。作为公共空间场域的重要外在表征，构建合理的、理想的公共领域，使得公民可以充分地享受民主自由的权利、开诚布公地讨论社会问题，使民主化的多元思想得以充分表达，这样的公共领域成为公共空间场域的基本象征。

1. 大众传媒的公共原则

习近平同志在出席中央党校 2010 年秋季学期开学典礼时提出，马克思主义权力观概括起来是两句话：权为民所赋，权为民所用。意即"放权、赋权和授权"给社会，是构建社会公共空间、推动公共空间场域发展的重要课题。因此，以广播电视为代表的大众传媒，应当被看作现代民主社会的信息交流平台，应当充分地维护社会公众利益，以专业理念运作媒体，要求客观、公正、平衡、全面，要求多样、开放，保证文化质量，保护弱势群体，帮助公民实现自治能力以及参与公共事务能力的提升；同时，对公权力进行合理约束，为公共空间场域的发育成长提供空间，为公共空间场域的形成提供权力保障。这就是大众传媒的公共原则。

广播电视等大众传媒的公共原则的实现，需要有制度和理念保证。首先，社会必须赋予大众传媒充分的言论自由，要使大众传播媒介能够依法传递新闻信息、满足公众的知情权，达到传播和交流思想的目标。其次，要保证大众传媒舆论监督功能的实现，大众传媒可以对人民群众关注的某些社会弊端进行揭露批评，以此对社会现象开展评论。第三，大众传媒要积极引导，要使公众具备公共空间场域的基本理念。自由主义理念下的公共空间场域强调对个体的价值、理性、自由和权利的尊重，正好观照传统价值观念中忽视个体价值的文化传统和易于侵犯个人权利的政治现况。传统文化中重群体的理念，不应当成为公民自主意识的壁垒，不能压抑个体在经济、政治和

社会生活中的自主性。广播电视媒体要注重社会公众个人自由空间的扩展,遇到人与人、个体与企业或政府的利益冲突时,要积极介入,保障公民的合法权利。第四,必须要抵制市场法则对公共原则的侵蚀。随着我国广播电视媒体商业化的不断深入,由于大众媒介主要控制在占据了主流并且拥有公共权威的阶层的手中,这样势必造成公共权威思想上的暴力侵犯。出于利益驱动,市场法则开始不断向公共领域渗透。传媒往往基于经济动机,强行替代公众进行思考和判断,使受众成为传媒的控制对象,从而丧失独立思想,失去批判能力。市场法则如若不加以合理控制,就会严重伤害传媒公共原则中的自由与秩序、公平与效率的价值功能,会对公共原则的核心观念造成严重侵蚀,不利于公共空间场域的形成。

2. 大众传媒的公共原则的现实表征

作为大众传媒的重要组成部分,广播电视媒体的日常活动主要侧重于关注社会现象,反馈社会公共需求,积极介入干涉社会公共生活,加强社会各有关方面对公共事务的关注和理解。因此,在公共空间和公共空间场域的型构中,从广播电视社会职能的目的看,"按其使命来说,是社会的捍卫者,是针对当权者的孜孜不倦的揭露者,是无处不在的耳目,是热情维护自己自由的人民精神的千呼万应的喉舌"①。

(1) 关注核心公共事件,表达公共价值诉求

在现代民主社会,政治、经济、文化的快速发展促进了社会生活在物质和精神领域的空前活跃。同时伴随大众传媒的迅速发展,广播电视等众多媒体越来越成为大众赖以获取信息,认识自己身边的真实世界,并以这样的认识来达成自己的判断、得出自己的想法、指导自己的行动的工具。因此,广播电视发挥自身媒体特点、遵循公共良知、关注社会公共事件、形成畅通沟通渠道、取得大众认可、建立和谐的社会发展环境,是促进我国公共空间场域发展、形成合理有序公共空间的迫切需要。广播电视媒体应当从社会责任意识出发,进行公共话语和关注焦点的议程设置。这就要求媒体必须以社会公共群体为话语诉求点,积极响应社会公共需求,协调公共问题。媒体从业者在新闻传播活动中,对公共事件的社会价值做出正确判定,应首先从社会价值考虑新闻传播的可行性,做出恰当判断。广播电视媒体在信息传播过程中具有主动选择权,其媒介议程设置的功能性是显著的,它建立在公众对自身经验以外的事物无法直接体验的基础上,可以提供社会公众自身生活实践

---

① 中共中央编译局:《马克思恩格斯全集(第2版)》,第1卷,人民出版社,1998年版,第256页。

之外的多样化、及时化的事实报道，从而满足公众认识世界和社会的精神需要，也就是说公众关于外部世界的图像，基本上受大众传媒议程设置功能的控制和影响。因此，广播电视媒体应当从社会公共利益出发，对社会中的公共问题进行轻重缓急的排序。充分运用筛选与过滤功能，通过选择、排列、组织社会公共事实信息，通过这些事情在媒体议程中的出现与否，来确定其重要程度。但需要指出的是，大众传媒的议程设置功能是基于强调媒介议程整体上对社会公众关注的影响，强调的是在"相对恒定"的时空条件下媒介议程设置对社会公共事务影响的总体效果。因此，广播电视媒体在议程设置时必须建立公共关怀和公共良知，充分平衡不同社会群体的多元声音表达，避免为追求轰动效应而忽视长远效果，导致以大众媒介的议程遮蔽社会公共和公众议程，否则将会使得媒介提供的信息与公众直接体验形成距离差异，削弱传播效果，从而出现理解上的偏差，造成流言、谣言的出现甚至是对舆论的误导。因此，广播电视媒体要基于公众关注的热点来发现公共问题，进行议程设置，搭建社会公众的平等公共话语平台；同时，需要对公共反映进行及时反馈，形成公共议案，协调促进社会公共事务管理。

（2）进行公共监督，形成权力制衡

现代公共空间场域，强调不同社会公共权力的制衡与协调，特别是对于社会公众与政府的关系中的权力平衡问题。在公共空间场域中，社会公众监察、批评政府与行政事务和人员的最重要渠道是大众传播媒介，因此，新闻传播是社会的瞭望者、公共利益的守护人。大众传播媒介之所以能够成为舆论监督的"利器"，是因为媒介能够报道事实、传播甚至制造舆论，使得各种社会弊端引起广泛重视、社会公共问题得以解决。因此，在现代社会的文明进步中，大众传媒是制约权力的有效方式之一，是现代社会民主制度在话语领域的主要表现，对推动社会秩序中的公共权力监督和公共舆论有着重要影响。1992年江泽民同志在党的十四大报告中曾郑重指出："重视传媒的舆论监督，逐步完善监督机制。"在我国，广播电视媒体由党和政府领导，是其管理职能的延伸和补充，因此公信力和权威性对于公众的影响较大，在社会公共舆论监督中一直发挥着重要作用。凭借媒介自身特点，广播电视的公共监督具有手段现代化、监督形式公开化、传播快捷、覆盖面广的强大优势。例如知名的《焦点访谈》《法治时空》《记者观察》等栏目，在坚持正面宣传的同时，进行了适度的新闻舆论监督与批评，揭露与鞭挞了社会的不良问题，反映了社会公共利益和公众意愿，有力地协调了党和政府、社会、公众的联系，成为贯彻从严治党方针、深入开展廉政建设和反腐斗争的一个重要武器，促进了现代公共空间场域的进步和经济的发展。因此，进行权力制衡与监督是广播电视媒体的社会责任,而其又以维护社会利益为表征。在实践中,广电传媒舆论监督首先必须遵循社会公共利益,以持续的关注来促成社会利益的维护与实现。例如近年来发生的重庆"最牛钉子户"、厦门PX项目、山西娄烦矿难、深圳"高官涉嫌酒店猥亵女童"等影响中国公共空间场域进程的重大事件,广播电视媒体都发挥了巨大的舆论监督作用。其次,在传播过程中要打破公共权力特有的垄断性和信息的不对称性,促进社会公众对报道议题的反响的生成,发表责任意识明确的言论见解,引导协调公众意见,形成强大的舆论优势。第三,要注重对新闻舆论引导规律的运用,避免舆论引导模式化、单一化的倾向。在披露事实、传播意见的过程中,要做到持之有据、言之成理,其主要目的是唤起社会公众对问题的关注、发表意见和引导舆论,促使问题得以解决,不至于引发新闻纠纷和公众误解。

(3) 构建公共理性,确立公共意识

公共理性在公共领域中的有效实践,表现为公共空间场域中的公民个体与群体就相关公共事务展开的对话、交流与批判。多元社会是一个多元意见的集合,公共理性则是解决冲突、走向和谐的价值诉求。公共领域中,公民个体与群体首先在权利与机会平等的基础上参与到对公共事务的讨论中去。因为作为平等的公民,都有权对事关全体的社会公共事务自由地表达他们的意见,并用公共证明的方式论证其合理性。公民通过恰当的公共推理寻求共享的公共理性,以期在现代多元社会获得政治共识,并解决政治合法性乃至社会正义的原则问题。

公民的责任与理性,并非与生俱来的天然品质,而是来源于从小到大有目的性的培育,来源于公民对自身权利,义务关联性的独立判断,来源于日常公共生活中主动寻求合作的心理体验。因此,从公共理性确立的外部条件来说,其形成与大众传媒的社会职能密切相关,传媒对于公共理性的形塑是公共理性培育的关键。大众传媒,特别是广播电视媒体,可以通过有效的信息传递,在承认、尊重公民权利中唤醒公民的责任意识,在不断的相互合作中增强公民对社会机构和机制的信任,同时提供更多的选择机会来提高公民的独立判断力。另外,广播电视媒体可以通过对社会主义公共道德价值观念进行有力宣传和阐释,指引和归导公众接受公共理性中包含的互信、妥协、宽容、协商的核心价值观念,凸显社会公共的道德良知,张扬人性中的善良,关心他人,并且积极履行社会义务;同时,引导社会公众接受自利、竞争、效率的经济价值理性,拓展公共理性的多维向度,从传统的单向度强调"冷静、稳定、理智、克制"思维过渡到加强完善党和政府主导的群众利益维护机制,培育和保护多元共赢的公共理性,构建和谐社会,以促进符合社会共同利益的公众的主体意识和公共精神的生成。

(4) 传播公共新闻，激发民主观念

公共新闻是指积极地让社会公众参与报道重要公民事件的新闻实践，认为新闻媒介应该担当起更加积极的角色，致力提高社会公众在获得新闻信息的基础上的行动能力，组织和推动公共讨论和复兴公共生活，告诉社会公众如何去应付社会问题，帮助人们积极地寻求解决问题的途径。其目的在于构建和培育现代公共空间场域，对公共领域进行舆论监督和监测，影响并介入公共事务，形成和确立公共意见，促进社会民主制度的形成。公共新闻理念是我国新闻工作的一个重要观念，为当前的新闻实践提供了职业理想蓝本。公共新闻的传播有助于促进政治生态环境、媒介生态环境与文化生态环境三者的共同改善，使其和谐发展，为公共空间的最终确立提供良好的发展环境；同时为公共空间场域理念最终被接纳并全面付诸实践创造条件、酝酿机会，实现社会民主化。公共新闻还可以横跨国家理性、政党理性、利益集团理性和个人理性，帮助形成成熟自律的公民民主意识，增强社会群体和公众的利益整合能力，成为沟通、协调和统一工具理性与价值理性、个人理性与国家理性、大众理性与精英理性的中介和桥梁。

我国广播电视媒体是运用公共新闻传播唤起民主意识、促进公共事务发展、构建公共领域的重要媒介力量，其主要是通过大量创办公共新闻栏目、节目，积极介入社会公共领域，来提升公民文化水平和民主意识。"民生新闻"是公共新闻最重要的表现形式。以《南京零距离》《1860新闻眼》和湖南卫视《晚间新闻》等为代表的民生新闻栏目，成为关注公共社会生活、将公共性与新闻性相结合的典范。民生新闻追求贴近公共生活实际，改变传统的新闻制作和播报方式，挖掘新闻中的故事化和娱乐化元素，使公民主动参与到新闻事件中，找出事件真相，满足公民知情权，通过媒介途径表达公众的看法和疑问，逐步构建公民的民主意识。近年来广播电视媒体通过公共新闻的方式对发生的"周老虎事件""天价烟事件""躲猫猫事件""七十码事件"等的报道，都是在公众民众意识的影响和参与下，集合社会群体的共同力量推动或者见证事件水落石出的。可以说，广播电视媒体通过公共新闻的报道，有力地促进了公民民主自主意识和新闻参与意识的觉醒，为公众利益服务，满足不同社会公众的民主期待，传达各类群体的声音，倡导多元文化的并存与交流，推动了我国公共空间场域的形成与发展。

三、积极利用传媒构建"公共空间"

毫无疑问，现代传媒信息技术在强化公民与政府之间的联系、重构公共领域、提升社会资本方面有着不可替代的作用。

(一) 积极利用传媒信息技术，重构公共领域

首先，作为现代传播媒介，广播电视以其独特的表现形式便于公众收听、收看，其开放、及时、高速的传播特点使其可以成为有效的政府信息公开的渠道和平台。凭借先进的传播信息技术，我国政府的重大方针、政策、决定等重要社会管理思想都是首先通过广播电视媒体进入社会公众视野的。有力的传播技术手段可以帮助社会公众全时空、全方位地接触社会公共管理决策，便捷地获取相关的信息资源。广播电视与互联网技术的进一步融合，给信息社会的传播格局、传播生态以及信息的接收方式和获取方式都带来了革命性的影响。从其规模化的生产与传播特征上看，广播电视媒体已经随着信息技术的发展而逐步形成了真正的个体终端化，使信息的交流与沟通更加便捷、迅速，更加有助于改变长期存在的社会公共信息不对称的状况，大大扩展了政府信息的扩散渠道和范围，形成了政府、社会、公众的信息沟通交流立体网络，有力地构建起以大众传媒为协调力量的社会公共事务多元化、平等化、及时化管理体系。

其次，广播电视同互联网、通信网的进一步结合，使得公众的媒介使用成本大大降低，增加了公众参与社会事务管理的机会。依照公共选择理论，影响社会公众对社会公共事务的参与度的因素主要有两个：第一是人的因素，通常被称为主观因素；第二则是物的因素，通常被称为客观因素，即成本因素，识别和确定成本因素，对于公众参与公共事务有着重要影响。在传统传播媒介环境下，公众缺乏成本低廉的媒介渠道，参与成本过高往往是社会公民对公共事务介入度不高的主要因素，只有社会财力资源丰富的组织才能较为有效地参与政府决策。这就可能造成信息垄断，使得大多数中下层的公众群体处于信息劣势的不利地位，难以实现商议民主所强调的理性、平等、身份、教育等目标。而信息技术极大地降低了公众参与成本，并极大地提高了参与便捷性，惠及普通公众，使他们运用现代信息技术，取得公共议题的信息，并通过技术介入以前无法使用的广播、电视等主流传播媒介的信息传播活动中，对公共议题进行讨论、辩论及投票，进而实践公民参与的理想，实现理想对话的沟通情境，促成真正民主共识的达成。

但值得注意的是，广播电视媒体虽然在新的传播环境下凸显了公共领域在社会民主法制建设中的重要作用，但由于受到传统权力意识形态和商业化思潮的双重威胁，广播电视构建公共领域的前景并非完全理想化，需要在不断的意识观念强化、物质条件改善的过程中提升媒介自身的公共道德素养，

提高公共批判能力，从真正意义上完善中国社会的民主化进程，构建现代化公共空间，促进公共空间场域的形成。

（二）提升公众媒介素养，创造公共空间主体基础

媒介素养是指人们在面对媒介提供的各种信息时的选择能力、理解能力、质疑能力、评估能力、创造和生产能力以及思辨的反应能力。媒介素养主要包含三个维度的内容，即公众的能力维度、知识维度和理解维度。从能力维度来看，媒介素养是指公民所具有的获取、分析、评价和传输各种形式信息的能力，侧重的是对信息的认知过程；从知识维度看，媒介素养就是关于媒介如何对社会产生功能的知识体系，其侧重点是信息如何传输；从理解维度看，媒介素养就是理解媒介信息在制造、生产和传递过程中受到的来自文化、经济、政治和技术诸力量的强制作用，侧重的是对信息的判断和理解的能力。

首先，从社会文化传承的角度看，公共空间场域的形成往往具有明显的地域性特征，渗透着传统意识特别是传统文化的深刻影响。因此，我国在构建公共空间场域的过程中，应当积极提升公民媒介素养，使公众能够积极利用大众传播媒介吸收利用优秀的传统文化，树立社会主义核心价值观念。广播电视媒体作为重要的媒介资源，要积极配合党和政府、专业团体开展公民媒介素养教育，并积极传播、宣传我国传统优秀文化，使社会公众能够充分利用中华民族传统文化来促进自身公民意识的完善，提高公民主体身份地位。

其次，公民的媒介素养水平与其在现代民主社会的生存与发展息息相关。现代民主社会可以说是与现代传媒环境密切联系的，要想在民主社会获得充分的公共事务参与权力、管理权力、维护民主权益，必须能够有效地利用现代信息传媒手段进行信息获取、使用和反馈。而媒介素养旨在帮助公民发展对大众媒介的本质有知晓和批判的理解力，懂得大众媒介所运用的技术以及这些技术所产生的影响。更具体地说，媒介素养是一种教育，这种教育的目的是增加公民对媒介如何运作、如何传递意义、如何组织起来以及如何构建现实的理解和享受。同时，因大众媒介而引发的社会思潮思想、伦理道德、价值观念等问题，以及东西方文化与观念的差异所折射出的一些问题，也都需要整个公民群体积极关注。事实已经表明，新、旧媒介的不断涌现正在使人类的生活环境发生着巨大的变化，传统社会环境下公民原有的存在与发展方式已经不能够应对现代民主化社会的要求，社会公众若不能尽快调整和适应这种机制变化，其生存和发展将会受到严重威胁。因此，积极提升公

民的媒介素养，激发其媒介意识的觉醒，帮助社会公众尽快在新的社会形态中"学会生存、适应环境、有序发展"，已经成为媒介素养教育的重要现实目标，也是我国民主化进程的必然要求。

而随着数字技术的日新月异，以及社会经济、文化潮流的发展引发社会阶层的"碎片化"，媒介组织开始进一步走向联合。同时，随着全球化进程的不断加快和信息技术的飞速发展，以及信息流动的国际化、媒介多元化、市场化过程的加剧，大众传播媒介的运行机制也随之发生了重大变化，如何提高人们在现代民主社会和信息社会的主体性批判意识、减少媒介信息对社会公众的负面影响、加强大众传播媒介的社会责任，已经成为公共空间场域建设的重要课题之一。

从公众的生存信息环境看，大众传播媒体从根本上改变了人们的生活方式、思维方式、与周围世界打交道的方式，媒介的社会功能、媒介语言、媒体表现、价值观与意识形态都已经开始渗透到公共社会之中，人们很难做到真正自发地、不受媒体文化影响和媒体描述方式所干预地来观察和认识社会。

但需要清醒地看到，高度发达的大众传播媒介一方面带来了信息的充分性，无法回避的是受各种原因的影响，也为公共空间场域的构建带来了很多负面作用。首先，大量的信息充斥着社会时空，信息泛滥的同时会造成信息污染，形成了虚拟现实。因此，大众传播虽然提供了一种公众交流的途径，但却从另一方面限制了公众的实际接触空间和交流。其次，大众传媒往往强化情色、暴力等感官内容，精神意义明显削弱，这种精神麻醉作用影响了人们的思考能力，破坏了公共社会道德。第三，从社会管理层面看，大众传媒往往充斥着虚假信息，对党和政府掌握及控制信息资源、维护社会政治稳定造成影响，往往导致真实政治信息缺乏，为不良意识形态提供传播空间，影响民众对政府的信任，导致社会管理决策判断失误，甚至陷入局面失控。第四，由于我国的公共空间场域发展尚不完善，媒介素养教育层次较低，加之性别、文化、民族、职业等差异，导致公民媒介素养的程度不一、低下者居多，严重制约了公民利用大众传媒进行公共生活的具体实践。因此，基于以上原因，必须通过媒介素养教育，提升公民媒介素养，促进公共空间场域的完善与发展。

一般来说，媒介素养分两个层次：一个是公众对媒介的认识和关于媒介的知识；另一个是传媒工作者对自己职业的认识和一种职业精神。根据我国实际情况，从社会角色和地位角度来看，媒介素养的主要对象有三个：一是作为公共空间场域主体的公众，二是作为公共管理机构的政府工作人员，三是掌握公共媒介资源、行使媒介传播功能的媒体从业人员。

首先，从公众角度来看，具备了媒介素养的社会公众，一方面可以增加对媒介的了解，正确地享用大众传媒传播的资源；另一方面，可以掌握与媒介交往的方式，懂得合理地利用媒介资源，运用媒介完善自我、服务自我和参与社会的发展。其次，从社会管理层面来看，政府应当成为媒介素养的重要教育对象。目前我国社会治理面临着信息量空前庞大、传播速度迅速、舆论影响变动频繁等挑战。一些地方政府在媒介应对上仍有诸多不足，忽视媒体、躲避媒介、害怕媒介、滥用媒介等现象时有发生，甚至在一定程度上让公众感觉政府对网络事件一味打压封堵，没有正视问题的勇气，更没有解决问题的决心，政府的公信力受到严重质疑。因此，国家公务人员必须提高自身的"媒介素养"，这关系到社会管理的效度问题。第三，从广播电视媒体从业人员来看，提升媒介素养对于促进公共空间场域的发展也极为重要。大众传媒，特别是广播电视媒体，是党的喉舌、社会的公器，其特殊的"精神产品"不仅为全社会服务，更是思想舆论的重要阵地，具有强大的社会话语权力和舆论调控、导向功能。因此，广播电视媒体从业人员中进行媒介素养教育的对象主要是从事新闻事业和主持传播工作的从业人员，尤其是从事最基本的采编、制作和播出的记者、编辑、导演、制片人和新闻主播等一线工作的从业人员。

提升广播电视媒体从业人员的媒介素养，首先要提升其敏锐的新闻触觉，保证新闻选择的确定性；其次，要树立公正客观的职业理念，充分认识到媒介的引导作用，对公众起到正确的导向作用；第三，要具有明确的道德意识和责任感，能够筛选出符合公众社会普遍通行的价值观念和行为模式，在政治、经济、历史、文化等各个领域尽其所能地对社会公众产生潜移默化的影响，合理有效地干预社会公共生活。

课后习题：

一、名词解释

1. 正面宣传
2. "走、转、改"
3. 交互传播
4. 三网融合
5. 媒介素养
6. 公共原则
7. 三善论

二、简述题
1. 辨析"宣传"与"新闻"各自的特点。
2. 简述中国广播电视如何坚持按新闻传播规律办事。
3. 简述广播电视媒体公共原则的现实表征。

三、论述题
1. 结合实际论述中国广播电视的传播本位理念。
2. 中国广播电视自诞生以来其传播环境也在不断发生变化,这些变化具体表现在哪些方面?对广播电视的发展有何影响?

第三章 广播电视节目的内容生产

在广播和电视传播中,节目专指在一个时间段里的播出内容,即在广播和电视媒介上呈现出来的,经过编排制作可以感知、理解的视听材料。节目构成广播电视传播的主体内容,广播电视机构也正是通过节目实现信息传播以及教育、娱乐、服务等功能,服务于受众和社会。因而,节目可以被视为广播电视中的核心部分。从生产角度而言,广播电视节目主要是指利用电子科技手段,综合视听表现手法制作出来的供人欣赏、传播信息的电子符号系统。我国的广播电视节目作为一种社会主义精神文化产品,表达党、政府和人民的声音,以为人民服务、为社会主义服务为总的指导思想,服务于国家政治、经济、社会、文化发展的总任务和总目标,已经形成了一系列具有中国特色的节目特征。

第一节 广播电视节目形态与发展

形态是事物存在的形状或表现,人们总是通过事物的形态来感知和认识事物。简单而言,广播电视节目形态就是广播电视节目的存在样式和运动状态。任何事物都是不断发展演进的,广播电视节目作为传播的具体形态,其形成和发展是一个动态的过程。从传统意义上讲,节目形态是指广播电视媒体组织传播活动的基本形式和播出方式。

一、广播电视节目基本形态

广播电视节目形态充分体现了民族性和时代性的结合,中国广播电视节目在几十年的发展中逐步丰富和成熟,逐渐形成了广播电视节目界比较普遍认同的"四分法",即将广播电视节目划分为新闻类、社教类、文艺类、服务类四大节目形态。这种节目形态的划分依据主要和广播电视所具有的社会功能有着紧密联系:分别与传播新闻资讯、提供文化娱乐、传承知识与社会教育以及信息服务的社会作用相对应。虽然不同种类的节目与节目的社会功能之间亦有交叉兼容的现象，但不同节目形态承担的社会功能大致是有所侧重的。

（一）广播电视新闻类节目

广播电视节目在我国传统媒介传播中占有传统的地位和优势，是我国人民获取信息、丰富娱乐生活的重要方式。广播电视以其快捷生动、贴近性强等传播优势受到民众的欢迎，是我国人民了解国内外大事和社会发展动态的重要渠道。新闻节目在节目体系中占有重要的核心地位，这种地位是由其自身特性以及社会作用决定的。

我国的广播电视事业是党的宣传事业的重要组成部分，而新闻类节目一直是广播电视事业发展的先导，伴随着广播电视的产生而产生、发展而发展，是广播电视传播中最基本的节目形式。我国的广播电视最基本的功能是传播信息：一方面党和政府通过新闻发布政令，把重要的方针政策及时传达到群众当中；另一方面广大群众也通过广播电视新闻传递民生民意，表达基层民众的建议和呼声。我国广播事业诞生之初，通过传播新闻为党的各项政策宣传服务就成为一项重要任务。广播新闻通过消息、评论、专题报道、录音报道等多样形式为全国人民传播国内外新闻信息、宣传党的政策，取得了良好的效果。受众对新闻信息的关注和需求决定了广播电视新闻节目在众多节目形式中的主体地位。

广播电视新闻节目具有自身的特征。从媒介属性而言，具有传播速度快、范围广、易于接收、互动性强等特点；从新闻本体而言，提供重要的信息、发布政令、宣传与激励、引导舆论等职能标志着新闻的重要作用。因而广播电视新闻节目成为广播电台、电视台的核心节目形式，相对于其他节目形式而言具有更大的影响力。

广播电视新闻节目根据对事实的不同表述形式和处理方法可以分为消息类新闻节目、专题类新闻节目、评论类新闻节目三大类。

消息类新闻节目是对新近或正在发生的新闻事实所做的简明报道，一般是将数十条新闻消息集中组合进行播出。消息类新闻节目的最突出的特点就是时效性；另外由于其集中报道的形式，使其具有信息量大的特点，能够及时满足受众的需求。

评论类节目是就一个新闻事实或数个新闻事实集中归纳，进行分析评论、阐明观点的节目。新闻评论对于社会舆论具有强烈的引导性，被认为是新闻类节目的旗帜和灵魂。新闻评论节目质量的好坏，往往代表着广播电视机构的舆论引导水平的高低。

专题类新闻节目只是对新闻事实做详尽有深度的报道的节目,在形态上多以系列报道或连续报道形式出现。专题报道既具有一定的时效性又是对消息类新闻这种简要式报道的延伸和扩充,是较为详尽全面地报道新闻事实的节目形式。

大众传媒在社会转型期与网络社会语境下,如何构建一套社会成员所共有的价值观、意义和物质实体一样的文化与价值的传播力、影响力与凝聚力,推动社会和谐、经济发展、政治进步与科技创新,是当前一个重要的课题。在现有社会语境与媒介环境下,亟须一种新的新闻报道与评论范式来实现和形成科学良性的舆论合力与舆情导向。随着新媒体的出现和逐渐普及,传统媒体与新媒体间的竞争日趋激烈化。尤其是广播新闻在与其他媒介新闻的竞争中在市场占有率、受众影响力等方面处于较为弱势的地位;同时,随着我国政治、经济、文化事业的不断发展,受众对新闻报道的要求越来越高。面对来自媒介竞争的压力以及受众需求上升的压力,广播电视新闻要主动求新求变,积极寻求突破,要深入开掘广播电视自身的优势,努力开拓广电新闻独有的媒介空间。

(二)广播电视社教类节目

社会教育类节目是指以传播政治、思想、伦理、科学和文化知识为主要内容,以推动社会主义精神文明建设为目的的节目。社会教育类节目通过丰富多彩的形式,向人们传授政治、经济、科技、文化、法律等多方面的知识,宣传某种思想,提倡某种价值观。在我国,社教类节目在教育人民、引导舆论方面具有特殊作用。一般大中型电视台都设有社教节目制作机构,如社教中心、社教部、社会生活部、专题部等。

社会教育类节目的主要特点有:传播对象专一性与广泛性的统一,知识性与新闻性的统一,教育规律与广电传播规律的统一。根据传播工具的特性、社会环境以及各广播电台电视台自身的不同情况,我国社会教育类节目的主要功能和任务有:一是政治思想教育,主要是对受众进行思想教育,理论教育和党的路线、方针、政策教育等;二是文化知识教育,如一些常规的文化知识、文学艺术方面的知识、历史地理知识和业余生活方面的知识等;三是科学技术教育,介绍一些最近的科技成果,和大众生活关系密切的科普知识等;四是职业技能教育。

社教类节目具备教育性、知识性、趣味性的特点。社教类节目的表现手段相对于新闻类节目而言要更加丰富,更加注重与受众的交流与互动。社教类节目的存在形态既可以表现为对象性节目,也可以表现为纪录片、专题片等。

对象性节目是根据传播对象来进行分类的一种电视节目，与社教类节目分属于不同分类标准下的两个概念，但我国习惯将社教类对象性节目称为对象性节目，专指以特定社会成员群体为对象而开设的节目，它的目标是为特定的受众群体服务，并力求通过节目来培养、塑造一定层次的社会群体。对象性节目往往根据宗旨及对象的需求，把知识介绍、服务提供甚至娱乐、欣赏以及与对象有关的新闻等结合起来，构成节目板块。这就使得对象性节目呈现出"社教的目的，综合的题材"的特征。[1] 根据受众的不同，对象性电视专题节目可以分为青少年节目、老年节目、女性节目、军事节目、少数民族节目、对外节目等多种类别。例如中央电视台的老年人节目《夕阳红》、妇女节目《半边天》、少儿节目《智慧树》等。

（三）广播电视文娱类节目

广播电视文娱类节目具体而言可以被看作文艺类节目和娱乐类节目的合称，是利用广播或电视的手段满足人们对艺术审美和文化娱乐需求的节目种类。文娱节目具有综合性的突出特征，几乎所有的文艺形式都可以通过广播电视传达给受众。另外，它还具有群众性的特征。广播电视为广大的群众提供丰富多彩的文艺节目，是群众方便快捷地体验先进文化的重要途径。

按照艺术的种类，广播文艺节目可以划分为六种类型。一是音乐节目，主要播出中外各类声乐、器乐作品，音乐知识，音乐家与专题，歌剧舞剧的音乐录音专辑、选曲及音乐故事等。二是戏曲节目，主要播出京剧、昆曲以及各种地方戏剧中的传统戏和现代戏，介绍戏曲知识，评价剧目、音乐唱腔和演艺等。三是曲艺节目，主要有打鼓、弹词、琴书、评书、相声等。四是文学节目，主要播出文学作品的朗读、播讲和评介。五是电影和话剧的录音剪辑。六是广播剧。

按照文艺类别的电视化创作、传播来划分，电视文艺类节目可分为电视文学节目、电视戏剧节目、电视音乐节目、电视舞蹈节目等类别。电视文学节目一般包括电视小说、电视散文、电视诗等。电视戏剧节目按其"戏剧化"特征，包括了电视剧、电视电影等现已成为独立电视艺术样式的戏剧性作品，也涵盖了电视戏曲等传统戏剧性节目。电视音乐节目是以音乐为主体的电视文艺节目，包括各种音乐风格的音乐表演（声乐、器乐）或录像、歌剧、演唱会，电视音乐片，音乐电视（MTV）等围绕音乐元素而展开的电

---

[1] 佚名：《中国电视专题节目界定·分类条目（续二）》，《电视研究》，1994 年第 11 期。

视节目类型。电视舞蹈节目是指以舞蹈的艺术形式为主体的电视文艺节目，此类节目是以各类舞蹈演出为基本素材，运用电视技术的二次创作，通过电视屏幕播出的电视舞蹈形态。

当然，随着社会的发展、时代的进步，人民群众的审美娱乐要求日益多样化，广播电视文艺节目的内容和形式都发生了相应的变化，不断有新的娱乐元素和文艺样式出现在电视屏幕上，丰富着文艺节目的内涵和外延。例如各类游戏、益智节目以及近年来异军突起的"真人秀"都反映出节目理念的变化和演进。从节目的主体内容和观众的不同诉求来看，电视娱乐节目包含艺术审美和游戏竞赛两大要素。艺术审美是各类综艺节目和电视文艺片为观众提供的核心内容，也是此类节目基本的价值体现。一个电视文艺节目成功与否，关键在于它是否在思想性与艺术性高度统一的基础上为观众提供了优质的艺术享受。

（四）广播电视服务类节目

为广大的人民群众提供信息服务一直是我国广播电视的一大重要职能，因而服务类节目是广播电视节目的重要组成部分。广播电视服务节目，指的是以广播电视媒介为载体，为广大受众的生活、工作和学习提供各种信息以及各种直接具体服务的节目。其宗旨是通过传播信息，解决受众的各种实际问题，满足社会生活中的各种服务需求。

广播电视服务节目随着经济的发展和社会需求的不断增加，其内容和形式也在不断丰富。我国开办电视节目伊始，就已经有了服务类节目，当时的《实用知识》《气象预报》和《节目预告》等栏目深受观众欢迎。改革开放以来，伴随着经济的发展以及生活水平的不断提高，人们对信息服务的需求也不断提升，相应的服务类节目也在不断发展，不仅品种更加齐全，而且在节目样式的创新性、内容的丰富性以及服务的专业性上都取得了长足的进步，使其逐渐成为人们的知心朋友。

服务类节目的核心无疑就是"服务"二字，这是广播电视服务社会、服务群众功能的集中体现，因而节目的设置与编排势必紧密围绕"服务"宗旨进行。其优势就是其即时性与互动性。在与众多媒体的竞争中，广播电视媒体充分发挥其服务属性，在贴近性、伴随性等媒体特征的基础上，始终将为人民服务作为办好节目的宗旨。在即时性方面具有优势的无疑是广播电视服务节目。

依据内容的不同，服务节目可以分为实用信息服务节目与生活服务节目两种基本类型。实用信息服务节目是把观众需要的、不断变化的某一领域的信息及时、快捷地进行传播，典型的节目如气象预报节目、交通状况信息节目等，其特点为信息更新迅速、实用、形式简洁明晰。生活服务节目则立足于为观众的日常生活排忧解难，教授其各种技巧。常见的生活服务节目包括烹调美食节目、家居生活服务节目、法律服务节目等，其特点为贴近观众生活、形式生动活泼、着重各种技能技巧的展示和讲解。

二、广播电视节目形态的发展与创新

广播电视节目形态并不是一成不变的，它是在广播电视事业发展过程中逐渐形成的，并会随着广电事业的不断进步而得到进一步丰富和发展。广播电视节目形态总体表现为平稳发展，在几十年的发展过程中，在原有的节目基础上不断生发和衍生出诸多新的形式和样态。

（一）影响广播电视节目发展创新的因素

概括地说，一般事物的发展变化总是会受到来自内部和外部两个方面因素的影响。广电节目的发展主要与社会的发展、时代的变化、人们的需求、技术的推动、广播电视自身的发展等诸多因素有关。可以说正是在这样的内外环境的促动下，节目作为广播电视事业最具体、最形象的表现形式呈现出其变化和革新的历程。

如上所述，广电节目的发展既受到技术、设备、广电工作者以及受众的制约，也深受社会、政治、经济、文化发展水平的影响。广电技术和设备是节目制作必备的物质条件，也是节目生产发展的直接影响要素；广电工作者作为节目生产的主体，扮演着非常重要的角色，他们的知识、专业素质以及才能，直接决定了节目的形式和风格甚至品质；受众作为节目的接受主体，对节目形态的发展也具有重要的影响力，受众的接受心理、接收方式、文化素养等决定了节目的表现方式，而受众对节目的反馈是节目进一步发展和完善的必要参考标准。一个社会的政治、经济、文化发展水平是广播电视节目形态发展的基本因素，我国有特色的社会主义建设事业在根本上推动了我国广播电视节目的不断丰富和发展，同时为广播电视节目的发展指明了方向。

广播电视节目形态还深受文化传统与其他艺术形式发展的影响。广播电视节目受文学、音乐、电影的影响可谓甚深。广播节目中的电影录音剪辑、广播小说、广播剧以及电视节目中的电视散文、音乐电视等形态都表现出了与这些艺术形式的交叉和融合。尤其是在文艺节目中，表现出了对文学的借鉴和吸收，通过广播电视化的创造性加工，使传统的文化形式焕发出新的生机。而在国际交流日益频繁的今天，中国的广播电视节目形态也受到国外节目发展的影响，谈话节目（Talk Show）、音乐电视（MTV）、真人秀这些电视节目形态，就是积极向国外节目学习并与本土文化结合而逐渐流行的。

因此，广播电视节目形态的发展是一个综合立体式的复杂进程，既要立足于广播电视自身，随着广电事业的发展而不断完善和创新，又要广泛吸收和反映社会发展与时代进步所形成的精神和物质成果；既要积极借鉴和学习外来的先进经验和理念，也要脚踏实地立足于本国国情，不断完善和创造节目形态来满足受众日益增长的需求。

（二）广播电视节目创作理念的嬗变

进入 21 世纪，伴随着社会转型的进一步加剧、改革开放的深入发展以及社会文化建设的大力推进，特别是面临新媒体的强势发展，我国广播电视事业呈现出新的发展特色和显著的变化，但是节目创作理念并未呈现出颠覆性的激变状态，而是表现为平稳发展的态势，其中新的尝试亦多是在原有的基础上进行的。

1. 注重时代性与弘扬主旋律

毋庸讳言，时代性一直是广播电视在节目创作中非常注重的一个理念，正是因为时代性的本身要求，才使得广电节目在不同历史时期焕发出不同的光彩。新时期节目创作的时代性主要体现在对节目样式的调整和创新上。节目内容的设计更加注重时下的流行元素，如 DJ 文化、说唱音乐等在音乐节目中的广泛运用就吸引了大批年轻人的关注。另外，广播电视节目积极融合了时下的新兴话题与社会热点，进行时尚化包装，彰显了时代特色。

时代性暗含了发展的要求，作为与时俱进的广播电视节目应始终体现对思想观念的引领，肃清思想浊流，塑造核心价值体系，这就是"变"与"不变"辩证关系的集中体现。"贴近时代脉搏，聆听百姓心声"，也成为时代性和大众性在广播电视节目创作中的最好体现。

2. 坚持大众化与探索分众化、类型化

广播电视节目的突出特征就是通俗易懂，在群众中具有广泛的影响力。大众化理念主要体现为节目创作及内容贴近大众的审美需要、符合大众审美习惯及欣赏水平。这一创作理念是在节目创作中需要一直重视并加以坚持的理念。进入新时期，为人民服务的创作理念主要体现为对受众互动观念和参与意识的重视。

互动节目在早期广播电视节目中更多地体现为一种简单的交流，例如广播点歌台节目样式的兴起。随着移动电话的普及和网络的兴盛，其互动观念进一步强化。广播节目常常邀请听众参与其中，由此出现了一批电话连线的

情感倾诉节目。自此广播节目逐渐走出"我播你听"的传统呆板的传播方式，积极发动广大群众参与到节目中来。另外，互动观念和参与意识还集中体现在节目策划层面上，创作人员可以直接到群众中搜集选题，集中提炼观众的意见作为策划参考，进而创作出诸多群众喜闻乐见的节目样式，以满足群众最直接的精神文化需求。

随着社会的进步和时代的发展，中国的社会阶层产生了明显的变化。在这种背景下，分众化理念成为广播电视节目创作的现实选择，而如何处理好大众化与分众化的关系也成为当下节目创作的重要课题。围绕受众进行节目的策划和编排，既彰显了为大众服务的本色，同时有利于规避市场竞争中的风险。

专业化同样是节目创作的重要理念之一，它和分众化有密切联系。2002年12月2日，中国第一个国家级专业化流行音乐频道——"音乐之声"正式开播。它是中央人民广播电台以频道专业化、管理频率化的立台理念为指导，在改革新阶段隆重推出的全新频道。"音乐之声"节目突破了以往内地的广播操作习惯，整体设计以18个小时为同一个节目风格呈现，栏目进行大区块切割，即将全天18个小时的音乐节目，以2至3小时为单位，划分为大区块的8个时段，让听众可以完整享受"音乐之声"提供的音乐陪伴。每个栏目在频道整体听众定位的基础上再进行划分，将中国（又分内地、港台地区）、欧美及日韩作品进行严格界定，根据不同的收听方式、收听需求和音乐比例，将不同的音乐形态节目进行合理的编排组合，最大限度地满足听众需要。

3. 坚守民族化、本土化创作理念与开拓国际化视野

随着全球化浪潮进一步加剧，中国的广播电视开始面临日益激烈的国际竞争。为了应对这种压力、谋求自身发展的媒介空间，一批具有民族化、本土化的节目脱颖而出，不仅取得了一定的经济效益，还创造了不错的社会效益。民族文化是进行节目创作，尤其是文艺节目创作的不竭源泉和艺术宝库。这种民族化意识不仅体现在节目内容上，还在节目的编排意识、包装环节有所体现。

本土化创作理念的集中代表主要是一系列方言节目的出现。方言是一定区域内人们共同使用的语言，它本身具有亲近性、生动性的表达特点，而且富有表现力。合理利用和发挥这种优势，可以增进与受众之间的亲近感，消除心理距离，有利于加强节目的感染力和传播效果，使其呈现出别样的魅力。当然在使用方言时应当注意把握节目定位和适度原则，不可过滥。如果将民族化、本土化创作视为应对全球化竞争的防守策略，那么国际化创作视

野则可以视为是广播电视节目创作的主动出击。一方面吸收国际先进的创作理念,另一方面积极探索国际传播的有效路径,从而增强国际影响力,提升文化软实力。

4. 内容为王与品牌运作理念

内容是节目的核心要素,它是创作理念的直接体现,也是受众是否选择接受的决定性因素,因而我国的广播电视历来都十分注重节目的内容创作。毕竟在媒介竞争中,左右受众选择的决定性因素还是节目内容,因此创作和打造精品节目、精品栏目成为节目创作的共识。当然精品并不只是停留在外部形式的精致包装上,更反映在内容和品质的精良上。在精品节目基础上进行品牌包装和运作,形成一系列品牌,最终可以衍生出更加广阔的社会效益和利润空间。品牌意味着品质和信誉,是属于高品质的代言词,只有立足内容,将其做好,才能够形成良好的经济效益。一般的品牌打造可以从品牌频道、品牌栏目、品牌主持人等方面进行全方位、立体式的努力。

第二节　广播电视节目的生产流程

广播电视节目生产具有的重要意义,体现在通过节目生产最终使节目以声音、图像的方式呈现在受众面前,并表现出丰富多彩的节目形态。广播节目主要由语言、音乐、音响等声音要素构成,电视节目由图像和声音两大系统组成。广播电视节目的生产依赖于一定的技术条件,它既是一个技术的过程,更体现为一种艺术的过程。节目的生产不但要求我们对节目生产前期、后期制作流程及相关技术环节有充分的了解,而且要对创作的思维方式有一定的把握。节目的生产流程就是按照各种节目形态的要求和具体节目的创作需要,采集制作各种节目要素,进行组合加工的过程。

一、广播电视节目的策划

广播电视作为现代社会的重要构成,面对外界环境变化以及自身发展的内在要求,日益认识到策划的重要性。广播电视不仅要在节目上紧密配合国家的中心工作,关注和适应受众的需求,选择最有效的手段和形式,以产生理想的传播效果,同时,广播电视又面临着来自其他传播媒介日益激烈的冲击和挑战,故而要在节目的内容和形式上探索出具有差异化的特征,以拥有自己的市场和定位。而这都离不开策划。

策划是以调查研究为基础,根据受众的需求和播出机构的编辑方针,确定节目的经营策略、制定节目采编制作的最佳方案并付诸实施的过程。节目策划是对节目进行的具有前瞻性、科学性的专门化谋划,包括节目统筹策划如宏观的中长期策划、栏目策划等,以及节目选题策划、节目制作策划等方面。

(一) 节目策划的特征

策划理论在广播电视节目方面的应用,与在其他领域的应用有很多共同之处,具体表现为明确的目的性、创新性和预见性。而由于具体的应用对象不同,广播电视节目策划也很有其自身的特征。

1. 政策性

广播电视既具有一般行业的属性又有意识形态的特殊性,既是大众传媒又是党的宣传阵地,事关国家安全和政治稳定,负有重大的社会责任。广播电视的社会属性、技术特点以及所承担的职能,都决定了广播电视节目策划具有很强的政策性,要做到"以科学理论武装人,以正确舆论引导人,以高尚精神塑造人,以优秀作品鼓舞人"。

2. 时代性

广播电视作为大众传媒,突出的特征就是其与时代的紧密关系,鲜活及时地反映社会的发展与人们生活的变迁。策划的时代性特征具有时效性的要求,尤其作为新闻节目,新闻事实与新闻发布的时间差越小,传播的效果越好,该新闻就越具有价值。因此在策划中要能够在宏观上把握事实发展规律,提前做好应对,敏锐地捕捉当下社会的热点和涌现出来的新现象。

(二) 节目策划的原则

策划在某种角度上可以理解为是一种程序,表现为综合地依据有关的信息,对事物的发展变化趋势进行预设和判断,以确定可能实现的目标,并围绕这一目标设计和选择出能够产生最佳效果的资源配置和行动方式,形成正确的决策和可行的实施方案。因而,策划不仅是目标、主题、策略、计划、评价和反馈等要素的综合统一,其"最佳效果"这一质量标准还将把人的思考引入策略范畴和创造性思维的领域。

1. 创新性原则

创新是广播电视节目策划的灵魂,是广电事业发展的不竭动力。节目策划,作为一种创造性的实践活动,它的内核就是创新。一方面,要在节目形式、运作模式上下功夫,把当今社会科学和自然科学的最新成果运用到策划中来;另一方面,要在原有节目的基础上,更上新台阶,辩证地扬弃,做到有所突破、有所建树;此外,节目对受众的视听感官和观念要有强烈的冲击作用，使人耳目一新。

2. 效益性原则

在进行广播电视节目策划时，必须注重现实性和可行性，要讲求效果和效益，否则，再好的策划，没有现实的条件，也只是一纸空文。讲求实效，一是要注重社会效益，二是要考虑经济效益。社会效益是指通过所策划的节目，对社会公众起到启迪思想和教育熏陶的作用；经济效益是指通过所策划的节目，能够获得经济上的回报，从而创造经济财富。当然，在节目策划中，当社会效益与经济效益发生冲突的时候，要自觉地让经济效益服务社会效益，这是由我国广播电视的性质和任务决定的。

3. 目标性原则

广播电视节目的策划必须有一个明确的目标，这是策划的出发点和归宿，所有的策划理念和操作步骤都要围绕着目标来进行。目标的确定要注意上情和下情两方面的统一，切不可迎合某种权势或只关照个别人的需求，而应顺应时代的潮流，以大众的利益为第一需要，有一定的现实性和可预见性。

4. 最优化原则

策划本身就是为了追求最好最优。当下的媒介竞争日益激烈，广播电视节目策划就要体现竞争意识。面对不同媒体间以及媒体内部的竞争，在节目的创意、方案选择、具体操作、传播效果等环节上都应充分考虑到适者生存、不进则退的严峻性，要营造"精品工程"，打造"精品节目"，推举精品人才。在危机意识中认识自己的节目，在竞争环境下设计自己的节目，才能最终实现节目的优化。

二、广播电视节目的采编制作

广播电视节目的采编制作是将节目策划中所涉及的目标方案付诸实践的过程，它依赖于一定的技术手段，但也表现出艺术性的一面。一般可以分为两个阶段，一是围绕一定的选题进行相关素材的采集阶段，二是将这些素材进行整理组合的编辑合成阶段。一个节目从选题的发端到最终节目的播出，是采、编、录各个环节密切配合的结果，是集体智慧的结晶。

（一）广播节目的采制

广播节目最突出的表现形式就是声音，先声夺人、以声传情，这也是广播媒体最明显的特征。在音响报道中，音响、人物谈话、记者描述是三个非常关键的要素，直接影响节目效果。因此，在采制过程中要把握好采制原则和采制方法。

1. 广播节目的采制原则

广播节目采制工作既要考虑广播的技术因素，注重声音的保真性和还原度，同时要充分兼顾节目的结构、形式、主题等因素，力求达到最优的传播效果，因此在采制中需要把握以下几个原则。

（1）采访的一次性原则

广播节目除了文字采访，更重要的是音响采访。由于现场实况音响消失了就不可复得，因此，音响的采录要一次性完成。只有非新闻现场的实况音响采录可以不受一次性原则的约束。

（2）录音的真实性原则

音响报道能够增强报道的可信性和感染力，如果音响不真实，这种报道就失去了存在的价值，所以音响的真实性是音响报道的生命。音响的真实性要求我们：报道中所运用的录音，必须是从与本报道有关的事物或人物那里自然录下来的；报道中每一段录音的运用，都必须符合事物发展的本来面目；报道中所运用的录音必须符合生活的情理。

（3）音响少而精原则

在音响报道中，并不是录音越多越好，而是要在"精"上下功夫。少而精地运用音响，是为了使音响在报道中更好地发挥其独特作用。遵循这一原则必须做到：有识别音响的聪耳慧眼，有不辞辛劳、不畏艰险的思想作风，有熟练的录音技术。

（4）提问的简明性原则

在广播节目的音响报道中，运用最多的声音往往是人物的访谈，即完全或主要由采访对象回答记者的提问所组成。能否搞好人物的访谈录音，事关节目的质量，事关报道的成功与否。因此搞好人物的访谈录音，首先要创造一个友好、和谐、融洽的交谈气氛，其次要消除录音机给对方造成的畏惧心理。在此基础上，记者的提问一定要简要、具体、明确，要提对方所熟悉的问题，要用对方明白易懂的语言提问。

（5）语言的通俗化原则

广播的一个重要的特点就是广泛收听。广播的语言必须通俗化，要让那些文化水平不高的听众甚至文盲都能够理解和接受。尽量使用常用词汇，如果不得不使用一般听众不熟悉的词，就必须加以解释；要符合口语习惯，避免使用书面语言；要平易近人，不要华而不实。

2. 广播节目的采制方法

声音作为广播节目的外在形式以及表现手法，其感染力直接影响着一档节目的演播效果，因而在对声音的采制中就需要针对不同的声音要素以及节目性质等来选用相对应的采制方法。

（1）录音的基本方法

单点录音法。就是用一个话筒在一个点上拾音的录音法。大多数音响报道采用的都是这种方法，一般用于声源比较完善的录音场合。

主辅路录音法。就是用多个话筒在同一现场同时录音，其中一个为主话筒，其余的为辅助话筒。主话筒担任主录任务，负责录制主要的音响；辅助话筒则用于弥补声源的个别部分电频的不平衡，或是同时采录环绕音响。

多路录音法。就是用多个话筒在现场多点录音，可以采录到较大现场各处的声音，如大型的集会和座谈会等。多路录音能将各个方向的发言人的声音很清晰、平衡地录下来。

（2）人物谈话的采录

在广播节目中，除了考虑节目的线索，还要考虑如何在环境中获得既有特点又很清晰的音响。一是要消除对方紧张的心理，创造一个友好、和谐、融洽的交谈气氛。二是要选择合适的录音地点。一般情况下，人的讲话需要找一个不受干扰、较为安静的环境，免得周围的人和杂声影响对方的情绪和录音效果，有时则需要安排在与谈话内容有联系的特定环境里进行。三是掌握适当的录音时机。记者要具备快速反应的能力，有一些采访对象讲话的精彩处往往转瞬即逝，记者在采访的过程中就要有识别精华的聪耳慧眼，把好的东西抢录下来。四是尽量摆脱讲话稿的束缚。有的记者在采录采访对象讲话时，会事先写好稿子，然后让其录音。这样做虽然谈话内容会比较集中，整理剪接也比较方便，但是，念稿在表达上容易束缚人的思想感情，而且念出来的声音往往比较生硬。所以，应该尽量地甩开稿子，边谈边录，即兴发挥，恰到好处。

（3）实况音响的采录

实况音响是指客观世界中，新闻事件、新闻事物以及报道中人物活动所产生的声音。它来源于真人、真事、真物，不是人工模拟的音响效果。这种声音是客观存在的，经记者选择、采录后，即成为实况录音素材。它是音响报道的基本材料和表现手段。实况音响大致有以下几种类型：

按它在报道中的表现形式以及采录的时间地点来划分有两类：一是新闻现场的实况音响。这是在发生新闻事件的当时当地所出现的音响，它的特点是不以记者的活动为转移，具有绝对的客观性。二是非新闻现场的实况音响。它完全是由于记者的采访报道才发生的,并非作为新闻事件的组成部分出现,但也并非是人工制造的效果,具有相对的客观性。分清这两种不同实况音响的重要意义在于:一方面可以避免理论上的错误。如果笼统地把由于记者的采访报道而发生的音响也叫作新闻现场实况音响的话,那就会引出一个错误的结论,即新闻现场情况如何,是可以由记者的活动决定的;另一方面,可以正确地指导实践。新闻现场的实况音响必须一次采录成功,而非可以重录。

按它在报道中所发挥的作用来划分主要有以下几种:一是典型音响,就是在报道中能够直接体现主题,直接展示一种事物本质个性的音响,也可以称之为新闻主体音响。通常它和新闻报道的主体事实共存,也往往是记者决定把哪个新闻题材做成音响报道的依据。这种音响在报道中一出现就会强烈地吸引听众,它或是展现一个典型的场面,或是标志一个重要时刻、一个事物的典型特征,强化听众对报道的印象。二是背景音响,就是在报道中用来说明新闻人物或事物背景的音响。这些多为实况录音资料、非新闻现场音响。这种音响多数是新闻事件周围的实况音响,一种是现场本来就有的音响,另一种是伴随新闻事件而产生的音响。

按声音的性质来划分有以下几种:一是人物谈话和人物活动的声音,如人的欢笑声、脚步声等。二是物体运动的声音,如钟声、汽笛声等。三是自然界的声音,如风雨雷电的声音、动物的鸣叫声等。

实况音响的类型较多,运用的方式和范围也不同,要想做出有质量的音响报道,一定要深入生活、亲临现场,下功夫去采录典型的音响。在采录音响时,要注意以下几个方面的问题:

一是对声音要有独到的判断力。任何事物都有其独特的声音形象,这些独特的声音在特定的环境、时刻、背景下,又有着特定的内容。因此,记者必须反应灵敏,具备准确、迅速地鉴别、判断各种音响的能力,不仅要用眼睛观察,还要用耳朵聆听,注意声音独特的表现力和细微的变化,能抓住形象丰满、表现力突出的声音,具有对听觉形象的独到的判断力。

二是善于捕捉典型独特的音响。首先要弄清楚现场音响与表现主题之间的关系,找出新闻事物区别于同类事物的特点,从复杂的现场录取到最有特点的实况音响。其次要勇于实践、勇于探索,不能满足于眼前的、表面的人们听惯了的音响。要具备艰苦细致的工作作风,眼观六路、耳听八方、寻找辨认,从大量声音中听出有新意的音响来。

三是在采录音响时要有音响的美学观。不能把采录音响看成是一个简单的技术工作,它与记者的审美情趣和价值取向关系密切。流动的音响不仅可以表现时空，而且可以蕴含丰富的寓意，令人回味无穷。所以，在采录音响的过程中，不能"就音论音"，要具有专业意识和审美思维，将音响世界和审美特性紧密结合起来，带给听众美的享受。

（二）电视节目的采编制作

相对于广播节目主要侧重对声音素材的采集和制作，电视节目的制作过程则要更加复杂一些。电视节目的制作过程就是按照各种节目形态的要求和具体节目的创作需要，采集制作图像、有声语言、音乐、音响等各种节目要素，进行组合加工的过程，可以大致分为前期摄制和后期加工两个阶段。前期摄制是指充分策划、认真采访、精心撰写解说词和脚本，将表演内容拍摄成各种镜头素材；后期加工则是把这些素材按照最后成品的要求进行加工、再创造的过程，包括剪辑、配音、合成等，从而形成完整的作品。

1. 电视采访

电视采访是电视节目制作过程中十分重要的环节。基于真实反映世界的电视新闻类节目、电视社教类节目与电视服务类节目的制作，电视采访的重要性自不待言。就是在可能虚构的电视文娱类节目的制作中，电视采访往往也是不可或缺的重要程序。

电视的视听元素的表现方式，不仅能够传达信息，而且能够传达印象和气氛。电视采访要能够捕捉"感觉"并能够在现场环境氛围中引出信息，观众可以从画面中获得更多的从属信息。电视采访过程中要尽量呈现自然的状态，设法营造一种和谐的氛围，提问要简洁、通俗、易于理解，在与采访对象的交流中获取信息。同时要注意采访的态度、举止乃至服饰，进入电视传播领域的记者已经具有媒体形象的角色，观众通过记者的表现进而了解其主张、能力甚至思想，并以此来判断一个电视台的好坏。

电视节目要用连续画面的线性思维方式来呈现，也就是蒙太奇思维，因而在前期的采录过程中要强化屏幕意识。屏幕意识是节目制作者具有的符合电视表现特点的感觉、认知、思维体现的总和。电视镜头要学会用"画面说话"，用"画面叙事"。采访过程中，记者要迅速判断哪些东西要用画面表现，哪些东西要用文字补充说明。画面包含现场环境、背景画面、人物活动及静止的图像、图表等，声音包括解说、旁白、音乐、自然同期声、人物采访同期声等，文字包含片头字幕、标题、内容提示、人物身份说明、时间地点说明、重要引语、评述、翻译等。电视记者在采访阶段就要对这些表现元素进行通盘考虑，否则在后期的编辑阶段就会无从下手。

2. 电视写作

图像是电视的标志和优势，但是电视语言的重要性也是不容忽视的。电视写作是电视创作过程中十分重要的一环。电视写作广义而言就是对整个节目的构思和流程的设计，既包括前期的节目策划，也包括节目中具体的文案。电视写作的根基是从纯文字写作中来的，但又与之有明显的区别。主要应把握电视的表现特征，从电视语言的整体结构出发，充分考虑节目的流程、主题、风格、定位等诸多要素，同时涉及与其他手段如音乐、灯光等的协调配合，精心设计布局。

电视写作典型表现为解说词的撰写。解说词不能只是对画面的简单说明和解释，除了强化画面已有的信息，解说词应该根据创作需要，挖掘画面内的含义。它应该为画面服务，是画面因素的补充、延伸、深化与概括。解说词应当与画面组合为具有内在逻辑的有机整体，相互呼应和配合。

电视写作要有明确的"电视性"特征，也就是在创作过程中充分考虑电视的表现特征。与印刷媒体和广播相比，电视与观众之间最能展开直接的交流，其声画并茂的传播特点，最能营造强烈的现场感、表现丰富的气氛。因此，电视写作应当把握这种交流性，多用谈话语体，避免用语的生硬造作。

另外，不同节目形态的写作有不同的要求。叙述性节目与抒情性节目的写法不一样，电视文娱节目的串联词与新闻的解说词写法又不一样。节目串联词的写作要求是把握好节奏，渲染气氛，衬托主题，调动观众的视听情绪，传达情感，注意起承转合。新闻类节目不仅在文字上要体现出纪实特点，而且要有一定的时效性。

3. 电视摄像

电视图像是电视节目最显著的构成要素，而电视图像的主体是通过电视摄像机的工作而获得的电视画面。电视摄像是电视节目制作中的一个核心环节。前期工作的目的是将编剧的构思、美工的设计和演员的表演拍成图像，记录到存储介质上。图像又是后期工作的源头，剪辑、配音、合成要以它为基础。

电视图像是一种连续运动的图像，它既是空间的又是时间的。由于其具有时间因素，摄像师就可以利用空间在时间中的延续与变化，直接表现运动。因而电视摄像师不仅可以利用静态造型的全部技巧特别是用光技巧，而且可以利用运动造型技巧，如推、拉、摇、移、升、降等表现运动形象。电视图像上的各个造型元素不仅会发生空间关系，而且会与上下画面、上下镜头发生时间关系。一个画面不是封闭的，它必须与上下画面相联系才具有完整意义。电视图像由于受时间限制，一个画面、一个镜头在极短的时间内就会从屏幕上消失，因此在摄像时要求画面中心内容和主题形象必须十分突出和醒目，画面结构必须十分简洁和明确，以便观众能在极短的时间内看清形象、看懂内容。电视摄像时不仅要掌握各种空间造型的手段和技巧，还要掌握各种运动造型的手段和技巧，同时必须懂得分镜头拍摄规律。

4. 电视编导

编导是电视节目的计划、选题、编改、制作、审定、编排、播发等工作的指导者和组织者。电视编导的工作，具有较强的政治性、政策性、思想性和业务性。电视编导涉及电视节目的方针、宗旨，各类节目的设置，报道计划的制订和实施，播出的社会效果和经济效益等。因此，编导工作常常被比作电视节目生产与传播过程中的"心脏"和"大脑"。

电视导播是电视播出的引导者，这是与导演联系紧密的概念，可分为日常性播出导播和临时性现场播出导播两大类。在电视节目播出尤其是现场直播时，需要图像切换导演，这就属于导播性质。为保证节目按计划、有秩序、高质量地播出，导播是必不可少的环节。其任务是组织并指导日常节目播出，及时做好节目调度工作。电视现场直播，具有制作和播出同步进行的特点，导播工作更为重要。电视导播应负责编写分镜头台本，调动摄像机位置，调整景别或做特技设想，指导音响工作人员调节音响效果、播放音乐，选择图像进行切换，根据需要采用各种技巧如叠化、淡入、淡出等。

三、广播电视节目的编辑合成

合成是广播电视节目生产过程中的最后一个环节。节目最终是以完整的可感知、可接受的具体形态呈现给受众的，合成的任务就是将广播电视节目采编制作环节中的各种要素，按照一定的规律，有机地结合为一个最终体现策划的目的、编导的意图以及节目的主题表达的成品。通过合成，整个节目的制作才能完成。复制合成的顺利与否，直接决定着节目的质量。

电视节目的合成方式基本上可以分成两类：一类是编辑合成方式，另一类是演播室一次合成方式。所谓编辑合成方式，就是将各种素材，包括演播室收录的素材，均作为信号源，通过编辑合成，再加上相应的电视音响、电视音乐即配音、配乐等制成成品。演播室一次合成则是将各种素材、资料、图表、卡片、字符、模型、道具等，加上演员的表演、解说员的旁白、音乐等信号，一次性地在演播室收录合成制成节目带。

电视编辑方式有线性编辑和非线性编辑等。线性编辑是指传统的磁带录像编辑。由于是利用磁带作为记录介质，音频、视频信号是按照拍摄时间的先后顺序记录在磁带上的，素材的重放必须按照节目内容的先后顺序（线性）进行，不能跳过其中的某一段。在编辑时，一般先用组合编辑将素材按顺序变成新的、连续的画面，然后再插入编辑对某一段进行的同样长度的替换，但是想要删除、加长、缩短中间的某一段则不可能，除非将那一段之后的画面重录。因此，这种编辑被称为线性编辑。

随着电脑及网络技术的飞速发展，线性编辑逐渐被非线性编辑方式所取代。非线性编辑主要是以硬盘为记录载体，在编辑过程中可以对节目素材进行随机存取，不需要按照时间顺序记录或重放编辑，可随意完成 A/B 卷或多通道特技、动画制作、字幕叠加、配音、配乐等功能。因此非线性编辑就是利用计算机、视音频处理卡、视音频编辑软件所构成的系统对电视节目进行后期编辑和处理的过程。非线性编辑系统与传统的线性编辑系统相比，它可以将设备及其所占空间减至最小，从而改变了过去庞大、复杂的连接方式；系统高度集成化，既降低了设备投资，又减少了由于设备之间的连接造成的图像信号衰减和系统故障，并且具有图像信号损失小、系统运行费用低、可资源共享等优点。总之，非线性编辑系统提供给节目制作人员的不仅仅是工作效率的提高，同时它还为制作人员提供了广阔的创作空间，能将编导人员的创意发挥得淋漓尽致。

可以说，广播电视节目生产是技术性、集体性的生产，它还深受政治、经济条件的制约，在某种程度上，体现着政治、经济权利与媒体权利的复杂关系，是广播电视中一项极具意义的工作。而时代的发展为广播电视节目创作和生产提供了越来越宽广的空间，我们应该自觉坚持专业意识、为人民服务的受众意识、民族复兴时期的文化责任意识以及全球化时代的创新意识，创造出更加丰富多彩的精品节目。

第三节　新媒体语境下广播电视节目的生产传播

新媒体的诞生促使传统的信息生产传播方式发生了戏剧化变革，由原先一对多的发散放射性传播转变为多对多的交错互动式传播。传统的广播电视不再能满足大众及时有效地发出及获取信息的需求，通过新媒体的传播方式，大众可以更加经济快捷地自主实现信息的流通。因此，大众传媒的业态也随之发生深刻的变化。这些都标志着广播电视必将面临崭新的传播时代，其自身也将发生巨大的改变。

一、新媒体与广播电视新媒体

广播电视的发展一直是与技术的发展密切相关的，随着电子技术的高速发展，其成果也越来越广泛地应用到广播电视领域，在提升传播效率以及优化传播效果的同时，悄然地影响着广播电视的媒介形态。广播电视新媒体正是在与新媒体技术的激荡中融合生发出的新型的媒介样式。

当今的媒介环境已经发生了巨大的变化，受众更加积极主动，传播技术不断更新，媒介融合趋势愈加明显。自20世纪90年代中期全球逐渐掀起了信息技术传输手段融合的浪潮，随之通信业、传媒业以及信息服务业之间的壁垒逐渐被打破，使得内容可以跨媒体流通。目前，一些新的传播技术引入广播电视，如卫星广播、数字广播、手机电视等，产生了新的传播形态。

（一）新媒体概念

1967年，美国CBS（哥伦比亚广播电视网）技术研究所所长戈尔德马克在其电子录像商品开发计划书中提出"新媒体"概念，自此"新媒体"一词便在全球广泛运用，其概念至今仍无一致看法。从其字面上理解，"新媒体"是相对"旧媒体"即传统媒体而提出的一个概念。部分学者认为"新媒体"概念应从两个方面理解：第一，包括新出现的技术和工艺，它们延长了或倍减了传统手段播发或传输文字、资料、图像或声音的能力。第二，包括新近出现的能使每个人通过简单操作就能得到服务和所选择的节目的所有设备。此理解方式在一定程度上指出了新媒体的特征，但是过于死板和笼统。

还有部分学者从新媒体与传统媒体的比较入手来界定新媒体，认为新媒体就是指在计算机信息处理技术基础之上出现的媒体形态，包括在线的网络媒体和离线的其他数字媒体形式，新媒体的媒体构成基本要素一定要区别于传统媒体。从新媒体本身特征入手对其进行界定，新媒体是一种既超越了电视媒体的广度，又超过了印刷媒体的深度的媒体，而且由于其高度的互动性、个人性和感知方式的多样性，它具备了从前任何媒体都不曾具备的力度。此处新媒体和传统媒体只是借用不同的形式传递相同的节目内容，从这个角度理解，新媒体与传统媒体在本质上其实并无差异。

当然也还有学者抓住新媒体的特殊传播方式对其进行界定。郭庆光提出，现在的新媒体主要指伴随卫星通信、数字化、多媒体和计算机网络等技术的发展而出现的新兴传播媒体，包括跨国卫星广播电视，多频道有线电视，文字、音像的电子出版物以及作为信息高速公路之雏形的互联网等[①]。就其内涵而言，新媒体是指20世纪后期在世界科学技术发生巨大进步的背景下，在社会信息传播领域出现的建立在数字技术基础上的，能使传播信息

---

① 郭庆光：《传播学教程》，中国人民大学出版社，1999年版，第153页。

大大扩展、传播速度大大加快、传播方式大大丰富的,与传统媒体迥然相异的新型媒体。就其外延而言,新媒体主要包括光纤电缆通信网、都市型双向传播有线电视网、图文电视、电子计算机通信网、大型电脑数据库通信系统、通信卫星和卫星直播技术以及利用数字技术播放的广播网。

(二)广播电视新媒体概念

如今新媒体发展迅猛,已为广泛大众所接受。品种繁多的新媒体因其功能差异而运用于各个领域之中,其中有部分种类的新媒体具备广播电视功能,此处统称为广播电视新媒体。《广播电视新媒体政策法规研究——国外法规与评介研究》一书首次提出"广播电视新媒体"[①] 这一概念,但该书并未对其进行明确界定。如今众多学者虽对新媒体领域已开始进行系统的研究,但是至今并未提出一个明确的对新媒体类别进行划分的方式。甚至有部分学者在涉及"广播电视新媒体"一词时,直接以"新媒体"来代替,这很明显存在不科学之处。换句话说,"新媒体"概念远远大于"广播电视新媒体"概念。

国家广电总局第 39 号令对视听新媒体的范围做了界定。第二条规定:"本办法适用于互联网协议(IP)作为主要技术形态,以计算机、电视机、手机等各类电子设备为接收终端,通过移动通信网、固定通信网、微波通信网、有线电视网、卫星或其他城域网、广域网、局域网等信息网络,从事开办、播放(含点播、转播、直播)、集成传、输、下载视听节目服务等活动。"从此规定中可发现,此处"新媒体"的范畴仅是指以互联网为基础而存在的广播电视新媒体,而国家目前大力提倡的有线数字电视、卫星电视等并未罗列其中。综上所述,根据对新媒体及广播电视的综合考察,广播电视新媒体是以数字技术、互联网技术、卫星技术等高科技技术手段为基础的,具有大众传媒特质及功能的互动型新媒体。如通常所说的卫星广播电视、有线数字广播电视、手机电视、IP 电视、楼宇电视等都属于广播电视新媒体的范畴。

对于广播电视新媒体的理解,应着重注意掌握以下几个方面:第一,广播电视新媒体的基础是数字技术、卫星技术、互联网技术等高科技技术手段的发展与运用。广播电视新媒体运用数字信号代替传统的广播电视节目信号来进行节目的生产、传播、接收及储存,这也是其区别于传统媒体的最根本的特征。由此可见,广播电视新媒体是以科学技术为保障的一种传播方式。

[①] 陈晓宁主编:《广播电视新媒体政策法规研究——国外法规与评介研究》,中国法制出版社,2001 年版。

通过广播电视新媒体的传播，广播电视节目可以实现真正意义上的跨时空传播，对此国家广电总局也十分注重其发展成熟。第二，广播电视新媒体必须具备大众传媒的一般特质。同传统的广播电视一样，广播电视新媒体节目的生产与传播也需要一个系统的、有组织的、大规模的生产机构，且其节目生产与运营同样不是单纯依靠个体就可以发展成熟的。通过广播电视新媒体播出的节目虽说因其与受众的互动性增强，而使得受众的选择度大大提升，但是其本质同传统的广播电视媒体一样，都是"从事信息的大量生产和传播的信息产业，由于它的内容与社会观念、价值和行为规范具有直接关系，由于传播领域的特殊性赋予它的巨大社会影响力，无论在哪个国家，都会把它纳入社会制度的轨道"①。换句话说，广播电视新媒体节目的"新"主要是体现在其生产、传播、储存等方式上，但是其节目内容仍然要符合社会的发展及主流意识形态的构建，要符合国家政策法规的要求。从这个角度来说，广播电视新媒体语境下广播电视节目的创作其实从本质上并没有发生根本改变，而只是在形式上突破了以往传统媒体的局限，使其更加具有互动的特性。从某种意义上看，广播电视新媒体是传统大众媒体的延伸。

（三）广播电视新媒体类型

新媒体品种繁多、功能复杂，其本身又具有较强的融合性特点，比如电子报刊＝报刊＋网络＋广播＋电视，我们很难将其具体归为某一类，因此此处所述分类也只是根据其传播内容进行综合性分析。本书将广播电视新媒体分为以下五个部分：数字广播电视、宽带网络新媒体、手机电视、楼宇电视以及移动电视。

数字广播电视可分为数字广播、数字电视、直播卫星等。数字广播是相对于使用模拟技术的调幅广播、调频广播以及在调频广播基础上形成的立体声广播而言的，被称为第三代广播，是 20 世纪 90 年代中期由欧洲广播联盟推广的一项广播系统，通常称为"尤里卡－147"系统，主要有地面数字音频广播、卫星数字音频广播及有线数字音频广播三种传输形式，三种形式相互补充。数字广播节目比起传统的广播节目具有突出的优势，不仅节目的声音质量大大提高，而且听众能够进行节目的移动接收，极大地扩展了广播节目的传播。数字电视是相对模拟电视而言的一种全新的电视形态，是指从广播电视节目采集、制作、传输到用户终端——家庭电视机全部采用数字技术的新一代电视系统的总称。通过数字电视生产传播的电视节目画质清晰，虽

---

① 郭庆光：《传播学教程》，中国人民大学出版社，1999 年版，第 112 页。

在实际生活中有免费和付费数字电视的区分，却使得数字电视节目在个性化、小众化上具有较大发展。

宽带网络新媒体是利用宽带网络，运用IP协议来提供包括电视节目在内的多种数字媒体服务及其增值服务的业务。网络广播就是通过网络建立特定的网络广播服务器，通过此服务器运行广播节目传播软件，将节目传递给听众。听众可以直接通过计算机上的接收软件来收听甚至是收看广播节目，此处的广播节目既包括音频，也包括视频。网络广播可以将广播节目进行国家化传播，不仅降低了节目的传播成本，还大大提高了节目声音的质量，配合以相关的视频更是丰富了广播节目的表现形式。

IP电视的界定目前尚存在异议。一方面，受众可以通过互联网收看网站上的视听节目或网站转播的电视节目；另一方面，受众可以通过电视机收看宽带局域网开办的"网络电视"。而根据电视节目接收终端设备的区别，又分为以下两种情况，即通过电视机和机顶盒来收看电视节目以及通过计算机互联网收看电视节目。网络电视节目类型繁多，新闻、社教、电影、电视剧、综艺类节目等都有所涉及。需要特别指出的是，部分网络电视节目的专业性很强，其节目的生产就是针对某一特殊领域（如影视、科技、体育等）进行的专门制作，收看群体一般比较固定。网络电视节目的制作者可以是个人，网民自己制作节目并将其通过互联网上的特定网站、BBS、论坛等上传至网络供大家收看。此种类型的网络电视节目通常要凭借广大网民的二次传播甚至是多次传播才有可能实现广泛的收看，其节目通常具有较强的个性化色彩，表达个人的观点和情感。除此之外，正规的广播电视节目制作机构也会向网络电视提供节目。网络电视节目与传统电视节目最大的区别就在于其强大的互动性。最常见的网络电视节目的互动指的是受众可根据自身需求选择观看电视节目的时间和地点，但是电视节目本身的内容并不存在互动性，换句话说，节目的内容不会因为受众的个人原因而发生改变。其实网络电视还可以实现让受众决定电视节目的内容，即受众决定节目情节的发展。另外受众还能同网站及其他受众进行互动。目前我国最为普遍的网络电视实现方式是电视用户通过电脑或机顶盒（配合电视机）来收看电视节目。网络电视打破了传统的固定单向的电视节目传播方式，观众可以实现对电视节目的直接控制。如观众可以根据自身情况选择电视节目，并在收看的过程中实现对节目进行保存、慢放、快放、回放、暂停等功能。受众甚至可以按照自身及家人的喜好自己制定节目播放菜单，创立适合自身的节目播放平台。

手机电视是以手机为接收终端，在由移动通信网络或数字广播网（含地面和卫星）构成的封闭式无线网络内传播。其最大的特点就是移动性和便携性，因此手机电视如今已拥有海量的收视观众，成为覆盖人群最广的电视节目载体之一。利用手机电视传播的电视节目画面质量优良，具有较强的时效性，有利于整套节目的播出。但因其载体本身的限制，手机电视节目与观众之间无法实现较好的互动。

楼宇电视主要是指在公共场所（商场、酒店、办公楼、餐厅等）及住宅小区中设置的电视播放设备，通常放置于人群较为密集之地，播放新闻、广告等类型的电视节目。楼宇电视具有较为明确的节目设置理念，即让短暂的空间和时间也具备被消费的可能性。因此楼宇电视的节目通常以简短的广告为主，近年来其节目类型也有所增加，如新闻、娱乐资讯、生活指南、公益宣传片等。

移动电视是指专门针对移动人群播放电视节目，并在公共汽车、火车、轮船等交通工具或车站站牌等公共场所安装电视接收装置进行电视节目收看的业务行为。移动电视通常有三种节目传播模式。一是采用地面数字电视技术，通过无线覆盖方式将数字节目由播出前端传送到移动式交通工具上的接收装置进行收看。二是采用计算机无线联网技术，将数字节目由播出前端无线下载到移动交通工具上的硬盘上，再通过装置的电视机进行收看。三是将已编排成频道形式的数字节目存储在便携式硬盘中，再通过电视机进行收看，通常节目每天一换。移动电视节目的编排与传统的电视节目相类似，有特定的采编制作人员、记者、主持人等；其节目可能是自己的制作团队生产，也可能是购买现成的节目进行播放；在播放时也是将节目编辑为诸多频道进行播出。但是在节目的传送方式上与传统的广播电视节目差异较大，是通过人工传送硬板来完成节目传送。

二、广播电视节目生产传播与新媒体的融合

新媒体数字化的节目生产传播方式给广播电视节目的发展带来了重大的变革，它从根本上改变了传统广播电视节目的生产方式及发展模式。数字化技术使广播电视节目的生产传播具备了开放性、共享性、多样性、兼容性、通用性等显著特征，广播电视节目中音频、视频的生产、传播、交换、消费方式也发生了相应改变。可以说，新媒体的普及与应用对传统的广播电视节目产生了巨大的影响。

（一）节目内容制作方式的变革

在新媒体语境中，国家广电总局对广播电视的产业模式进行了优化调整。根据现代企业制度和现代产权制度的要求，大力扶植数字节目供应商、

集成运营商、网络传输商和接入服务商,极大地丰富了广播电视节目市场的服务主体。逐步培育在全国范围内具备一定实力、面向多种终端、提供不同节目形态和海量内容服务的若干个节目内容提供商,探索建立良性互动、多元化经营、集约化发展的产业运营模式。在节目播出的问题上,国家广电总局批准开办了数字化付费广播电视节目,并将其生产引入竞争模式,在批准中央电视台组建数字付费节目集成运营公司后,又批复北京集团、上海文广集团、中影集团、中广影视网络公司组建面向全国的数字付费节目集成运营机构。这些政策的变革直接影响了新媒体广播电视节目内容生产方式的变革和创新。

1. 针对渠道特色的碎片化组织方式

广播电视新媒体节目更多的还是电视台播出的新闻、综艺、体育赛事或从节目制作公司直接购买的电影、电视剧等。但从节目的形式及采编制作上来看,广播电视新媒体与传统的广播电视存在较大差异。以上所提到的广播电视节目类型在新媒体平台上进行播放,如若还是按照传统的广播电视的组织模式则会失去其应有的意义。广播电视新媒体节目必须根据互联网用户的收视、收听习惯来对节目内容进行重新拆分组合,使其符合互联网视听媒体快速浏览、定向检索的特点。新媒体节目的编排者应对原有的广播电视节目大胆地进行碎片化处理,从而重新将碎片化节目进行整理、筛选、编排。如手机电视因受到手机小屏幕的限制,决定了手机电视短片或新闻的时间通常短于正常的广播电视节目,目前普遍为30秒钟以内。互联网用户因具有极大的选择自由性,几乎70%的用户在线观看视频的时间为10分钟以内,而这70%中有更大部分人观看视频的持续度在3分钟以下。因此,通过互联网进行播放的广播电视节目通常会被拆分为10分钟以内的片段。过去的互联网电视直播通常无法点开,受众甚至也无法观看其他频道的节目。而在如今新的媒体形式中,点播节目早已经过传播者的碎片化处理,被拆分为诸多相互关联的条目,节目的结构已经被改为零散的、简短的、前后关联的部分。

2. 互动性与按需观看

广播电视新媒体节目与传统媒体节目最大的差异就在于其增加了节目与受众的互动性,可以让受众根据自身的需要选择所要收看的节目,这也彻底改变了传统广播电视节目单向传播的特点。广播电视新媒体节目就是要以受众为传播中心,按照受众的要求进行节目的制作与传播,受众则可根据自身情况对广播电视节目进行随意点播。同时,在这种互动式的节目传播模式中,受众并不仅仅是节目的观看者,甚至可能成为节目的生产者或传播者。

如网络电视的受众就可以通过互联网了解节目收看的人数等情况,并通过留言等形式参与到节目之中,可与其他受众形成互动。这种方式能够极大地调动受众的观看情绪,也能使关注度较大的媒介事件得到更广泛的传播。另外,利用新媒体节目与受众的互动性特征,传统的广播电视媒体与新媒体之间也可产生互动,进行优势互补,相互促进发展。央视 CNTV 就利用相关专题活动,通过短信、视频上传、网络投票等方式,不遗余力地增强电视媒体与网络平台的互动性,以扩大电视节目与网络节目的收视覆盖面,进而提高其商业广告的吸引力。

3. 专业制作与大众参与

因为广播电视新媒体平台的内容快速采集,多格式生成,多介质发布,集约化经营、分众化、精准化、专业化切入的节目内容制作特点,诸多互联网媒体开始培养自己专业的节目制作团队,着力打造富有全媒体能力的记者及节目采编队伍,集采、写、摄、录、编、网络技能运用及现代设备操作等多种能力于一身的全媒体节目制作人员,正在成为新闻现场采访、活动报道、事件采集等节目内容创作的中坚力量。与此同时,广播电视新媒体节目的制作并不再局限于具有专业素养的专业人士,广泛的受众也组成团队,甚至个人也参与节目的制作当中。

(二)节目采编要求的变革

广播电视新媒体节目除了在内容、播出方式等方面与传统媒体存在差异,其节目的制作采编也与传统的广播电视节目非线性编辑有所不同,体现在如下几个方面:

1. 新媒体节目支持多帧率、多画幅混合编辑

为了使节目能够在手机电视、网络电视等多种终端上进行播放,节目剪辑软件需要自动适应不同的帧率和分辨率。节目制作者在对节目进行编辑时,有时会将不同帧率、不同分辨率的节目素材放在同一个时间线上进行编辑合成。

2. 编辑功能以简单剪辑为主

广播电视新媒体节目大多还是沿用电视台、广播电台、影视公司等机构生产的节目进行播放,但其会根据自身情况对节目进行二度加工,只是此过程不需要编导进行节目内容的构思与策划,也无须运用计算机制作节目中复杂的特效动画等。因此,新媒体节目编导最常用的编辑功能就是简单的剪切和复制拼贴,将原先节目中不合时宜的东西(如广告等)去除,将时间较长的节目分割为独立且相互关联的部分,以便于移动设备用户对节目进行下载

和收听收看。

3. 节目编辑快且条目化

广播电视新媒体节目为了方便受众通过手机、互联网进行观看，需要制作者通过精确定位迅速拆分节目内容。如一则新闻节目播出后，需要马上按照条目进行拆分，且进行快速的剪辑标注，在线进行拆分的同时就可以生成条目以供受众点击播放。

4. 后台提供自动化处理功能

广播电视新媒体节目在后台需要进行诸多的自动化处理过程，例如提取编目信息、标注场景、标注人物、提供更精确的关键词搜索。在节目制作过程中添加标注，可以让节目更容易被看到、找到，而且还可提供各种聚合的方法。

5. 字幕、特技直接使用模板操作

广播电视新媒体的节目制作从时间及运营成本上考虑非常适合模板化的简单操作。新媒体制作软件加字幕、台标、广告甚至特技都是标准化、模板化的操作方式。如贴片广告，可事先规定好商标位置及大小，制作者只需进行部分文字的改动即可。片段间的转场可以使用默认的方式直接添加固定秒数的淡入、淡出特技，就能够满足90%以上的转场特技要求。

三、新媒体语境下广播电视节目的生产趋势

新媒体语境下广播电视节目面临着调整与改革，但我们并不能忽视传统广播电视媒体在节目资源中占有的绝对优势。无论科学技术如何发展、新媒体的功能多么强大，都要以丰满的节目内容作为支撑。即使在新媒体语境中，节目仍然是以内容为王。广播电视作为我国大众传媒一直以来最为重要的宣传阵地，经过多年的发展，其节目资源也得到了极大的丰富。直至今日，广播电视节目的质量也是网络生产的视频所无法比拟的。因此广播电视媒体才能在激烈的媒体竞争中独当一面，丰富的节目资源、优质的节目生产就是其生存竞争最大的资本。广播电视拥有一支经验最为丰富的节目生产团队，也正是因为我们拥有这样一支专业的广播电视节目制作团队，广播电视节目才能在当下激烈的媒体竞争中占有一席之地。可以说，广播电视节目代表着社会主流文化的发展方向，其真实性、权威性已经为大众所认可。除此之外，广播电视媒体还拥有一套相对较为完善的规章制度，对互联网等节目的生产传播起到了积极作用。因此，广播电视节目在新媒体的冲击下，务必要面向广阔的节目市场，以广播电视节目的优化调整来争取媒介竞争中的主导地位。

(一) 节目内容形式的优化

在新媒体广泛运用的今天,广播电视节目制作者务必明确一个事实,即如今广播电视节目被制作出来并非单纯供电视媒体播放,其节目市场要比原来广阔许多。这就使得广播电视节目制作者不能不进行深入的市场调查,了解不同网络、不同渠道的节目受众对广播电视节目是否存在特殊要求。只有满足了各类不同受众的需求,广播电视节目才能在媒介竞争中站稳脚跟。不仅是内容,其形式也必须满足受众的要求,如制作通过互联网播出的节目时,就应考虑到节目的主体及时长问题,可将节目按照需要分割为几个专题并进行打包。有时电视节目在播放以前可以通过互联网播放节目的宣传短片,扩大知晓度。针对手机电视的用户,节目制作者要考虑到观众收看节目时屏幕大小的限制,在节目制作时应适当多增加中景、近景、特写等画面。其实这也说明,无论移动广播电视、手机广播电视、IPTV等如何发展,其移动性和互动式如何优越,仍然无法代替传统广播电视的传播方式。电视在长期的历史进程中,依靠其强大的背景和资源,在主流化内容的生产和传播中,占据着垄断的地位,在公众中形成了较高的权威性,在信息采集、制作、编排和播出的全过程中,都有着较为严格的审查、把关和监控。广播电视新媒体发展迅猛,但其主流化及权威性还远远比不上传统的广播电视媒介。持续提升电视内容的主流化和权威性能够使电视保持其在内容资源上的强势地位。如中央电视台的《新闻联播》,无论新媒体技术如何发展,其收视率一直居高不下,主要原因之一就是其代表了权威话语,其信息具有较高的权威性和高端性。

(二) 现场直播日常化

前文已经提到,广播电视新媒体节目相较于传统的广播电视节目最大的优势在于其互动性的增强。从此角度考虑,如果广播电视能够突破封闭的生产状态的限制,将节目以直播的方式进行播出,即以现在进行时的姿态进行大量的、日常化的现场直播,可以极大地调动观众的收看热情和参与度,以声像文字全息的优势充分张扬直播的魅力。如在重大自然灾难类电视新闻的报道中,电视台已经开始尝试使用全天候的直播形式来传播信息,其中包括许多抗震救灾的感人画面,这无疑极大地鼓舞了全国人民的志气,使大众都投入到抗震救灾的行列中。面对重大的媒介事件,现场直播更是必不可少,如奥运会、世界杯等关注度较高的体育赛事,电视台通过直播吸引了广大的电视观众,提升了观众的收看热情。即使是社教类、服务类等节目,也可以通过直播来拉近节目与观众的距离,从而加强互动性。广播电视节目要想在新媒体环境中有所突破,必须打破原有的节目生产传播模式,以互动为诉求设计出新的节目形态,在借鉴新媒体的优势方面走出实质性的步伐,就有可能延续传统广播电视媒体的优势。

(三) 高端大制作

在激烈的竞争中,广播电视要想继续做大做强就必然要发挥其节目生产中得天独厚的优势资源。在利用其优势的节目内容资源的基础上,满足受众的要求,独立创制,以此创立自己的品牌,进行优质节目内容的高端制作。在新媒体的冲击下,"内容为王"的媒体本质并不会随之改变。新媒体传播的最大优势就是信息海量及互动性,但其劣势也源于此。正是因为新媒体提供的信息量过大且其自由度过高,而使得其无法形成稳定的观点和舆论引导。最为关键的是,新媒体的节目从质量和品质而言远远低于传统的广播电视媒体。优质的高端大制作节目如今仍然只是出自广播电视节目制作者之手,这也成为广播电视节目发展的一大趋势。如近年中央电视台推出的大型纪录片《大国崛起》《再说长江》《森林之歌》《复兴之路》《故宫》,北京电视台推出的纪录片《江山如画》《人民大会堂》《岁月如歌》等堪称是广播电视制作的精品,不仅画面精美绝伦,给人以视觉上的享受,其恢宏的史实和丰富的文化内涵亦给观众以心灵上的震撼。广播电视节目应保存自身的文化品格,集中优势资源,找准先进文化的发展方向,着眼于国际前沿,以思想性及艺术性俱佳的高端大制作打造荧屏精品节目。这也是广播电视在新媒体语境中实现生存发展与自我突破的重要途径之一。

四、全媒体时代广播电视节目的发展与创新

随着数字化技术的广泛运用、新媒体发展进程的加快,全媒体时代已经到来。如同当年广播电视媒体的盛行极大地影响了纸质传媒的生产与传播,全媒体化也给广播电视节目的制作与传播带来了前所未有的冲击。

(一) 全媒体时代的来临

2012年第三十届夏季奥林匹克运动会在英国伦敦举行。在奥运会期间,人们不仅仅通过报刊、广播、电视等传统媒介来随时了解赛况,还通过互联网媒体、手机媒体等新兴传播媒介观看比赛。在对奥运会赛事的传播中,全媒体已得到广泛的运用,不少媒体(尤其是纸质传媒)除了对激烈的赛事进行文字、图像的报道,还借助微博或手机电视等新媒体传播手段对赛事进行

现场直播。在不知不觉中，全媒体时代已经悄然到来。

虽然全媒体如今已经成为媒介研究的重要内容，是当下新闻实务界热议的词汇，甚至诸多传媒集团将全媒体视为自身企业发展的目标之一，但是学者们对其概念界定的表述仍然十分模糊，因此至今仍无定论。有部分学者认为"全媒体"一词并不能概括当下媒介融合的情境，应当用更加形象生动的"全媒体化"一词来加以概括。他们认为应当从四个方面对其进行理解："首先，在一个全媒体的市场格局中寻找自身新的定位，构建自己的产品体系。其次，在全媒体的思维下，去重新思考媒体的业务模式。第三，全媒体化不仅要为媒体自身的产品提供传播途径，也要为受众的参与提供空间。第四，全媒体化不仅是传媒机构内部的流程再造，也是一个重新定义自己在产业链中的位置、寻找合适的外部合作伙伴的过程。"部分学者又从传播媒介的形态入手对其进行分析，认为全媒体其实就是一种全新的传播媒介形态。有的学者从媒体间的比较入手，认为"所谓全媒体并非多媒体，对于全媒体更为精准的理解，应该是在新技术背景下对于各种媒体技术的积极交融，是对各种媒体渠道的相互兼有，对于各种终端的兼容，以及对于各种媒体介质的有机组合"。更多的学者将全媒体看作一种新的新闻生产与传播的方式。而媒介的管理者们又有自己的论断，他们眼中的全媒体更多的是在全媒体时代中对媒介事件传播经营模式的研究。

"全媒体是指一种业务运作的整体模式与策略，即运用所有媒体手段和平台来构建大的报道体系。"[1] 有人认为全媒体的概念来自新闻传播媒介的应用层面，即全媒体是媒介融合后的产物，具体而言，就是指"综合运用各种媒介表现形式，如文、图、声、光、电等，来全方位、立体地展示传播的具体内容，同时通过文字、声像、网络、通信等多种传播手段来传输的一种全新的传播形态"[2]。综上所述，学者们对全媒体的理解都只概括了全媒体丰富内涵中的一个方面。全媒体是建立在传统媒体与新兴媒体的有机融合之上的一种全新的传播形态、信息载体和终端，是一种全新的媒介管理经营方式。随着互联网与手机技术的发展，微博、博客等新兴媒体被大众广泛运用，全媒体从中开拓了新的发展疆域，从原先单一地指向网络媒体延伸为指向方兴未艾的新兴媒体和传统媒体融合后的结合体。需要指出的是，全媒体在此处作为信息传播媒介的属性并未发生改变，只是其节目的生产传播方式

---

[1] 彭兰：《媒介融合方向下的四个关键变革》，《青年记者》，2009年第6期。
[2] 新华社新闻研究所课题组：《中国传媒全媒体发展研究报告》，《科技传播》，2010年第2期。

发生了变化。

全媒体并不是一个具有实质性载体的媒体概念，其只是对于传统的、较为单一的媒体而言的一个相对概念。首先，全媒体的信息传播媒介遍布了当下的所有媒体形式，如报刊、广播、电视、互联网、手机等，其涵盖了视觉、听觉、触觉及形象等人们接收资讯的全部感官载体和终端。其次，全媒体的节目生产可借用音频、视频、文字、图表、相片等各种手段来进行，并在其基础上进行不同媒体的融合，从而产生出一种全新的传播形态。最后，在媒体的管理运行模式上，全媒体是对跨媒体经营、移动媒体等多个概念的综合。

（二）全媒体时代广播电视节目发展创新之道

随着全媒体趋势的发展，广播电视节目在其媒介形态上与各种媒介进行融合和组合，呈现出"多媒体化""全媒体化"的倾向。在媒介融合趋势的促使下，广播电视进行了多重创新尝试。在改革开放之初，传统的广播电视节目生产传播方式仍然在广播电视中占主导地位，其占据了绝对的优势资源。然而随着全媒体化进程的加快，广播电视新媒体发展迅猛，广播电视节目能够通过新媒体渠道获得海量的受众群，并对受众产生极大的影响。广播电视新媒体凭借着其新生的蓬勃生命力不断地发展壮大，进而发展、融合、组合，产生出了诸多广播电视新媒体形式，构建出了广播电视全媒体化的理想蓝图。

1. 数字技术

数字技术的发展直接推动了计算机互联网的广泛运用，传统的广播电视也要融入数字化的其他媒介之中才能在全媒体时代焕发生命力。如当下互联网上已经充斥着广播电视节目，广播电视与互联网的融合即可看作媒介融合进程中的一个阶段性的成果。如今多种的媒体都可进行融合与组合，从而催生新的传播媒介。如某一单独类型的媒介节目上传至网络后，其内容和形式都会发生极大的改变，音频、视频、文字、图表等都可对其内容形式进行丰富。可以说在数字技术的推动下，媒介融合已经成为媒介发展的必然趋势。广播电视面对此趋势，务必要打破行业的局限性，有效利用其原有的优势资源，加快广播电视节目全媒体化的转变。

数字技术是节目发展之基。20世纪90年代后期，数字电视在欧洲、美国以及日本获得发展，引发了全球对数字电视的关注，中国广电媒介也开始引入数字电视的概念，随后国内一些省市开始了相关实验。2001年8月，第一家由国家广电总局批准获得运营执照的河北电视台VOD点播频道正式运营。2002年5月，四川电视台正式运营数字电视。同年9月，上海文广互动电视正式启动，进入实质性的商业运营阶段。目前，大多数广电媒体已经意识到了数字技术的强大冲击力和经营价值，正在进行不同程度、角度的探索。

当前数字电视业务主要有三种形式：一是数字化电视业务，进行传统的电视内容传输，但影像和音质更好、更清晰。二是交互电视业务，主要包括电子节目指南、增强电视、视频点播业务、Time-shifting服务、电视购物、电视银行、Internet电视。三是多媒体信息服务，包括公共信息服务、个人私有信息服务、电子公告板。数字电视还处于成长期，随着技术进步，未来电视业务将会出现更多形态。

数字视频业务是未来传媒业发展的必然趋势。传统媒体要想向新媒体发展，开展网络视频、手机电视、数字电视、户外显示屏在内的各种视频媒体业务是必不可少的手段。因此，数字视频业务将成为未来传媒业发展的一个新亮点，拥有广阔的市场前景。数字机顶盒可以提供包括电视投票、C2C的互动节目点播、多人参与交互式游戏、电视抓取搜索等多项服务，这些服务都强调了使用者的参与性和交互性。可以预见，视频新媒体的发展在未来将会催生更多的内容提供方式和信息服务形式的出现，并且带动整个传媒业全媒体发展的进程。

2. 互动与参与

新媒体时代，受众和传媒的关系发生了巨大的变化，受众的互动和参与将更加明显，受众本身将成为传播者之一。过去，广播电视受众对信息的接收都是单向的，信息传递无法实现交互。现在以互联网为代表的新媒体把读者和观众变成了信息的传播者，传统的读者、观众等群体正从信息的被动接收者转变为信息的制作者和发布者。媒体和受众的双向互动交流不断增多。

在这种背景下，互动与参与是节目的生存之道。长久以来由于技术的限制，广播电视媒体走进千家万户一直是以广播这种方式，它的"点对面"的传播结构，形成了绝对化的单向传播关系。随着电视机的普及以及数字技术的兴起，电视的参与与互动成为可能。传播与接收的强制关系被打破，受众不再只是被动接收，而转为积极参与。电视将变成一个大家都可以发言的公共平台。

数字化带来了无限的频道资源，只有通过节目的社会化生产才能满足多频道对节目的需求。内容供应商的出现，将使内容生产的功能从"台"里分离出来，不仅可以降低制作成本，也可提高产量。另外，"交互电视"（Interactive TV）也是一种发展模式。2000年6月，英国天空电视台开播了世界上第一个交互电视频道——"Sky News Active"。在当代媒介竞争中,没有互动就意味着失去观众。国内电视也在不断进行探索,近年来各种选秀节目的兴起便是一例。虽然这类节目的社会引导性还有待讨论,但是我们不能因此否决这种很好的互动尝试。如"超级女声"比赛成为2005年最火爆的媒体现象之一,决赛阶段,这个本属于"旧媒体"领域的电视节目收到了800万个手机短信投票。未来几年,主要的传统媒体内容供应商(比如MTV)预期来自手机增值服务的收入可能高于来自收费电视的收入。凤凰卫视正逐步加强其网络业务,其网站已进入中国流量前50大网站行列。

此外,充分借鉴、发挥新媒体特点,实现电视媒体与新媒体在传播对象和传播内容上的互补。2006年德国世界杯,央视国际充分发挥新媒体特点,在业界产生了积极而广泛的影响。在这次新媒体传播实践中,央视国际联手新浪、搜狐、TOM、网易、腾讯、百度、华体网、宽带我世界、中华英才网等网站以及中国移动、中国联通等运营商,着力推出"我爱世界杯网络联盟",以提供用户链接的形式共享央视国际的视频、图片、论坛和博客内容。有了网络联盟的强大推动力,央视国际德国世界杯传播的范围迅速扩展,有效覆盖了各个联盟网站面向的大多数受众,补充和延伸了电视传播在网络受众中的影响。而在网络上以直播、轮播、点播等形式提供的德国世界杯比赛的视频内容,同样吸引着那些看不到电视或是错过电视节目的受众群。

增加言论节目的开放性也是途径之一。电视节目制作的观念之一是"内容为王",而内容的核心则是"以人为本"。所以,应用技术条件,在受众关注的基础上增加参与性,使之更深入和广泛地参与到中国社会生活中,是未来节目制作的一个方向。让参与讨论和发言的人不仅仅限于专家学者,而是开放更多的空间给普通观众。

(三) 全媒体时代广播电视节目的发展趋势

在新媒体日益兴盛的当下,传统的广播电视节目面临来自新媒体的冲击和挑战,这种冲击与挑战无疑也加剧了节目的发展和变革。如何在全媒体时代继续保持节目的竞争力、迎合市场的竞争以及观众的多元需求,成为广播电视节目制作需要考虑的问题。

1. 新闻类节目

广播电视新闻类节目具有自己的优势,主要表现在其权威性和主流性。但随着全媒体时代的来临,广播电视的新闻采编面临着深刻的变革。首先是对时效性的重视。相对于网络和手机媒体而言,传统广播电视的新闻发布具有一定的滞后性。这时通过采编系统获取的新闻可以选择通过网络电台或网络电视台进行发布，而传统的广播电视媒介再进一步跟进，进而形成立体式的报道模式，既保证了新闻的时效性，同时这种复合式报道有助于受众进行深度解读。其次是对权威性的重视。在当今这个信息爆炸的时代，人们对信息的渴望和需求已呈几何式增长。由于过分强调信息的数量和速度，大量的虚假信息乘虚而入，使得人们对信息来源的可靠性以及真实性产生了怀疑。相对于通过网络和手机媒体传播的大量虚假信息而言，广播电视新闻节目在长期的发展过程中形成的权威性和可靠性的优势得以发挥出来。当在生活中遭遇新闻真实认知模糊的问题时，人们更倾向于选择广播电视发布的新闻来确认真伪。再次是对新闻专业性的重视。全媒体的形态发展，有利于媒体获取和发布更加丰富的新闻资讯，它在带来丰富海量新闻资讯的同时，对新闻选择和把关人也是不小的考验。这就需要采编人员熟悉掌握不同媒体的传播特性，在选择新闻时充分考虑新闻价值以及可能会产生的社会影响，进而确定新闻的发布平台。通过全媒体的联动可以形成对某一新闻事件的深入报道，例如广播电视新闻报道新闻事件，网络平台可以开办相应的新闻专栏，交代新闻背景或进行持续跟进，有利于受众全面了解新闻事实。

结合当下广播电视新闻节目的发展实践来看，从表现形态而言其突出的特征就是民生化趋势明显。新媒体并不仅仅是以一种媒介形态出现在我们生活之中的，它所带来的影响是深远而全面的。随着新媒体的普及，受众信息接收方式、接受心理、接收习惯也随之发生了改变，同时受众的信息需求也在不断受到新媒体潜移默化的影响，其中突出的表现就是对民生自身问题的关注。新闻节目的民生化在近几年的发展中非常明显。民生新闻的崛起与发展，表明新闻节目在制作观念上的转变：在内容上，突出的特点就是以普通百姓的衣食住行等民生问题为主；在态度上，改变原来新闻节目的刻板严肃风格，呈现亲近性和交流性特征，突显"亲民""爱民"的平等视角；在效果上，以切实为百姓服务、解决生活问题为目的。

2. 社教类节目

广播电视社教类节目更多表现为教育性质，因而以往节目呈现出来的特征多以严肃说教为主。而随着对广播电视认识的不断加深，节目观念也在不断发展，突出的表现就是对广播电视服务职能和交流性的日益重视。在社教类节目中的突出表现就是情感化色彩越发浓厚，注重与受众的平等交流，不再是以往高高在上的教育者姿态，而是更加亲近、自然，使此类节目传统的"教化"色彩减弱，更符合当下人们的情感表达与交流的需求。

广播电视与其他媒体比较而言，具有的突出优势就是通过声音与画面形成的拟人际化的交流方式。广播节目中的主播通过声音话语可以承载丰富的情感，相对于单纯的文字交流更能够形成比较和谐融洽的沟通氛围。电视节目则还可以将人物的表情、体态等辅助语言呈现出来，更有利于情感和观点的表达。社教类节目通过丰富动人的情感表现，去唤醒现代社会中人们麻痹的心灵和日益淡漠的情感，重新审视并珍惜情感。这里说的情感，既有亲情、友情、爱情这样的"小情"，也有爱国情怀、民族情怀、人类情怀这样的"大情"。值得注意的是，有分寸的情感表达是受欢迎的，但为情而情乃至滥情、矫情、煽情则会适得其反。社教类节目要收获良好的社会效益，特别要注意情感表现的"分寸"和"度"。

3. 文娱类节目

广播电视文娱类节目在诸多节目形态中具有突出的生动性和丰富性，也是受到受众普遍欢迎的节目形态。在全媒体时代，广播电视的优势就在于其强大的节目生产能力，可以为多种媒体平台提供丰富的节目内容，新闻类和文娱类无疑是其中的重要部分。

晚会类节目以其欢乐祥和的气氛、热情洋溢的情感以及丰富多彩的内容深受观众所喜爱。晚会类节目突出的特点是"主题化"趋势。传统的晚会类节目往往具有浓厚的宣传教化意味，对晚会内容的艺术性和主题意识不够重视。近年来，晚会类节目越来越呈现出主题化的倾向，按照某一主题，架构起内容更集中、形式更单纯的节目形态。如区域文化、慈善及特定节庆日纪念等主题受到关注和青睐。在晚会类节目日益主题化的氛围中，如何使这类节目既保持内容与形式的集中统一，又能突破因此带来的相对封闭性，吸引观众的参与和互动，是值得探讨的问题。在全媒体时代，广播电视媒体可以充分利用其他媒体平台，对晚会主题进行评测和修正，加强与受众的思想交流，广泛吸收受众的意见和建议，尽量满足受众的需要；同时可以吸纳观众的反馈，以利于进一步的改进和完善。

总之，新媒体背景下广播电视面临更大的挑战和冲击，在与新媒体的激荡中不断深化对广播电视本身以及节目的认识，广播电视节目形态和理念也在不断发生变化，这既是应对外界竞争的需要，也是自身发展创新的积极探索。其中突出表现为服务意识强化，平等交流观念增强，情感化表现突出，既重视娱乐性，也坚持维护长期形成的权威性形象。全媒体时代的来临是广播电视发展历程中的重大转折。广播电视既要积极适应媒介融合的挑战，同时更应当立足于自身的媒介属性，深刻把握时代发展以及人们的需求，积极创造出更加丰富多彩的节目。

课后习题：

一、名词解释
1. 节目形态
2. 全媒体
3. 现场直播
4. 实况音响
5. 板块节目
6. 专题节目
7. 纪录片
8. 录音报道
9. 新媒体
10. 数字技术

二、简述题
1. 简述广播电视节目形态及其各自的特点。
2. 简述广播电视节目策划的特征与原则。
3. 简述广播电视采编与其他媒体采编有何不同。

三、论述题
1. 结合具体案例说明中国广播电视节目形态的发展与创新路径。
2. 请结合相关案例，谈谈你对广播电视节目生产与新媒体融合的看法。

第四章 广播电视的产业经营

我国近年来开始大力发展文化产业,国家广电总局和全国广播影视系统以此为契机,积极贯彻落实深化文化体制改革精神,推进广播影视机制改革创新,有理有序地发展广播影视事业产业。广播电视产业经营要求广播电视生产管理方式必须与之相适应。广播电视媒体必须在追求经济效益的同时注重社会效益,两者的结合构成了我国现代广播电视产业发展的重要标志。

第一节 广电产业经营的内涵、特征、进程与必然性

1940年和1958年,我国的人民广播事业和电视事业分别诞生。由于我国的广播电视传媒在早期一直是以意识形态宣传为主要的社会功能,因此,我国的广播电视业一直是按照单纯的事业性质定位的。党的十一届三中全会以后,我国的经济体制逐步向社会主义市场经济体制过渡。随着不断地深化改革开放,我国的广播电视也开始了向产业功能的过渡。特别是党的十七届六中全会确立大力发展文化产业以来,我国广播电视业的经营和发展状况表明,广播电视的产业进程是广电事业和社会主义文化产业自身发展的必然选择。

一、中国广播电视产业的内涵及特征

产业是指由利益相互联系的、具有不同分工的各个相关行业所组成的业态总称,产业是社会的支柱。按照联合国教科文组织对文化产业的定义,文化产业是"按照工业标准生产、再生产、储存以及分配文化产品和服务的一系列活动"。因此,按照此概念定义,广播电视产业可以理解为按照现代化市场经济标准,以工业化生产模式,进行生产、流通以及分配广播电视产品和服务的市场化行为,即指从事广播电视产品与服务的生产经营活动以及为这种生产和经营提供相关服务的行业。

我国的广播电视既是党和人民的喉舌,又属于文化经济产业,因此具有

政治、经济的双重属性，兼具新闻宣传和产业经营的双重功能。1978年末，《人民日报》等首都的7家报纸为试行企业化管理，在给财政部的报告中提出"事业单位性质、企业化管理"的思想。随后，这一政策开始在广播电视行业实施。"双重属性"就是指在市场经济条件下的我国广播电视业同时具有经济属性和政治属性，因此，广播电视产业的产品可以参与社会生产流通，进入市场进行交换，参与市场竞争，促进社会生产力和经济总体的发展和扩充。1987年，上海市广播电视局提出"只有发展产业，才能建设事业"的口号。[1] 可以看出，我国的广播电视事业由于具备政治和经济的双重属性，因此具有与西方国家不尽相同的行业特殊性，具体表现在以下两个方面。

（一）追求社会效益和经济效益的辩证统一

市场化、产业化运作，是以经济效益作为首要目标和终极追求的，因此，社会经济产业中诸如商业、建筑、运输等产业是以追求经济效益为唯一目标，以实现经济效益量的多少作为衡量企业发展水平的标准。而我国广播电视产业在市场化、产业化运作的过程中，所追求的目标是社会效益和经济效益的和谐统一，而统一的基础就是把社会效益放在首位。产业功能以经济效益最大化为最高标准，喉舌功能以社会效益最大化为最高标准，不能将经济效益当作唯一导向。广播电视实现经济效益的最终目的是实现社会效益，而绝不意味着其经营管理活动要以放弃社会效益为代价。两者是辩证关系。

首先，以市场为经济导向，通过在媒介市场上的竞争和拼搏，逐步掌握市场经济规律，完成媒介组织产业化、集约化、规模化的过程是应对现代传媒竞争的需要，以解放和激发广播电视本身潜在的发展活力，迅速增强竞争实力；其次，随着产业经济实力的提升，广播电视事业可以提高广播电视节目的制作质量和传输质量，提高覆盖率和收听收视率，因此就可以使党和政府的方针、政策、路线等社会管理信息得到及时有效的传播，在更大程度上发挥新闻传播和舆论宣传功能，扩大宣传阵地，确保我国广播电视政治喉舌功能和社会效益的实现，为我国创造长治久安的经济和社会发展环境。因此，广电产业发展是以社会效益和经济效益的共生共存关系为基础的，而坚持社会效益与经济效益的双效统一，是我国广电事业自身的本质属性所决定的。

---

[1] 赵玉明：《中国广播电视通史》，中国传媒大学出版社，2006年版，第463页。

（二）有选择地进行市场化运作

一般来说，以单纯经济利益为追求的行业部门在进行市场化运营的过程中，基于竞争和发展的需要，采取的是各个生产运营环节全部按照市场运营的机制设置和运作方式，即完全以市场为导向，整个经济体系都是完全建立在市场规律的基础之上的。而对于我国广播电视产业来说，这一完全市场化运作的原则就不能全盘照搬，而应有选择地进行。广播电视的产业化运营，虽然需要面对激烈的市场化竞争，要符合市场化运作规律，但由于其特殊的产品性质，所生产的内容和提供的服务仍然首先必须要服务于社会公共利益，要有利于社会主义精神文明建设和公共道德的建立，保障公共群体利益。因此，广播电视产业在市场化运营中要对产品和服务的生产和流通进行有选择、有计划的安排和调整，要区别新闻宣传与文化娱乐之间的差异，要合理处理市场化运作与思想舆论保障的关系。例如，对于体现重要社会导向问题的重大方针、政策的舆论宣传，重大政治事件的新闻报道，就不能以市场化为选择。这样，才能科学合理地对广播电视产品进行定位，既满足良好的社会效益，又获取充足的经济效益。

二、中国广播电视产业发展基本进程

我国广播电视长期以来一直执行的单纯舆论宣传功能，主要是作为党和政府的喉舌，执行意识形态宣传职责。党的十一届三中全会以后，党和国家开始以经济建设工作为中心，确立社会主义市场经济体系，我国广播电视业随之也开始逐步向产业经营过渡。这一过渡是以进行广告运营为切入点的。上海电视台1979年1月28日开始第一次进行广告经营。1979年2月，《商业信息》节目在中央电视台开办，大量播发国内外商业广告。1980年1月1日，中央人民广播电台开始进行广告运营。随后，各级广播电台、电视台都纷纷开始介入商业广告经营业务，我国广播电视产业运营开始进入市场化运作。据统计，到1983年，全国广播电视广告营业额达到3400万元。1986年12月，珠江经济广播电台率先建立；1988年9月，湖北汉江经济电视台试播；随后，包括上海、北京、武汉等在内的一大批省市广播电台、电视台相继建立了专门的经济电台、经济电视台、经济频道、经济栏目。从此，我国广播电视的经济属性和产业功能逐步为人们所认识。

进入20世纪90年代后半期，广播电视产业的产业经济发展获得进一步的调整和提高，开始逐步形成增量化、市场化、完善化的发展趋势。1992年，我国确立了"建立社会主义市场经济体制"的改革方向。从此，广播电视的生产机制更为灵活,市场运行机制更为宽松,产业运行的步伐和节奏迅速加快。从经营收入看,以中央电视台的广告收入为例,1991年达到10亿元,2000年达到53亿元,2001年达到60亿元,10年内经营收入增长了6倍。从广播电视业的资本运营来看,从20世纪80年代后期,上海东方明珠股份公司上市,到2000年年初,我国已有4家广播影视行业的公司上市。再从广播电视业已经积累的物质技术基础看,截至2000年年底,我国共有广播电台296座、电视台651座、广播电视台1272座、对内对外广播发射台和转播台740座、电视发射台和转播台42228座、卫星收转站368553座、专用微波线路8万公里、微波站2286座、有线电视光缆和电缆干线30多万公里、宽带有线电视用户分配电缆300多万公里,广播与电视综合人口覆盖率已达91.5%和92.5%,有线电视用户已接近8000万户。

  进入21世纪后,随着社会经济与科技的飞速发展,广播电视产业开始进行以现代传播技术为依托,以高度的国际化、市场化竞争为动力的全方位技术变革、运行机制改革和产业结构调整。2004年2月10日,国家广电总局发布了《关于促进广播影视产业发展的意见》(以下简称《意见》),要求广播电视要把允许经营的资产、资源和业务从目前的事业体制中分离出来,面向市场进行企业转制和重组,与事业部分分别管理、分别运营;允许各类所有制机构作为经营主体进入除新闻宣传外的广播电视节目制作业,在确保控股的前提下,可吸收国内社会资本探索进行股份制改造,条件成熟的广播电视节目生产营销企业经批准可以上市融资。《意见》从市场和法规政策的调整两个方面,为广播影视产业的发展打开了新的政策空间,并明确地将2004年作为广播影视的"产业发展年"。2004年1月18日,以广东电台、广东电视台、南方电视台等5家单位为主体的南方广播影视传媒集团正式宣布成立。2004年6月28日,作为全国文化体制改革试点单位,以厦门电视台和厦门人民广播电台为主体组建的厦门广播电视集团正式挂牌成立。同年,国家统计局正式印发《文化及相关产业分类》,从统计学意义上对文化产业的概念和范围做了权威界定。依据这个文件,国家广播电影电视总局和国家新闻出版总署等随后相继出台了《广播影视行业统计管理办法》《新闻出版统计管理办法》等法规性文件。由此,文化产业发展无据可查、无据可依、描述模糊的状况得以改变,开始有了权威的数据支持,广播电视传媒产业发展开始呈现出新的格局,新媒体、新业务、新市场不断涌现。

  2008年,国务院办公厅发1号文件提出"鼓励广播电视机构利用国家公用通信网和广播电视网等信息网络,提供数字电视服务和增值业务",从此,三网融合开始在实践中逐步推进。三网融合的实施突出表现了国家政策对广播电视业发展的巨大推动作用,进一步加深了媒介融合。2008年1月31日,国家广电总局联合信息产业部制定发布的《互联网视听节目服务管理规定》正式生效,保障了网络视听节目服务业的健康有序发展。同年8月,国家广电总局设立"网络视听节目管理司",视听新媒体行业管理得到加强。2009年国家行政管理部门多次出台相关文件,提出推进三网融合。2010年年初,国务院常务会议通过了实施三网融合的具体方案,准许电信和广电两大行业互相进入,首次明确提出了实现的路径和时间表。2010年6月,国家三网融合协调小组会议召开,城市试点工作迅速推开,三网融合的大局逐渐清晰。随后几年,三网融合实现了三网互联互通、资源共享,为用户提供了话音、数据和广播电视等多种服务。由此,广电行业在内容资产方面被调整为几大产业方向:媒体业务、演艺业务、技术服务、研发及投资业务。其中媒体业务无疑是广电行业的主营业务,它除了传统媒体事业和产业,现在还包括了IPTV、数字电视、移动电视、手机电视等新兴产业群。新时期新形势下,广播电视产业的发展变革面临格局调整和战略转型。新技术的出现和媒介融合的发展,使得广播电视产业的新兴业态发展迅速。随着三网融合的推进和媒介竞争的加剧,广播电视媒体对内容产品的生产和传播的垄断局面将被打破,广播电视产业应在巩固和增强核心竞争力的同时,加快转变发展方式,大力培育新的产业增长点。

三、广播电视产业经营形成的社会条件

广播电视产业经营的形成必须依托一定的社会资源条件才能实现,多种类的社会条件为广播电视产业经营提供了技术、资金、市场等必需的运营要素。

(一)高新信息科技发展提供技术支撑

高技术信息产业是国民经济的战略性先导产业,对产业结构调整和经济发展方式转变发挥着重要作用,已成为当今世界综合国力竞争的制高点。科技创新呈加速趋势,技术升级周期不断缩短,新产品、新应用层出不穷,不断催生新兴产业,全球信息传播的高技术产业正进入更加依靠创新的发展时期。信息技术进一步向数字化、智能化、网络化方向演进,软件、集成电路等核心技术面临跃升,数字电视、新一代移动通信、下一代互联网产业发展进程明显加快,全球信息产业快速增长、动力强劲。在科技创新引发的世界高新技术产业格局调整中,我国实现跨越的可能和落后的风险并存。高新技术的运用要求广播电视行业必须进行产业化调整,必须紧跟媒体技术的发展

潮流，增强产业化竞争能力，加强新技术、新媒体的规划、开发研究和平台建设，为市场而生产制作，发展成面向全国甚至全球市场的内容供应商、发行商和服务商；而且要着力打造媒体产业群体，遵循技术发展和市场变化规律，适应受众变化的收视模式和喜好，在多样化的传统、融合媒体的不同领域内开拓新的发展空间。

（二）满足社会精神文化产品需求提供内在动力

通过深入发展市场经济，我国在经济上获得明显发展，经济实力、综合国力大大增强。国家经济的发展和广大群众物质生活的逐步富裕，推动了社会公众在文化方面和精神方面的需求，社会公共文化需求和消费正进入一个空前旺盛的时期。我们对人民群众这种精神文化需求的迅速增长必须有充分的认识，要使广播电视事业和文化产业的发展和改革的步伐及时赶上公众的这种需求。因此，满足社会精神文化产品需求为广播电视提供了产业化的内在动力，要求广播电视产业在发展中高度重视精神文化的内容生产，高度重视文化产品的人文内涵和人文导向，高度重视整个社会的文化环境的建设，不仅要从量的方面满足社会的文化需求，而且要从质的方面满足公众的文化需求，更重要的是能够提升社会公众的精神境界，发展完满的人性功能，引导社会公众从事更高的精神追求。另外，广播电视产业不能脱离文化精神，要重视产业自身和产品内容的人文内涵和人文导向，通过文化性来引导、渗透社会主义正确的精神趣味、文化格调、道德价值观以至政治倾向。

（三）全球经济一体化提供国际空间

随着全球经济一体化进程的加快及科学和信息技术的不断进步和发展，国际传媒集团之间的竞争与交流程度大大加深，我国的传媒产业将面临更加复杂的竞争和管理方面的挑战。通过参与全球经济一体化，传媒可以取得持续的竞争优势，不断进行管理的改善和创新，将产业运行的经营与管理上升到传媒产业发展的战略高度，使之贯穿于战略的管理思想理论和管理实践原则等各个层面。同时，可以充分利用国际规则的"安全阀"来保护我国的广播电视文化产业。例如，以世界贸易组织的例外条款、区域贸易保护条款、非歧视原则以及WTO争端解决机制为"安全阀"，来保护那些具有自主知识产权的传媒产业和产品，保护那些能够代表我国先进生产力和先进经济文化以及竞争优势的广播电视产品。另外，全球经济一体化可以促进我国传媒产业与国际传媒企业之间的经济关系的协调。在全球化中，我国传媒产业可以通过对其他国家和企业管理方面互动型的战略学习，取人之长、补己之短,了解和学习国际规则,扫除"恐外"心理,积极稳妥地参与和推进国际经济关系的协调,维护中国传媒产业在全球经济竞争与发展中的权益,争取获得更加巨大的市场竞争力。

四、社会主义市场经济与广播电视产业

党的十一届三中全会以后,社会主义市场经济体制逐步成为我国基本的经济运行机制。社会主义市场经济体制的确立,使得文化产业获得了极大的发展,对于广播电视产业来说,具有重大意义。首先是促进广播电视行业通过进入现代市场体系,获得了更多的发展资源和机遇,实现了根本的实质化发展;同时,高度的市场化介入,也积极推动了广播电视充分开放自身媒体资源、发挥行业优势、整合多方力量,形成了强大的传媒产业链,使行业向产业集聚,实现了广播电视媒体对整个社会主义市场经济的强大反哺作用。可以说,我国社会主义市场经济的发展和现代产业体系的建立,是广播电视产业构建的根本前提和条件;同时,我国广播电视体制机制的深化改革和发展,也能够积极完善和推进社会主义市场经济的发展。

(一)必须以市场经济作为配置资源的手段

市场经济的最主要特征就是以市场为主导,调节生产、流通和消费的基本需求,因此,在市场经济中,市场配置资源主要是通过市场上的价格、供求、竞争等因素的相互作用进行的。生产经营者是以盈利为目的的经济主体,而价格是灵敏的市场信号,反映供求关系。通过观察价格,生产经营者了解市场供求行情,合理安排生产活动,使劳动力和生产资料由供过于求的行业流入供不应求的行业,实现不同行业间的合理配置。事实证明,社会生产所需的稀缺资源必然在平等竞争规律的作用下,按照价值规律的原则在全社会自由流动。从广播电视业自身看,由于行业的特殊性,其发展需要大量的、优质的人力、物力、财力资源;而要得到所需资源,只有通过合理经营、产生优质效益之后,才能使优质的资金、技术、劳动力等资源通过市场竞争机制流向自身。所以,广播电视产业实现市场配置资源的最重要的手段是运用竞争规律、价值规律,引导资源合理流动,实现供求双方相互选择、优化组合。具体地说,就是要确立广播电视产业成为市场化主体,发挥市场主体的能动作用,生产经营活动必须遵循价值规律、平等竞争规律,按市场经济规律办事,打破行业封闭意识,积极进行现代产业经营,用强大的竞争优势来吸引社会优质资源,否则就会导致难以获取资源甚至自身资源流失。

(二) 必须坚持政府宏观调控

市场经济理论认为,自由竞争的市场经济,是现代经济社会进步的主要力量,但是不能放任市场力量自由运作,国家有责任干预经济活动,以便为市场机制积极作用的发挥创造有利条件,弥补市场机制的缺陷并且修正市场竞争的不良后果。市场经济是将经济组织的主动精神同社会平等的原则相结合,将市场的自由原则同社会均衡原则相结合,将市场盈利的个体性目标同社会目标相结合的社会经济体制。因此,政府对经济社会活动的干预可以通过采取弥补市场经济的缺陷或纠正其弊端的各类有效措施,建立和维护竞争的市场秩序、稳定经济。对于我国广播电视产业来说,经济增长是由多方面因素决定的一个客观过程,在自身经济和社会发展的一定阶段,存在着一个合理的或潜在的经济增长速度。因此,国家对广播电视产业的宏观经济调控就是要实现在结构优化、效益提高的基础上保持经济持续、快速、稳定的增长,既要努力提高速度,又要防止增长过快,更要避免大幅度波动。一般来说,我国广电产业的宏观调控基本原则包括宏观间接调控原则、计划指导原则、集中和重点性原则、以经济手段为主的综合配套调控原则。具体表现在三个层面:第一,政府依据价值规律,运用经济手段进行调控,主要包括价格、税收、信贷、工资等方式;第二,政府通过经济立法和司法,运用经济法规来调节经济关系和经济活动,调节和维护所有制经济,保障经济组织和社会成员的合法权益;第三,政府通过采取强制性的政策、命令、规定等行政方式来调节经济活动,以对广电产业发展进行规制、引导和监管。

(三) 必须引入合理的市场竞争机制

我国已经逐步由计划经济体制转向并建立完善了市场经济体制,基本建立了完整、统一、开放的市场体系,形成了多元化的市场竞争主体和多种形式的市场竞争方式,市场竞争秩序不断规范,市场在资源配置中的基础性作用得到有效发挥。广播电视产业是市场经济的产物,而市场经济的主要特征就是通过公开、公平、公正的竞争,达到供需双方等价交换的目的,因此,合理的市场竞争是我国广播电视产业得以生存和发展的活力所在。广播电视产业的竞争经济要求重视完善市场主体制度,健全市场交易规则,大力推进信用体系建设,积极引导行业自律,切实规范市场竞争秩序,为市场竞争机制有效发挥作用提供有力保障。同时,要逐步放开垄断行业和服务业领域的准入管制,在不影响我国政治、经济主体安全的前提下,使社会资本进入的领域和范围日益扩大。广电产业的经营重点要从以内容生产为主的简单化经营方式向产业价值链经营方式转型，逐步形成集群化、集约化、能够可持续发展、具有国际竞争力的传媒经济组织。同时，要求传媒竞争形势必须公平、公正，在合理竞争的前提下，形成多元化的资源互补、价值链接、市场共享的各类竞争与合作方式。

第二节　广播电视产业经营基本原则

在文化产业深化改革的大背景下，广播电视产业经营的实施必须在正确的原则的指导下保持可持续的健康发展，这是目前广播电视产业经营的核心问题之一。根据我国广播电视产业的特点和发展规律，要使广播电视产业适应社会效益和市场经济双重标准的要求，广播电视产业经营应当遵循以下四个方面的原则：双效原则、差异化原则、主业凸显原则、专业化原则。

一、广播电视产业经营的双效原则

由于广播电视具有明显的政治和经济双重产业特性，因此广播电视产业经营必须在把社会效益放在首位的前提下，追求经济效益，即要遵守"双效原则"。改革开放以来，随着市场意识的确立，实现经济效益与社会效益的共赢原则是我国广播电视事业遵循的基本原则。党的十二届六中全会明确提出："我国文化事业的社会主义性质，要求必须把社会效益作为最高标准。要努力提高精神产品质量以满足群众的广泛需要，并且进行文化管理体制的改革，改善经营管理，促进文化事业的蓬勃发展。"应该说，双效原则是我国关于精神和物质"两个文明"建设并重的社会主义社会建设理念在广电事业产业经营中的体现。

另外，社会效益与经济效益是辩证统一的，可以实现同步增长。坚持社会效益作为前提选择，通过提高社会效益来促进经济效益的提升；同时，通过获得经济效益，可以增强广播电视媒体的经济实力，获得更多的资源来进行产业更大规模上的调整扩大，发展广播电视事业的整体实力，从而进一步提高社会效益。因此，广播电视产业在发展中不能完全以市场为导向，应当抵制产品的商品化倾向，但并非将其绝对化，只强调社会效益，不追求经济效益。因此，必须认识到广播电视产业经营的双效原则，正确处理两个效益的关系，达到合理、有机的辩证统一。

二、广播电视产业经营的差异化原则

差异化战略是现代企业进行市场合作与竞争的重要手段，是指企业凭借

自身的技术、管理、经营、开发等优势，开发和生产出在价格、功能和质量上明显区别于市场上其他竞争产品的创新产品，并使创新产品与消费者的不同需求相吻合。差异化战略追求的最高目标是"构建自身特有核心竞争力"，即企业为顾客所提供的产品在功能、质量、服务、营销等方面具有"不完全替代性"。

（一）差异化战略的概念与内涵

差异化战略的方法多种多样，如产品差异化、服务差异化和形象差异化等。根据现代营销理论，市场消费者对可能选择的产品或服务价值的定位有核心价值、实际价值和心理价值三个维度，而这三个维度构成了差异化竞争战略的实施基础。核心价值主要由产品的基本功能构成，是产品自身基本功能的载体和表现，也是最重要的产品价值所在；实际价值包括与产品质量、性能、服务有关的规格品牌、包装样式等，是消费者可以直接接触的产品标准；附加价值则包括与产品间接相关的消费感受和增值服务，如产品保修、安装调试等售后服务。

一般来看，随着市场竞争的加剧，产品同质化倾向会越来越严重，往往导致产品的核心价值基本相同。因此，现代企业往往通过实现实际价值和心理价值的差异化来取得竞争优势，即在满足消费者基本需求的前提下，积极拓展开发产品的个性化、实用性，形成独特的实际价值和附加价值，使自身产品在质量、性能和功能等方面明显优于其竞争对手的同类产品，以赢得市场。另外，差异化原则还有市场差异化的内涵维度，即通过产品的销售价格、分销渠道、售后服务等符合具体市场环境条件而形成差异。例如，企业可以根据产品的市场定位、自身实力以及产品的生命周期等因素，在产品的销售价格方面进行差异化定位，面对不同消费水平的消费者，以获得明确的消费者定位，形成与其他竞争产品的区别，从而达到实现自身竞争优势的地位。

（二）差异化战略的实施方式

实施广播电视产业运营的差异化战略，其目的是要在广播电视行业领域建立起明显区别于同类媒体、同类产品的排他性优势，但这种优势性并非主观臆造，而是建立在科学、全面、专业的市场细分和调查统计的基础上的，而市场细分和调查统计又完全依托于受众需求的差异。

1. 针对受众需求和竞争实际

差异化战略的实施，并不是完全标新立异的概念式纯粹运作，其核心诉求和基本逻辑出发点是受众的需求。应当真正把产品的特殊之处与受众关注结合起来，必须能为受众创造价值差异，这就要求广播电视产业运营者能够洞察市场的竞争态势，找到市场的空白点、产品的空缺点，力求形成与竞争对手的区别优势，实施差异化战略。

2. 要基于成本效益原则

差异化战略的实施必须注重成本效益原则。在市场经济环境下，经济效益始终应该是广播电视产业和企业管理追求的首要目标，在日常成本管理工作中应该树立成本效益观念，实现由传统的"节约、节省"观念向现代效益观念转变。特别是在我国市场经济体制逐步完善的今天，广播电视产业管理应以市场需求为导向，通过向市场提供质量尽可能高、功能尽可能完善的产品和服务，力求获取尽可能多的利润。同时，与产业管理的这一基本要求相适应，成本管理也应与广播电视的整体经济效益直接联系起来，以一种新的认识观——成本效益观念看待成本及其控制问题。需要注意的是，差异化原则有可能带来产品成本、运营成本等内容的增加，但同时也能增加溢价收益；当溢价收益大于成本上升幅度时，企业效益就会增加；差异化也可以使相对成本更低。所以，广播电视产业在实际运营中应当充分论证决策备选方案的可行性及先进合理性，保证决策的正确性，使企业获取最大的效益或避免可能发生的损失。

3. 差异化必须体现出系统性

广播电视产业运营的差异化策略的核心思想是"细分市场，针对目标受众群进行定位，导入品牌，树立形象"。因此，差异化策略不是某个营销层面、某种营销手段的创新，而是产品、概念、价值、形象、推广手段、促销方法等多方位、系统性的营销创新，并在创新的基础上实现品牌在细分市场上的目标聚焦，取得战略性的领先优势。基于系统性要求，为使产品在市场上具有强大竞争力，广播电视产业运营管理就不能再局限于节目、内容等产品的生产过程，而是应该将视野向前延伸到产品的市场需求分析、相关技术的发展态势分析以及产品的设计，向后延伸到受众的接受行为。按照全程管理的要求，广电产业的差异化策略必然涉及产品的信息来源、技术、后勤、生产、销售以及对受众的维护、公关等具体的业务范畴。对所有这些运行内容都应以严格、细致的科学手段进行管理，以增强产品在市场中的竞争力，使广播电视产业主体在激烈的市场竞争中立于不败之地。因此，系统性是在市场细分的基础上，针对目标市场的个性化需求，通过品牌定位与传播，赋予品牌独特的价值，树立鲜明的形象，建立品牌的差异化和个性化核心竞争优势。其关键依据是传媒市场消费需求的多样化特性。因此，必须全面、合理、科学地计划、整合整体运行策略，以发挥自身优势，取得市场和受众认可。

三、广播电视产业经营的主业凸显原则

根据现代营销理论，核心业务是指作为市场运营主体的企业，其核心竞争能力要得到市场认可，必须通过企业的产品反映出来。企业是一种或几种核心能力的组合，企业虽然可以衍生出许多的业务单元，也可以跨越传统的市场界限和产品界限，但企业的核心能力最终仍需通过核心产品及其组合，也就是企业的核心业务表现出来。

（一）广播电视产业的核心业务

如果把企业比作一棵大树，核心能力就是树干，核心业务便是果实。对于广播电视产业来说，其核心业务有两个层面的表现，第一是指电台、电视台的传播业务，即信息内容的传播业务；第二，包括广告经营、节目经营，如广播文艺节目、纪录片、电视剧、娱乐节目等内容的制作营销，传媒网络的经营，音像制品的出版等相关业务。以上两类内容构成了广播电视产业的核心业务部分。我国广播电视产业要保持核心竞争力、取得市场中的优势地位，最根本的途径就在于培育核心业务能力、突出自己的主业优势、合理科学地进行业务发展和扩张。因此，广电产业在经营战略和运营领域的选择上，应当以核心业务为切入点，凸显主营业务，确定自己的市场定位，并逐步培养自身的核心竞争力，形成竞争优势。

（二）实施核心竞争力战略

一般来讲，一个企业至少有一个或若干个关键技能和技术，这是整个核心竞争力系统中的主导和中枢，是企业独具的超越竞争对手的绝对优势。对于广电产业来说，任何单个要素都不会成为企业的核心竞争力，在核心竞争力的构建中，要形成以一个或若干关键环节为主导、能对各种要素不断进行有机整合的机制。因此，我国广播电视产业必须采取提高核心竞争力战略。

首先，要通过做好市场细分和受众定位，形成广播电视产业在传播主营业务上的创新能力，形成竞争优势。其次，通过提升传播技术能力，提高广播电视媒体的传播优势地位，形成传播强势。例如，通过特色化的传播渠道和平台，形成具有自身特点的新闻，或者生产出具有鲜明特色的文化节目产品，以体现出自身独特的价值定位，在众多的传媒中脱颖而出，树立广电媒体的公信力或权威性，形成市场优势。第三，通过打造商业运营能力，提升自身经济实力。这种能力包括广播电视媒体的投融资能力、与受众市场的关系维护能力、社会资源的整合运作能力、市场化的营销推广能力等一系列商业能力。这些能力对其他企业来说，也是相当重要的。现在我国多数传媒机构的问题不是生产不出产品，而是难以应对市场需求，也就是说缺乏商业运作能力。因此，通过创造品牌、树立精品，提高广播电视产业的传媒知名度，注重无形资产的开发与管理，加强商业运作能力，是核心竞争力策略的重要组成部分。第四，必须提升广播电视产业的管理能力。广播电视媒体必须形成良好的人才管理机制、培训机制、组织文化等，应在传播业务流程、组织内部运行、人才引进、培训管理等方面不断根据新的传播环境和媒介发展态势变化进行改革创新，形成灵活、有效的现代化管理机制，以满足激烈的市场竞争的需要。

四、广播电视产业经营的专业化原则

按照现代企业运行管理广泛运用的利伯曼专业化标准的定义解释，所谓专业化，是指要在运营中明确工作范围，高度运用智性技术和理性思维进行运行决策；同时，必须进行长期的专业教育，使作为运行主体的组织、个人均具有广泛自律性，并能够在专业自律性范围内，直接负有做出判断、采取行为的责任；再者，运行时的主观动机是非营利性，以服务为根本动力，形成服务于社会、服务于公众的运作伦理理念。

（一）专业化原则

对于广播电视产业经营来说，运用专业化原则，可以通过数据采集、定性分析、现场作业研究，制定出既简便可行，又节省时间、费用标准化的作业程序。同时，严格地管理，保证标准化的实施，大大提高产业的营业效率，保证专业分工优势的发挥，而且可以有效地保持广播电视媒体传媒的经营特色，以标准化的作业为受众群体提供品质稳定的产品与服务，进而确立自身在市场竞争中的优势。

（二）专业化原则的具体表现

1. 生产专业化

生产专业化，是指在组织内部，不同生产部门逐渐分离，形成独立主体的运行部门的过程，也是同类产品由分散生产趋于集中生产的过程。这些部门都有自己的专业方向，专门生产一定的成品，或者完成成品生产过程中的某些局部性作业。它们拥有专门的生产设备，采用特定的流程，配备相应的生产、技术和管理人员。

广播电视产业的生产专业化是现代传媒市场经济推动下的产物，是一种先进的生产组织管理形式，具有较好的经济效果。广播电视产业通过生产专业化集中同类新闻信息、文化娱乐、网络技术等产品，组织大批量生产，采用先进的专用传媒技术和设备以及传播手段，充分发挥自身的新闻传播人员、工程技术人员和运行管理人员的专业技术，有利于提高传媒劳动生产率和传媒管理水平，有利于更快地发展新的传媒文化产品、提高传播的质量和降低生产运营成本。

2. 管理专业化

管理专业化就是要在广播电视产业运营中真正地落实包括职业经理人制度、制片人制度等现代传媒管理措施，提升传媒管理的现代化水平。广播电视产业实施管理专业化，首先要求明确依靠法治管理的理念，即传媒产业内部是法治组织而非人治组织，不能按照传统的官办媒体色彩，采取长官意志，不能一味地用行政命令来约束职业化的传媒运营。传媒产业要真正形成职业化的管理，只有将行政管理部门和产业运营部门都纳入法治体系中，按照市场规律规则办事，才能建立产业机构的信任基础，职业化的管理才能建立起来。其次，广播电视产业的职业化的管理要靠程序和规则来管理，而非主观的个人兴趣或者感情。经营管理最重要的日常事务应该标准化、程序化、规则化，形成科学合理的统一性管理体系。第三，管理专业化，还要建立公正、公开的评价体系，通过对能力、效益的贡献来评价各类传媒人才的考核，建立有效的人才激励制度。

3. 产业专业化

产业专业化是指广播电视产业经营运行，要以主营业务为基础，在自身行业领域内做到明显的专业化，体现自身优势，获得市场和受众群体的接受和认可。产业专业化要求着眼于长远发展，依据广播电视产业经营的组织结构模式和管理模式，形成运营内部的专业分工，并通过总体与局部的职能划分，实现决策与作业、决策与管理的分工。具体体现在必须在信息传播、节目生产、技术服务等产品上专业实施；通过职业经理人的方式，组建高效管理的团队；在投融资和资本运营方面充分从本身的发展现状出发，合理利用资金、人才等资本，集中有限的技术优势、管理优势和资本优势，专攻某一产品的特定区域市场，通过实现专业化从而步入精细化发展。

4. 区域专业化

区域专业化是当今广播电视产业进行专业化运行的新要求。在市场经济高度发达的条件下，传媒受众和市场越来越受到自身地域条件的影响；同时伴随商品经济的发展，广电媒体的产品越来越依赖于社会化，不同地域的产品生产过程离开市场均无法进行。广播电视媒体在经营中应当在其传播范围内充分挖掘区域资源，制作具有鲜明地域特色、适合区域受众消费需求的产品，依靠发挥区域自然条件、社会经济条件以及地理位置的优势，达到提高劳动生产率和促进全区域经济迅速发展的目的。在具体经营竞争中，不同地域的广电产业可以凭借其区域性自然资源、劳动资源或社会经济基础的优势，形成不可复制的特色产品和内容以及专业化生产部门，从而针对某一特定区域进行高效、互动的传播，满足区域的传媒产品心理需求和实际需要。

第三节　广播电视产业经营模式与内容

在我国大力开展文化产业体制改革的过程中，广播电视产业的经营体制和机制必须进行深度调整与改革，要在具体经营活动中，突破和解决原有运行制度效益低下、制约产业发展、影响产业生存状况的问题，在内部推行新的管理制度，寻求新的利益增长点，代替旧有的体制和机制，进行经营管理的变革。

一、广播电视产业经营管理模式

我国传统的传媒组织管理体制的突出特点是以行政命令为主，党政统一包揽，传媒体制集中表现为单一的党的领导，而政府管理、自身运营、社会监管等未能充分发育，不可避免地出现"以党代政"的现象。加之不同的自然生态条件、文化意识形态等原因，我国传统的广播电视产业发展在体制背景、产业结构、资源配置等方面差异巨大，产业的整体运行效率、管理绩效、竞争能力等各个方面发展程度参差不齐。因此，原有广播电视经营体制的影响，造成了对在高度市场化条件下进行产业经营运行改革和调整的限制，要建立现代化的传媒经营体系，就必须突破传统体制和机制的制约。

（一）原有体制的组织管理模式

我国传统广播电视组织基本形成了三种结构模式：第一种模式是按照基于生产与制作需要的结构方式，以内容生产为分类标准的部门制结构，如新闻中心、文艺中心、电视剧中心等。第二种是基于流通与播出需要，以内容播出的渠道为分类标准的频道制结构，如经济频道、综合频道、生活频道等。第三种是采取部门设置和频道建制的交叉或平行组合的部门频道混合结构。原有的组织管理模式呈现多层次的架构特征，但由于管理层次多，往往导致实际运行效率普遍较低，远远不能符合广播电视产业，特别是进入信息化、数字化后，广播电视产业发展的基本走势和方向。因此，这种组织架构不能充分地提高资源利用率，加强和扩大生产与流通的深度与广度，降低交易成本，不利于提高广播电视产业的生产力发展水平。

（二）积极变革运营管理模式

要完善企业化的运营管理模式，就需要重构广播电视产业的运营结构。在广电行业发展初期，政企不分，行政色彩强烈，产业运营是按照"集中资源、集中办事"的经营模式来发展的。一是由政府主导产业集团的整合重组和招商引资，确保广播电视产业的规模和效益；二是通过众多政府性投融资平台进行资本的投放、盘活和运营，推动整体广播电视产业建设。政府的意图靠自己掌控的产业实现，产业的发展取决于政府的支持，由此形成了一种"政府产业化、产业政府化"的独特现象。这一现象最大的消极后果是，广播电视产业失去了靠创新和竞争发展自我的内在动力，真正的市场竞争力被大大削弱，掩盖了行业竞争力下降、缺乏真正运营能力的事实。

因此，我国广播电视产业结构与组织管理结构息息相关，要想获得市场竞争力，必须在坚持社会效益的前提下，积极发展社会市场化运作，参照先进的商业运作模式、运营管理模式，建立现代企业化运营管理模式。首先，形成开放式管理体系，促进信息渠道的畅通。管理决策需要积极采纳和应用各种信息，建立起通畅有效的传递和交流途径，为广播电视产业的开放式管理正确、科学地决策提供充分依据。其次，开放式管理要以服务社会为目的，强化主动服务沟通意识，强化管理运营多个层级之间的主动联系与交流，增强信息的流动性，获取充分的信息资源，形成管理合力。第三，必须坚持"科学化、全过程、综合性"的管理理念，拓展产业主要经营业务的外延，丰富现有的监督管理模式，形成市场化、企业化的现代管理模式，为市场准入创造条件，为产业的做大做强奠定基础。

（三）广播电视产业发展战略模式

新时期，国家广电总局确定了广播电视产业发展的基本思路，开始向形成产业体系相对完整，结构布局日趋合理，整体技术水平先进，市场主导作用明显，国有为主、多种经济成分共同发展的广播电视产业格局迈进；同时，逐步形成了广电行业发展的几大战略模式。

1. 产品开发战略

产品开发战略是广播电视产业重构产业运营模式的首要策略，它是指建立在市场观念和社会观念的基础上,媒体向现有市场提供新的媒介产品,以满足受众和社会需要、促进销售的一种战略。这种战略的核心内容是激发受众和市场的新的需求,以高质量的新媒介产品引导信息消费潮流。广播电视的产品开发战略的实施是产业对市场机遇与挑战、内部资源能力的优势与劣势所进行的全面的、前瞻性的思考和认识,也是做出的深思熟虑的选择和决定。产品开发战略能避免广播电视产业临时地、随意地、盲目地开发和进入一些没有市场价值的产品,而忽视那些真正能够提升市场竞争力的产品机会。当前,对于很多广播电视媒体来说,产品开发尚不能应对市场需求,大量的广播电台、电视台的重要产品内容靠转播、引进和购买,甚至一些市、县、乡等基层台网,从事播放翻录、盗版的电视节目。即使是中国国家一级的、制作实力较强的中央电视台、中国人民广播电台等机构,平均进行的自主内容产品生产也只能达到60%左右。以北京电视台为例,其每日播出节目时段近10小时,全年节目生产时间总量为8000小时左右,自办的节目总体量还不到30%。因此,广播电视产业的产品开发战略,必须紧紧依托技术、管理优势,不断进行持续性的研究与开发,注意速度时效问题;同时要以受众和市场需求为导向,充分进行开发的组织协调工作,定期追踪市场信息变化,并快速、机动地做出决策,产品质量务求完美;另外,还需要在生产开发中有效降低成本,以价格优势竞逐市场。

2. 品牌经营战略

品牌是企业产品经营的一个概念。它是指某种产品与服务的名称及其标识,用以同竞争对手的产品或服务相区别。对于广播电视产业来说,品牌是一种错综复杂的传媒竞争力象征,是信息产品属性、名称、包装、价格、历史、声誉、广告形式的整合,它具有象征性、感性、体验性,是无形的,即与广播电视产品所代表的观念、精神有关,其表达的是广播电视提供的产品或服务与受众之间的关系,是其产品的外在表现形式与内在整体素质的综合。世界上知名的广播电视媒体,都紧紧依托品牌经营战略,通过市场营销运用各种营销策略,使目标受众形成对自身品牌和产品、服务的认知,把媒体的形象、知名度、良好的信誉等展示给国际化受众,从而形成媒介产品和服务品牌形象,如BBC、CNN、FOX等国际广播电视媒体都是品牌经营的杰出代表机构。

我国广播电视的品牌战略,首先要分析产业行业环境,寻找区隔概念和市场差异点。例如,中央电视台的《焦点访谈》《新闻调查》《同一首歌》《幸运52》等栏目就做到了抓住市场空白点,形成品牌效应;而中央人民广播电台的《新闻和报纸摘要》《每周一歌》等节目,也是这方面的成功代表。

其次，品牌战略必须要依托卓越的产品品质支持，必须以质量为根本树立形象，立足根本，通过改进产品和服务，进一步树立和增强品牌的优势。如湖南卫视的《快乐大本营》《超级女声》，山东卫视的《道德与法制》等节目，都是注重节目自身质量建设，从而确立品牌效应的。第三，要积极整合、持续品牌的传播与应用，广电传媒产业要靠传播才能将品牌植入受众群体的日常观念之中，并在应用中建立自己的品牌效应，所以要在每一方面的传播活动中，都尽力体现出品牌的概念。第四，要充分挖掘品牌资源，开拓新的栏目、节目，树立新的品牌。顺应科技发展潮流，适时调整经营理念，有步骤地开发新的频道资源；准确定位受众群，拓展高端受众市场份额。

另外，广播电视产业的品牌经营战略还要注重品牌的延伸问题。品牌作为无形资产是产业的战略性资源，通过品牌的延伸，充分发挥品牌资源潜能并延续其寿命周期，成为广播电视产业运行的一项重大战略决策。广播电视产业的品牌延伸可以使新的媒介产品尽快进入受众消费市场，减少其导入期的成本。同时，通过品牌延伸，统一媒介下的产品品牌组合得以形成，为受众和市场提供更多的选择和需求满足，进一步强化媒体自身与受众之间的关联度，有利于集中资源、提高投资效益、增强产品和服务的整体竞争力。

3. 跨区域发展战略

跨区域发展战略是指广播电视产业在发展中要结合实施"中心带动、组团发展、整体推进"的战略，实现传媒产业经济区域内生产要素自由流动的进一步完善，确保广播电视产业合作发展。广播电视产业的国际化发展趋势，要求我国的媒体市场不断开放化、完善化，实现媒体的生产、传播、营销、市场全球一体化。因此，必须打破传统的条块分割式的经营模式，创新合作发展，通过跨区域合作和国际经营来取得竞争优势。

广播电视产业的跨区域发展，必须发挥比较优势，集中力量发展壮大优势产业，实施跨越式发展战略，加强中央与地方媒体的交流与合作，加强省、市各级广电媒体之间的交流与合作，建立区域广播电视共同体，提高全国广电媒体的竞争力。同时，必须立足行业的区位优势，消解条块式管理模式，实行垂直管理，主动融入并依托相关的产业、区域和资源，进一步促进广播电视行业的生产经营与金融投资、科技研发、文化创意、工业设计等产业的联动，特别是要把现代信息技术同产品的研发和生产有机结合起来，实现互动发展。另外，必须充分发挥不同区域媒体的独特区位优势，加快传统运营方式的转型。不同区域之间的广播电视媒体产业在相互之间往往具有战略上的适应性，它们在信息产品的生产技术工艺、销售渠道、市场管理技巧等方面具有共同或者相近的特点。因此，媒体可以运用相关、相同的管理理念和措施,来选择行业组合或者行业的核心业务,遵循共同的战略导向,形成合力。

4. 人力资源管理战略

人才资源管理战略是广播电视产业为实现经济可持续发展目标,把人才作为一种战略资源,对人才培养、吸引和使用做出的全局性构想与安排。它可以帮助传媒识别发展需求,培养继任者,并保留关键人才。现代传播竞争态势下,随着广播电视产业运营内外环境的变化和发展,单纯地节约劳动力成本已不能带来额外的收益,相反,这种做法还会制约产业的快速发展。我国广播电视产业发展正处于关键的转型期,因此,做好人力资源管理与开发,对将来的产业发展非常必要。

(1) 科学系统地进行人员开发

目前的传媒竞争中,人才是广播电视产业的核心资源,人力资源战略处于产业发展战略的核心地位。产业的发展取决于战略决策的制定,产业的战略决策基于产业的发展目标和行动方案的制定,而最终起决定作用的还是广播电视产业对高素质人才的拥有量。有效地利用与企业发展战略相适应的管理和专业技术人才,最大限度地发掘他们的才能,可以推动企业战略的实施、促进企业的飞跃发展。因此,广播电视产业必须实施科学的人员开发模式,要保证对人力资源总量的需要;然后,要选择最合适的人才,以人才为操作的唯一导向,提高人员招聘与选拔的效率。另一方面,建立灵活的用人制度,使广播电视产业的用人标准转变为以能力为基础的择优录用,要给予每一位相关人员公平发展的机会。广播电视产业迫切需要打破人力资源管理的行政思维,突破、放弃计划经济体制下人才使用、管理的僵化思想,把合适的人才安排到合适的岗位,发挥出员工最大的潜能,提高人才使用率。

(2) 合理调整产业人才结构

我国广播电视产业结构正处于调整时期,因此,对产业人才结构的调整,要坚持以市场为导向,进一步发挥市场在人才资源配置中的基础性作用,在宏观上要更多地重视市场机制的作用,建立产业结构调整和产业人才结构调整相协调的机制。首先,要加大职能类管理人才的引进,即大量吸收市场、策划、发行、广告、人力资源管理、品牌运营等方面的职能人员。特别要加强资本运营、金融税收、成本管理、绩效管理、品牌提升等方面的专业人才的力量,借助社会人才资源,引进人才与引进智力并举。依据传媒英才网统计,在几大类传媒人才中,市场、广告、公关人才需求占传媒产业人才需求总量的 39.74%,其后依次为创意策划、文案设计、编辑记者、影视制作类。因此,必须根据产业发展战略的具体要求,适时调整职能化专业人才的结构分布，促进人才结构与产业发展需要相适应。其次，随着我国广播电视传媒的国际化发展，对国际型传媒人才的需求越来越大，急需那些在国际传媒市场领域内进行广播电视传媒业务能力拓展的媒体从业人员，以帮助我国广播电视传媒开展国际开发和合作。从传播业务层面看，这部分人才往往需要精通外语，熟悉国际传媒运营和操作，了解海外受众的文化特色，熟悉跨国际文化传播，能制作出既体现中国特色、又能为海外受众接受的文化作品。同时，从媒介管理层面看，也要熟悉国际传媒规则，了解海外传媒市场和资本、金融运作，采用与国际接轨的手段将我们的媒介信息产品推向世界，扩大宣传力度，增强国际影响。

（3）引入健全人才竞争机制

受传统思维的影响，我国广播电视传媒一直具有强烈的行政化色彩，选人用人机制僵化，导致一方面广播电视系统外的人才很难流动到特定系统内，局限于自身系统内的人才流动；另一方面系统内部人才的选拔任用多体现在年龄和资历的排列，层次低的优秀人才往往被压制在底层，不能充分发挥才干。引入竞争机制就是将市场经济中的效益原理运用到广播电视产业经营的人才管理中。市场经济中的效益原理体现了质量和效率相结合。引入竞争机制选拔人才是通过竞争上岗、竞争性考试等方式选拔具备与工作岗位相匹配的工作能力的优秀人才，打破了唯资历、唯学历、唯关系等局限性选人用人方式。首先，通过集中开展竞争性选拔工作，将会迅速集聚、充实一批重点产业、重大项目和重要领域急需的专业型、知识型、实用型人才，提高行业发展的经济效益和整体实力，增强市场竞争力。同时，通过公平公正的考试选拔、推选等工作，促使大量真正有能力的人才获得发展，形成人才自由流动，实现人才队伍年龄、知识、能力结构的合理化。最后，每个人都有物质和精神方面的种种需要，人才也是如此，获得这些需要的愿望构成人才行为的内在动机，建立科学的人才激励制度，就是通过满足人才的物质、精神方面的需要等手段，对人才工作的积极性进行激发鼓励，满足人才的这些需要和愿望，有效地调动人才的积极性、主动性和创造性。

二、广播电视产业经营内容

广播电视节目的生产和经营是当前我国广播电视产业的核心业务。近年来，广播电视节目制作经营活动日益活跃，全国节目制作经营机构数量已超过4000家，对丰富节目创作、满足人民群众精神文化需求起到了积极作用，受到党和国家、社会公众的普遍认可与接受。从事节目制作、发行和交易经营活动，一方面可以满足社会公众的精神文化需求，有助于促进社会主义精神文明建设；另一方面，广播电视节目属于高附加值产业，可以大力提高广播电视媒体的经济效益，有助于积累资金，促进产业整体实力的发展。因此，节目生产经营是广播电视产业的主营业务，是综合实力的最重要体现，对产业的发展起着举足轻重的作用。

（一）广播电视节目经营

随着社会主义市场经济体系的不断发展与完善，广播电视节目的经营也将越来越丰富，其形式也将多种多样。而随着广播电视媒体对于广告投放的严重依赖，广告作为广播电视节目经营的重要收入来源，其市场份额将日益被其他新兴媒体所分化。因此，广播电视节目经营必须拓展发展空间，开拓新的市场生存空间。

广播电视节目内容经营是产业经营的核心业务，要以此为基本出发点，努力提高节目的收听率、收视率，以取得良好的经济效益。在我国广播电视传媒市场经济体系和经济全球化环境下，广播电视产业经营必须提高节目生产的专业化和社会化水平，这是提高竞争力、取得市场优势的决定性因素。

1. 形成社会化节目生产链条

广播电视节目生产的社会化，是产业集约化、规模化的助推器。当前我国广播电视节目生产数量多、规模小、实力弱，是造成市场集中度低、产品和服务供给能力严重不足的主要原因。广播电视节目产业发展路径取决于节目生产方式，过去那种手工业或作坊式的小生产方式，显然已经同集中式、大规模的节目消费需求越来越不相适应。因此，节目生产的集中化、社会化已成为解放和发展广播电视生产力的必由之路。

广播电视节目生产的社会化，不仅是生产力发展的结果，而且也是生产力发展的主要途径。首先，随着节目生产社会化程度提高，媒体间的重组、并购将越来越频繁，进而推动资本和资源向优势传媒适度集中，形成一批优势传媒和战略投资体，加快广播电视产业转型升级，提高产业集中度。其次，将从根本上提高广播电视节目生产效益，整体行业进入高水平、高效率、高收益的运行状态，使广播电视节目社会化生产逐步走向专业化、规模化发展，更有利于打造强势产业媒体，形成我国节目交易市场生产、销售的核心主体，为广播电视产业经营打下基础。第三，节目生产社会化，还可以拓展辐射广播电视媒体的经营范围。如可以与文化娱乐业、音像、网络，以及传统的戏剧、电影电视等文化产业形成业务关联，拓展这些产品生存和发展的市场化；而广播电视节目自身也可以从这些产业中吸收资源，提高自身生产制作水平，提高节目质量。

2. 实现节目资源合理化配置

节目资源合理配置是指为了达到一定的广播电视产业经济目标，根据节目生产的经济系统结构，利用科学技术管理手段，对有关节目生产的资源系统进行改造、设计、组合、布局的活动。它是确立节目产业化发展的合理方向、有效布置节目生产要素的关键，也是解决产业化环境下节目生产增长无限性与现实资源供给有限性的矛盾的重要措施。

具体来说，广播电视节目资源配置主要涉及两个方面：一是资源在空间或不同部门间的最优配置。具体表现在广播电视传媒应当把主要力量放在新闻及强势节目上，并将可以实现社会化生产的部门脱离，组建节目制作公司，实现部分节目的制播分离，例如可以将娱乐性、服务性节目进行完全市场化运作。二是资源的时间配置。根据资源在不同时段上的最优分布特征，实现资源开发利用最佳时段的控制与决策，即要合理配置频道、节目播出时间资源，实现节目生产、播出合理有序、科学有效，并通过优胜劣汰和兼并重组，形成一批符合社会化生产需要的广播电视节目生产和市场经营主体。

3. 建立渠道化节目销售模式

节目渠道化销售是广播电视产业发展整体战略的重要支撑。广播电视节目的销售渠道是指节目产品从节目生产者向消费者，即受众群体转移所经过的通道或途径，它是由一系列相互依赖的专业性、市场化组织机构组成的商业机构，也是节目产品由生产者到信息产品消费用户的流通过程中所经历的各个环节连接起来形成的通道，涉及节目市场推广策略、盈利模式、营销渠道建立、客户群研究、市场推广等方面。节目销售渠道的起点是生产者，终点是受众，中间环节包括各种节目批发商、零售商、商业服务机构（如经纪人、交易市场等）。

由于节目产品销售渠道的建立涉及相关的销售支持、技术支持、市场支持、商业服务等方面，因此直接关系到节目产业生产和发展的整体方向和策略，也关系到不同类别的节目生产合作机构的共同发展。我国广播电视节目销售的渠道化建设，必须根据行业特点、市场特点、消费特点，充分考虑组织成本、人力成本、管理成本等综合运营成本因素，合理协调广播电视网络经营、节目制作、节目销售等增量目标和盈利目标与上述成本的适合度，做到目标与预算先行，遵循成本配置原则。另外，在节目商业化运作模式方面，政策体系、价格体系、盈利模式的设计，使经销商、分销商、零售商遵循交易原则自由交易。同时，可以利用已形成的传媒或者节目的品牌运营商，通过对市场资源的分配和操控，对各级市场进行刺激、调控和推动，以品牌影响力和市场资源进行节目渠道的控制与管理。总体来说，就是要充分形成节目销售渠道的拓展模式、运营模式、管理模式，构成一个闭环系统，集合成渠道分销与控制模式，确保节目销售渠道拓展的有效性和持续性。

（二）广播电视的广告经营

1979 年，我国广播电视广告业从零起步，经过三十多年的发展，截至 2011 年，从经营总额来看，我国已经成为仅次于美、日、英、德、法，世界排名第六位的广告大国，成为全球广告业增长最快的市场之一。2014 年我国广播电视广告总收入 1464.49 万元，比上年增长 5.59%。2015 年全国广播电视广告收入 1529.54 亿元，2016 年全国广播电视广告收入 1547.22 亿元，2017 年全国广播电视广告收入 1518 亿元，同比上年略有减少。2016 年前，全国广播电视广告总的呈上升趋势，但增速减缓。到 2017 年时，总广告量下滑。

通过以上数据可以看出，我国新时期以来广播电视广告的经营呈现持续、稳定发展的态势，广播电视仍然具有巨大优势，充分利用了改革开放以来经济、社会的发展带来的机遇。随着我国经济的发展，特别是中国入世后对国际商品和服务的全面开放，我国广播电视广告市场将进一步扩大，广告额将会有一个大的增长。目前，我国广播电视产业的广告经营管理模式主要有单一经营管理制、分散经营制、混合经营制、广告经营公司制四类，形成了多元化的产业经营管理模式。

1. 单一经营管理制

单一经营管理制是指由广播电台、电视台的广告经营中心或广告中心集中经营广告资源的运营模式，即在整合所有频率、频道的广告资源后，进行统一经营管理。这种模式具有传统事业体制的稳定性特点，旨在避免内部各频率频道之间以价格为主要手段的竞争，提高广告销售单价，提升整体竞争力。该模式在运营中首先表现为工作规划统一、行政管理统一，如人事任命、人才招聘等。其次是销售统一，包括各频道各栏目的定价、广告代理公司的管理、举行广告推广会等。第三是财务统一，包括对广告创收、成本核算、利益分配、员工工资等方面的统一管理。

单一经营管理制的优点在于可以统一经营，避免内部各频道之间的恶性竞争，整合各频道广告资源，实行套播方式，将强势频道和弱势频道打包经营，树立总体品牌。在实际中便于策划大型活动、举行整体性的广告推广活动，便于分类进行全方位的客户服务，在广告监督方面也可以减少一些环节。其不足之处在于，首先，将属于不同频率、频道广告部之间的矛盾，变为不同业务部门之间的矛盾，若协调不好，不易达成统一的效果。其次，运行灵活性不足，对不同频道一刀切，不能针对频道的特色进行灵活经营，容易损失部分频道及员工的积极性。第三，广告部门权责过大，必须要有配套的监督机制，以保障权力、责任的均衡。最后，所有频道通过行政命令强制组合，若没有相关制度方案的配合，会有悖于市场规律。目前，我国大部分电视台采取的都是统一管理、统一经营的模式，其中比较典型的有中央电视台、南方电视台、广东电视台、广州电视台、湖北电视台、武汉电视台、厦门电视台等。

2. 分散经营制

分散经营是指将广告经营权分散到部分或全部频率频道，由频率、频道设立自己的广告部，广告中心只具有管理权和审核监督权。分散经营制源于20世纪90年代，随着我国广播电台、电视台的频率、频道增多，管理部门必须兼顾每一个频率、频道，因此，由单一管理部门负责整体频道运营的模式不能再满足广告经营需要，难免顾此失彼，导致了频率、频道广告经营多数处于各自为政、无序竞争、增长乏力的状态。在这种情况下，产生了一种新的广告经营模式，即由广告中心统一管理，各频率频道分散经营，体现在由广播电台、电视台对全台宏观层面的广告经营进行统一管理和监督，部分或全部频率频道具体负责微观层面内部的广告运营，这使电台、电视台广告经营能享受统一有序的管理，又可拥有独立经营的空间。

分散经营制的优势在于，一方面，统一管理有利于广播电台、电视台制定宏观的广告发展战略，增强广告的整体效益；同时可以减少广告违章现象，加强对广告财务的控制，从而达到宏观调控上的统一，实现广播电台、电视台统一财务收支、统一制定广告价格、统一经营方式及统一管理制度。另一方面，分散经营则有利于发挥频道的积极性，有利于加强对频道的考核。将广播电台、电视台整体的广告经营战略落实到频率频道的战术层面，使频率频道在统一管理下，享有更多的经营自主权，保持广告运作流程的畅通与高效率；改变了以往节目部门与广告经营部门分工分家的状态，加强了两者的互动配合，有利于节目整体的科学编排和协调，有利于频率频道内部节目生产积极性的提高，有利于节目质量的提高和广告创收的增长，开展业务比较灵活，适应频率频道的各种变化。但这种模式如果统一管理不力，频率频道之间就可能出现互相压价的恶性竞争局面，增加了广告监督的难度；同时背离统一管理的框架，经营者将面临营业资格方面的法律问题。在统一管理和分散经营之间，必须限定电台、电视台和频率、频道广告部门的责权利及从属关系。统一管理过于严格，则势必导致分散经营名存实亡，变成管理部门全权负责频率、频道广告的管理和业务经营。倘若统一管理过松、强调分散经营，管理部门的调控能力就会下降，甚至失去监控和制约，频率、频道成了一盘散沙，致使电台、电视台的各个频道在广告经营上产生不必要的竞争，形成内耗；同时容易导致组织架空、冗员增多，人员成本和管理成本都将增加。

3. 混合经营制

统一管理、混合经营的广告经营模式是伴随着文化体制改革、加快发展广电产业的政策要求而出现的，是前面两种模式的综合。广播电视媒体对部分频率频道进行企业化改造，成立频率频道公司，这些频率频道的广告资源相应地由公司经营，原有体制中频道的广告依然由广告中心进行统一经营。如上海文广针对东方卫视、第一财经、生活时尚频道分别成立了公司，具有相对的自主权，在集团广告中心进行统一管理的基础上，广告的经营权也下放到了这3个频道，进行分频道广告经营的试点。

混合经营制的优势在于能够区别对待不同的体制，形式灵活，在具体操作中可以做到统而不死、活而不乱。它既能给弱势频道以一定的扶持，促进其发展，又能调动强势频道的积极性和员工创造性，促使频道在保证规范操作的基础上进行大胆尝试和创新；公司化运行的频道可以起到改革试点的作用，通过公司化频道的运作，能够在内部各频道间形成相互影响、相互促进的鲶鱼效应，促使各频道充分发挥其市场潜力；可以吸收业外资本参与放开频道的经营，建立以法人治理结构为核心的全新内部管理体系，通过放开频道的带动，使其他频道逐步建立市场化业务体系。但另一方面，频道公司化运营尽管发展动力很大，有充分的自主权，但是行政框架限制其不能走得太远，因此广告自主经营实质上还要受到行政命令的干预。所以广告体制改革的不彻底还会使公司化运营频道的发展受到严重束缚；因为分散经营的频道和统一经营的频道没有直接联系，所以如果不处理好它们之间的关系，它们之间的资源、利益分配不均，容易造成矛盾对立；同时，公司化运营的频道具有相对独立的自主权，尤其是其拥有广告自主招商和购买节目的权利，有可能使其他频道产生不平衡的想法，在公司化运营频道与其他频道之间形成沟通障碍，导致很高的协调成本。

4. 公司化经营

公司化经营，即由广播电台、电视台引入外部资金成立广告业务公司，广告中心由传统事业体制改制成为广告经营公司，与广播电台、电视台保持相对独立性，全权负责广告经营，具有法人地位，是独立的经济实体。目前公司制作为一种新兴的广告经营模式，尚在探索之中，公司制的架构也只是形成初步的模型，因此公司化经营目前有两种模式：一种是相对公司化，一种是完全公司化。相对公司化是在广播电台、电视台的广告中心名下成立广告公司，采取公司制的形式来运营，但其上层单位仍然是广播电台、电视台。广告公司在电台、电视台的监控之下，享有较大范围的经营自主权，一般由电台、电视台的台长兼任公司法人，广告经营部门负责人一般同时兼任公司总经理。完全公司化是指把广告业务剥离出来，设立广告公司，作为独资子公司或控股子公司，全面负责广告经营。广播电台、电视台通过资本控制广告公司的经营，相互之间以资本为纽带发生联系，不存在行政隶属关系。广告公司拥有独立法人资格、独立账户、单独核算，享有独立的经营权和人事权。董事会是公司的最高领导机构，行使对广告公司的管理监督权力，业务管理模式从行政管理变为资本管理。

公司化运营可以以市场为主导，按照现代产权制度、现代企业制度进行企业化运作，通过吸收资金获得经验与活力，可以有效利用社会资源、降低经营风险。其不足之处在于，广告公司收入与上交收入的差额部分无法继续享受国家对广播电视事业单位免征广告收入企业所得税的优惠政策，改制后按企业上税，税率将会提高。但实际上，广播电视机构通过大力拓展广告业务，已经突破了税收影响，并且不乏成功范例。2012年中央电视台黄金资源广告招标预售总额达到142.5757亿元，比2011年增长了近16亿元，增长率为12.54%，创18年来新高。江苏卫视的广告招标中，仅《非诚勿扰》栏目就获得了大约18亿元的广告收入。从电视整体行业来看，根据CTR的数据，2011年中国电视行业广告收入增长约13.7%。上海、北京、湖南、山东、浙江、黑龙江等省市的广告收入都达到数亿元，有的发达省市电台的广告收入也突破一亿元。

（三）广播电视网络产业经营

随着信息技术的不断发展、数字化时代的到来，广播电视网络频道资源极大丰富、业务种类日益繁多，再加上新媒体业务的开展，广播电视产业赢利模式也在突破传统、创新求变，在三网融合时代到来时更具竞争活力。有线电视网络、卫星电视服务是广电集团领域内独享的垄断性资源，这也是广电传媒机构安身立命的基础。随着网络作为产业资源进入广播电视产业的整体运营，集提供音频、视频、语音、数据等多种服务的综合平台的有线广播电视网络和卫星广播电视，将成为广电传媒集团的由广告收入发展到收视费、定制点播费等多元盈利点。

根据国务院常务会议精神，广电和电信将实施双向准入，具备条件的广电企业将被允许经营电信增值业务和部分基础电信业务，这就意味着广电企业可以经营包括语音、图像、数据、视频等在内的多媒体综合业务,突破了多年来的发展制约瓶颈。广电网络产业发展政策扶持力度不断加大;投融资领域成为广电网络产业发展的重要支撑;广电网络运营商在产业内的横向控制能力逐步加强;语音、数据、图像等综合多媒体业务平台将进一步开放融合;等等。这一系列含金量极高的变化,对广电网络产业来说,称得上是久旱逢甘露,标志着广电网络运营商正在向产业化发展。

广电网络产业管理模式应坚持资源整合和组织管理高效率两项原则。在战略思维的层面上,资源整合是系统论的思维方式,是通过组织协调,把企业内部彼此相关但却彼此分离的职能,把企业外部既参与共同的使命又拥有独立经济利益的合作伙伴整合成一个为客户服务的系统。在战术选择的层面上,资源整合是优化配置的决策,是根据企业的发展战略和市场需求对有关的资源进行重新配置,以凸显企业的核心竞争力,并寻求资源配置与客户需求的最佳结合点,目的是要通过组织制度安排和管理运作协调来增强企业的竞争优势,提高客户服务水平。

一般来说,在广电网络完成数字化改造后,有线广播电视的内容主要分三部分:公共广播电视频道主要播出中央台、各省卫视和地方台节目,收取基本收视维护费;付费电视频道是专业化频道,没有广告,收费观看,多采取打包销售;VOD视频点播,这是面向双向互动用户提供的付费服务,内容涉及的领域较多,真正实现自主收看,超越时限。工信部电信管理局、国家广电总局传媒机构管理司的统计数据表明,IPTV、手机电视的集成播控业务由广电部门负责、宣传部门指导,电信企业也可以负责IPTV和手机电视的传输和分发。这对广电网络公司是重大利好。一方面,广电企业拥有内容资源优势,做集成播控更是轻车熟路;另一方面,广电企业拥有天然的宽带网络,只要进行双向改造,就能成为IPTV的"高速公路",特别是NGB的推出。在手机电视领域,广电拥有的CMMB覆盖进展迅速。在网络覆盖方面,CMMB现在已完成了遍布全国各省市的2200多个大功率单频网发射站点的建设,完成了336个地级以上城市、850多个区县的基础覆盖网络建设,已发展成当今世界最大的广电通信网络。其城市信号覆盖率达到98.22%,覆盖人口近8亿人,完全可以满足大众的接收需求。目前,广播电视网络已经借助手机平台,拓展了手机广播电视业务,占领了移动互联网业务,电子商务、手机购物、支付、游戏等业务越来越广泛。今后,广播电视产业将以移动多媒体广播电视、下一代广播电视网等为龙头,加大产业开发力度,积极探索新的产业运营模式,实现传统广播电视媒体核心竞争力与信息网络传播技术的深度融合。

第四节 我国广播电视产业集团化运营

产业集团化运营是广播电视产业发展过程中的一个重大的运营策略创新。它适应了国际广播电视发展的趋势,可以合理地配置广播电视资源中的人才资源、信息资源、节目资源、频道资源、品牌资源,从而降低生产成本、提高生产效率,形成新的传播优势;易于形成规模效应,促进产业发展,开辟融资渠道,提高经营能力,有利于广播电视生产要素进行优化配置,建立统一市场。

一、广播电视产业集团化运营的基本机制

产业集团化运营一方面能够促进广电产业的高速发展;但另一方面,我们必须认识到,产业集团化运营不是结构性体制转变,由作为党和人民喉舌性质的电台、电视台组建的事业性质的广电集团,如果要继续保留事业性质,就一定要把经营性资产剥离,组建新的产业经营公司或集团公司,确保自身宣传主体的优先地位,避免和市场经营运作相互冲突。

(一)产业经营集团化运营的政策演进

1999年6月9日,全国首家广电集团——无锡广播电视集团正式挂牌成立,中国广电集团化改革的序幕正由此拉开。1999年11月,国务院办公厅转发信息产业部和国家广电总局《关于加强广播电视有线网络建设管理的意见》,有关核心内容包括三个层面:其一是网台分营;其二是电视与广播、有线与无线合并;其三是停止四级办台。该文件最直接的影响是从行业结构上通过行政手段促成了网台分营及电视与广播、有线与无线的合并。如果说无锡广电集团的成立是先行实践试点、探索的结果,那么《关于加强广播电视有线网络建设管理的意见》则提供了理论上的政策支持,同时为下一步的广电集团初始化改革奠定了重要基础。2000年1月,在北京召开的全国宣传部长会议,提出了组建传媒集团的战略性决策,要求解决"股份制改革、多媒体兼并、跨地区经营"等重大问题。同年8月,在甘肃兰州召开的全国广电厅局长会议进一步对广播、电视、电影的改革进行了详细的战略规划。2000年11月17日国家广电总局下发《关于广播电影电视集团化发展试行工作的原则意见》,明确规定广播电视在以宣传为中心的前提下,"可经营其他相关产业,逐步发展成为多媒体、多渠道、多品种、多层次、多功能的综合性传媒集团"。2000年11月27日,我国第一家省级广播电视集团——湖

南广播影视集团宣布成立,被认为是我国广播电视"体制创新"实行真正意义集团化动作的重要标志,一时间形成中国广电之"湖南现象"。继湖南以后,山东、上海、江苏、北京、浙江等地的广电集团随即成立。

2001年8月,中共中央办公厅、国务院办公厅《关于转发中央宣传部、国家广电总局、新闻出版总署〈关于深化新闻出版广播影视业改革的若干意见〉的通知》,对组建广电集团的指导思想、原则、体制、融资等做了全面规定,第一次明确要求积极推进集团化建设,实行跨媒体、跨地区经营,把集团做大做强。2001年12月6日,中国最大的新闻传媒集团——中国广播影视集团正式成立。随后,杭州、天津、南京、长沙、福建、四川、重庆等省市的广电集团也先后获得国家广电总局批准。2003年9月2日,中央文化体制改革试点工作领导小组审核批准了国家广电总局的《广播影视体制改革试点工作实施方案》。随后,国家广电总局下发《广播影视体制改革试点工作实施方案》,该文件主要根据中央文化体制改革精神,就改革试点单位实行经营性单位的改制、市场化运作、深化集团改革等进行部署。

2004年12月21日在海南召开的全国广播影视工作会议,从新时期广电传媒的实际出发,制定了新的广播电视产业运营政策和机制。国家广电总局明确表示,今后不再批准组建事业性质的广电集团,原因是由作为喉舌性质的电台、电视台组建的事业性质的广电集团,容易与社会上一般理解的产业集团的概念相混淆,今后只组建事业性质的广播电台、电视台或总台;此前已经成立的事业性质的广电集团,可以将集团改为总台。如果要继续保留事业性质,就一定要把经营性资产剥离,组建新的产业经营公司或集团公司。就此,我国开启了广电系统实行事业和产业分离的传媒业新改革,广电事业走上了台与集团分开的"事企分离"道路,以改革国有传媒产业为重点,积极培育社会性民营传媒产业体系,面向受众、面向市场进行机制创新,完善法人治理结构,建立现代企业制度。在具体落实中,广播电台和电视台属于政府设立并管辖,采取国有事业体制运行,而新闻节目以外的财经、娱乐、体育、社会服务等类别的节目制作和经营以及一部分频道和频率,可以实行产业运作。2009年,我国政府又明确提出了《文化产业振兴规划》,要求加快发展内容产业,推动跨地区、跨行业联合或重组,培育骨干文化企业,降低准入门槛,积极吸收社会资本和外资进入政策允许的文化产业领域,参与国有文化企业股份制改造。2009年9月国家广电总局再一次明确提出"制播分离"的口号,为向纵深推进的广播电视体制改革奠定了基础,可以说,广播电视传媒产业集团化发展进入了高速发展时期。

（二）广电产业集团运营发展模式

我国广电产业集团化运营是在规模经济、范围经济、速度经济和网络经济等方面提升企业的整体竞争力的。目前，我国广电产业集团化运营的主要发展模式是采取了一种混合式经营的运行机制，但在现实运行中，根据不同的资源、地域等条件，不同集团发展各有侧重。江苏广电的混合化运营侧重于增强节目的生产能力，着力打造高质量的栏目和影视剧；上海广电混合化运营则注重增强关联产业的拓展和资本的融资能力；而湖南广电混合化模式则更倾向于多元化产业集群发展。

首先，从发展模式的产业内容结构来看，随着广播电视事业和产业的分离，混合式经营体制为业务发展拓展了巨大空间。广电集团内容产业链包括图书、音像制品、商品授权、节目经营、大型奖项、旅游等文化、娱乐业等，甚至还可以涉及网络、文艺院团、演出场所、体育俱乐部等多个相关产业。因此，广播电视产业可以依托这种混合式的经营体系，对处于不同产业链的不同部位进行经营结构的整体整合，构建设置新的运营渠道，使不同内容产品可以顺畅地进入共同或者关联市场，增强整个产业链的竞争优势和议价能力，形成节目内容生产的群体优势，实现共赢价值。例如，北京光线传媒有限公司利用整合资源优势，提高产品生产的规模和水准，通过与合作媒体共享播出平台，使自身生产的节目和信息产品可以进入多个受众市场，极大地拓展了产品的市场影响力。因此，混合式经营模式适应市场经济发展要求，为广播电视传媒的产业化经营，特别是纵向一体化模式打开了缺口，也为发展提供了机遇。

其次，从发展模式的产业发展走向来看，混合式经营体制是进行国际化竞争的必然选择。随着全球一体化来临，我国广播电视传媒参与国际市场竞争已经开始，因此，必须通过混合式经营的模式，增强传媒集团的传播、技术、经济、文化等方面的力量，在充分发挥和运用市场机制的前提下，注重培育大型广播电视传媒集团，加速运营规模的大型化和集团化，以便实现规模经济效益、增强国际竞争力；另一方面，要善于积极利用混合式经营带来的资源优势和规模经济，积极进行技术创新，不断保持竞争活力，从品牌、劳动生产率、技术水平等各方面提升国际竞争力。以上海广电的运营模式为例，目前其产业集团共组建了上视新闻综合频道、东视新闻娱乐频道、炫动卡通频道等12个开路电视专业频道，同时开通了上海互动电视闭路收费服务以及其他电视新媒体业务，并主办了上海电视节和上海国际电影节等一系列大型活动；此外，又投资上海东方网建设，整合电影生产和营销资源成立了上海电影集团,整合文艺院团、演出公司、剧场等资源组建了文广演艺中心等,形成了文化资源丰富、产业布局完整的大型新闻文化产业集团,有力地增强了参与国际广播电视传媒竞争、拓展国际传媒市场的能力。

二、广电产业集团化运营的优势与风险

从目前我国已经基本形成的主要的广播电视产业集团来看,其主要的共同特征首先是具有规模优势,单体经济实力较强,一般都拥有广播电视平台资源及产业,加之其相关的上下游产业链条的成员单位,拥有的资产价值总量规模都在几十亿甚至上百亿元。其次,一般都采取多元化经营,业务涉及面广泛,往往采取以广播电视内容产业为主,同时涉足新媒介、数据增值、广告、旅游、体育、有线网络、电子商务、报刊、音像出版等相关产业。第三,集团都采取产业部分和事业部分相分离的运作模式,相互独立、统一管理、各司其职。

(一)现行集团化模式的优点

因为长期以来对我国广播电视产业在我国文化产业中的战略基本定位缺乏清醒的熟悉,广电产业长期政企不分,治理机构分分合合,政策、体系体例与机构频繁变动,使行业总体发展战略与治理机制缺乏必要的长期性与稳定性,产业规模随着社会经济发展的现实需求变化而被动调整,很多影响行业健康发展的重大题目得不到有效解决。另外,传统的广电产业管理是一种初级的分散治理模式。因为缺乏以相对统一与明确的广播电视产业发展的主导方向为指导,部门间缺乏有效的协调机制。统筹协调机制不健全及部分本位主义的存在使不同部门出台的各项治理举措不能协调统一,甚至相互矛盾与抵消。党政企一体化的管理模式还造成管理职能的显著弱化,形成多头管理,产生了很多不良后果。产业机构难以有效地进行协调与整合。面临供求矛盾突起、资源配置无序、过度竞争与区域垄断并存等一系列题目,总体上显得治理乏术、协调乏力。

1. 形成有效管理体制

集团化产业运营可以提升效率,增强创新和活力,破解广播电视管理上的条块分割,降低管理上的难度,避免人、财、物的分散浪费;还可以形成有序竞争,产生规模效益。随着我国成为 WTO 的一员,经济全球化给我国各个产业均带来了挑战和机遇,集团化运营可以突破行业垄断和行政保护壁垒,进行高度市场化运作,形成自负盈亏、自给自足的发展模式。

2. 创新以质量为核心的现代经营机制

集团化经营有助于建立以质量为中心的企业经营管理机制，突出强调质量观念、机制、行为在经营过程中的地位与作用，注重质量效益，以在新形势下适应传媒市场的需要。

广播电视产业的质量核心经营机制要求秉承现代企业经营的核心能力的两大特征，即内部资源组合的耐久性和不可模仿性；承认企业个性化的质量是传媒生存和发展最有效的途径。在广播电视产业的经营管理过程中，通过突出质量直接参与经营的作用，将以质量求生存、以质量求发展、以质量求效益的战略行为贯通于日常的广播电视产业管理之中。正因为质量在经营过程中有不可替代的作用，因而集团化运营通过强调质量是产业核心竞争力的主体构成，深化了现代企业质量经营的理念内涵。在这种新的质量核心管理运行观念的指导下，广播电视产业集团可以坚持以市场为导向，以受众需求为目标，不断提高满足受众需求的产品实物的质量的方针，并把满足受众需求作为产业制订产品质量计划、检验质量控制效果和评价质量优劣的唯一依据。因此，由集团化运行带来的把质量工作从企业做到顾客、从生产领域做到流通和使用领域，完善包括售后服务在内的质量管理体系，不仅是企业增强市场竞争力、促进销售的需要，也是企业质量工作本身深化发展的重要标志。

3. 促进标准化管理体系的形成

广播电视产业的集团化运营，可以通过科学的内外部管理手段，促进标准化管理体系的形成。市场经济条件下，企业对市场的竞争，归根到底是人的行为结果的竞争。产业集团化运营必须要求管理标准化，才能提高管理效率，因此，集团化运营可以促进标准化管理体系的形成。目前，大多数广播电视产业集团已经开始采纳标准化管理，通过对产业运行的标准化活动进行科学的分工和协调，合理地分配与使用标准化投资，正确处理标准化部门、标准化人员的相互关系，其目的是将标准化活动的各要素、各部门、各环节合理地组织起来，形成一个有机整体，建立起标准化工作的正常秩序。

实施标准化管理加强了对标准化系统内部各级和各类人员的领导或指导，保证了广播电视产业链条上各个环节的标准化活动，按照市场的统一计划要求，相互配合、步调一致、和谐地向前发展。另外，标准化管理也促进了广播电视产业运行决策时的全面考虑、综合平衡和统筹安排，把宏观标准化工作和微观标准化工作结合起来，有助于正确地把握未来，使标准化事业能在变化的环境中持续稳定地发展，动员全体标准化人员及有关人员为实现标准化的发展目标而努力。再者，我国广播电视产业通过集团化运营，使得日常经营活动可以按照既定的目标和标准，对标准化活动进行监督、检查，发现偏差，及时采取纠正措施，目的是保证标准化工作按计划顺利进行，最终达到预期目标，使其成果同预期的目标相一致，使标准化的计划任务和目标转化为现实，有助于协调标准化系统内部各单位、各环节的工作和各项标准化活动，使它们之间建立起良好的配合关系，有效地实现产业总体的标准化的计划与目标。

4. 有效发挥规模化经营效应

经济学中的规模效应是根据边际成本递减推导出来的，也就是说企业的成本包括固定成本和变动成本，混合成本则可以分解为这两种成本。在生产规模扩大后，变动成本同比例增加而固定成本不增加，所以单位产品成本就会下降，企业的销售利润率就会上升。规模效应因此又称规模经济，即因规模增大带来经济效益的提高。规模经济可以加快信息传递速度，形成管理体系化、全面化，有助于打造强势产业集群。

我国广播电视传媒产业的集团化运行，首先有助于利用连锁、全球化、产业组合、平台搭建、产业链链主、控制标准等多种手法来追求规模效应，通过协同创造价值的方式包括对业务行为的共享，分摊包括价值链上的设计、生产、销售、送货及服务等职能业务成本，获得协同效应。其次，有助于实现传媒对社会室和内部资源的共享，包括对有形资源的共享和对无形资源的共享。对有形资源的共享主要是对基础设施及配套的生产服务设施的共享等，对无形资源的共享则主要是对知识、信息、技术和技能等的共享。这是广播电视传媒产业企业集团保持创新和竞争活力的源泉。对这两种资源的共享，不仅使集团内部企业间可以更有效地利用自身占有的资源，还能利用更多的非自有资源，从而产生一种结构竞争力。第三，有助于产业整体形象的共享，即在广播电视产业集团内部，任何一个部门在产品质量和企业形象等方面的优势信誉，都可以对其他的成员企业及集团企业产生影响。如果每个下属企业在质量方面都始终优于竞争对手，那么集团的整体业务表现就比较高。集团内整体形象的共享产生的协同效益，可以有效提高不同部门和产业集团总体的社会影响力，有助于树立良好的公共形象，获得社会多元支持。

（二）现行产业集团化运行模式的劣势

现行的集团化运作模式在协调发展中进行的真正意义上的优化结构、合理配置资源的手段不多，不能充分地做到信息资源、频率资源、频道资源、技术资源、服务资源等的共享利用，尚未形成资源合理配置、结构优化的最佳模式。

1. 产业内部调整整合缓慢

我国广播电视产业集团在政策导引下，迅速形成了基本体系化、规模化的发展态势，但由于历史原因，集团化内部人事任命、机构建制、协调统一等调整工作进展缓慢，导致整而不合，不能满足集团化运行所要求的有效、高速的发展，产生了计划与实施的整合脱节，造成成员和组织之间不能够及时交流，无法充分实施现代企业经营管理的信息透明化、分散决策和知识管理的方法来优化设计与施工的管理。同时，在相关产业的项目立项阶段，无法明确地通过计划控制体系来减少不确定性和复杂性。

2. 集团化品牌运作滞后，缺乏核心竞争力

第一，品牌管理缺乏制度保证，品牌的构建与经营力度不够。多数广播电视产业集团内部企业尚未完全形成合力，品牌运作缺乏一定的市场机制和组织架构的保证，缺乏有效的品牌体制和机制的创新，难以实现扁平化管理，不能较好地为集团品牌运营搭建平台。第二，品牌运营缺乏共享基础。由于一些集团组建时间较短，集团品牌运作缺乏共享基础，因而不能形成以资本为纽带，面向市场，实行旨在促进品牌成长的跨企业、跨地域运营的发展战略。第三，品牌运营缺乏良好的人力资源结构。人力资源是品牌战略的基础。目前，大多数广播电视产业集团的组织机构设置往往不太合理，没有专门的品牌运营机构，从事此类工作的人员数量也很少，诸如专业从事品牌运营的事务部门还没有得以充分建立。广播电视产业集团化品牌运营策略，必须不限于形式、手段，关键在于利用集团优势将品牌推广、成熟的营销、系统的市场拓展统一起来，只有在品牌运营过程中不断运用更为有效的策略，才能加快集团化运营的步伐，逐步解决集团化运营所带来的新问题。

3. 仍然维持以广告为主的单一经营模式

近年来，全国广播电视媒体广告经营创收整体呈缓慢增长，甚至有些传媒出现了负增长。制约广播电视产业广告业务发展的因素，除了国家宏观调控政策的影响和广播电视广告、户外广告等传统媒体的激烈竞争因素，互联网广告的一路高歌猛进、新的高新科技媒体广告的高速增长也是其中的重要原因。而当前受众对媒体信息的需求已突破单一媒体、单一方位，向多媒体、多纬度方向发展。但我国目前的大多数广播电视媒体仍然以广告收入为主，发达国家的传媒集团广告创收约占到整个营业收入的60%，而目前我国的广电集团广告收入约占整个营业收入的95%。这种单一经营方式在集团化后并没有多少改变。

三、广播电视产业集团化运营趋势

国家广电总局对广播电视产业的集团化运营提出了明确的要求，即"在宏观层面，要大力推进广播电视传媒结构调整，科学规划和实施传统媒体与视听新媒体融合发展战略，逐步构建与中国国情相适应、符合现代传媒发展规律和具有综合传播功能的中国广播电视传媒新体制，全面增强中国广播电视的对内对外传播能力和影响力。"具体来说，包括以下几点：

1. 产业集群化

随着经济全球化和网络信息时代的到来，广播电视产业的竞争方式正在发生重大变化。产业由单纯追求成本领先，逐步转变为品种差异化和地域集中化战略。从世界范围看，经济全球化和贸易的自由化是今后经济发展的必然趋势，而经济全球化和贸易自由化并没有使生产经营活动在空间分布上趋于平衡，而且全球具有竞争优势的产业仍有明显的集群现象，即同一产业及相关产业的企业及其支撑机构在地理上集中形成产业群。广播电视产业集群化发展是产业发展的一种内在规律，和经济开放程度有很大关系，是市场配置资源、合理运用产业要素的客观要求。

产业集群化，其重要之处在于能够使广播电视产业发展具有以下几个方面的优势：

（1）互惠共生性

现代传媒竞争态势下，单个媒介越来越难以依靠自身生产所有有关知识和拥有各种相关资源，去完成信息产品的经济化过程。为了减小风险、缩短进入市场的时间，创新集群中的每个组织部门都只能从事创新增值链条上的某一环节性工作，实现专业化分工。另外，通过产业政策的有效规制，可以形成广播电视产业组织的多元共生、规模与竞争均衡发展的产业格局，改变垄断性媒体与民营制作平台间的严重失衡局面。

（2）竞争协同性

既专业化分工又相互协作是创新集群的一种主要创新方式。竞争使得企业群落中的企业个体始终保持足够的动力以及高度的警觉和灵敏性，并依靠协作伙伴关系在竞争中发展壮大，通过产业集群自身的力量，促进媒介资源聚合与媒介集体创新能力成长，推动具有创新活力的竞争市场的形成。

（3）根植性

集群合作创新有很强的产业关联性、共同的创新文化、地理位置的接近性，这是创新集群竞争优势的关键来源，对集群内中小企业技术创新有极为重要的意义。

(4) 资源共享性

众多相关联的企业聚集，可以实现资源信息共享，克服单个企业创新资源的不足，并互为创新成果的传播者和使用者。

2. 经营多元化

多元化经营也称多样化经营，是企业在多个相关或不相关的产业领域同时经营多项不同业务的战略。广播电视媒体产业的多元化经营，就是适应传媒发展要求，通过资产重组以及人、财、物等资源的整合，生产和提供多种广播电视产品和技术、信息服务，达到依托核心业务，同时跨行业、跨产业经营，以降低经营风险，实现利润多元化。我国广播电视媒体产业近年来开始重视多元化经营，许多广电媒体已经开始经营互联网、有线网络、音像出版、电影电视剧制作发行等业务，国内许多大型广播电视集团、组织还开始进行会展、演出、经贸、旅游等行业的经营发展。广播电视产业的多元发展，可以有效地均衡市场风险，赢得更多市场机遇，不断培育新的经济增长点，形成产业集团化经营链条。

要开发广播电视相关产业，形成科学的多元产业格局，首先是要积极开发和利用广播电视资源。如此一来，广播电视的频道资源、信息资源、节目资源、广告资源、人才资源、技术网络资源以及社会公信力资源就可以在服务社会的同时，转化为经济效益。同时，要注重同关联产业的联合，形成系统化的产业结构。可以通过建立节目制作和营销市场机构，开发信息类、技术类、服务类等产品的生产能力和市场运作能力，利用广播电视传播网络积极介入移动电视、宽带互动电视、网络游戏等业务，开展各类现代化信息数据通信业务；还可以利用频率、频道的副讯道开发图文电视、图文广播，利用网络开展远程通信、远程教育、远程医疗、电视会议等。总体上看，就是要充分开发利用广播电视已有的自身资源和社会丰富资源拓展经营领域，形成多元化、多主体、多层次的支柱性产业结构。最后，应当认识到，多元化并不是不分主次，而是应当紧紧围绕广播电视的核心主体经营业务，形成关联产业链，对于自身不熟悉的房地产、金融等资金要求高、竞争激烈的产业进行投资开发时应当慎重对待。

课后习题：

一、名词解释

1. 广播电视产业
2. 广播电视广告
3. 双效原则

4. 差异化战略
5. 品牌战略
6. 广电产业集团化
7. 控股式并购

二、简述题
1. 简述中国广播电视产业的内涵与特征。
2. 简述中国广播电视的品牌战略。

三、论述题
1. 结合具体案例，谈谈中国广播电视如何实现专业化的产业经营模式。
2. 请结合相关案例谈谈你对广播电视产业集团化的看法，并分析其优势与劣势、机遇与挑战。

第五章 广播电视体制管理与目标建设

广播电视在不同的国家表现出不同的结构特征,形成了不同的管理和经营体制。所谓体制,按照汉语语言工具书的一般释义,"是国家机关、企业和事业单位的组织制度,即机构设置和管理权限划分的制度"。广播电视体制是广播电视制度的具体实现形式,是指由经济制度决定的,在一定历史条件下,由广播电视所有权、基本性质、基本目标等方面所构成的规范体系,代表的是在一定制度范围内,广播电视系统内部所属单位责权利的具体配置和划分,以及根据这种划分所设置的机构和形成的组织和规范。

第一节 中国广播电视事业体制建设

我国传统的广播电视管理体制是在计划经济条件下建立的,以宣传管理为核心的事业单位管理体制。电台、电视台由政府开办,国家广播电影电视总局负责全国广播电视业的发展规划和政策法规的制定,审批广播电视机构的建立,履行行业管理职能。电台、电视台依照中央、省、地市、县四级行政级别和行政区划,分级建设、分级服务,按照"条块结合,以块为主"进行管理。各地广播电视机构受本地党委政府和上级广播电视管理部门的双重领导,以本地党委政府的领导为主。

一、中国广播电视事业体制建设的意义

广播电视管理体制是广播电视业最主要的社会表现形式,为广播电视事业的发展提供了制度上的框架,是整个广电业建立、运行和管理的组织基础。具体来看,广播电视事业体制建设有以下几个方面的意义:

(一)广播电视体制建设为国家制度的建设发挥了不可或缺的补充作用

国家制度是宪法规定的国家根本的政治经济文化制度。由于广播电视资

源、主体的特殊性质,广播电视体制与国家制度之间有着更为直接的特殊关联。广播电视体制作为国家制度的一部分,主要体现在国家的意识形态制度和文化制度中。这从根本上要求广电体制建设方向要与国家制度的发展趋势保持一致,与国家制度下的具体体制建设保持同步,并在实践中形成对国家制度的完善和补充。

首先,单一制的国家结构形式与条块结合、分级管理的广电体制相对应。从中央到地方的以行政级别划分的广电政府和传播机构根本上是由单一制的国家结构形式及其行政体制派生的,实际上也起到维护国家统一、促进国家和区域进步发展的作用。

其次,以公有制为主体的经济制度和以国家主体为主干的广电体制具有主体上的一致性。在现实中,以国家主体为主干的广电事业、产业是公有制经济的重要组成部分。此外,以保证传播先进文化为己任的广电体制与以为人民服务、为社会主义服务为宗旨的社会主义文化制度具有功能和目标的一致性。国家制度中对公民权利和义务的保障和要求与广电体制对广电传递信息、监督舆论、开展教育等功能的保障具有一致性。

(二)广播电视事业体制的建设对国家和地区的广播电视资源的发展有着重要的促进作用

从一个国家和地区整体来看,广播电视事业的体制建设和发展,直接关系到这个国家或地区的广播电视资源的科学配置和有效开发,并最终决定着广播电视业整体效能的发挥。

我国广播电视产生之初就形成了单一的国有体制,当时广播电视业由国有的、高度行政化的广播电视部门垄断运作。四级办、分级管的模式促使广电能够比较有效地完成党和政府的宣传工作,实现广电媒体作为党、政府和人民喉舌的功能,保障意识形态的安全,保障人们享受公益型信息服务的权利。换言之,这一阶段的广播电视体制的最大优势是能够最大限度地实现广电媒体作为事业机关和宣传机构的功能。强有力的具有高度行政依附性的广播电视体制,在实施大的事业项目时有利于广播电视统一认识、集中精力,快速有效地推行和完成计划。

20世纪90年代以来,随着我国经济体制改革的成熟,广播电视体制固有的格局逐渐被打破。人们逐渐认识到,广播电视除了作为思想舆论工作部门存在,还是占据社会生产很大份额的支柱产业。而行政壁垒不利于广播电视节目的流通、体制内部的更新,高度行政化的管理体制不再适应市场经济和广播电视事业的发展。广播电视体制的建设开始做出合理促进广播电视生产力发展的改变，为广播电视事业的进一步发展拓展了空间，最大限度地满足人民群众的精神文化需求，为实现广播电视行业做大做强奠定了坚实的基础。

二、中国广播电视事业体制建设的发展

中国广播电视管理体制的演变和发展，呈现出两条明显的轨迹：一是逐渐建立完善的分级管理体制，二是实行了"条块结合"、双重领导的管理体制。

如果按照时间来划分，中国的广播电视管理体制大致经历了以下几个阶段：

（一）初创期（1949—1956年）

新中国刚刚成立，我党就开始领导全国各族人民有步骤地实现从新民主主义到社会主义的转变。为了适应大规模经济建设的需要，自1952年开始，我国进行了首次政府机构改革。广播电视行政管理体制的初创，就是在这样的大背景下、在解放区人民广播事业的基础上，适应新中国广播事业发展需要的情况下完成的。这一时期的广播电视体制建设主要有以下几个方面：

第一，中央政府成立了专门的广播事业管理机构，即中央广播事业局。[新中国成立之初，中国广电行政主管机关称为广播事业局，1982年后改为广播电视厅（局）]，部分省和自治区也陆续成立了地方广播管理局。

第二，确立了广播管理机构肩负的双重职能：既是新闻宣传机关，又是事业管理机关。管、办合一，所以又有"三位（宣传、技术、行政）一体"之说。地方广播事业实行中央广播事业局和地方政府双重领导，以中央广播事业局的领导为主，即"条块结合，以条为主"体系。

第三，中央广播事业局管理全国广播事业的方式，主要是通过行政手段进行直接管理，即"局台合一"体制。广播电视管理部门与广播电台、电视台之间的关系不只是直接的上下级领导和被领导关系，而且是整体和部分的关系，即电台、电视台是广播电视管理部门的一个组成部分，广电厅局长或副厅局长往往兼任台长。

（二）健全期（1957—1966年）

为适应我党领导全国各族人民开始全面建设社会主义的需要，这个时期广播电视行政管理体制在初创的基础上，从三个方面进行了健全。

首先，完成了省级政府专门广播管理机构的建立。1965年，西藏自治

区广播事业局的成立标志着全国专门的省级广播事业管理机构普遍建立。

其次，将地方广播事业由中央广播事业局领导为主，改为以地方政府领导为主，即从"条块结合，以条为主"变为"条块结合，以块为主"。

再次，形成了指导广播电视宣传的系统意见《宣传业务整改提纲（草案）》。"它的制定和实行，有助于扭转长期以来对广播电视工作的错误认识，减轻'左'倾思想对广播电视宣传的影响，并为广播电视走出困境、不断发展指明方向。"但因为"文化大革命"的开始，这份提纲并没有得到全面、深入的贯彻执行。

（三）停滞期（1966—1976年）

"文化大革命"10年，是我党、我国和全国人民遭受挫折和损失最严重的时期，趋于健全的广播电视行政管理体制在这个时期也受到严重打击，几乎处于停滞状态。广播电视管理机构不能正常地发挥作用，使广播电视管理工作的一系列指导方针和原则也遭到了破坏。

但是，由于科研人员和工程技术人员坚决贯彻国家计划，做出不懈的努力，广播电视技术事业在"文化大革命"期间仍取得了一定的进展。需要提及的是，1970年，全国第一次电视专业会议决定将原来的"中央为主，地方为辅"的方针调整为中央和省（包括自治区、直辖市）"两级办电视、两级覆盖"。

（四）变革期（1977—1991年）

1978年，党的十一届三中全会召开，开始调整"文化大革命"中被扰乱的各种社会关系。广播电视行政管理体制也在调整中恢复了生气。

1980年2月召开的全国广播事业规划会议、10月召开的第十次全国广播工作会议以及国务院5月4日转批的中央广播事业局《关于加强地方广播事业管理工作的请示报告》，都对"文化大革命"前已经形成但没有做出明文规定，现在又需要加以沿用和发展的广播电视行政管理体制做出了明确的规定。例如中央和地方各级广播事业局的双重职能、地方各级广播事业局的双重领导等，为广播电视事业的下一步发展铺平了道路。

我国先后于1982年和1988年进行了两次行政管理体制和政府机构改革，以适应开创社会主义现代化建设新局面的需要。在这个阶段，我党召开了十二大和十三大，改革开放全面展开，广播电视行政管理体制在这个时期也发生了重大变革。

1. 广播电视部取代中央广播事业局

改革开放后第一轮机构改革,决定设立广播电视部,撤销中央广播事业局。广播电视部是真正意义上的行政管理机关,打破了原中央广播事业局行政和事业界限不清的局面。

2. 广播电视发展史上的里程碑

1983年3月在北京召开的第十一次全国广播电视工作会议,对广播电视体制进行了较大的调整和变动,在管理广播电视管理体制上有诸多建树,对之后十多年的中国广播电视业的发展具有深远的影响,被称作广播电视发展史上的里程碑。

首先,确立了中央、省、市、县"四级办广播,四级办电视,四级混合覆盖"的方针。即除了省市可以经营广播电视,具备一定条件的市、县也可以办广播电台、电视台,其主要功能是转播中央和省的广播电视节目,有条件的还可以插播自己的节目。

此外,还重申了1980年明确的中央广电主管部门和各级地方政府"条块结合,以块为主"和双重领导的管理体制。在实际运作上,省、自治区、直辖市广播电视厅(局)的事业建设,受该省、自治区、市人民政府和广播电影电视部双重领导,以同级政府领导为主;同时,省、自治区、直辖市广播电视厅(局)的宣传工作,受该省、自治区、市党委领导和广播电影电视部指导。这样的"块块领导"的关系可以继续向下一级政府推衍,一直推到最下一层,并且强调了县级广播电视管理机构的重要地位。

3. 广播电影电视部的成立

1986年1月20日,六届全国人大常委会第十四次会议,审议通过了关于将广播电视部改为广播电影电视部的决议。自此,原设在文化部的电影局成建制划归广播电影电视部。这对电影、电视的协调发展,无疑是有积极意义的。

(五)转型发展期(1992年至今)

经济全球化及中国大陆加入世界贸易组织形成了改革开放之后另外一个重大的历史转折点。中国的广电体制出现了较大的转变。

其一,从1996年开始,中共中央和广电主管部门颁布了一系列的通知,对当时的广播电视制度分阶段进行整顿与调整。

1998年开始的国务院机构改革中,广播电影电视部改组为国家广播电影电视总局,定性为"国务院主管广播电视宣传和广播电影电视事业的直属机构",标志着中央广播电视管理机构延续了几十年的政事不分问题,终于在机构定性上得到解决。

中央广播电视行政部门先由县级开始推动结构调整的工作，主要包括"三台合一"（或四台合一）及"局台合一"的管理制度。"三台合一"（或四台合一）及"局台合一"的做法是：将广播电台、电视台及有线电视台（甚至加上教育电视台）合并为一个实体，统一机构建制、统一人事管理、统一宣传规划、统一事业建设、统一经营创收；更进一步，由县（市）广播电视局实行统一领导和管理，达成"局台合一"。

经过这样的整顿之后，广播电台、电视台的数量巨幅减少，从1997年的1363座及923座降到1999年的299座及352座。然而，广播电台、电视台数目的减少并不意味中国广播电视事业的倒退。我们仍可以看到中国广播电视业的进展，广播电台、电视台的覆盖率从1997年的86.02％及87.6％上升到2000年的91.5％及92.5％，直至2003年年底的93.56％及94.82％，2017年的98.71％及99.07％。

其二，1999年11月国务院办公厅转发了信息产业部和国家广播电影电视总局《关于加强广播电视有线网络建设管理的意见》（国办发〔1999〕82号文件，又简称82号文件），主要内容是：第一，网台分离；第二，电视与广播、有线与无线合并；第三，停止四级办广播电视台的制度；第四，避免网络重复建设，保持广播电视网的相对完整性和专用性；第五，在有关规定出台前，广播电视网络传输公司暂不上市，广播电视业务（包括广告经营）和经营单位不得上市；第六，保持电信和广电部门的分工，彼此业务不得交叉。总之，82号文件指出了中国广电部门未来发展的基本原则。

其三，国家广电总局在2000年推出了《2001年至2010年广播影视事业发展计划纲要》，其中提到了建设若干在国际上有竞争力、影响力的跨地区、跨行业的广播影视传媒集团。国家广电总局的领导讲话也强调，媒体集团化发展已成为一种大趋势，尤其是将来与国外著名的大型传媒集团竞争；并指出未来的发展蓝图是，先着手组建中央一级和省一级的广播影视集团。这些集团要做到广播、电影、电视三位一体，有线、无线、教育三台联合，省、市、县三级贯通，资源共享。

在具体的做法方面，广电集团成立之初，集团与广电局实行"两块牌子，两种性质，一套班子"的管理体制，局作为国家行政机关行使政府对广播电视的管理职能，集团作为"国有独资，事业性质"的实体，两者兼备一套班子。

其四，2004年2月10日，国家广电总局发布了《关于促进广播影视产业发展的意见》。广播电视要把允许经营的资产、资源和业务从目前的事业体制中分离出来，面向市场进行企业转制和重组，与事业部分分别管理、分别运营。允许各类所有制机构作为经营主体进入除新闻宣传外的广播电视节目制作业，在确保控股的前提下，可吸收国内社会资本探索进行股份制改造，条件成熟的广播电视节目（包括电视剧）生产营销企业经批准可以上市融资。

其五，在全面建设小康社会的新形势下，我国广播电视行政管理体制进行了创新。这一阶段，文化建设的重要性被提高到增强国家软实力的战略高度来强调。广播电视行政管理体制的创新，主要是按照党中央、国务院《关于深化文化体制改革的若干意见》的要求，着力理顺广播影视行政部门与所属企事业单位的关系，推进政企分开、政资分开、政事分开、政府与市场中介组织分开。

2013年，为统筹新闻出版广播影视资源，国务院将国家新闻出版总署、国家广播电影电视总局的职责整合，组建国家新闻出版广电总局。2018年，在国有新闻出版广电总局管理职责的基础上，组建新的广播电视总局，作为国务院直属机构。同时，中央人民广播电台、中国国际广播电台、中央电视台合并，成立中央广播电视总台。

从具体措施来看，这一阶段深化广播影视事业单位改革，努力把公益性事业单位和经营性事业单位，分别打造成具有独立法人资格的事业单位和企业实体。果断停止事业性质的广播影视集团审批，鼓励已有的广播影视集团理顺关系，即把广播影视集团承担的行政管理职责归还广播影视管理机构。放宽市场准入，允许非公有资本和外资进入政策允许进入的广播影视领域，增加广播影视事业和产业的社会成分。

整体上，中国广播电视业正在从以大而全的格局、数量增长为特征的粗放式发展阶段转向以外部资源重组与内部结构调整相结合的集约式整合阶段。

三、中国广播电视事业体制建设的特征

我国现行的广播电视事业体制是在过去几十年间逐步形成的，并得到了党和国家的确认。现行广播电视体制主要有以下四个特点：

（一）国家所有、政府主办

在我国，广播电视传媒属于国家的公有财产，不允许私人占有。根据我国《广播电视管理条例》第十条的规定：广播电台、电视台由县、不设区的市以上人民政府广播电视行政部门设立，其中教育电视台可以由设区的市、

自治州以上人民政府教育行政部门设立。其他任何单位和个人不得设立广播电台、电视台。第四条：国家禁止设立外资经营、中外合资经营和中外合作经营的广播电台、电视台。以上条款明确了我国广播电视是国家所有的。

根据《广播电视管理条例》第三条、第四条、第五条、第八条、第十一条等的规定：广播电视事业应当坚持为人民服务、为社会主义服务的方向，坚持正确的舆论导向。国务院广播电视行政部门负责全国的广播电视管理工作。县级以上地方人民政府负责广播电视行政管理工作的部门或者机构（统称广播电视行政部门）负责本行政区域内的广播电视管理工作。

中央的广播电台、电视台由国务院广播电视行政部门设立。地方设立广播电台、电视台的，由县、不设区的市以上地方人民政府广播电视行政部门提出申请，本级人民政府审查同意后，逐级上报，经国务院广播电视行政部门审查批准后，方可筹建。国务院广播电视行政部门负责制定全国广播电台、电视台的设立规划，确定广播电台、电视台的总量、布局和结构。

中央的教育电视台由国务院教育行政部门设立，报国务院广播电视行政部门审查批准。地方设立教育电视台的，由设区的市、自治州以上地方人民政府教育行政部门提出申请，征得同级广播电视行政部门同意并经本级人民政府审查同意后，逐级上报，经国务院教育行政部门审核，由国务院广播电视行政部门审查批准后，方可筹建。

（二）管办结合、三位一体

各级政府广播电视行政主管部门承担着"办"广播电台、电视台的职能，又是广播电台、电视台的监管者，承担着"管"的职能，对本级广播电台、电视台直接主办、主管，对下级广播电台、电视台实行行业管理。

长期以来，宣传管理是广播电视管理工作的核心内容，其目的是保证广播电视宣传的正确方向，使宣传取得最佳的社会效益，而这是通过建立必要的宣传管理制度来实现的。广播电视宣传部门内部实行以技术宣传为中心，宣传管理、技术管理、经营管理"三位一体"的管理制度。技术管理是保证技术系统安全运行，使之为广播电视宣传提供可靠的物质保障；经营管理则是为了发展广播电视媒介的产业经营优势，在广播电视宣传取得一定的社会效益的前提下，争取获得最佳的经营收益；宣传管理除了贯彻党的宣传意图和宣传工作部署、做好宣传内容规划，在长期的广播电视宣传实践中，还实行一些成文或不成文的节目制作和审查制度，形成了多年来恪守的编播工作规律，对新闻宣传信息的生产、加工和传播活动进行调节控制、把关定向，从而确保宣传管理工作的落实。

(三) 四级办、分级管

实行中央、省（自治区、直辖市）、地（市、州）、县"四级办广播、四级办电视、四级混合覆盖"。管理上实行"条块结合，以块为主"，即省本级及省级以下广播电视行政管理部门接受上级政府广播电视行政主管部门与本级党委政府的双重领导，以地方政府领导为主。四级办、分级管的模式促使广电能够比较有效地完成党和政府的宣传工作，实现广电媒体作为党、政府和人民喉舌的功能，保障意识形态的安全，保障人们享受公益型信息服务的权利。

"四级办"方针对推动中国广播电视事业发展曾经起过关键性的历史作用，有利于把握舆论导向。尤其是重大宣传报道活动，可以形成四级联动、全国联播的格局，达到最为广泛的传播效果，形成强大的社会舆论。但在带来广播电视事业繁荣的同时，也带来了一些问题，例如结构松散、发展秩序混乱。进入21世纪，如果要使中国的广播电视事业有更大的发展空间，我们在发展过程中就必须要正视这些问题，并采取有效措施予以切实的解决。

(四) 公益性

在我国，各级各类广播电台、电视台均是以实现社会效益为首要目标的事业单位，不是营利性组织。广播电视公益性主要是指以各级政府为主导的新闻宣传、舆论监督和面向社会大众、体现公众整体利益的非营利性业务和服务，是我国广播电视媒体的政治、公共属性的具体体现和实现方式。

2011年11月25日，国家广电总局下发了《关于贯彻执行〈《广播电视广告播出管理办法》的补充规定〉的通知》，文件指出《〈广播电视广告播出管理办法〉的补充规定》将于2012年1月1日起贯彻执行。文件同时指出，党的十七届六中全会强调要大力发展公益性文化事业，完善覆盖城乡、结构合理、功能健全、实用高效的公共文化服务体系。广播电视作为党和人民的喉舌、重要的宣传思想文化阵地，在公共文化服务体系建设中担负着重要责任，必须充分发挥优势，切实履行好自己的职责。

这一文件的下发表明，广播电视媒体必须坚持把公益性放在首位，更好地为社会主义物质文明和精神文明建设提供服务。换言之，中国目前的广播电视体制的优势在于能够最大限度地实现广播电视媒体作为事业机关和宣传机构的功能。强有力的具有高度行政依附性的广播电视体制，在实施大的事业项目时有利于统一认识、集中精力，快速有效地推行和完成计划。

第二节　中国广播电视体制管理的创新

中国的广播电视业诞生于革命战争岁月，成长于计划经济年代。广播电视一直作为党和政府的喉舌，是社会主义的重要思想文化阵地和舆论宣传工具。广播电视的快速发展，一次次对广播电视管理体制提出了新的要求。广播电视管理体制的每一次创新，都为这一时期的广播电视事业增添了活力，带来了广播电视生产力的解放和广播电视事业的繁荣，推动了整个广播电视事业向更高阶段发展。

一、"四级办"：加快广电事业的发展

1978年12月党的十一届三中全会之后，我国进入社会主义建设的新时期。我国广播电视业经历了拨乱反正、改革开放的历史进程，完成了恢复、起步的历史性任务，为今后的飞速发展奠定了基础。

（一）"四级办"的具体内容

随着国内外形势的发展变化和改革开放的需要，20世纪80年代初，微波建设加快，调频广播、无线电视在城乡逐渐普及，广播电视事业不断壮大，管理体制也相应进行改革，催生了广播电视业的历史性突破。为加强对广播电视工作的领导和管理，1982年中央决定撤销中央广播事业局，成立广播电视部，为国务院组成部门；1986年划入电影生产管理职能，改为广播电影电视部。

1983年3月在北京召开的第十一次全国广播电视工作会议，对广播电视体制进行了较大的调整和变动，对之后十多年的中国广播电视业的发展具有深远的影响。1983年中共中央批转广播电视部党组《关于广播电视工作的汇报提纲》（中发〔1983〕37号），提出了改革广播电视宣传工作、加快广播电视事业建设的任务和目标。中发〔1983〕37号文件针对过去着重强调中央、省两级覆盖，对市县办电视限制很严的情况，根据形势发展的需要，改为"四级办广播、四级办电视、四级混合覆盖"的方针，成为一个时期以来指导广播电视事业发展的纲领性文件。

该文件明确提出实行中央、省（自治区、直辖市）、地市、县"四级办广播、四级办电视、四级混合覆盖"的方针。也就是，除了省市可以经营广播电视，具备一定条件的市、县也可以办广播电台、电视台，主要是转播中央、省的广播电视节目，有条件的也可以在中央或省办节目中插播当地的节

目,共同覆盖该市、县;同时,"边远省、自治区的地区,如有需要和可能,也可以办广播、办电视,参加四级混合覆盖"。这一方针的落实,推动了全面构建四级办、分级管的新体制,普遍建立健全了地市、县两级广播电视管理机构。

由"二级办"到"四级办"表明,我国广播电视事业的"一体多元体制"形成。尽管广播电视由党和政府主办这一根本立场没有变,但却将广播电视的开办权下放到了县级,从而调整了我国广播电视机构的整体布局。

从1984年开始,新设立的电视台如雨后春笋般地涌现,特别是地市级和县级电视台的成长更加快速。此外,中央广电主管部门和各级地方政府"条块结合,以条为主"的管理体制也随即转变成"条块结合,以块为主"的管理体制(这种方式一直沿用至今)。在实际运作上,省、自治区、直辖市广播电视厅(局)的事业建设,受省、自治区、市人民政府和广播电影电视部双重领导,以同级政府领导为主;同时,省、自治区、直辖市广播电视厅(局)的宣传工作,受该省、自治区、市党委领导和广播电影电视部指导。

这次改革实现了改革开放时期广播电视发展的第一次历史性突破。以第十一次全国广播电视工作会议和中发〔1983〕37号文件为标志,以"四级办""新闻改革"以及"影视合流"为主要内容,极大调动了地方各级党委政府和广电部门办广播电视的积极性,解放了广播电视生产力,全面推进了广播电视的发展与覆盖,拓展了广播电视的规模。从1984年到1986年三年间,广电收入年平均增长达31.2%。

(二)"四级办"的积极作用

"四级办、分级管"的管理体制是与中国当时行政管理体制,计划经济管理模式,生产力与科学技术发展水平,人民群众对精神文化产品的需求以及公众获取信息的手段、渠道和舆论宣传工作的方针等主客观因素相适应的。其最大的特点是,充分调动了地方各级党委政府办广播电视的积极性和主动性,形成了在统一政策、统一计划、统一技术标准的前提下,中央和地方分级负责、分级建设、分级管理的格局。

这种体制为坚持正确的舆论导向,确保政令畅通,结合当地实际宣传各级党委政府的中心工作发挥了巨大的作用。农村实行家庭联产承包责任制以后,促进了农村生产力的发展,但也出现了党委、政府施政渠道堵塞的问题,于是,蓬勃发展起来的广播电视事业成为当地党委、政府的重要喉舌。

同时,各级党委政府高度重视,在人、财、物等多方面给予了大力支持，为促进和繁荣中国的广播电视事业起到了积极的推动、促进作用，也为今后的发展奠定了一定的基础。农村有限广播网在这一政策下恢复整顿和稳步回升，发展成以有线广播为主的，包括调频广播、微波站和卫星地面接收站等多种手段共同组成的农村广播电视覆盖网。并且，这一政策推动了有线电视的迅速发展，扩大了中央和省两级电视节目的覆盖面，使观众接收到更多的电视频道，同时在宣传党的方针政策、稳定局势、促进经济发展、普及教育和丰富群众文化生活方面，发挥了积极的作用。这一激励性的事业发展政策，也是形成中国广电事业多层次结构的重要因素。

（三）对"四级办"的调整

针对"四级办"逐渐显露出的资源分散、重复建设、人员素质跟不上、效益下降等问题，20世纪90年代后期国务院及时提出"控制总量、调整结构"的方针，从数量上、结构上对广电事业总体规模进行调整。

1996年，中共中央办公厅、国务院办公厅发出《关于加强新闻出版广播电视业管理的通知》（厅字〔1996〕37号），就"广播电视业的治理"提出"重点解决擅自建台、重复设台和乱播滥放的问题"，"现有县广播电视、电视台、有线电视台要合并为一个播出实体，主要转播中央和省的广播电视节目，可以自办少量当地新闻和专题节目"。

2001年，《中共中央办公厅、国务院办公厅转发〈中共中央宣传部、国家广电总局、新闻出版总署关于深化新闻出版、广播影视业改革的若干意见〉的通知》（中办发〔2001〕17号）提出，"推动市（地）、县广播电视播出机构的职能转变"。

2003年，《中共中央办公厅、国务院办公厅转发〈中共中央宣传部、文化部、国家广电总局、新闻出版总署关于文化体制改革试点工作的意见〉的通知》（中办发〔2003〕21号）提出，"发展文化产业要充分发挥市场在国家宏观调控下对文化资源配置的基础性作用，提高集约化经营水平和产业集中度。以资本为纽带，运用市场机制，推动兼并、联合、重组，实行多媒体经营和跨地区发展"，"进一步整合广播电视资源，着力解决重复建设、结构失衡、忽略效益等问题"，"以省级电视台为龙头，整合市（地）、县两级电视台"。

现有广播电视条块分割、以块块管理为主的体制是建立在按行政区划设立广播电视播出机构的基础之上的，打破依行政区划设立广播电视播出机构的模式，能从根本上瓦解这种管理体制的基础，从而使建立新的广播电视管理体制成为可能。因此，要改变以行政区划设立广播电视播出机构的方式，加强中央和省级广播电视节目的覆盖。

二、"事业单位，企业管理"：激发广电事业的活力

广播电视传媒作为我国事业单位的重要组成部分，在实现政府公共服务职能方面承担着极为重要的职责和义务，其本身也是一个非常复杂的系统。推行"事业单位，企业管理"为广电媒体的发展提供了必要的发展空间和良好的制度环境，激发了广电事业的活力。

（一）"事业单位，企业管理"的含义

1998年国务院颁布《事业单位登记管理暂行条例》指出：事业单位是以社会公益为目的，由国家机关举办或其他组织利用国有资产举办，从事科教文卫等活动的社会服务组织。这一定义较权威地界定了"事业单位"。事业单位既具有社会效益，也具有一定的经济效益；既提供无偿服务，也提供有偿服务。企业化管理，指媒介发展以市场为导向，以经济效益为中心，自主经营、自负盈亏、自我发展、自我约束，在以市场机制为基础配置资源的过程中优胜劣汰。

1998年国家工商行政管理局《关于事业单位企业化经营含义问题的答复》（工商字〔1998〕第158号）对"事业单位企业化管理"的含义做出界定："凡国家不再核拨经费，实行自收自支、自主经营、独立核算、自负盈亏的事业组织。"根据财政部《关于事业单位财务管理的若干规定》（1989年财政部令第2号）第五条第（五）项的规定，企业化经营的事业单位，应执行企业的财务制度和税收制度。

20世纪80年代以来，随着中国社会的改革开放，过去的计划经济体制开始逐步转向社会主义市场经济体制。1978年，财政部批准人民日报社等8家在京新闻单位要求试行"事业单位企业化管理"的报告。1979年，财政部颁发《关于报社试行企业基金的管理办法》，再次明确报社是党的宣传事业单位，在财务管理上实行企业管理的方法。此后，"事业单位，企业管理"的经济管理体制在全国报业迅速推广，成为媒体从计划经济走向市场运作的重要转折。社会形态的变化和广播电视业自身发展的需要，促进了中国广播电视媒体逐渐从单纯的事业单位走上了"事业单位，企业管理"的改革之路。

（二）广播电视"事业单位，企业管理"的发展历程

我国历来重视新闻事业，它在行政上隶属于政府职能部门，具有垄断经

营的性质。传统体制下,我国新闻事业的经费由国家财政全额拨付,生产资料由国家计划调配,享受政府财政税收政策的优惠,无须参与任何经济活动。所以,传统意义上的中国传媒并不是真正的产业部门,而是上层建筑领域的事业单位,其特殊性决定了其经营理念和运作模式不能完全等同于企业。定性为事业,体现了党对媒体宣传的重视,强调从体制上保证党对舆论导向的把握。但在生产性上,媒体与企业并没有本质区别,差别在于媒介产品是特殊的商品。

随着社会主义市场经济体制的不断发展完善,新闻传播业的产业属性日益凸显,并开始引进经营理念,以实行"财务承包"为由,从"事业型管理"向"企业型管理"过渡,在一定范围内进行营利活动,以补充国家预算的削减部分。上海市首先突破禁区,于1979年1月起率先开办电视广告和恢复已停置多时的广播广告业务。在上海市与广东省陆续播出广告后,1979年11月,中共中央宣传部发出《报刊、广播、电视刊登和播放外国商品广告的通知》,指出要调动各方面的积极因素,更好地开展外商广告业务,从而使广播电视广告合法化。广告也成了广播电视机构主要的经费来源。

上海市广播电视局从1985年就开始在电台、电视台内部实行经济承包责任制。1987年,国家科委将"新闻事业"和"广电事业"纳入"中国信息商品化产业"序列,标志着国家对新闻传播业产业属性的认可。1997年,经上海市政府正式授权,上海市广电局成为我国第一家广电系统国有资产的委托代理人和管理者。1999年,全国广电系统内部管理改革座谈会要求全面推进以事业单位内部成本核算为主要内容的财务制度改革。2001年,中共中央办公厅、国务院办公厅转发的中央宣传部、国家广电总局、新闻出版总署《关于深化新闻出版、广播影视业改革的若干意见》(中办发〔2001〕17号文件)规定,我国广播电视集团属于事业性质,实行企业化管理,并要求建立健全党委领导与法人治理结构相结合的领导体制、宣传业务与经营业务相对独立的组织结构。

自此,媒体单一的政治属性被政治属性和经济属性所代替。我国大多数媒体开始与国家财政脱钩,走上了"自收自支、自主经营、自负盈亏"的道路。这种模式一直沿用至今,出现了经营多样化、传媒集团化、传媒产业化等经营模式。

(三)对"事业单位,企业管理"的评价

在相当长的一段时间内,对媒体实行"事业单位企业化管理"顺应了时代要求,在原有基础上极大地解放了媒体的生产力,对推动媒体的产业化、将媒体推向市场起到了良好的作用。从媒体进入市场的那天开始，我国新闻事业的政治属性和经济属性的双重属性开始凸显，媒体既是国家垄断的事业单位，又需要到市场中去寻求利润。在经营实践中，媒体逐渐成为市场主体，自觉或不自觉地采用现代企业管理的一些经验做法，企业化模式日趋明显且卓有成效。大部分媒体不仅不再享受财政拨款，还同其他企业一样照章纳税，不少媒体还为中央、地方财政做出巨大贡献，成为重要的利税大户。

然而，随着中国经济与世界经济的接轨，媒体发展到一定程度后，这种"事业单位企业化管理"的体制已经不能适应市场经济体制的要求，大大制约了媒体进一步做大做强的进程。例如，企业化管理面临着人才的竞争，要求切实做到能者上、庸者下，通过人才提高核心竞争力。而事业性质使媒体在人员任用方面基本沿用传统的体制，将员工按照原计划体制下所谓正式编制或者聘任的级别分为台聘、中心聘或者栏目聘等，实行标签化身份管理，并未真正实现按劳分配，岗位人才流动困难，不利于传媒集团整体员工素质、创新能力的提高。另一方面，企业化经营使得作为经济实体的媒体要考虑投入与产出问题，在竞争的压力下，部分媒体置社会利益、国家利益于不顾，采取了一些短期行为，一味迎合受众的猎奇心理，使得媚俗、浅薄的内容大量增加，走上了一条通俗化乃至庸俗化的道路。

当前我国正在进一步加大文化体制改革的力度，推动媒体进入市场，用市场机制解决产业问题。在日益复杂、日益激烈的市场环境下，传统的"事业单位企业化管理"的媒体管理体制将逐渐向完全的"企业化经营"转变，媒体将形成无数个市场主体，主动适应和参与市场竞争，由市场决定其发展的走向。

三、制播分离：挖掘广电事业的潜力

近年来，国家出台了"深化文化体制改革""大力发展文化产业"等相关政策。而在广电领域，制播分离政策成为业界关注的重点和热点。

（一）制播分离的含义

制播分离的概念来自英文"Commission"，最早起源于英国，从字面翻译，应该是"委托制作"，原意是指广播电视播出机构将部分节目委托给独立制片人或独立制片公司来制作。后来又指广播电台、电视台通过某种交换机制从外部的制作机构获得广播电视节目的运作体制，广播电台、电视台和节目制作机构之间是一种契约或合作关系。

在中国广播电视业原有的体制下，节目的制作和播出都是由各级广播电

台、电视台负责，他们既是节目的生产者，也是播出者。这造成广播电视节目长时间在较低水平上重复运转，精品节目少，其整体水平也越来越不能满足受众日益提高的节目需求。所以拓宽节目生产平台、提高节目质量，就成为广播电视媒体迫切的发展需要。因此，在我国的国情下，制播分离是指国家广播电视播出机构在保证掌握宣传权的前提下，将部分非新闻类和非社会访谈类节目的生产制作交由广播电视制作机构制作的管理体制。社会制作公司根据市场的需求，可以生产出具有一定水平的节目，运用开放、协同、各广播电视媒体参与、进行再包装等经营手段，在短时间内扩大和完成随片广告的征集，这是广播电视行业媒介营销观念的一次革命。

（二）制播分离对中国广播电视业发展的意义

制播分离深化广播电视改革的重要内容，对改变电台、电视台单纯的自制自播模式、降低节目制作成本、提高节目质量、丰富节目内容、转换运营机制、增强发展活力、充分调动社会力量发展壮大节目内容生产能力，具有十分重要的意义。

1. 制播分离模式有利于电台、电视台的科学化管理

根据经济体制和社会环境的变化特点，我国广播电视产业必须建立起与市场经济体制相适应的运行机制，这既是广播电视产业寻求自身发展的内在动力，也是传媒规范管理的迫切需要。在制播合一的体制下，广播电台、电视台在采制节目时对成本控制相对宽松，且制作出的节目基本只在本台播出，存在大量资源浪费的现象。在实行制播分离以后，由民营制作公司制作的节目同时卖给多家电台、电视台播放，充分调动了社会力量，有利于对有限的资源进行科学的配置。

另外，在电台、电视台内部，旧有的人事制度、激励机制已经从根本上无法适应市场经济的要求，极大地阻碍了广播电视生产力的发展。将不具备广播电视从业人员素质的人剥离出去，以高效、奖惩分明的激励模式吸引真正有能力的节目出品人，这样才能制作出适合受众需要的、具有竞争力的精品节目。

2. 制播分离有助于培养受众对媒体的认同感和忠诚度

在制播分离前，电台、电视台找定位、找目标受众、了解受众需求的目的是为节目制作找准方向。国内电台、电视台之间的节目交易市场体系尚未形成，价格的约定、产权的归属等众多问题悬而未决，无法实现电视节目的合理流通和资源共享，整体上造成了目前电视频道节目形态变化迟缓、节目资源匮乏，更导致电视频道之间恶性竞争，节目重播率高。随着市场的不断

扩大，广播电台、电视台无法用自己的人力、物力满足广大受众的文化消费需求。

为了适应受众审美趣味和消费需求的变化，广播电视传媒理应根据自身特点，不断研制适合受众口味的节目内容和节目形态，积极为社会提供丰富的、优质的广播电视节目。这既是广播电视传媒的社会责任，也是培养受众对频道的认同感、忠诚度的必然要求。制播分离后，广播电视媒体在定制节目的时候更加有的放矢。而迫于销售的压力，节目制作公司必须进一步确定用什么样的广播电视节目去满足目标受众群的收听收视需求。从市场的角度说，就是给自己一个更为准确的角色定位，并且将这一定位传递给受众，带给受众最实在的情感归依。

(三) 制播分离的改革历程

1999 年"82 号文件"提出"网台分离"，同年 7 月国家广电总局在上海召开的全国广播电视系统内部管理座谈会上，就开始对除新闻类节目外的其他广播电视节目制作与播出的分离进行了讨论。随后，一批社会制作公司诞生。20 世纪 90 年代末，《欢乐总动员》和《中国娱乐报道》(现为《娱乐现场》) 这两个栏目在短短一两年间就登上了 120 家电视台的荧屏，收视率也都在同类节目中位居前列。

2000 年 6 月，广电主管部门不再提"制播分离"，主要根据是：制作权和播出权是一体的，不存在也不应该分离，但针对广播电视界尤其是广播电视节目在制作成本、制作质量、运作体制等方面现存的一系列问题，改革是必行的，大方向应该定为"多元化、社会化"。改称"多元化、社会化"，是基于对中国广播电视业的发展现状、社会环境以及改革的后果进行深入实际的调查和判断的基础之上的。但是"多元化、社会化"这种提法一方面模糊了对形式的要求，另一方面，则让节目市场走向了全社会。

时任国家广电总局局长的王太华在 2006 年 1 月的全国广播电视局长会议上说，"要根据广播电视的特点，积极探索制播分离改革。除新闻类、社会访谈类等节目外，其他如文艺、体育、科技类节目等可逐步实行制播分离，引入市场机制，实行节目的市场招标采购，以丰富节目资源、提高节目质量、降低制作成本"[①]。相关的政策和讲话对广播电视制播体制实践起到了积极的推动和促进作用。2010 年 5 月，中央人民广播电台央广传媒公司

---

① 王太华：《继承、改革、创新——努力开创广播影视工作新局面》，全国广播影视局长会议讲话，2006 年 1 月 5 日。

投资成立了央广财经文化传媒（北京）有限公司。全国各地方电台、电视台积极推进制播分离，安徽电视台探索向社会节目制作公司定制节目或深度合作生产节目的道路；河北电视台成立了河北天速电视剧制作有限公司……截至 2010 年年底，全国共有 7 个省（自治区、直辖市）的省级电台、电视台合并后，先后实行了制播分离，组建了台属、台控、台管的传媒公司。

总之，制播分离改革是一个复杂的系统工程，涉及宏观、中观、微观各个层次。关于制播分离的探索目前还在起步阶段，但可以预见的是，广播电视制播分离最终将逐步剥离、转制，培育出富有竞争力的节目制作市场主体，从而推动广播电视产业链的形成和完善，建立起统一、开放、融合、有序的市场格局。

四、三网融合：创新广电体制的契机

《中华人民共和国国民经济和社会发展第十二个五年规划纲要》明确提出："以加快转变经济发展方式为主线，是推动科学发展的必由之路，是我国经济社会领域的一场深刻变革，是综合性、系统性、战略性的转变，必须贯穿经济社会发展全过程和各领域，在发展中促转变，在转变中谋发展。"作为国民经济和社会发展的一个组成部分，广电必须适应中国经济社会领域的这场深刻变革，积极谋求广电发展方式的转变。

（一）三网融合的基本目标

当前，新一轮技术革命方兴未艾，特别是数字技术、网络技术迅猛发展，使广播电视媒体产生革命性进步，也促使了新媒体茁壮成长。在这种形势下，党中央、国务院做出了三网融合的重大战略部署。《中华人民共和国国民经济和社会发展第十二个五年规划纲要》提出："以广电和电信业务双向进入为重点，建立健全法律法规和标准，实现电信网、广电网、互联网三网融合，促进网络互联互通和业务融合。"

三网融合发展定局的形成，是党中央和国务院从国家利益出发所做出的长远战略决策。广电业、电信业和互联网业的相互开放与彼此进入，不但具有与其自身利益紧密相关的行业意义，同时也具有与整个国民经济建设模式转型和产业结构调整密切相关的国际战略竞争意义。我国的信息产业在长期发展中奉行着规模型增长的建设模式，整个国民经济结构自改革开放以来，也一直沿用着低创新、高复制增长模式。对于目前的国民经济建设而言，所面临的最重要任务不再是迅猛扩大总量，而是在保持总量平稳增长的前提下，致力向提升工业化的整体质量和创新水平过渡。立足于下一代网络技术

基础上的三网融合，就是解决这一问题的重大举措。三网融合及其技术演进，有利于促进战略性新兴产业的孕育和发展，拉动国内消费，形成新的经济增长点。

2010年1月13日，国务院第97次常务会议审议通过了推进三网融合的总体方案并于1月21日印发实施；6月9日，国务院办公厅印发了依据总体方案起草制定的三网融合试点方案；6月30日，国务院办公厅又公布了三网融合的第一批12个试点地区（城市）名单。各试点地区（城市）在三网融合协调小组办公室的指导下，积极制定试点实施方案并着手相关工作。推进三网融合的总体方案和三网融合试点方案两个方案以科学发展观为指导，从中国国情和科技发展实际出发，充分考虑了广电和电信的发展现状，既有很强的指导性，又有较强的操作性，是推进三网融合的纲领性文件。这两个方案全面阐述了推进三网融合的重要意义、指导思想和基本原则；提出了分两步走的三网融合的工作目标，即2010年—2012年为试点阶段，2013年—2015年为推进阶段；确定了推动广电、电信业务双向准入，加强网络建设改造和统筹规划，强化网络信息安全和文化安全监管，推动产业发展等四个方面的主要任务；同时就加强组织领导、加强政策扶持、完善法律体系、加快体制机制改革、保障网络信息安全和文化安全等明确了一系列要求。

（二）三网融合对广电媒体的挑战

传统的广电网络具有覆盖广、内容丰富、信号稳定清晰、性价比高等诸多优势。但随着互联网的发展，网络视听业务、手机视听业务蓬勃兴起，传统广播电视的受众逐步流失，尤其是年轻观众和高端观众纷纷流向互联网。2012年1月，中国互联网络信息中心《第29次中国互联网络发展状况统计报告》显示：截至2011年12月底，中国网民规模达到5.13亿，全年新增网民5580万；互联网普及率较上年底提升4个百分点，达到38.3%；中国手机网民规模达到3.56亿，同比增长17.5%。导致这一结果的根本原因在于，随着市场经济体制的逐步完善、信息技术和互联网技术的日益普及，人民群众的思想观念也不断地开放和更新，对文化信息消费的需求越来越多样化、个性化，而传统广电业务形态单一，不能满足受众交流、互动及多元化的需求。广电媒体由于长期按照事业体制来推动产业发展，缺乏现代产业观念和市场理念，缺乏改善服务、创新业态以吸引、留住观众的动力和压力。

广电媒体与相关行业在竞争能力和实力方面也存在很大的差距。推进三网融合的总体方案明确提出推动广电、电信业务双向进入，这意味着原来相对独立的广电领域引入电信企业的竞争。电信企业是独立的市场主体，形成了全国垂直管理的统一运行机制并有多年市场运营经验；形成了稳定的商业模式，资金实力雄厚，创新能力强；具备了开展全业务融合的技术能力和经济实力。

相比之下，广电媒体在技术水平、经营能力、运营体制等方面都存在很大差距。广电网络运营机构绝大部分都不是合格的市场主体，缺乏市场运行经验，难以直接参与市场竞争。尚未建立起市场主体的法人治理机构，事企不分的情况仍然相当严重；尚未建立起适应市场竞争的运行机制，缺乏市场运营经验及相关人才。广电系统收入单一，主要靠广告和网络基本收视费收入，增值业务收入占比很小；有线电视用户增速远远低于基础电信企业互联网宽带接入用户净增量。广电网络的双向化程度也比较低，双向网覆盖规模只有5000万户，真正的双向有线电视用户只有数百万户，这样的网络基础设施和技术水平很难为广电开展各种新业态、新服务提供有力支撑。显然，广电与电信企业不在一个发展水平上，竞争格局十分严峻。为此，广电媒体必须尽快完善网络基础设施、创新业务形态，尽快改变双向准入带来的被动局面。

（三）三网融合为广电体制创新带来的契机

三网融合为我国原本相对独立的广播电视业务外延提供了依据，也为广播电视行业的产业发展提供了机遇。但我们必须清醒地认识到：随着广播电视业务与技术的开放，三网融合战略将给广播电视行业带来新的局面和新的特点；在给广电传播带来业务拓展机遇的同时，也对广电传播相沿成习的运作模式、组织架构、监管模式等提出了挑战。广播电视行业管理者必须寻找新的管理依据、内容和手段，增强广播电视管理新职能，创新广播电视管理机制，以满足新形势下管理广播电视发展的特殊要求。

1. 建设新型的广电传输节目网络

目前的广电传输网络无论在传输能力，还是在有线覆盖率上都无法满足开展新生业务种类的需要。2008年12月4日，国家广电总局在"部局合作"机制下，与科技部签订了《国家高性能宽带信息网暨中国下一代广播电视网自主创新合作协议书》。以创新技术为核心支撑的新型广电节目传输网络（NGB），是以自主知识产权（国家高性能宽带信息网3TNet技术）为技术原点，以融合、交互式传播和全媒体性为主要表现特征，兼容了模拟信号和数字信号的双重传输需求，可以同时提供双向交互、组播、推送播存及广播四种工作模式的并发服务。

NGB的建设不但进一步加大了带宽流量,而且可管可控,安全性和保密性大大提高。NGB一旦建设完成,作为全程全网的新一代宽带交互式网络,将完全扭转现有广电传输网络单向、单一的难题,帮助广电业顺利实现新业务形态的布局转换,并从根本上改变三网融合初期电视机只是信息接收窗口的局面。

2. 整合重构有线电视网络

三网融合是国家战略,其核心是从全局出发,用长远的战略眼光分析问题和筹划未来。这对于习惯了以封闭式行业运作为基本特征的广电业来说,不但需要有认识理念上的转变,也需要有政策引导上的规范和约束。

在三网融合语境下建设NGB,对于广电业来说还意味着必须对全国各省市分散管理、零乱布局、坐地运营的有线电视网络进行整合重构。这一工作在2009年就已经开始在全国部分省市展开,随着三网融合进程的推进,全国大部分省市已经完成本辖区内"一省一网"的资源再配置工作。这一进程的顺利推进,也同时意味着困扰中国广电业多年的"四级管办"体制,在有线网领域率先突破了一个缺口。这对于消除广电业的条块分割运营体制,实现网内资源的联通和共享,打破相互隔膜、画地为牢的传统广电组织程式,无疑具有重要的先导作用和示范意义。

3. 调整"网台分离"概念

在推进NGB建设的过程中,广电行业原来所提的"网台分离"概念也需要做出调整。在三网融合语境下,再坚持"网台分离"的原有思路,就极有可能丧失掉广电系统原有的内容优势与资源优势,并进而影响到三网融合语境下广电新业态的健康运行与产业链打造。为此,将有线网络公司与广播电台、电视台重新联合起来实现一体化运作,把广电产业链上游的节目产制与下游的内容播放、销售生产联通起来,就成为优化整合的必然选择。

除此之外,在政策监管方面,还要根据三网融合后新广电业态的多样化与互动性特征,对现有的统一的"公共产品管制"模式及"有线电视特许经营"模式做出相应调整和改变。新的管理政策与运行机制,应该适应转型后的广播电视产业是内容制作业、广播电视业、通信和信息服务业以及电子电器制造业协同的大媒体产业的特点,打破部门与行业界限,组构起统一的跨行业的监管服务机构。

总之,在三网融合这一新的形势下,广电行业需要大力提升基础网络的技术水平和服务能力,推动网络互联互通;同时还需要大力开发各类增值业务,发掘新的用户和市场;更为重要的是以此为契机,促进广播电视体制的进一步发展和创新。

第三节　中国广播电视体制改革的总体目标

党的十六大以来，行政管理体制改革和文化体制改革被提上党和国家的重要议事日程。中央关于深化行政体制改革和文化体制改革的一系列指示精神，为广播电视体制改革指明了方向。从宏观来讲，广播电视行政管理体制改革的目标设想是：依照中央关于行政管理体制改革和文化体制改革的基本精神和总体部署，把握市场经济发展和广播电视发展的客观规律，选择正确的改革途径和举措，逐步构建比较完备的公共服务体系、市场运营体系、政府监管体系和中介社会服务体系，为增强广播电视的核心竞争力和综合实力，推进广播电视事业和产业共同发展，实现最大限度满足广大人民群众对广播电视产品的需求提供坚实的体制保障。

一、建立公共服务体系

中国广播电视公共服务以农村地区为突破口，以重点工程为保证，至今已经走过了十余年的发展历程。十多年来，各地按照中央部署和国家广电总局要求，积极实施重点工程建设。与此同时，各地也扩大范围、拓宽渠道，不断提高农村广播电视公共服务水平。

（一）广播电视公共服务体系的内涵

温家宝于 2004 年 2 月 21 日在省部级主要领导干部"树立和落实科学发展观"专题研究班结业式上的讲话中，对政府的公共服务做了科学的概括和阐述："公共服务，就是提供公共产品和服务，包括加强城乡公共设施建设，发展社会就业、社会保障服务和教育、科技、文化、卫生、体育等公共事业，公布公共信息等，为社会公众生活和参与社会、经济、政治、文化提供保障而创造条件，努力建设服务型政府。"

按照这一定义，中国的广播电视公共服务就是面向全体人民提供广播电视公共产品和服务。广播电视公共服务体系就是以全体人民为服务对象，以政府提供服务为主导方式，以广播电视公共服务机制、设施、组织机构为核心的覆盖全社会的公共服务体系。

基于广播电视公共服务的内涵和特点，支撑广播电视公共服务长期有效供给的支撑系统包括财源保障系统、机构队伍系统、政策法规系统、基础设施系统、内容供给系统、监督评估系统六个系统。按照广播电视公共服务供给的流程和逻辑关系，可将这六个系统分列在四个层级上，构成一个根据供给流程依次递进的结构。其中，财源保障、机构队伍保障、政策法规保障为广播电视公共服务供给的基本条件，属于第一层级的内容；基础设施保障（即广播电视传输覆盖网络和发射台站）为广播电视公共服务的"硬件"条件，属于第二层级的内容；内容产品供给保障（即广播电视频率频道送达、相关节目播出）为广播电视公共服务的"软件"条件，属于第三层级的内容；监督评估保障（即广播电视公共服务标准、评估指标体系及监督评估机制）为提高、改善广播电视公共服务的水平和质量提供评价与监督依据，属于第四层级的内容。这四个层级的内容结合在一起，共同构筑成完整的广播电视公共服务体系。

建设广播影视公共服务体系是大力发展公益性文化事业、保障人民基本文化权益的重要内容，是社会主义文化建设的基本任务之一。对于繁荣先进文化、构建和谐社会、建设社会主义新农村、提高中华民族的思想道德和科学文化素质，有着十分重要的意义。

（二）广播电视公共服务体系的建设目标

广播电视公共服务体系的发展目标是：健全广播电视公共服务组织体制和运行机制。充分发挥广播影视公共服务职能，坚持公益性、均等性、基本性、便捷性原则，努力提升公共服务能力。进一步完善广播影视公共服务设施，继续实施广播电视"村村通"工程、农村电影放映工程，探索建立长效服务机制，逐步完善覆盖城乡的广播影视公共服务体系。

1. 完善广播电视基础设施建设

统筹多种技术手段，进一步加强广播电视基础设施建设，不断完善广播电视传输覆盖基础设施，不断增强传输覆盖能力。加快广播电视无线发射台站更新改造步伐，巩固扩大无线信号覆盖范围；加快有线广播电视网络建设，完成全省性有线电视网络整合，增加有线入户率；推广直播卫星接收，增强卫星广播电视传输能力，进一步完善直播卫星"村村通"服务平台和全国统一用户管理系统；进一步加快广播电视数字化步伐，全国各级电台、电视台加快推进台内数字化、网络化改造；大规模发展高清电视，推进有线电视和无线广播电视数字化进程；加速建设下一代广播电视网络。

2. 提升广播电视内容服务能力

我国广播电视公共服务的内容建设要重点做好以下几点：第一，办好中央和省级新闻综合以及新闻频道频率，扩大覆盖范围，使之成为公众获取信息最重要、最及时的渠道和途径，成为党和人民联系的桥梁和纽带；第二，加强农业频道频率建设，做好中央"三农"宏观政策的发布和解读，深入了解和调查农民受众的需求，传播实用性的技术，及时发布农业市场信息，满足农民对知识和信息的需求；第三，加强为残疾人、儿童、老年人、农民工等困难群体和少数民族服务的公益性节目的制作；第四，要进一步强化广播电视公共服务在应对社会突发性公共危机和国家安全战略中的作用，在遭遇重大紧急或突发性事件如地震、台风、恐怖袭击时，通过启动广播电视应急系统，引导社会及时进行处置。

3. 推进广播电视重点工程建设

(1) 推进广播电视"村村通"工程

按照"巩固成果、扩大范围、提高质量、改善服务"的要求，因地制宜、分类指导，完善农村地区广播电视基础设施建设，依托国家广播电视直播卫星"村村通"技术平台，全面提高农村广播电视入户率，改善收听收视质量，进一步提高"村村通"覆盖能力和管理水平。

(2) 推进西新工程建设

提高少数民族语言译制能力和覆盖水平，实现少数民族语言节目在藏区和新疆部分地区的覆盖。进一步加强广西、云南等边境地区广播电视覆盖能力建设。提升民族地区广播影视传播能力。加强藏区和新疆地市、县两级广播电视播出新闻和专题节目的译制能力，使西藏、新疆等民族地区广播电视发展条件得到根本性改观。

4. 建立广播影视公共服务长效机制

努力缩小广播影视公共服务中存在的城乡差别，推进广播影视公共服务资源向偏远农村地区倾斜，逐步实现城乡广播影视公共服务均等化。探索建立以业务和项目为纽带，以县为中心、乡镇为基础、面向农户的基层广播影视公共服务长效机制。充分发挥市场机制调节作用，采取政府购买、项目补贴、特许经营、政策优惠等方式，鼓励引导社会力量参与广播影视公共服务。建立包括内容指标、覆盖指标、建设指标、运行保障指标在内的广播影视公共服务考评体系，推动广播影视公共服务规范化、制度化、长效化。

(三) 健全广播电视公共服务体系的基本思路

1. 健全公共服务的管理机制

要建立把政府责任落在实处的公共服务管理体制，就是建立政府规划、社会监督，以各级广播电视播出机构和各级广播电视传输覆盖机构为提供主体，以城乡居民为服务对象的管理体制。在职能配置方面，要明确赋予广播电视播出机构提供公共服务频率频道和相应节目的职能，赋予广播电视传输覆盖机构普遍服务和基本服务的职能，并按照履行职能的要求，配置相应的资源。为保证提供主体履责，要制定具体、科学、可行的评估标准，完善评估机制，引入社会力量，形成内在动力和外在促力。

同时，要充分发挥城市广播电视公共服务资源相对丰富的优势，合理利用、优化配置城乡广播电视公共服务资源，通过城市辐射、资源调剂等方式促进城乡一体化建设，使城乡广播电视公共服务得到均衡发展。与此同时，要针对城乡居民对广播电视节目的基本需求的共性与差异性，基于农村居民的特殊需要与普遍需要，提供相应的频率频道和节目。

2. 实施公共服务领域的多元统筹

一方面，要强化政府在公共服务中的主导地位；另一方面，要改变计划经济体制下政府包揽的做法，把单一主体转变为多元主体，采取政府购买或有偿公益服务的方式，通过市场机制和政策调控，引导社会力量参与到公共服务类节目的制作中来，丰富广播电视公共服务内容，提高广播电视公共服务效率。

财源支撑是广播电视公共服务体系建设的基础和保障。要充分发挥财政政策的杠杆作用，利用补贴、奖励、优惠、免税等各种财政手段引导社会资本进入广播电视公共服务领域，形成社会化多元统筹的公共服务资金渠道，避免过度依赖财政投入。

3. 完善广播电视公共服务法规制度

要根据公共服务长效、常态、高效运行的需要，逐步探索、建立、完善广播电视公共服务法规体系，通过立法的形式，明确规定广播电视公共服务的目标、方向、范围、内容、标准、主体客体、权利义务、社会监督、奖惩措施等相关内容，运用更强有力的法律手段保障广播电视公共服务的运行与提供，使之不因决策部门注意力的转移而变化，不因政府机构调整而削弱。健全评估指标体系，完善监督评估机制，切实保障公民的基本文化权利得以实现。

二、建立市场运营体系

市场运营是指企业通过市场营销、产品开发、品牌管理等市场开发行为以取得利润或提高市场占有率。其主要特点是企业着重以提高自身竞争力来实现企业利益最大化。随着市场经济体制的建立和完善，建立广播电视市场运营体系就是彻底打破原有计划经济的管理模式，实现广播电视事业的市场化运营、规范化管理、规模化发展的目标。具体来说包括以下几点。

(一)建立多主体公平竞争、开放有序的市场环境

建立广播电视市场运营体系，就是要调整产业结构布局，培育和发展广播电视市场主体，充分吸纳和利用社会资源，逐步形成多主体公平竞争，开放有序的市场环境，逐步形成产业体系比较完整、结构布局比较合理、整体技术水平先进、市场导向作用明显、多种经济成分共同发展的格局。

市场主体是产业发展的核心，培育合格的市场主体是文化体制改革的中心环节。逐步加大广播影视市场的开放力度，逐步放宽市场准入，吸引、鼓励国内外各类资本广泛参与广播影视产业发展，不断提高广播影视产业的社会化程度。允许各类所有制机构作为经营主体进入除新闻宣传外的广播电视节目制作业，允许境外有实力有影响的影视制作机构、境内国有电视节目制作单位合资组建由中方控股的节目制作公司。

电台、电视台和广电集团（总台）内重组或转制为企业的单位，在确保控股的前提下，可吸收国内社会资本探索进行股份制改造，条件成熟的广播电视节目（包括电视剧）生产营销企业经批准可以上市融资。付费电视的开办以中央、省和省会市、计划单列市广播影视播出机构为主体，允许符合条件的广播影视机构、拥有节目内容资源独占优势的国有机构及其他符合条件的机构参与组建公司，进行市场化运作。广播电视传输网络公司在广播影视系统拥有优先投资权、保证控股和拥有经营管理的实际控制权的前提下，可吸收国内社会资本。

(二)开发新业务，铸造产业链，增强核心竞争力

以内容生产、数字新业务和网络服务为重点，盘活存量，优化增量，开发新业务，铸造产业链，增强核心竞争力，推动广播电视产业快速、持续、健康发展。

2010年，国务院关于推进三网融合的总体方案和三网融合试点方案相继发布，明确指出：要加强网络建设改造和统筹规划；大力发展新兴产业，推动移动多媒体广播电视、IP电视、手机电视等三网融合相关业务的应用。

中宣部、中国人民银行等九部委联合发布了《关于金融支持文化产业振兴和发展繁荣的指导意见》，从多方面对文化产业发展提供金融支持，特别提出通过开发分期付款等消费信贷品种，扩大对付费广播电视、移动多媒体广播电视、电影产品等综合消费信贷投放。这一系列政策的推出，为视听新媒体的发展创造了良好的环境，提供了历史性的发展契机。

在此背景下，各类视听新媒体业务均取得了重要进展。网络广播影视在

互联网应用中的地位日益稳固，用户规模和市场规模扩大较快；IP电视稳步推进；手机电视业务发展迅速；互联网电视步入正规化运营轨道；移动多媒体广播电视商业化运营取得一定成效；公共视听载体覆盖人群和终端数量保持快速增长。

（三）培育大型集团，整合资源，壮大规模

积极培育大型广播电视企业和企业集团，以资本为纽带，通过联合、重组等方式，整合资源、壮大规模、增强实力，使之成为广播电视市场的主导力量和文化产业的战略投资者。按照现代企业制度和现代产权制度的要求，加快推进国有广播电视生产经营企业的公司制、股份制改造，建立和完善公司法人治理结构，实现整体转型。

2005年6月在北京注册成立的中广传播为国家广电总局无线电台管理局的全资公司，主要承担中国国家卫星移动多媒体广播CMMB项目的投资和运营、系统设计、广播卫星相关技术开发和信号传输服务，满足人民随时随地获取广播电视节目和信息的需求，使移动多媒体广播成为宣传党和国家声音、传播先进文化的新阵地，成为发展文化产业的一个重要领域。2012年，中广传播集团以CMMB产业发展为基础，以推动国家三网融合战略为核心，在不改变原有架构的前提下，建立了全国广电系统内第一个开放性的全国垂直运营体系，即集团、省公司、地市级公司三级运营体系。从"四级体制"变为"三级体制"，以进一步简化流程，提升运营效率。具体来说，省级子公司由总公司和地方广电机构按照6∶4股权比例组建，独立经营，独立核算，负责本省的网络建设、业务管理、品牌建设、运营体系的建设管理等。省级子公司则在与地市级广电机构充分协商、体现双方利益的基础上，建立省内各地市分公司。中广传播在北京设立了一个集团公司，在31个省（自治区、直辖市）设立了省公司。而在这31个省（自治区、直辖市）中有29个省份集团公司控股60%，2个省份（自治区）（广西和西藏）实现100%控股。市公司为省公司的分公司。

这一套行之有效的统一化运营机制，充分发挥了各地方资源优势，最终形成系统的行业合力。目前，中广传播集团现已将CMMB建成全球最大的广电覆盖网络。除玉树外的336个地级以上城市、850多个县级城市的基础覆盖网络建设，CMMB城市信号覆盖率达到98.22%，覆盖人口近8亿。2012年CMMB信号以已覆盖区域优化及重点区域补点为主要原则，对重点城市所辖173个县级城市进行覆盖，并对已覆盖地区进行深度覆盖，建设完成后使上述城市实现重点场所室内覆盖目标。

三、建立政府监管体系

在我国，主要由三家党政部门负责广播电视事业的监管。其中，国家广电总局主要负责监管广播、电视、电影媒体业务，中宣部负责内地媒体总把关，广告业务由国家工商行政管理局进行监管。党的十七大报告中明确提出："要加快行政管理体制改革，建设服务型政府。要抓紧制定行政管理体制改革总体方案，着力转变职能、理顺关系、优化结构、提高效能，形成权责一致、分工合理、决策科学、执行顺畅、监督有力的行政管理体制。"这为广播电视政府监管职能的进一步明晰、广播电视政府监管体系的建立提供了更为明确的依据。加强和改进广播电视领域宏观管理，就是要建立职责明确、反应灵敏、运转有序、统一高效的政府宏观管理和调控体系。这需要加快政府职能转变，强化广播电视行政部门的政策调节、市场监管、社会管理和公共服务职能，实现由办广播电视为主向管广播电视为主转变。具体来讲，有以下几点要求。

（一）改进政策调节手段

在制定和执行监管政策前，相关部门应首先采取科学的监管评估机制，通过对监管机构的绩效进行审计，判断监管政策的可行性和效果，保证有限的资源得到正确、高效的利用，从而使监管政策都能达到预期的效果。例如，为保证广播电视的安全播出，需要进一步加强制度建设，建立健全广播影视安全管理各项规章制度，完善广播影视安全防范和安全预警机制，制定完善应急处置预案，逐步实现安全播出管理从被动处置向主动防范的转变、从分散监管向集成监管的转变、从粗放式管理向精细化管理的转变，全面提高安全播出和安全保障能力。

（二）强化市场监管手段

政府是资源的宏观调控者，而市场管理的是微观方面。市场监管手段是将部分政府职能分配给市场经营，坚持市场化改革，进一步去行政化，逐步推进广播电视媒体政企分开、政资分开、政事分开。进行广播电视媒体公司化改革，引入竞争机制，实行市场化运作。在此基础上，政府宏观调控、全局管理，明确市场主体在参与中的责任，增强市场化后各媒体和政府各自的责任意识。

（三）完善社会管理手段

社会管理手段也是政府监管的重要力量之一，间接影响政府的监管效果。目前我国的广播电视社团多是自学术团体转变而来，处于特定行政主管部门的管理之下，纯粹民间发起的社团数量较少，而且多数正处于职能转变的初期，行业内自律维权的管理机构的性质没能得到很好的体现。因此，政府要引导社会力量积极地投入广播电视媒体的监管中来，加强各种团体组织的联系，支持民间社会团体的建立，并积极吸收行业内的企业入会，以此形成社会力量的全国性网络，真正做成行业内的管理者、协调者。

（四）提升监测监管手段

为适应新技术、新业务发展，需要不断提升现有广播电视监测网的监测能力。科学指导、协调和监管广电产业发展的机制和措施将在探索中不断完善。2011年，国家广播电视统一监管平台正式投入使用。广播电视行政管理部门的相关职能将进一步拓展。针对手机电视、IPTV、网络视听节目以及数字电影放映等新兴服务形态，将进一步丰富、完善相应的技术监控监管手段，逐步建立统一的广播电视技术和内容监管平台。针对不同播出形态的广播影视节目，将在内容传播、机构运营、传输效果等各个环节实现全面有效监测监管。局、台、网各主体之间的职能界定与业务划分将在改革中更趋清晰，省、市、县三级广电行政部门的管理职能将进一步巩固。

（五）健全法律管理手段

加快广播电视法制建设，推进立法进程，逐步健全广播电视法律法规体系。推进依法行政，改进管理方式，创新管理手段，实现以行政手段为主管理向综合运用法律、经济、行政等手段管理的转变。政府应当从原来的直接强制干预转变为通过制度供给和明确规范来引导服务对象按照法律实施行为，即由权力行政转向行政法治。这种转变，是市场经济发展的需要，是经济全球化的需要，也是管理科学和民主化的需要。

我国目前的广播电视规制存在着规制法规零散，不成系统的问题。国家广电总局发布部门规章虽然达100多件，但尚缺乏纲领性、系统性、全面性的"核心"法律。迄今为止，《广播电视管理条例》是我国对广播电视管理效力等级最高的法规，但它的法律位阶依然较低。因此，要逐步建立以《广播电视法》为核心、以行政法规为骨干、以部门行政规章为基础、以地方性法规和规章为补充的系统而完善的广播电视法律法规体系，使我国政府在法律的框架内行使监管权力。将过去的过分依靠政府部门规章向依据法律转变，这样的转变有利于增强政府管理的权威性，保证市场主体的合法权益。

四、建立中介社会服务体系

随着《行政许可法》的实施，社会中介组织发挥了越来越重要的作用，政府的管理职能也愈加清晰。"十一五"规划建议指出，要"深化文化体制改革，建立党委领导、政府管理、行业自律、企事业单位依法运营的文化管理体制和富有活力的文化产品生产经营机制"。时任国务院总理温家宝在关于"十一五"规划建议的说明中也指出，要"坚决把不该管的事交给企业、中介组织和市场"。

首先，广播电视行业要整合现有广播电视社会组织和团体，理顺现有广播电视中介机构和行业组织与政府间的关系，培育符合广播电视业发展需要的中介机构和行业组织，通过中介机构和行业组织实现行业各方利益的合理化、法制化。

正是在这一大背景下，2004年，经国家广电总局和民政部批准，中国广播电视学会正式更名为中国广播电视协会，其前身是1986年10月15日在北京成立的中国广播电视学会。更名后的中国广播电视协会增加了行业自律、行业维权、协助政府进行行业监督、服务等新的职能，变成了协助政府、和政府管理职能相衔接的服务型、自律型和监督型机构。

其次，要发展和完善市场中介机构，推进知识产权代理、市场开发、市场调查、信息提供、法律咨询等专业化、社会化服务，提高广播电视产品和服务的市场化程度。

中国广播电视协会现有包括各省、自治区、直辖市广播电视学会和中央人民广播电台、中国国际广播电台、中央电视台等在内的47个单位会员和38个专业委员会，担负着广播电视行业自律、行业服务、行业维权和学术理论研究的基本职能。中国广播电视协会内设职能部门学术部，还设有学术委员会，是中国广播电视学术研究的权威性指导与评估机构。委员会下辖东、南、西、北和高校、媒介素养六个学术研究基地，其主办的《中国广播电视学刊》是国家中文/信息与知识传播核心期刊、中国新闻传播核心期刊、中国人文社会科学/信息与知识传播核心期刊、全国广播电视优秀学术期刊、中国广播影视十佳期刊。

因此，中国广播电视协会更应该发挥自身优势，对本行业的基本情况进行统计分析，对本行业的国内外、业内外的情况进行研究、分析并提出建议，为政府职能部门实施行政管理和决策提供重要基础和思路。此外，还应发挥好服务职能，为本行业提供信息、加强培训、加强咨询，用各种方式为本行业提供服务。

最后，要加强行业组织建设，制定和完善行业规范制度，增强行业自律能力，充分发挥行业组织在协调、监督、服务、维权等方面的作用。

广播电视行业组织正处在职能转变、转型的时期，行业自律和维权是广播电视学会向协会转变的一项标志性工作。目前，已经制定了《中国广播电视编辑记者职业道德准则》《中国广播电视从业人员自律公约》《从事未成年人电视宣传工作自律公约》《中国法制节目编辑记者自律公约》《中国交通广播行业自律公约》《中国电视剧制作行业自律公约》《中国纪录片工作者自律公约》等一系列行业自律公约。转变后的广播电视协会积极开展了一系列工作，包括举办"珍惜受众信任、树立健康形象"的主题座谈会，向全国的播音员主持人发表倡议书，举办全国播音员主持人培训研讨班等，获得了社会各界的一致好评。而对广播电视从业人员实施准入机制、培训机制、评价机制、退出机制则是建立自律长效机制的制度保障。与自律相辅相成的维权工作，同样也是行业协会不可推卸的责任，是树立行业协会威信的一项非常重要的工作，也是协会的使命。协会应该有清醒的认识和勇气，对维权的难度有准确的估计，这样才能发挥行业协会在维权方面的作用。

第四节　建立科学的中国广播电视管理体制

现行广播电视行政管理体制的基本特征表明，它与其他意识形态部门和相关产业主管部门，既有相同相似的一面，更有独到特殊的一面。广电部门所具有的政治、经济、文化属性，宣传、管理、事业建设职能，构成了一个相当复杂而庞大的系统。其体制改革涉及经济、政治、文化体制改革的诸多方面，涉及党对意识形态、对新闻媒体、对影视文化的领导、执政和管理方式的改革。这一切决定了广播电视行政管理体制改革具有相当的复杂性和艰巨性，科学的广播电视管理体制的建立势在必行。从发展的观点看，随着改革的深入，未来广播电视体制改革的趋向是：

一、媒体的分类管理

广播电视媒体根据意识形态相关性和产业相关性的程度，将相关频率频道分别纳入公共服务体系和市场运营体系，加强资源整合，实行分类管理。

中央人民广播电台以"经济之声"为代表，形成了"经济之声＋公司""节目生产＋市场营销"的紧密型全新运行模式，建立起事业、产业双轨运行的新机制,推行"业务首席制、编委会制、栏目执行主编负责制",建立人力资源管理行政业务双通道双轨运行新机制。中国国际广播电台全面调整采、编、播、技术部门的机构设置和职能定位,在中心以上机构实现由办节目向办媒体、管媒体、经营媒体转变,整合全台资源。

2009年,国家广电总局正式批复上海广播电视"制播分离"改革方案,撤销上海文广新闻传媒集团,成立上海广播电视台,并由上海广播电视台出资组建上海东方传媒集团有限公司。10月21日,上海广播电视台、上海东方传媒集团有限公司正式揭牌。这是上海广播电视体制改革的重大举措,也是中国广播电视改革发展历史上具有重大意义的标志性事件。由此产生的"上海模式"的核心和实质,是建立一个广播电视事业产业统筹协调、分开运行、分类管理、整体发展的科学运行机制。

广播电视既是党和政府的喉舌,又是文化产业的重要组成部分。"上海模式"的操作之一是事业和产业分开。电台、电视台等公益性部分必须坚持事业性质,由政府来主导,按照"增加投入、转换机制、增强活力、改善服务"的方针,牢牢把握正确舆论导向,坚持"新闻立台"的办台理念,不断提高舆论引导水平和能力,不断提高广电媒体的公信力、传播力和影响力。政策允许可分离的内容制作业务和其他可经营性资产从事业体制中剥离出来,转制为企业,以市场为导向,坚持"创新体制、转换机制、面向市场、壮大实力"的方针,加快培育市场新主体,完全按照市场经济规律运作,鼓励社会化、多样化发展,不断增强内部活力、整体实力和市场竞争力。不同部门,不同政策,不同方针,这是事业产业分开、分类管理、分别运营的方针政策与以往广播电视管理的最大区别。

不仅如此,在此轮改革中上海电视台、上海人民广播电台、上海东方电视台、上海东方广播电台被撤销,合并组建了上海广播电视台;同时对原上海文广新闻传媒集团所属公司的业务进行调整,将负责IPTV的"百视通"与互联网业务的"东方宽频"、手机电视的"东方龙"等16家公司进行整合,组建了集广播电视节目制作经营、新媒体运营服务以及传媒相关业务于一体的上海东方传媒集团有限公司,实现资源共享,拓展了现代传媒产业的发展空间。

受"上海模式"的影响,湖北广播总台整合资源,建立了新闻、广告运营和节目购销三大中心,进一步深化完善扁平化管理和频道制改革。四川广播电视台将所属机构划分为"事业平台"和"产业平台"两大板块分开运营。山西省广电局确立了"局设台、局管台、台控企"的体制构架,积极推进资源重组和机制创新工作。安徽、广西、黑龙江、江西等广电系统也围绕内部扁平化管理、人事制度、人才机制、收入分配机制、竞争机制和激励约束机制等进行了改革创新探索。

二、核心资源的两种配置方式

资源是指社会经济活动中人力、物力与财力的总和，是社会经济发展的基本物质条件。资源配置即在一定的范围内，社会对其所拥有的各种资源在其不同用途之间分配。其实质就是社会总劳动时间在各个部门之间的分配。一般来说，广播电视资源包括信息资源、时间资源、栏目资源、网络资源、频道频率资源、技术资源、节目资源、服务性资源等。2010年，全国广播电影电视总收入（含财政补助收入）达到2459.08亿元，广播电视总收入（含财政补助收入）与往年相比，增速快步回升，增长率高达24.23%。[①] 这一系列数据表明，广播电视产业拥有的资源非常丰富，需要采取合理的方式进行资源配置与分配。

在媒介融合时代，对产业链上内容生产、传输、分发平台以及消费终端等各相关环节的资源的整合能力，决定着传媒的竞争力。因此，广播电视系统体制改革的趋向之一就是：在政府的主导下，实行行政与市场两种配置方式，并建立核心资源经营许可制度。

以行政的方式来配置广播电视资源，主要依靠行政命令来统管资源和分配资源。这种方式曾经是广播电视系统资源配置的主要方式。这种方式可以从整体利益上协调经济发展，集中力量完成重点工程项目。但是，配额排斥选择，统管取代竞争，市场处于消极被动的地位，从而容易出现资源闲置或浪费的现象。

采用市场的方式来配置广播电视资源，进入市场的广电产品的种类和数量都会越来越多。由市场根据平等性、竞争性、法制性和开放性的一般规律，通过市场机制自动调节对资源实现配置，即市场通过实行自由竞争和"理性经济人"的自由选择，由价值规律来自动调节供给和需求双方的资源分布，用"看不见的手"优胜劣汰，从而自动地实现对广电资源的优化配置。但由于市场机制作用的盲目性和滞后性，有可能产生供需失衡、产业结构不合理以及市场秩序混乱等现象。

因此，综合行政和市场两种配置方式，发挥其各自的优势，才能够使广播电视资源合理流动，平衡各方利益，促进广播电视行业的协调发展。

[①] 国家广播电影电视总局发展研究中心：《中国广播电影电视发展报告（2011）》，社会科学文献出版社，2011年版，第2页。

三、产业主体的多元化

2003年12月31日，国务院颁发了《文化体制改革试点中支持文化产业发展的规定》和《文化体制改革试点中经营性文化事业单位转制为企业的规定》两个重要文件。文件规定：党报、党刊、电台、电视台等重要新闻媒体经营部分剥离转制为企业，在确保国家绝对控股的前提下，允许吸收社会资本；国有发行集团转制为企业的科技类报刊和出版单位，在原国有投资主体控股的前提下，允许吸收国内其他社会资本投资；鼓励、支持、引导社会资本以股份制、民营等形式，兴办影视制作、放映、演艺、娱乐、发行、会展、中介服务等文化企业，并享受国有文化企业同等待遇。

2005年8月国务院颁布了《关于非公有资本进入文化产业的若干决定》，规定了在国有资本必须控股51%以上的前提下，非公有资本可以投资参股下列领域国有文化企业：出版物印刷、发行，新闻出版单位的广告、发行，广播电台和电视台的音乐、科技、体育、娱乐方面的节目制作，电影制作发行放映。2006年10月文化部下发的《关于鼓励、支持和引导非公有制经济发展文化产业的意见》，在投资融资、发展多元文化产业方面又迈进了一大步。一方面明确了鼓励、允许和禁止非公有资本进入文化产业的领域，把放开投资准入门槛与规范监管结合起来；一方面明确了非公有资本进入文化产业的具体途径，既可以采取增量投资的方式，也可以对国有文化单位进行参股改造。也就是说，把增量改革与存量改革紧密地结合起来。

以上文件表明，文化传媒产业走多元化、市场化道路不仅在政策许可的范围内，更是政策积极鼓励、大力推动的方向；降低社会资金进入文化产业的门槛，允许非公有制经济进入法律法规未禁止进入的文化产业，创造了传媒业资本运营、资产并购重组的外部条件。正因为如此，广播电视的产业经营将打破独家垄断格局，逐步形成以公有制为主体、多种所有制共同发展、社会力量参与兴办广播电视产业的新格局。形成一个能使多元文化主体、多元投资主体、多种所有制形式、多种文化样式共存互补、公平竞争、开放流动、宽松有序的制度环境和市场环境，不但可以激活广播电视系统大量的存量资源潜力，还将开发出电台、电视台资本运营的市场运作能力，扩大电台、电视台的增量空间。放低进入门槛，开放包容，向所有符合条件、有能力进入市场的文化主体和投资主体敞开大门，还能够在广播电视产业中形成一个中外文化资源汇聚、竞争、整合的大平台，以此提升文化创新的势能。除国家规定的新闻政策、舆论工具、战略产业、核心技术、事关国家内政外交重大问题等敏感区域外，开放电台和电视台的商业频道，开放电视剧和娱乐节目制作、演出、软件、设计、发行、文化经纪等经营性较强的文化领域,并对这些领域的文化机构实行企业化改制,以确立广播电视产业根据市场来自由配置资源的主体地位。

在这一过程中,还应让一些民营企业和有意进入广播电视产业的资金和人才,享受与国有广播电视媒体同等的待遇。在国家资本总体占优势的状况下,民营文化企业在获取市场信息、融资筹资、税收补贴、广告经营、人才引进、国家奖励、知识产权保护等各个方面,要与体制内文化企事业单位享有同等的政策优惠。政府对广播电视产业创新生态环境的培育,更多的应是以强化服务、维护公正的方式来实现,即通过积极改善投资政策,降低进入成本,提供后续服务,建立公平、公正、透明的管理制度,使各类文化主体真正体验到外部软环境的支持。

四、建立国有出资人制度

根据我国《企业国有资产法》,企业国有资产是指"国家对企业各种形式的出资所形成的权益"。企业国有资产是国有资产的下位概念。国有资产的监督管理是指国有资产的监督管理机构以所有者或者所有者代表的身份,以产权为基础而对国有资产经营者实施的监督管理活动,以及国家机构根据法律对行使国有资产所有者权利的国有资产监督管理机构实施的监督管理。

党的十六大做出改革国有资产管理体制的重大决策,提出:"继续调整国有经济的布局和结构,改革国有资产管理体制,是深化经济体制改革的重大任务。在坚持国家所有的前提下,充分发挥中央和地方两个积极性。"本条根据党的有关国有资产管理体制改革的政策,对国有企业出资人制度做了规定,目的是充分调动中央和地方两个积极性,使社会生产力得到进一步解放。同时中央政府和地方政府合理分工,分别代表国家履行出资人职责,这就界定了各级政府管理国有资产的权力和责任,改变了过去中央统一管理,地方责、权、利不明确的弊端。这有助于强化管理上的激励和约束机制,克服"出资人主体虚位"的现象。

目前,我国广播电视系统建立国有出资人制度要实现的根本目标就是:完善和规范国有资产监督管理体制,实行"政资"分离,将经营性广播电视资产塑造成真正的法人实体和市场主体。要尽快出台完善的政策法规,允许广播电视进入资本市场。在所有权与经营权分离、明晰产权的基础上健全广播电视机构国有资本出资人制度,把政府履行国有资产出资人的职能与作为公共管理的职能分开,实现国有出资人身份和公共管理人身份的分离。在公共服务主体方面,广播电视事业单位成为独立法人和独立核算单位,既履行公共服务的职能,又承担经营和创收任务。

2010年12月,云南省委、国家广电总局正式宣布,云南广电网络基本实现全省一张网。2012年1月,云南广电网络集团出资人协议的正式签署,标志着云南全省广电网络整合重组迈出了重要一步。云南广电网络集团将通过增资扩股、吸收合并、购买股权等方式,将云网股份、昆广网络等的资产、资源、债务、业务、人员整合进入集团,实现全省一张网的目标,使集团最终成为产权清晰、权责明确、政企分开、管理科学的现代企业和法人地位明确的经济实体。同时,充分发挥全省网络平台资源的整体优势和统一运营管理的体制优势,通过推进资源资产化、资产资本化、资本证券化,破解资产结构不合理、发展资金不足的瓶颈问题。这也是广电系统建立国有出资人制度的初步探索。

五、公共服务的多元互动

建设服务型政府是当今世界公共管理变革的重要内容,也是我国政府管理体制的改革目标。建立与社会主义市场经济体制相适应的新型公共服务体系,必须打破政府在提供公共服务上的单一主体的垄断机制,引入市场机制和社会机制,形成三种机制分工协作多元化的公共服务供给体系。发挥市场力量的作用需要改革准入制度,降低准入门槛,鼓励或允许私营企业参与公共服务的生产。

由于目前中国的民间非营利组织尚处于起步阶段,因此政府仍需要在公共服务领域中发挥主体作用。同时逐步把非营利组织纳入公共服务体系中来,通过政策、法律、财政、税收等工具,对民间部门提供社会服务予以支持和规范,实现政府机制与社会机制的互动,建立"有限政府",使政府集中力量提供核心公共服务。广播电视公共服务领域同样需要引入竞争机制,实现公共服务由单一主体向多元主体过渡,建立新的广播电视公共服务供给机制。

随着社会主义市场经济体制的不断完善,市场机制已经被逐步引入公共服务的各个环节。广播电视公共服务领域,应进入政府主导、政策调控、市场参与的阶段,提供包括有线网络建设、节目内容制作等服务在内的广播电视公共产品和服务。转换政府角色,逐步实现生产供给主体多元化,通过市场配置资源。各级政府应从提供者转变为保障者和监督者,鼓励、吸引社会多种力量参与广播电视公共服务的生产和供给。

目前,全国拥有混合所有制以及民营广播影视制作经营企业近4000家,制作了一批社会效益与经济效益俱佳的影视剧。民营视听新媒体企业也十分活跃,发展迅猛,成为市场主力之一,参与到广播电视公共服务的生产和供给中。同时,在政策方面提供了优惠,国家层面建立了影视剧产业发展基金,对转企改制后的影视剧制作机构进行资本注入,对无形资产采用溢价方式进行评估,利用民营资本看好影视行业机会,允许部分股权溢价转让给民营企业。广播电视发展可争取中央和省两级财政加大用于影视剧制作机构信贷担保和贷款贴息的资金投入。

六、建立现代监管制度

法律治理与政策规制是现代国家治理和社会调控的两种互为补充的必要手段,各自发挥着独特的作用。我国广播电视监管的现状是政策规制重于法律治理,从党的方针政策到国家的方针政策,再到主管部门的方针政策,对广播电视的新闻宣传、文艺创作、事业建设、技术规划、管理体制等各方面进行了规定。但由于意识形态等多方面的原因,我国广播电视等宣传文化领域的立法一直滞后。2005年中共中央、国务院《关于深化文化体制改革的若干意见》规定:加强文化立法,通过法定程序将党的文化政策上升为法律法规。《国家"十一五"时期文化发展纲要》要求:立足我国国情,借鉴国外有益经验,抓紧研究制定广播电视传输保障法、电影促进法、文化产业促进法等,抓紧修订广播电视管理条例、音像制品管理条例等。

我国广播电视将逐步建立现代监管制度,监管方式将由单一的行政监管向综合的法制监管方向发展,并形成相互制衡的关系。首先是制定广播电视法律法规,明确广播电视行业的准入条件、审批程序、节目标准、广告规则、惩治机制,公开广播电视机构的权利、义务和法律责任,公开广播电视监管机构的职能和职责,使广播电视业界和社会各界完全知晓、相互监督,维护法律法规的权威性。

其次,实施行政许可,把好广播电视行业的准入关。向符合条件的申请人颁发广播电视执照或签署特许协议,明确执照持有者或特许获得者的所有义务,明确执照持有者或特许获得者未履行义务的法律后果。监管部门可以抽查评估,在执照(协议)到期时决定是否续展执照、续签协议。

再次,要受理受众和用户的投诉和申诉,查明投诉和申诉的事实,并将处理结果告知投诉人和申诉人。我国国家广电总局设有信访办公室,专门受理各地来信来函,接待各地受众,及时处理各地反映的广播电视存在的问题,保存已播放的节目内容和有关资料,以备事后检查。

积极推进广播电视行政管理体制改革,建立新型的广播电视行政管理体制,是广播电视业在完善社会主义市场经济体制、全面建设小康社会的新的历史阶段的必然选择，事关广播电视业在未来现代化国家的地位、作用和前途。广播电视行政管理体制改革具有相当的复杂性和艰巨性，应当积极、稳妥、有序地推进以取得良好的效果。

课后习题：
一、名词解释
1. 广播电视体制
2. 村村通
3. 公共服务体系
4. 上海模式
5. 国有出资人制度

二、简述题
1. 简述中国广播电视体制管理的创新。
2. 简述中国广播电视制播分离的意义。
3. 简述如何建立科学的中国广播电视管理体制。

三、论述题
1. 请回顾并厘清中国广播电视体制建设的发展历程及各阶段的特征、意义。
2. 结合实际，谈谈你对"四级办台"的看法。

第六章 广播电视的法治化建设

1999年，第九届人大二次会议通过《宪法修正案》，依据党的十五大报告中有关"依法治国"的阐述，明确提出了"中华人民共和国实行依法治国，建设社会主义法治国家"的治国方略。依法治国方针被写入宪法，极大地推动了社会各界对法治的研究与实践。本章主要就广播电视法治的基本内涵、广播电视法治建设的进程、广播电视的法规体系以及未来广播电视法治建设的主要任务等问题进行反思和探讨。

第一节 广播电视法治的内涵与发展历程

法治是依法治国的简称，用在"广播电视法治"语境里，则有依法治理、依法管理之意。法治有别于人治，它与"法制"有着密切的联系，但又不同于"法制"。广播电视法治就是要在党的领导下，健全广播电视法律法规体系，依据宪法和法律规定对广播电视事业进行管理，从立法、行政执法、司法等方面推动广播电视事业发展、促进社会和谐健康发展。其根本特征是以法律作为管理广播电视各个层面互动关系的最高准则。

一、法治与广播电视法治

"法治"是一种价值倾向、一种制度的选择，同任何概念一样都有自己特定的科学内涵。在法治的背景下，广播电视媒体要履行其社会责任，当好社会的监督器、过滤器、减压器和助推器，必须要坚持有法可依，坚持良法而治，坚持有法必依。

（一）法治的基本特征

理解法治，是理解广播电视法治的前提和基础。从历史的维度来看，法治最早可追溯到亚里士多德的法治理论。亚里士多德在《政治学》中指出："法治应包含两重意义：已成立的法律获得普遍的服从，而大家所服从的法律又应该本身是制定得良好的法律。"① "法治等于良法加守法"这一法治公式概括了法治的两个基本特征：一是有优良的法律，二是优良之法得到民众的普遍遵守。他的这一思想得到了后来者的发扬，成为当代法治思想的核心和精髓。

在我国古书中，也有对"法治"的记载。《晏子春秋·谏上九》："昔者先君桓公之地狭于今，修法治，广政教，以霸诸侯。"《淮南子·汜论训》："知法治所由生，则应时而变；不知法治之源，虽循古终乱。"在此，法治作为名词，其意义近似于法律。在《现代汉语词典》中，法治有两种解释：一是先秦时期法家的政治思想，主张以法为准则统治人民、处理国事，简称"法治"，这与儒家所提倡的"德治"共同构成了国家治理思想的两条基本脉络。二是指根据法律治理国家。我们现在通常采用第二种解释。也就是说，法治是一种持久的运动状态。它是以有法为前提，以执法为主体，以依法办事为主要途径的一种过程状态。法治表现的是一种思路，一种认识，一种执法人对于法的理解和再创造。

但是将法治界定为"根据法律治理国家"，或者作为"依法治国"的简称，都容易让人忽视其隐藏的主语或主体，即实施法治的主体是人民，还是当权者。实施法治的主体不同，所形成的法治观则不同。大多数学者认为，法治是与人治相对立的一种管理思想和方法。人治是具有特权的人的统治；法治是法律的统治，法律是主体。"人治"往往推崇领导者个人的能力，甚至会发展到个人崇拜的程度。实行法治则意味着对"人治"的否定，反对个人权力的扩张，崇尚法律的权威性，强调法律应成为处理国家事务，规范国家机关、社会组织、社会成员行为的最终标准。另一种声音则认为，法律是人定的，也要靠人来执行，法律这东西怎么能统治人呢？② 如果没有人在制定和运用法律，法律也就不复存在，法律不会自行实施统治，法治与人治之间并非截然对立。

那么，对我国而言，法治的主体到底是什么？很显然，现代国家主权在民，因此人民才是法治的真正主体，人民通过制定和运用法律来治理国家和社会，这是对当代中国法治较为准确的概括。

理解法治，还需要区别法治与法制的不同。"法治"与"法制"虽然都与法律有着密切联系，但它们所包含的内容不一样，法治的外延大于法制。《辞海》对法制的解释有三种：最广义的法制泛指国家的法律与制度，法律

---

① 亚里士多德：《政治学》，商务印书馆，1981年版，第199页。
② 李步云：《法苑春秋》，中国法制出版社，2007年版，第10页、48页。

包括成文法与不成文法，制度包括依法建立起来的政治、经济、文化等方面的各种制度，其中也包括法律制度。较狭义的法制指统治阶级按照民主原则把管理国家事务制度化、法律化，包括法律制度与法律秩序。最狭义的法制仅指法律制度，即法律制度的简称。① 《现代汉语词典》对法制的定义是：法律制度体系，包括一个国家的全部法律、法规以及立法、执法、司法、守法和法律监督等。② 《法理学》对法制的界定是：法制是一个国家或地区法律上层建筑的各个因素所组成的系统，从其构成看，起码包括法、法律实践及指导法和法律实践的法律意识。③ 这些解释中，法制有时作为名词使用，有时作为动词使用。事实上，大多数时候法制是作为法律制度的简称来使用的，是一种相对静止的状态；而法治不仅包含法律制度本身，还包含动态的法制建设，以及法治精神、法治理念等精神层面的含义。它的意义较法制更为广泛和深刻。

在当代，法治应具备以下几个特征④：人民是法治的主体；法律面前人人平等是法治的基础；法律至上是法治的原则；完善的法律制度是法治的前提；司法独立和司法公正是法治的保障。需要强调的是，司法独立是指司法机关在处理案件时，不受立法机关、行政机关和其他个人、组织的干预。司法公正是指在司法活动的过程和结果中坚持和体现公平与正义的原则，其主体是以法官为主的司法人员，司法公正的对象包括各类案件的当事人及其他诉讼参与人。司法公正包括实体公正和程序公正，前者是司法公正的根本目标，后者是司法公正的重要保障。只有司法独立和司法公正，才能实现真正意义上的法治。

（二）广播电视法治的内涵

广播电视法治是"依法管理或依法治理广播电视事业"之意。具体而言，广播电视法治是指在党的领导下，健全广播电视法律法规体系，依据宪法和法律规定对广播电视事业进行管理，从立法、行政执法、司法等方面推动广播电视事业发展，促进社会和谐健康发展。

依据前文对法治的界定，广播电视法治的内涵主要包括以下几个方面：

---

① 辞海编辑委员会：《辞海》，上海辞书出版社，1999年版，第2534页。
② 中国社会科学院语言研究所词典编辑室编：《现代汉语词典（第5版）》，商务印书馆，2005年版，第371页。
③ 孙国华、朱景文主编：《法理学（第二版）》，中国人民大学出版社，2004年版，第74页。
④ 韦伟强：《治之所及：法治内涵的追问——与尚九玉、尚九宾博士磋商》，《探索与争鸣》，2006年第12期。

1. 管理主体："四位一体"

广播电视法治的主体受我国广播电视事业管理体制的制约。广播电视事业管理体制是基于《宪法》有关基本原则及党对大众传播媒介宣传工作的指导方针而确定的。我国广播电视事业管理体制可概括为"四位一体"：党委政治领导，即党委宣传部门对广播电视事业政治思想方面的领导，通过党的政策文件实施对广播电视媒介的领导，实现思想宣传及舆论导向的作用。政府依法管理，我国广播电视事业管理的最高行政部门是国务院广播电影电视总局，负责广播电视媒体的传播活动的领导与管理；而国务院信息产业部负责广播电视传输覆盖网的统一规划、建设与管理工作；以及国务院新闻办公室和文化部等相关部门通过与广播电视行政主管部门协调实现其相关的管理职能；地方各级政府的广电行政部门负责本行政区域内广播电视媒体的管理工作。行业规范协调，是指中华全国新闻工作者协会、中国广播电视协会等相关行业组织对广播电视行业进行软性管理。单位自我约束，即广播电台、电视台通过制定内部道德自律的规范来提高广播电视从业人员（主要是新闻工作者）的职业道德水平。

广播电视事业宏观管理体制，是以法律、规章、行政命令、政策指导等方式对广播电视事业进行宏观调控、管理的制度总和[①]。在广播电视法治建设进程中，党委依法对广播电视事业实施引导，是为首要的法治主体；政府代表人民依法对广播电视事业实施管理，成为主要的法治主体；协会、学会等行业组织依法对广播电视事业进行协调、监督，成为广播电视法治主体中不可或缺的力量；各级广播电台、电视台依法自我约束、自我管理，则是广播电视法治重要的主体。

2. 基本前提：完善的法律制度

广播电视法治不仅包括广播电视从节目采编、制作、播出到传输、发射、接收等各环节有关的法律、法规、规章以及政策规定，也包括广播电视有关的立法、执法、司法、普法等全过程，还包括在法律制度建设过程中所体现的法治精神。广播电视法治的建设必须以完善的法律制度作为基本前提，才能在实践中切实做到"有法可依、执法必严、违法必究"。

3. 根本保障：稳定民主的政治格局

民主与法制都是社会主义政治文明的重要组成部分，民主是法制的基础，法制是民主的保障。稳定民主的政治格局是建设法治国家的前提和基础。广播电视法治是社会主义法治的重要组成部分，它在社会政治中的地位

---

① 陆晔、赵民：《当代广播电视概论》，复旦大学出版社，2005年版，第312页。

和作用，与一国政治制度的民主化程度成正比。因此，在当代，为保障我国广播电视法治建设的顺利进行，必须维护和推进社会主义民主政治的建设，两者相辅相成、共同促进。

4. 建设目标：促进传媒与社会和谐发展

胡锦涛同志指出："实现和谐社会，建设美好社会，始终是人类孜孜以求的一个社会理想，也是包括中国共产党在内的马克思主义政党不懈追求的一个社会理想。"和谐社会的实现，必然要以法治为基础。广播电视法治的精神价值在于追求正义，它通过分配权利义务使利益冲突得到协调，通过惩罚违法犯罪维护正常的广播电视秩序，通过补偿和救济来弥补损失，其直接目的是以法促进广播电视业的健康发展，最终目标是实现传媒与社会的互动和谐。

二、加强广播电视法治建设的重要意义

加强广播电视法治建设是适应新时期改革和发展的重要举措，对促进广播电视行业的良性发展、加强舆论监督力度、切实保障广播电视工作者合法权益等诸多方面都具有十分重要的现实意义。

（一）顺应全球化潮流，实现法律与世界接轨

自 2001 年 12 月 11 日中国加入世界贸易组织起，中国就以开放的姿态参与到全球的市场竞争中，各行各业与世界的沟通、对话势在必行。与世界"接轨"，很重要的方面就是法律规则的"接轨"，是法制环境和产业政策与国际社会的兼容。入世后，我国广播电视对外合作、交流进一步深入、拓展，一方面为我们积极实施"走出去"战略、扩大我国广播电视的影响提供了机遇；另一方面，国外强大的广播电视媒体通过各种方式进入我国，也给我国广播电视带来巨大的压力和挑战。这就需要我们充分利用世界贸易规则、及时制定科学的政策法规、完善现有的广播电视法律体系，既调动我国广播电视走出去的积极性，又有效保护我国广播电视、维护国家的文化主权。改革开放三十多年来，尽管我国的广播电视法治建设取得了很大成绩，但远远跟不上飞速发展的广播电视行业。尤其是在网络的冲击之下，视听新媒体的各种形态纷呈，产生了许多新的法律问题，这也需要更加完善的法律制度加以规范。因此，完善现有的广播电视法律体系，是顺应广播电视全球化趋势的重要步骤，加快广播电视法治建设是当前中国广播电视行业最为紧要的迫切任务之一。

（二）贴合国内实际，促进广播电视行业良性发展

从世界范围来看，"以法治广电"是广播电视发展的最主要经验。以美国为例，美国的广播电视产业之所以能够在世界上保持领先地位，其中一个重要的原因就是形成了健全的广播电视法律体系。从1912年制定的《无线电法》到1934年制定的《通信法》，再到1996年制定的《联邦电信法》，这些法律对限制广播电台和电视台的数量、提高行业运营效率、促进多样化竞争、调整并优化产业结构等各个方面起到了积极的推动作用。

我国也于1997年8月以国务院行政法规的形式颁布了《广播电视管理条例》，成为目前广播电视行业中覆盖面最广的法规。该条例涉及广播电台、电视台的设立，广播电视传输覆盖网的建设与管理等广播电视行业活动的主要方面，明确了广播电视在国家信息建设中的地位和作用，为广播电视的产业化、信息化开辟了道路。但是从总体上看，我国的广播电视法规还不够健全，主要表现在以下几个方面：

首先，法律层级不高。目前，我国广播电视还没有全国人民代表大会颁发的法律，能够作为广播电视部门进行行政处罚、行政许可及发生行政诉讼后法院判案依据的只有《广播电视管理条例》等5个行政法规，规范和管理广播电视的大多数是规章和规范性文件。这些规章法律层级低，在实际执行中缺乏应有的权威性。

其次，现有法律较为零散，不成体系，且有相互矛盾之处。我国广播电视立法工作由于基础薄弱，忙于应付，头痛医头、脚痛医脚的应急性立法现象比较普遍，立法工作随意性较大，缺乏整体的规划，显得比较零散，没有形成完整的体系。这种情况直接导致有的法律法规之间相互矛盾，甚至下位法与上位法相抵触，政策文件与法律法规相抵触，为行政、执法带来困难。

最后，立法滞后，行政干预过大。我国广播电视改革发展的步伐很快，而我国的立法工作却比较滞后，缺乏前瞻性，跟不上广播电视发展的步伐，适应不了广播电视发展的需要。例如《广播电视管理条例》主要侧重明确各级广播电视行政部门的职责，突出行政管理的特点，而在权力方面几乎没有界定，行政部门的可操作空间过大。在新闻事业发展格局不断变化的过程中，仅仅依靠行政命令、用行政手段去监督管理广播电视行业是远远不够的，只有立法才是根本保证。

由此可见，在当代社会信息多元化的现实语境下，如果不加快推进广播电视的法治建设，广播电视行业将陷入越治越散、越管越滥的现实困境。

(三) 保障舆论监督，弘扬社会正气

近年来，各种腐败行为已经成了中国持续发展中不得不面对的重要问题，它就像社会的毒瘤，严重阻碍了社会经济的发展。有学者认为，只有建立、健全监督机制，才是治本之策。舆论监督作为立法监督、司法监督、行政监督的重要补充，是遏制腐败、弘扬正气不可缺少的重要力量之一，广播电视媒体便担负着这一重要职能。然而，如何保障广播电视舆论监督职能的发挥呢？通过立法、执法来保障新闻媒体的舆论监督的各项权利——采访权、报道权、评论权、批评权等权益，是当代广播电视法治进程中一项重要的内容。2010年1月1日，云南省昆明市开始施行《昆明市预防职务犯罪工作条例》，其中第22条备受瞩目：新闻媒体有权对国家机关、国有公司、企业、事业单位、人民团体及其国家工作人员的违法违规行为依法进行舆论监督。该条例同时还在法律责任中明确了干扰、阻碍新闻媒体依法开展舆论监督将被问责。这些地方立法保障舆论监督的做法体现了近年来传媒法治进程的阶段性成果，从法律层面保障了记者采访报道的合法权益，也是对公民的知情权、参与权、表达权和监督权的极大维护。但是这些条例还不够细化，缺乏可操作性。再者，立法固然重要，但是执行才是关键。除了细化和完善条例中的相关条款，更重要的是看今后的执行。要真正保障广播电视的舆论监督权，依然还有很长的路要走，这就需要从立法、行政、执法等各个层面推进广播电视法治建设。

三、广播电视法治建设进程

马克思主义经典作家认为，法是一个历史的范畴，有其产生、发展和消亡的历史过程。1912年美国诞生了世界上第一部管制无线电的重要法律——《无线电法》（Radio Act of 1912）；1924年我国北洋政府交通部颁布了我国第一部广播法规；从20世纪80年代开始，我国广播电视进入法制管理轨道；21世纪之后，广播电视法治实践步伐加快。

（一）中国广播电视法规建设的起点

中国广播电视法规建设是伴随着外国人在中国境内开办广播电台开始的。1922年年底，美国记者奥斯邦（E. G. Osborn）与一位旅日华侨合作，在上海成立"中国无线电公司"，组建了中国境内第一座广播电台，呼号为XRO，于1923年1月23日正式播音，揭开了中国广播史的序幕。由于奥斯邦私自运入无线电设备，建立广播电台，触犯了北洋政府于1915年

制定的《电信条例》，北洋政府依照此条例实施干预，使得 XRO 电台在 3 个月后停止播音。1924 年美商开洛电话材料公司与《申报》馆合作创办"开洛公司广播电台"，持续播音 5 年之久。这座电台因设在法租界，北洋政府难以干预，且收听广播的人数不断增加，政府很难控制民间私装接收机，于是，北洋政府改变了全面禁止的策略，进而采取有条件限制的管理政策。1924 年 8 月，北洋政府交通部颁布了《装用广播无线电接收机暂行规定》（以下简称《暂行规定》），成为我国历史上第一个有关无线电广播的法令。

1926 年，国人自办广播电台在哈尔滨、天津、北京、沈阳等城市相继出现，奉系军阀有关当局于同年 10 月颁布了《无线电广播条例》《装设广播无线电收听器规则》和《运销无线电收听器规则》。这三个条例虽比两年前颁布的《暂行规定》更全面细致，但对广播事业诉诸法律，仍然是初步的、局部的。

国民党统治时期，国民党政府为加强对全国广播事业的管理和控制，先后颁布了一系列广播法规，如《中华民国广播无线电条例》（1928 年 12 月）、《装设广播无线电收音机登记暂行办法》（1930 年 7 月）、《指导全国广播电台播送节目办法》（1936 年 10 月）、《播音节目内容审查标准》（1937 年 4 月）等，拓展了法规管理的范围。抗战相持阶段，汪伪政府实施广播节目的"严格审查"，制定了《无线电收音机取缔暂行条例》及其实施细则和《收听规约》，查禁短波收音机，不准居民收听重庆地区和英美等国的广播。从当代视角审视，这些法规违背了法治"应当制约权力，而非由权力所生"的实质内涵，显然不能纳入广播电视法治的范畴。随着人民广播事业的诞生，中国的广播电视法规建设进入了一个新的历史时期。

（二）政策规定对人民广播事业的推进

1940 年 12 月 30 日，延安新华广播电台正式播音，标志着我国人民广播事业的诞生。1941 年 5 月 25 日，中共中央宣传部发出《关于广播电台工作的指示》，强调了广播电台在特定历史时期的重要作用及其应当传播的主要内容。为使新解放城市的广播电台得到充分利用，1948 年 11 月，中共中央下发了《对新解放城市的原广播电台及其人员的政策决定》，这个决定特别指出：新中国广播事业，应归国家经营，禁止私人经营。这从政策上确保了人民广播的国有属性。此后，中共中央宣传部还发出《关于新解放城市广播电台问题给华北局宣传部的指示》《关于对私营广播电台的处理办法给天津市委的指示》以及《关于对旧广播人员政策的补充指示》等，这些"决定"和"指示"，对解放区建立人民广播电台起到了重要作用。

为了加强对广播事业的管理，1949年6月5日，中共中央下发了《关于成立中央广播事业管理处的通知》。该通知决定："将原新华总社的口头广播部，扩充为中央广播事业管理处，管理并领导全国广播事业。中央广播事业管理处与新华总社为平行组织，同受中共中央宣传部的领导。并要求各中央局所属的广播电台，应受各该中央局宣传部和中央广播事业管理处两方面的领导。"这一规定促使了广播电视事业管理机构的成立，奠定了我国广播电视事业接受党委和政府双重管理的基本格局。

此外，中央广播事业管理处于1949年6月13日下发了《关于各地广播电台转播北平新华广播电台节目的规定》，要求各地广播电台转播北京新华电台每晚20∶30—21∶30的新闻等节目，这一转播惯例沿用至今。6月30日，《对各地广播电台暂行管理办法》出台，明确了各地广播电台的名称、呼号以及与中央广播事业管理处的关系。中央政策规定客观上促进了人民广播事业的发展，但由于这些政策规定并未形成系统的法规体系，且电视事业尚未发展，因此也难以列入广播电视法治的范畴。

（三）新中国广播电视法规的发展

新中国成立后，随着中国广播电视事业日益壮大，广播电视法规建设也逐步发展。这一时期广播电视法规涉猎的内容主要有对外广播、地方广播、农村广播网等。1958年，北京电视台的成立，拉开了中国电视事业的序幕，但与之相对的法规却迟迟未露面，这在一定程度上反映了电视法规建设落后于电视实践的特点。"文化大革命"时期，我国党和政府主要依靠宣传纪律对广播电视事业进行管理，法制建设受阻。

（四）新时期广播电视法制建设的起步和发展

1978年党的十一届三中全会确定了改革开放的基本方针，法制在我国社会主义现代化建设中发挥着越来越重要的作用。新时期广播电视法制工作得到了恢复和重视，使得广播电视事业管理真正走上了法制的轨道。这一时期广播电视法制建设大致分两个阶段：

1. 起步阶段

进入20世纪80年代，我国开始对法制建设的可行性进行调研，为广播电视法制建设做好了机构、人员、资料等方面的筹备工作。1986年至1990年期间，我国明确广播电视法制建设的指导思想、组建立法机构、制订立法工作计划，奠定了广播电视法制建设的基础。

(1) 确立实事求是的建设指导思想

时任广播电视部副部长聂大江指出:"制定有关法规、条例时,要有先后主次,轻重缓急;要先从急需的、易于着手的、单项的、低层次的、客观条件比较成熟的方面做起,不要贪大、太急,不然的话,事与愿违。"他还强调:"立法必须符合党和国家的基本方针政策,必须符合实际情况,定了就能执行。"[①] 为此,他要求立法机构与专业部门相结合,专家与群众相结合,中央与地方相结合,相关联的各方面相配合,群策群力,保证中国广播电视法制建设的顺利实施。

(2) 组建专门的法制工作机构

1982年国家在中央广播事业局的基础上组建了广播电视部,增设了政策研究室,负责研究广播电视宣传和事业管理方面的政策法规问题。1986年广播电影电视部成立了由部领导担任组长的法规领导小组,在政策研究室(1988年改为政策法规司)增设了法规处,负责拟定广播电视法规制度等工作。此后,一些部署单位也先后成立了法规领导小组和法规、规章起草小组。1990年10月部行政复议委员会成立。法制机构的成立,对中国广播电视法制建设的顺利开展提供了组织保障。

(3) 制订立法计划,颁布法规规章

1987年8月,广播电影电视部召开第一次全国广播电视法制工作会议,研究落实了"七五"(1986年—1990年)期间广播电视立法计划。该计划把广播影视系统的法规分为三个层次:人大颁布的法律、国务院颁布的行政法规和广电部颁布的规章。计划制定的广播电视法律法规包括《广播电视法》《广播电视设施保护条例》《有线电视管理暂行规定》《电影片、电视片进出口条例》《关于实行电视剧制作许可证制度的暂行规定》《广播电视广告管理》等。在立法实践方面,1982年,国务院下发了《关于批转广播电视部制定的〈录音录像制品管理暂行规定〉的通知》,这是新中国成立以来第一部音像管理的行政法规。1987年国务院颁布了《广播电视设施保护条例》(2000年修订),这是我国第一部广播电视行政法规。此外还完成了有关有线电视、中外合作摄制电影电视片、电影版权等行政法规和部门规章的制定,法制建设颇有起色。

2. 发展阶段

20世纪90年代是我国广播电视法制建设取得初步成果的时期,这一阶段陆续颁布了一系列行政法规、部门规章及规范性文件,构建了广播电视基

[①] 转引自欧阳宏生:《广播电视学导论》,四川大学出版社,2007年第3版,第280页。

本法规框架，为广播电视事业管理提供了相应的法律依据。

　　1991年，第二次全国广播电影电视法制工作会议在青岛举行，规划了1991年至1995年的广播电视法制工作。这一时期，有线电视、卫星电视接收业务及音像制品迅速发展。由于受经济利益的驱动，一些地方乱设频道，播放格调不高的影视片，擅自接收境外卫星电视节目，甚至发生随意开办广播电台、电视台的新问题。针对这些问题，广播电视立法机构依照"急用先立"的原则，把工作重点放在制定相关法规和部门规章上。1990年，国务院批准广电部、公安部、国家安全部发布《卫星地面接收设施接收外国卫星传送电视节目管理办法》，批准广电部发布《有线电视管理暂行办法》。1992年广播电视部发布《录音录像资料管理暂行规定》。1993年国务院发布《卫星电视广播地面接收设施管理规定》。1994年，广电部将法规司与办公厅合署办公，以加强法制工作。1995年成立部知识产权保护办公室，其他省份（自治区、直辖市）的广播电视行政部门则成立了法制工作小组，或配备了专职的法制工作小组。1996年广电部召开第三次广播影视法制工作会议，时任部长孙家正、时任副部长田聪明发表重要讲话，广电部下发了《关于印发〈第三次广播影视法制工作会议纪要〉的通知》。该通知指出，法制建设是全局性的工作，不仅仅是法制部门的事情，各级领导干部要进一步增强法制观念、加强对法制工作的领导、健全法制工作机构、充实法制工作人员。提出了"九五"到2010年期间广播影视法制建设分两步走：第一步是"九五"期间加强立法、普法、执法、执法监督检查等工作，全面提高广播影视法制工作整体水平；第二步是到2010年基本形成以《广播电视法》和《电影法》为纲、以专项法规和配套法规为目，符合社会主义市场经济体制要求和现代广播影视发展的广播影视法规体系。

　　1997年国务院发布《广播电视管理条例》，这是我国第一部全面规范广播电视活动的行政法规，它的颁布实施在广播电视法制建设史上具有里程碑意义。

（五）新世纪广播电视法治实践步伐加快

　　1997年党的十五大提出，依法治国是党领导人民治理国家的基本方略。1999年3月，九届全国人大二次会议通过《宪法修正案》，规定"中华人民共和国实行依法治国，建设社会主义法治国家"，从而使依法治国基本方略得到国家根本大法的保障。2002年党的十六大提出，要加强社会主义法制建设。2007年党的十七大进一步提出，要全面落实依法治国基本方略，加快建设社会主义法治国家。根据党的十五大、十六大和十七大相关精神，并依据中央颁布的重要文件中有关广播影视法治工作的要求，从2001年至2012年，我国广播影视法治建设在立法、普法、依法管理、执法监督、知识产权保护、国际法制工作交流和法律服务等各方面工作都取得了重要进展和成效，有力地发挥了保障、规范、服务和促进广播影视发展的重要作用，为推动广播影视科学发展提供了有力的法律支撑和保障。

1. 广播电视立法成效

首先是积极推进国家层面重要法律的调研和起草。国家广电总局于2003年启动《广播电视传输保障法》。2011年通过《最高人民法院关于审理破坏广播电视设施等刑事案件具体应用法律若干问题的解释》（法释〔2011〕13号，以下简称《刑法》第124条司法解释）。

其次是修订和制定了行政法规（即国务院令）。2004年，国家广电总局修订完善了1993年国务院发布实施的《卫星电视广播地面接收设施管理规定》。2009年公布了《广播电台电视台播放录音制品支付报酬暂行办法》（国务院第566号令）。

最后是制定、修订、废止部门规章和规范性文件。2001年至2010年十年期间，国家广电总局共制定颁布了62个部门规章，内容涉及新闻宣传、安全播出、市场准入、节目制作、内容审查、广告管理、公共服务、设备入网、网络视听节目监管等。与此同时，国家广电总局根据《规章制定程序条例》的相关规定，先后进行了5次大规模的法规性文件清理工作。截至2010年年底，共保留8个行政法规、39个部门规章（其中拟修改10个）和380个规范性文件（其中拟修改150个）。各地人大及政府也相继制定出台了一批广播电视方面的地方性法规和政府规章。截至2010年年底，现行有效的地方性法规22个，地方政府规章44个。为确保国家广电总局规范性文件的制定符合法定权限和法定程序，维护法制统一，2010年年底，国家广电总局下发了《关于进一步规范发文提高依法行政能力的通知》（广局〔2010〕543号）。2011年1月27日，国家广电总局办公厅和法规司印发了《关于规范性文件合法性审查的规定（试行）》，全面实行规范性文件合法性审查制度以及相关的协商、会签制度。

2. 广播电视依法行政

1999年11月，国务院发布《国务院关于全面推进依法行政的决定》，指出依法行政是依法治国的重要组成部分。2004年3月，国务院发布了《全面推进依法行政实施纲要》，标志着依法行政进入了一个新的历史阶段。广播影视系统认真学习并积极贯彻落实国务院发布的这两份重要文件，积极推进广播影视依法行政制度建设，依法清理和规范广播影视行政审批项目，建立政务公开制度,加快电子政务建设步伐,化解纠纷,认真处理行政争议,推进文化市场综合执法改革,履行广播影视行政执法职责,严格执法,在依法行政方面成效显著。

3. 广播电视普法及其他法治建设工作

进入 21 世纪以后,广电系统积极开展法治宣传教育活动,开展了一系列知识产权保护工作,并针对法治工作中难点多、热点多、法学理论准备不足的现象,开展研究工作。在中外广播影视法律交流方面,重点启动了中德广播影视法律交流合作项目、世界知识产权组织(WIPO)交流项目等,积极参与《保护和促进文化表现形式多样性公约》的制定。此外,为适应广播影视法治建设日益繁重的迫切需要,2006 年 3 月正式批准单独组建了国家广电总局法规司,并在广电总局广播影视发展研究中心下专门设立了广播影视法律事务所,业务由法规司直接领导;2007 年 11 月国家广电总局发文规定,法规司设办公室、法制处、行政复议处(司法处)等 3 个处室;2009 年 4 月法规司办公室加挂知识产权处牌子;2010 年 7 月法规司行政复议处撤销"司法处"的牌子,加挂"综合执法指导处"牌子。北京、山西、湖北、上海、四川、海南、重庆、甘肃等省、市广电局也先后设立了专门的法制工作机构;其他各省区市和新疆生产建设兵团广电局也都确定了负责法制工作的有关处室和专职法制工作干部以及工作人员,使得法治工作队伍不断充实,为做好工作奠定了坚实的组织保证和人才基础。

从 20 世纪 80 年代中国广播电视法治建设起步发展至今,我国基本建立了一套较为完善的广播电视法规体系,广播电视法治的理念得到重视,广播电视法治的实践步伐加快,这对推进广播电视良性发展、促进传媒与社会和谐起到了重要作用。

第二节 中国广播电视法律制度

广播电视是我国党、政府和人民的喉舌,为确保导向正确、确保播出安全、确保党和政府的声音传入千家万户、确保所有公民享受到广播电视的基本服务,必须要健全现有的广播电视法律制度。广播电视事业虽已发展了数十年,但迄今为止,我国最高立法机关尚未专门针对广播电视活动制定法律。随着世界数字化、信息化浪潮的到来,尤其是数字电视越来越成为涉及国计民生的问题,有必要对我国现有的广播电视法律法规做一个全面系统的梳理,以便找到广播电视法治建设的重点、难点,以及未来建设的方向和目标。

一、广播电视的法律关系

广播电视法治建设的一项重要任务是广播电视立法,而立法的前提是明确广播电视法律关系,即广播电视法调整的对象和范围。法律关系由主体、客体和内容三个要素构成:法律关系的主体是指法律关系的参加者,即在法律关系中依法享有权利和承担义务的个人和组织;法律关系的客体是指法律关系主体的权利和义务所指向的对象;法律关系的内容是指法律关系主体所享有的权利和应承担的义务,是人们之间利益的获取或付出的状态。

(一) 广播电视法律关系的主体

广播电视法律关系的主体是指在广播电视法律关系中依法享有权利和承担义务的个人和组织,包括广播电视的运营机构、监管机构、从业人员和受众。

广播电视运营机构包括广播电视节目制作机构、集成机构、播放机构、传输机构等。节目制作机构包括广播电台、电视台和独立制作机构。节目集成机构包括广播电台、电视台和付费频道集成机构等。节目播放机构包括广播电台、电视台。节目传输机构包括广播电视发射台、转播台、有线电视网络公司、卫星直播公司、通信公司等。广播电视运营机构是广播电视法律关系中最重要的主体,有了广播电视运营机构,才有广播电视从业人员、监管机构和受众。广播电视运营机构一般为法人主体,法人的成立必须具备一些条件:有必要的财产或经费,有自己的名称、组织机构和场所,依法成立,能够独立承担民事责任。根据我国的《民法通则》,法人分为企业法人、机关法人、事业单位法人和社会团体法人。目前,我国广播电台、电视台、广播电视发射台、转播台属于事业单位法人,有线电视网络公司、卫星直播公司、付费频道集成运营机构等属于企业法人。

广播电视从业人员包括记者、播音员、主持人、编导、制片人、工程技术人员、经营管理人员等,他们与广播电视运营机构之间存在着劳动人事法律关系,与监管机构之间存在着行政法律关系。截至2010年年底,全国广播电视从业人员达到64.4万人,到2015年,广播影视系统人才总量将达到100万人。[①]

广播电视监管机构包括立法机关、行政机关和司法机关。立法机关通过

---

① 国家广播电影电视总局:《广播影视"十二五"人才发展规划》的通知》(广发〔2010〕87号)。

制定法律规范广播电视活动，行政机关通过依法行政对广播电视活动进行引导管理，司法机关通过案件审判对广播电视活动进行监督。国家广播电影电视总局是国务院主管全国广播电视宣传和广播影视事业的直属机构，各省（自治区、直辖市）、市（地）、县广电局（文化广电局）是当地主管广播电视宣传和事业的监管机构。

广播电视受众是指广播电视等媒体的传播对象和接收者，它包括听众、观众以及服务对象。听众、观众主要指公民，广播电视服务对象既包括公民个人，也包括宾馆、饭店等社会组织。据统计，截至2015年年底，我国广播人口综合覆盖率为97.31%，电视的综合人口覆盖率为98.12%，意味着我国广播电视的受众规模已超过12亿人口。

（二）广播电视法律关系的客体

广播电视法律关系的客体是指权利和义务所指向的对象，包括物、行为、智力成果和人身利益。

物是指与广播电视传播活动相关的资金、技术设备和物质要素。广播电视活动离不开物：采集信息需要使用笔记本、摄像机、话筒、录像机等，编辑制作节目需要电脑、编辑机等，还有发射台的发射设备和无线电波，以及有线电视网络公司的传输设备和有线电波等，都属于广播电视法律关系所调整的对象。

行为是指在广播电视传播活动中，具有法律意义的人所实施的信息采集、编辑、节目主持、节目播放等行为，包括作为或不作为。

智力成果是指人们在智力活动中所创造的精神财富，是脑力劳动的成果。在广播电视法律关系中，智力成果主要表现为具体的广播电视节目内容，包括新闻作品、文艺作品、娱乐游戏作品等。广播电视的智力成果享有知识产权，即权利人对其所创作的智力成果享有专有权利，其他媒体要转播需要署上原创作者的姓名，以营利为目的使用他人作品必须征得作者的同意，并支付一定的报酬。

人身利益包括人格利益和身份利益，是人格权和身份权的客体。如电台、电视台形成的知名商标和品牌利益，著名播音员、著名主持人、著名节目栏目形成的品牌利益等都属于人身利益的范畴。

（三）广播电视法律关系的内容

广播电视法律关系的内容是指广播电视运营机构、从业人员、监管机构和受众各自所享有的权利和应承担的义务。权利是指法律关系主体依法享有的某种权益或权能，义务是指法律关系主体依法承担的某种必须履行的责任。权利与义务是有机的整体，权利是履行义务的前提，义务是实现权利的基础。

1. 广播电视运营机构的权利和义务

广播电视运营机构是广播电视法律关系中最重要的主体，他们的权利主要有：①拥有独立的节目采编、制作、播放、传输的权利；②拥有独立使用运营广播电视资源的权利；③拥有节目内容创新、表现形式创新、传播手段创新、技术途径创新等权利；④拥有调查受众和了解用户需求的权利。广播电视运营机构在行使权利时不得违反相关法律的规定，不得侵犯公民个人和社会组织的合法权益。在行使权利的过程中，广播电视运营机构必须履行在节目内容、用户服务、接受监管等方面的法定义务，不断提高媒体的公信力、亲和力和感染力。在广播电视生产服务流程中，广播电台、电视台主要负责节目采编、制作、集成、播放，有义务为受众提供丰富健康的精神产品；独立制作机构、频道集成机构负责节目制作和频道集成运营；有线电视网络公司、卫星公司、无线发射台、转播台等负责广播电视节目的传输覆盖和用户服务。广播电视运营机构之间存在着委托加工、版权保护、转播服务等民事权利和义务关系。

2. 广播电视从业人员的权利和义务

广播电视从业人员包括记者、播音员、主持人、编导、制片人等及录音师、摄像师等工程技术人员，其所处的法律关系有二：一是代表广播电视运营机构行使传播的专业权利时与社会发生的传播关系，二是与所属机构之间发生的劳动关系。因此，广播电视从业人员的权利主要包括传播的专业权利和劳动权利。

就广播电视从业人员的专业权利而言，主要有两个方面：一是适用于新闻传播活动的传播权，它包括采访权、报道权、编辑权和评论权等方面。二是创作权。广播电视是艺术和技术的结合，属于意识形态和文化产品范畴，听众观众需求的是内容质量高、视听效果好的广播电视节目。创作权是广播电视从业人员的基本权利。由于广播电视的社会影响很大，因此对广播电视从业人员的素质要求较高，特别是对知名播音员、知名主持人、知名记者等公众人物的要求更高，规定了比较严格的职业道德和义务责任，《中国广播电视编辑记者职业道德准则》和《中国广播电视播音员主持人职业道德准则》对此有明确的规定。

广播电视从业人员的劳动权利源于劳动法。2003年，最高人民法院做出关于事业单位人事争议适用劳动法的司法解释（法释〔2003〕13号），对于明确广播电视从业人员的劳动权利具有重要意义。

3. 广播电视监管机构的权利和义务

广播电视监管机构的权利和义务由法律授予规定，一般表现为监管机构的职责。根据国务院办公厅《关于印发国家广播电影电视总局职能配置内设机构和人员编制规定的通知》（国办发〔1998〕92号）和中央机构编制委员会办公室《关于调整国家广电总局内设机构有关问题的批复》（中央编办复字〔2005〕168号），国家广播电影电视总局的主要职责有：①研究拟定广播电视宣传和影视创作的方针政策，指导广播电视宣传和广播影视创作，协调题材规划，指导广播电影电视管理体制改革。②研究起草广播影视法律、法规草案，制定管理规章和发展规划，监督管理广播电视节目、卫星电视节目收录和通过信息网络向公众传播的视听节目，负责用于电台、电视台播出的节目的进口管理和内容审核。③审批广播电视播出机构和广播电视节目、电视剧、电影制作单位的建立和撤销，组织审查广播电视播出的影视剧及其他节目的内容质量，发放和吊销电影摄制、公映和电视剧制作、发行许可证。④管理广播影视科技工作，制定技术政策和标准，指导高新技术的研究和开发应用，研究广播影视的经济政策。⑤按照国家的统筹规划和政策法规，对广播电视专用网进行具体规划和管理，制定具体政策和规章，指导分级建设，保证广播电视安全播出；受信息产业部委托，编制广播电视专用频段的规划，指配频率、功率等技术参数，参与制定国家信息网络总体规划。⑥领导中央人民广播电台、中国国际广播电台和中央电视台，对其重大宣传进行协调检查，统一组织管理其节目的传输覆盖。⑦研究制定广电系统外事工作规定，指导管理对外交流与合作。⑧承办党中央、国务院交办的其他事项。国家广电总局内设办公厅、宣传管理司、电影管理局、社会管理司、人事教育司、计划财务司、科技司、国际合作司、电视剧管理司、法规司、保卫司等11个职能部门。

4. 受众的权利和义务

广播电视活动的根本目的是满足人民群众的精神文化需求，这就要求在广播电视法治进程中，应当把保护受众的权益放在突出的位置上。随着人民群众生活水平的不断提高和法制意识的不断增强，要求保护消费者权益、保护受众权益的呼声越来越高，甚至一些国家还提出了"消费者至上""受众至上"的理念。在我国，受众多为公民，受众的权利与公民的权利有重叠交叉，《中华人民共和国消费者权益保护法》为受众在广播电视传播活动中的权益保护提供了较为直接的法律依据。

受众的权利主要有：①知情权。受众的知情权包含两层含义：一是受众拥有通过媒介知悉国家事务、社会公共事务和攸关自身利益的事务的权利；二是受众拥有知悉媒介本身情况的权利。知情权是公民的一项基本权利，媒介的采访权、编辑权、监督权等权利都是以此为基础的。②选择权。受众的选择权同样包含两层含义：一是受众具有选择媒介的权利，受众有权根据自己的喜好和判断收看（或不收看）某一电台、电视台的节目；二是受众对媒介报道内容的选择权，即任何人不得强制受众接受媒介传播的某项信息观念。③公平交易权。从消费视角考察，信息传播的过程也是传受双方的交易过程，为了这一交易的顺利进行，双方都要承担相应的权利和义务，但由于传播者在传播中处于强势，因而传播者需要担负更多的道德义务。在广播电视传播过程中，受众有权要求广电媒介提供的信息产品和服务物有所值、价格合理，且符合国家有关标准，遵循国家有关法规。④言论表达权。这是宪法赋予公民的基本政治权利，公民有权将自己的思想观点和意见表达出来，并通过合法的媒介渠道加以传播。⑤接近权。受众有接近和利用大众媒介发表言论和开展社会活动的权利。接近权是为实现受众知情权和言论表达权而提出的一种补充性权利，有助于受众从基本人权的角度扼制新闻传媒滥用新闻自由、垄断传播权的现象。⑥监督权。舆论监督权是受众的一项基本权利，是指受众通过一定形式的大众传媒向传播者表达公众意见、影响社会决策的权利。⑧人身权。公民的人身权包括姓名权、肖像权、名誉权、荣誉权、隐私权等，公民的人身权受到法律保护，包括广播电视传媒在内的任何组织和个人都不得非法侵犯。⑧申诉权。当受众的正当权益受到侵犯时，他们有向政府或人民法院提出申诉并要求公开道歉和赔偿的权利。根据法律关系中权利与义务对等的原则，受众在行使权利时同样不得侵害国家、社会和其他人的合法权益，滥用权利就等于权利的剥夺。

二、中国广播电视法规体系

我国立法机关和法律界多使用"法律体系"的术语，政府部门多使用"法规体系"的概念。一般来说，法律体系是指一个国家的全部法律规范，根据调整对象和调整方法的不同，划分为若干法律门类，并按照一定的原则和要求，由这些法律门类及其所包括的不同法律规范而形成的相互联系、有机统一的整体。本书认为，广播电视法规体系是以广播电视法为核心，以有关法律、法规、规章、规定为配套的整体系统，由广播电视专门法、有关法律部门的法律条文以及国际法的有关条款构成。

（一）我国广播电视专门法的四个层次

按照法律效力的等级的不同，我国广播电视专门法分为四个层次：

一是法律层次，即由全国人民代表大会及其常委会制定实施广播电视法。1986年，广播电影电视部开始调研起草《广播电视法》，1987年之后，全国人大代表多次提出制定广播电视法的议案，但因为各种原因《广播电视法》未能出台。

二是行政法规层次，即由国务院制定实施广播电视管理条例等法规。1997年7月，国务院通过了《广播电视管理条例》并发布实施。

三是地方性法规，即由各省、自治区、直辖市人民代表大会及其常委会，较大的市的人民代表大会及其常委会（包括省、自治区人民政府所在地的市，经济特区所在地的市和国务院批准的较大的市）制定在当地实施的广播电视地方性法规。如《吉林省广播电视管理条例》于1989年公布，是我国第一部广播电视管理地方性法规。

四是广播电视部门规章和地方政府规章。国务院广播电视行政管理部门可以根据法律和国务院的行政法规、决定、命令，在其职权范围内制定广播电视部门规章。各省、自治区、直辖市和较大的市的人民政府可以根据法律、行政法规和地方性法规制定在当地实施的广播电视地方政府规章。如《〈卫星广播电视地面接收设施管理规定〉实施细则》（1996年广电部令第11号）、《电视剧内容管理规定》（2010年总局令第63号）等。

目前，我国广播电视专门法多为效力等级较低的规章，迫切需要制定一部符合我国基本国情、引导促进广播电视科学发展的广播电视法。

（二）与广播电视活动相关的法律条文

在我国现行的成文法中，七大法律门类都有涉及广播电视活动的内容。

1. 宪法及其相关法

宪法及其相关法，主要规定国家的根本制度，公民的基本权利和义务，国家组织机构，维护国家主权、领土完整和国家安全等制度。我国宪法规定了国家发展为人民服务、为社会主义服务的新闻广播电视事业，规定了公民享有言论自由、科学研究自由、文艺创作自由等权利以及公民的人格尊严不受侵犯等。

2. 民商法

民商法主要调整自然人、法人和其他组织之间以平等地位而发生的各种民事商事法律关系，包括《民法通则》《物权法》《合同法》《专利法》《商标法》《著作权法》《公司法》《破产法》《证券法》《期货法》《保险法》《票据法》《海商法》等。广播电视运营者、用户以及与其他组织或个人之间发生的民事商事活动，都适用于这些法律。比如《民法通则》对公民名誉权等民事权利的规定、《合同法》对委托代理合同的规定、《著作权法》对广播电台电视台播放的规定、《证券法》对传播证券市场信息的规定等，直接规范广播电视运营者的从业活动。

3. 行政法

行政法主要调整行政主体与行政管理相对人（公民、法人和其他组织）之间因行政管理活动而发生的法律关系，包括有关行政管理主体、行政行为、行政程序、行政监督以及国家公务员制度等方面的法律规范。如违反广播电视活动，要依据《行政处罚法》进行行政处罚；广电行政部门对申请人进行行政复议，可依据《行政复议法》《行政许可法》对广播电视行政部门实施行政许可进行规定；《监狱法》规定，应组织罪犯收听收看新闻及其他有益于罪犯改造的广播影视节目；《保守国家秘密法》规定了广播电视节目应保守国家秘密的义务；《药品管理法》对药品广告的内容进行了规定；此外《治安管理处罚法》《道路交通安全法》《传染病防治法》等都规定了与广播电视相关的内容。

4. 经济法

经济法主要调整国家从社会整体利益出发对市场经济活动实行干预、管理、调控所产生的法律关系，包括调整纵向法律关系和调整横向法律关系两种不同性质的法律规范。比如《反垄断法》《反不正当竞争法》《价格法》《广告法》《消费者权益保护法》等都规范了广播电视的从业活动。

5. 社会法

社会法主要调整政府与社会之间、社会不同部分之间的法律关系，是在国家干预社会生活过程中逐渐发展起来的一个法律门类，包括劳动关系、社会保障、社会福利、特殊群体权益保障等法律。比如《劳动法》《人口与计划生育法》《国家通用语言文字法》《气象法》《环境保护法》《未成年人保护法》《预防未成年人犯罪法》《残疾人保障法》《老年人权益保障法》《教育法》《体育法》等都有涉及广播电视的条款。

6. 刑法

刑法主要调整犯罪、刑事责任和刑事处罚等法律关系。我国刑法规定了破坏广播电视罪、传播走私淫秽物品罪、传播虚假证券信息罪、侮辱诽谤罪、侵犯著作权罪、擅自设置使用无线电台罪等。

7. 诉讼和非诉讼程序法

诉讼和非诉讼程序法主要规范调整社会纠纷的诉讼活动与非诉讼活动，包括《刑事诉讼法》《民事诉讼法》《行政诉讼法》《仲裁法》《行政复议法》等。当事人对广播电视民事纠纷可按《民事诉讼法》提起诉讼；当事人对广播电视行政部门的决定不服，可按《行政诉讼法》提起行政诉讼。

（三）国际条约和国际公约中的相关条款

一些国际条约和国际公约也有涉及广播电视活动的条款。一是《经济、社会及文化权利国际公约》（1997年我国政府签署该公约，2001年我国全国人大常委会批准加入该公约）规定：缔约各国承认人人有权参加文化生活、享受科学进步及其应用所产生的利益，并给予保护。二是《公民权利和政治权利国际公约》（1998年我国政府签署该公约）规定：人人有自由发表意见的权利，包括寻求、接收和传递各种消息和思想的自由，同时负有特殊的义务和责任，即必须尊重他人的权利或名誉，保障国家安全或公共秩序或公共卫生或道德。三是《服务贸易总协定》（2001年我国加入）将广播电视作为视听服务纳入适用范围，该协定规定的跨境交付、境外消费、商业存在和自然人流动等四种服务贸易形式在广播电视领域均存在。四是《保护和促进文化表现形式多样性公约》（2006年我国加入）规定：缔约方可在其境内采取保护和促进文化表现形式多样性的措施，包括旨在加强媒体多样性的措施，包括运用公共广播服务。此外，《世界版权公约》《伯尔尼保护文学和艺术作品公约》《世界知识产权组织表演和录音制品条约》《保护表演者、录音制品制作者和广播组织的国际公约》等国际公约（条约）也对广播电视运营机构规定了相应的权利和义务。

三、广播电视法规体系的主要内容

从各国广播电视立法看，广播电视法规体系包括广播电视所有权制度、行政许可、监管机构、节目标准规范、传输覆盖网络、用户保护、法律责任和法律救济等内容。由于我国广播电台、电视台等运营机构的体制机制改革仍处于变动过程中，广播电视监管机构的职能（"三定方案"）主要由各级机构编制委员会负责确定，因此，目前我国广播电视法规里缺乏广播电视所有权、监管机构这两方面的内容，但对行政许可、节目标准规范、网络安全、用户接收、涉外事务、法律责任和法律救济等内容做了详细规定。

（一）广播电视行政许可

行政许可是指行政机关根据公民、法人或者其他组织的申请，经依法审查，准予其从事特定活动的行为。行政许可制度是国际通行的广播电视管理手段，是我国广播电视法规体系的重要内容，也是我国广播电视管理的重要手段。

1. 广播电视行政许可的类型

我国广播电视行政许可项目较多，涵盖范围较宽。根据《行政许可法》的要求，国家广电总局对行政许可项目进行了清理。我国广播电视审批项目共 27 项：其中，行政法规设定的 11 项，《国务院对确需保留的行政审批项目设定行政许可的决定》（2004 年国务院令第 412 号）中设定的 12 项，《国务院办公厅关于保留部分非行政许可审批项目的通知》（国办发〔2004〕62 号）保留的非行政许可审批项目 4 项。这 27 项审批项目涵盖了广播电视节目制作、播出、传输、发射、接收等各个环节，既包括了传统的广播电视传播活动，又包括了互联网等信息网络传播视听节目活动。

（1）广播电视业务准入审批

广播电视业务活动主要包括节目制作、节目播出、节目传输等活动，许可项目有：设立终止广播电台、电视台（含分台、教育电视台）及变更台名、台标、节目设置范围、节目套数和跨地区经营审批，设立电视剧制作单位审批，设立广播电视节目制作经营单位审批，广播电视专用频段频率指配，引进用于广播电台、电视台播放的境外电影、电视剧及其他广播电视节目审批，广播电台、电视台以卫星等传输方式进口、转播境外广播电视节目批准，举办国际性广播电视交流交易活动批准，乡镇设立广播电视站和机关、部队、团体、企事业单位设立有线广播电视站审核，开办视频点播业务批准，网上传播视听节目许可证核发，省级行政区域内或跨省经营广播电视节目传送业务批准，境外广播电影电视机构在华设立办事机构审批，影视节目制作机构与外方合作制作电视剧审批，境外卫星电视频道落地审批，建立城市社区有线电视系统审批，付费频道开办、终止及节目设置调整和播出区域、呼号、标识、识别号审批，国产电视剧题材规划立项和电视剧片审查，广播电视播出机构赴境外租买频道、办台审批，广播电视传输网络公司股权性融资审批，广播电台、电视台开办群众参与的广播电视直播节目审批，境外人员及机构参加广播影视节目制作审批等。

（2）广播电视设备设施审批

许可项目有：进口卫星电视广播地面接收设施证明核发，设置卫星地面接收设施审批，迁建广播电视设施审核，无线广播电视发射设备订购证明核发，广播电视设备器材入网认定等。

（3）广播电视从业人员资格准入

广播电视从业人员资格准入主要是广播电视新闻采编人员、播音员、主持人实行资格认定。为规范广播电视编辑、记者、播音员、主持人执业资格管理，提高从业人员素质，加强广播电视队伍建设，我国于2004年8月1日起，正式实施《广播电视编辑、记者、播音员、主持人的资格管理暂行规定》，适用于广播电视编辑记者、播音员主持人资格考试、执业注册、证书发放与管理等活动。

2. 行政许可制度的问题及建议

与其他国家和地区相比，我国广播电视行政许可事项过多过细，有的许可事项存在交叉，比如视频点播业务许可、网络传播视听节目许可、广播电视节目传送业务许可就存在交叉问题；有的许可事项存在对象不准的问题，比如视频点播本是有线网络的一种功能，视频点播业务许可最初适用的对象是宾馆饭店的有线电视网络系统，而后引申到适用电台、电视台，但是绝大多数电台、电视台本身没有有线网络，从而造成许可对象与业务开展脱节。为此，应当按照加强管理、保障权益、加快发展的原则，对我国广播电视许可事项进行归并，主要包括以下十类：①广播电台、电视台（站）许可；②节目制作经营许可；③付费频道经营许可；④有线广播电视经营许可；⑤卫星广播电视经营许可；⑥无线发射台、转播台许可；⑦电信网、互联网提供视听节目服务许可；⑧卫星地面接收设施使用许可；⑨广播电视设备器材入网认定；⑩广播电视编辑、记者、播音员、主持人资格认定。

（二）节目标准规范

广播电视是我们党、政府和人民的喉舌，承担着宣传党的主张、弘扬社会正气、通达社情民意、引导社会热点、疏导公众情绪、搞好舆论监督等社会责任。坚持正确舆论导向，为我国改革发展稳定工作大局营造良好的思想舆论氛围，是广播电视节目标准规范的最基本要求。我国广播电视法规体系中，节目标准规范的数量很大，规定很翔实烦琐，大致包括以下内容：

1. 明确了广播电视节目禁止载有的内容

根据《广播电视管理条例》和《电视剧审查管理规定》，我国广播电视节目禁止载有以下内容：①反对宪法确定的基本原则的；②危害国家统一、主权和领土完整的；③泄露国家秘密、危害国家安全或者损害国家荣誉和利益的；④煽动民族仇恨、民族歧视，破坏民族团结，或者不尊重民族风俗、习惯的；⑤宣扬邪教、迷信的；⑥扰乱社会秩序、破坏社会稳定的；⑦宣扬淫秽、赌博、暴力或者教唆犯罪的；⑧侮辱或者诽谤他人，侵害他人合法权益的；⑨危害社会公德或者民族优秀文化传统的；⑩有法律、行政法规和国家规定禁止的其他内容。此外，我国广播电视节目还禁止载有以下内容：①没有取得节目制作经营许可证的单位制作的节目；②未经审查批准的境外电影、电视剧和其他节目；③按照《著作权法》规定未经著作权人许可的作品；④未经批准擅自以卫星等传输方式进口、转播的境外广播电视节目；⑤教育电视台播放与教学内容无关的电影、电视片。

2. 对广播电视节目实行两种审查制度

两种审查制度：一种是播出机构审查，即广播电台、电视台对其播放的节目内容进行播前审查、重播重审；付费频道开办机构对付费频道的节目内容进行播前审查、重播重审。第二种是政府审查，对用于广播电台、电视台播放的境外电影、电视剧，由国务院广播电视行政部门进行审查批准；对国产和合拍电视剧的制作完成片，由国家广电总局和省级广播电视行政部门的审查机构依职权和分工负责审查批准。

3. 对广播电视节目实行事后监测评议制度

《卫星传输广播电视节目管理办法》要求广播电视行政部门设立监测中心，对卫星节目进行监测，定期报告监测情况；要求设立视听评议机构，对卫星节目进行收听收看和评议，定期公布评议结果。《广播电视广告播放管理暂行办法》要求建立广播电视广告监听监看制度，对发现的问题及时进行处理。目前，我国已基本建成境内与境外相结合的广播电视监测网，可以对卫星广播电视、中短波广播、城市有线电视等进行全天候监测，对卫星广播电视进行视听评议。

4. 对广告节目、直播节目、付费节目、残疾人节目等做了特别的规定

《广播电视广告播放管理暂行办法》对广播电视广告节目的用语、画面、广告播放时间比例、广告插播、广告禁播、广告与其他节目的区分标志等做了全面规范。要求广播电台、电视台每套节目中每天播放公益广告的数量不得少于广告总播出量的3%，每套节目每天播放广播电视广告的比例，不得超过该套节目每天播出总量的20%，不得随意插播广告；要求发射台、转播台、有线广播电视传输网络机构在转播传输广播电视节目时，不得以任何形式插播自行组织的广告，不得随意切换原广告，不得以游动字幕、叠加字幕等形式播放广告。

为了确保导向正确和播出安全、防止出现政治性事故，我国加强了对直播节目的管理。中宣部、国家广电总局联合下发了《关于加强广播电视群众

参与的直播节目管理的通知》(广发编字〔1999〕703号),国家广电总局制定下发了《群众参与的广播电视直播节目管理暂行办法》(广发编字〔1999〕746号)、《关于群众参与的广播电视直播节目必须延时播出的通知》(广发编字〔2004〕239号),对广播电台、电视台开办群众参与的直播节目的条件做了规定,并要求所有群众参与的直播节目必须延时播出。

《广播电视有线数字付费频道业务管理暂行办法》规定,付费频道节目应符合专业化、对象化的要求,专业性、对象性节目的播出时间不得低于当天总播出时间的90%;付费频道的新闻类或信息类节目应真实、及时、公正,非影视剧付费频道不得播出影视剧节目;付费频道不得播出除推销付费频道的广告之外的商业广告,但经批准的专门播出广告或广告信息类服务的频道除外。

我国《残疾人保障法》规定:要通过广播、电影、电视、报刊、图书等形式,反映残疾人生活,为残疾人服务,丰富残疾人的精神文化生活;要开办电视手语节目,在部分影视作品中增加字幕、解说。目前我国电视台开办电视手语节目的数量不多、栏目不多,需要加强对残疾人的视听权益的保障。

(三) 网络安全

广播电视网络安全直接关系到广播电视节目的安全播出和安全传输,直接关系到广大听众观众接收广播电视的质量和效果。广播电视网络安全包括设施安全和信号安全两个方面。

1. 确保广播电视设施安全

广播电视设施是从事广播电视活动的物质基础。我国对广播电视设施安全实行特殊保护制度。《广播电视管理条例》规定:任何单位和个人不得冲击广播电台、电视台,不得损坏广播电台、电视台的设施,不得危害其安全播出;禁止任何单位和个人侵占、哄抢或以其他方式破坏广播电视传输覆盖网的设施。《广播电视设施保护条例》细化了保护措施:一是对危及广播电视设施安全、危及广播电视信号发射设施安全、危及广播电视专用传输设施安全、危及广播电视监测设施安全的各种行为分别做了禁止性规定。二是对新建、扩建广播电视设施做了义务性规定。新建、扩建广播电视设施,应当按照国家有关规定选址,避开各种干扰源;广播电视信号发射设施建设,应当符合国家有关电磁波防护和卫生标准;在已有发射设施的场强区内,兴建机关、工厂、学校、商店、居民住宅等设施的,应当遵守本条例的规定,应当符合国家有关电磁波防护和卫生标准。三是对可能危及广播电视设施安全的行为进行了规定。比如规定在天线、馈线周围500米范围外进行烧荒等活动，可能危及广播电视设施安全的，应当事先通知广播电视设施管理单位，并采取有效防范措施后方可进行。四是对广播电视设施的专用供电、供水、通信等进行了规定，要求有关部门或单位应予以保障，要求对重要的广播电视设施配备备用电源、水源等设施。五是对各种危及广播电视设施安全的行为规定了处罚措施。此外，我国《刑法》规定：破坏广播电视设施，危害公共安全的，处三年以上七年以下有期徒刑；造成严重后果的，处七年以上有期徒刑。《治安管理处罚法》规定：盗窃、损毁广播电视设施的，处十日以上十五日以下拘留。

2. 确保广播电视信号安全

广播电视信号是广播电视节目内容的物质表现形式，包括电信号、数字信号等方式。广播电视信号安全关系到广播电视运营者的合法权益和广大听众观众的视听权益。《国际电信联盟组织法》第45条第一款规定：所有电台，不论其用途如何，在建立和使用时均不得对其他会员，或对经认可的业务经营机构，或对其他经正式核准开办无线电业务并按照无线电规则操作的业务经营机构的无线电业务或通信造成有害干扰。我国《广播电视管理条例》规定：任何单位和个人不得侵占、干扰广播电视专用频率，不得擅自截传、干扰、解扰广播电视信号。对违反者，由广播电视行政部门责令停止违法活动，给予警告，没收违法所得和从事违法活动的专用工具、设备，可以并处2万元以下的罚款；情节严重的，由原批准机关吊销许可证。《无线电管理条例》规定：对于干扰无线电业务的，由国家无线电管理机构或者地方无线电管理机构根据具体情况给予警告、查封或者没收设备、没收非法所得的处罚；情节严重的，可以并处1000元以上、5000元以下的罚款或者吊销其电台执照。

（四）用户接收

广播电视节目采编、制作、播出、传输、覆盖、接收等各个环节构成了完整的广播电视传播链。用户是广播电视传播链的终端，也是广播电视服务的最终受用者。为了维护广播电视业者和用户的合法权益，我国涉及广播电视用户权益的制度主要有：广播电视普遍服务制度、卫星广播电视地面接收许可制度、有线电视收费制度。

1. 广播电视普遍服务制度

广播电视普遍服务包括两个方面的内容：一是国民能够普遍接收到广播电视信号，二是广播电视内容能够满足国民的普遍需求。我国广播电视普遍服务实行分级负责制：中央广播电视机构负责全国性节目、对外节目、民族节目的制作、播放和传输覆盖；省（区、市）、地市、县广播电视机构负责本地节目、专题节目、民族节目的制作、播放、传输覆盖以及中央节目的转播覆盖。

1983年中共中央《关于批转广播电视部党组〈关于广播电视工作的汇报提纲〉的通知》（中央〔1983〕37号）规定我国中央、省、地市、县四级政府办广播、办电视、四级混合覆盖，这构成了我国广播电视普遍服务的基本框架。该通知规定广播电视普遍服务的目标任务是：①在我国建成一个具有中国特色的、中央和地方、无线和有线相结合的、城市和农村、对内和对外并重的社会主义现代化广播电视宣传网，努力做到县县、乡乡、队队都通广播电视，户户、人人都能听到广播、看到电视，为全中国人民和全世界人民服务。②扬独家之优势，汇天下之精华，集中力量办好各方面群众共同感兴趣的节目；同时根据需要和可能开办不同的广播电视节目，适当满足不同职业、不同年龄、不同文化水平、不同兴趣和爱好的听众观众的特殊需求。国务院办公厅《关于进一步做好新时期广播电视村村通工作的通知》（国办发〔2006〕79号）完善了我国广播电视普遍服务制度，规定居住分散的边远地区群众可以采取卫星接收方式，接收包括中央和本省的4套以上的广播节目和8套以上的电视节目；明确要求中央、省、地市、县四级政府加大对无线覆盖的投入，确保广大农村地区群众能够无偿接收到包括中央一套广播、中央一套和中央七套电视频道在内的4套以上的无线广播电视节目；明确要求增加科技兴农、法律知识、卫生防疫、文化娱乐等服务"三农"的广播电视节目，增加节目播出时间，提高节目制作质量。

《广电总局关于在有线电视数字化推进工作中进一步严格规范、加强服务的通知》（广发〔2008〕3号）要求：实施有线电视数字化整体转换的地区，必须保留至少六个模拟频道，转播中央、省（市）和当地电视台的主要节目，供没有机顶盒的用户接收，确保党和政府的声音进入千家万户。这是我国有线电视运营者实施数字化转换时应当承担的普遍服务义务。

2. 卫星广播电视地面接收许可制度

卫星广播电视地面接收许可有两种方式：一种是民事许可方式，即公民可以通过与卫星运营商签订授权合同，安装卫星接收设施，收听收看卫星广播电视节目。另一种是行政许可方式，即公民安装卫星接收设施接收卫星节目，须经行政主管部门批准。我国对卫星地面接收设施的生产、进口、销售、安装和使用实行许可制度，个人不得安装和使用卫星地面接收设施，如有特殊情况，个人确实需要安装和使用卫星地面接收设施并符合国务院广播电影电视行政部门规定的许可条件的，必须向所在单位提出申请，经当地县、市人民政府广播电视行政部门同意后报省、自治区、直辖市人民政府广播电视行政部门审批。随着卫星技术的发展，卫星接收天线日益小型化，安装使用卫星接收设施越来越简便，我国卫星接收设施管理面临着技术发展迅速、群众需求迫切、经济利益驱动、市场争夺激烈、意识形态渗透等新的课题和难题。同时，随着人民群众民主法制意识的增强，我国卫星接收设施管理需要调整思路、突出重点、健全法律、转变方式、强化服务，建立起维护国家信息和文化安全、保护公民的合法视听权益、促进卫星广播电视健康有序发展的管理体制机制。

3. 有线电视收费制度

我国有线电视收费大致分为三种类型：一是有线电视基本收视维护费实行政府定价。按照《有线电视基本收视维护费管理暂行办法》的规定，有线电视基本收视维护费的收费标准由价格主管部门制定。制定和调整有线电视基本收视维护费收费标准，应执行《政府价格决策听证办法》和《政府制定价格行为规则（试行）》等规定举行价格听证会，应充分考虑到当地的经济社会发展总体水平，充分考虑社会各阶层的经济承受能力和心理承受能力，特别要对低收入家庭，给予相应的资费减免优惠政策。二是中央电视台加密播出的第三套（综艺频道）、第五套（体育频道）、第六套（电影频道）、第八套（电视剧频道）节目的收视费实行政府定价，有线电视用户每月每户收视费在1~2元。1995年国家计委对中央电视台新开办的电影、体育、文艺卫星（有线）电视节目的收费，规定以各有线电视台入网户数为计费基础，每户每月不超过2元，少数民族及边远地区每户每月不超过1元，由中央电视台与各有线电视台商定具体标准。三是有线电视提供的付费节目、视频点播、电视商务等增值业务服务实行市场定价，由经营者与用户协商价格标准，由用户自由选择、自愿订购。

（五）涉外事务

随着卫星、数字、网络等信息技术的快速发展，广播电视全球覆盖已成为现实，广播电视国际贸易活动越来越多，《服务贸易总协定》《与贸易有关的知识产权协定》等国际公约对包括广播电视在内的国际服务贸易进行了规范。广播电视属于媒体服务，不仅关系到一个国家的经济贸易问题，更关系到一个国家的政治利益和文化权益，因此各国法律一般都限制外资、外国人进入本国广播电视服务领域，以保护民族文化和国内市场。

根据《服务贸易总协定》的规定，服务贸易包括跨境交付、境外消费、商业存在和自然人流动等四种形式：第一，跨境交付是指服务的提供者在一成员的领土内向另一成员领土的消费者提供服务。例如，一成员的广播电视运营商向另一成员境内提供卫星广播电视、中短波广播及网上广播电视等服务。第二，境外消费是指服务的提供者在一成员的领土内向来自另一成员的消费者提供服务。例如，一成员的消费者到另一成员的领土内享受广播电视服务。第三，商业存在是指一成员的服务提供者在另一成员领土内设立商业机构或专业机构，为后者领土内的消费者提供服务。例如，一成员的广播电视公司到另一成员领土内开设分公司、子公司等，提供广播电视服务。第四，自然人流动是指一成员的服务提供者以自然人的身份进入另一成员的领土内提供服务。例如一成员的节目主持人、编辑、记者等到另一成员领土内直接提供节目主持、采编等业务服务。这四种服务贸易形式在我国广播电视领域均存在。

尽管我国加入世界贸易组织时没有承诺对外开放广播电视，但事实上，我国广播电视是对外有限开放的：一是允许通过贷款等方式，利用境外资金投入广播电视建设；二是允许境外机构设立驻华广播电视办事机构；三是允许境内电台、电视台引进播出境外节目；四是允许中外合作制作（联合制作、协作制作、委托制作）电视剧、电视动画片等节目；五是鼓励外商投资生产先进的数字广播电视技术设备等。

（六）法律责任和法律救济

法律责任是指广播电视运营者、监管者、受众（用户）及其他当事人因违反了法律规定的义务而必须承担的法律后果，包括行政法律责任、民事法律责任和刑事法律责任。法律救济是指广播电视运营者、用户及其他当事人的合法权利受到侵害，可以从法律上获得自行解决，或者请求法院及其他机关给予解决，使其受到损害的权益得到补救。法律救济的途径和形式多种多样，主要有行政复议制度、行政诉讼制度、民事诉讼制度、刑事诉讼制度、国家赔偿制度以及投诉申诉制度等。

1. 行政法律责任与行政救济

广播电视运营者、监管者、受众（用户）及其他当事人违反行政法律规定的义务，应当承担相应的行政法律责任。《广播电视管理条例》等法规对广播电视运营者、受众及其他当事人的违法行为以及相应的行政处罚进行了规定，对广播电视工作人员（共产党员）、监管者的违法行为以及相应的党纪处分、行政处分进行了规定。

我国法律规定的广播电视违法行为有：①擅自设立广播电台、电视台、教育电视台、有线广播电视传输覆盖网、广播电视站、广播电视发射台、转播台、微波站、卫星上行站、广播电视节目制作经营单位或者擅自制作电视剧及其他广播电视节目的；②擅自生产、销售、安装和使用卫星地面接收设施的；③制作、播放、向境外提供含有法律规定禁播内容的节目的；④未经批准，擅自变更台名、台标、节目设置范围或者节目套数的；⑤出租、转让播出时段的；⑥转播、播放广播电视节目违反规定的；⑦播放境外广播电视节目或者广告的时间超出规定的；⑧播放未取得广播电视节目制作经营许可的单位制作的广播电视节目或者未取得电视剧制作许可的单位制作的电视剧的；⑨播放未经批准的境外电影、电视剧和其他广播电视节目的；⑩教育电视台播放《广播电视管理条例》第四十四条规定禁止播放的节目的；⑪未经批准，擅自举办广播电视节目交流、交易活动的；⑫出租、转让频率、频段，擅自变更广播电视发射台、转播台技术参数的；⑬广播电视发射台、转播台擅自播放自办节目、插播广告的；⑭未经批准，擅自利用卫星方式传输广播电视节目的；⑮未经批准，擅自以卫星等传输方式进口、转播境外广播电视节目的；⑯未经批准，擅自利用有线广播电视传输覆盖网播放节目的；⑰未经批准，擅自进行广播电视传输覆盖网的工程选址、设计、施工、安装的；⑱侵占、干扰广播电视专用频率，擅自截传、干扰、解扰广播电视信号的；⑲危害广播电台、电视台安全播出的，破坏广播电视设施的；⑳在广播电视设施保护范围内进行建筑施工、兴建设施或者爆破作业、烧荒等活动的；㉑损坏广播电视设施的；㉒在广播电视设施保护范围内种植树木、农作物的；㉓在广播电视设施保护范围内堆放金属物品、易燃易爆物品或者设置金属构件、倾倒腐蚀性物品的；㉔在广播电视设施保护范围内钻探、打桩、抛锚、拖锚、挖沙、取土的；㉕在广播电视设施保护范围内拴系牲畜、悬挂物品、攀附农作物的；㉖未经同意，在广播电视传输线路保护范围内堆放笨重物品、种植树木、平整土地的；㉗未经同意，在天线、馈线保护范围外进行烧荒等的；㉘未经同意，在广播电视传输线路上接挂、调整、安装、插接收听、收视设备的；㉙未经同意，在天线场地敷设或者在架空传输线路上附挂电力、通信线路的。

对于广播电视违法行为，广播电视行政部门及有关部门应当按照各自的权限和程序实施警告、罚款、没收违法所得和非法财物、责令停止违法活动、吊销许可证等行政处罚。公民、法人或者其他组织对行政机关所给予的行政处罚，享有陈述权、申辩权；对行政处罚不服的，有权依法申请行政复议或者提起行政诉讼；对行政机关违法给予行政处罚受到损害的，有权依法提出赔偿要求。

广播电视播出机构工作人员违反宣传纪律的，广播电视行政部门及其工作人员在广播电视管理工作中滥用职权、玩忽职守、徇私舞弊，尚不构成犯罪的，依法给予行政处分，包括警告、记过、记大过、降级、降职、撤职、开除留用察看、开除等；对行政处分不服的，可以进行申诉。对于广播电视播出机构中的共产党员违反宣传纪律的，给予警告、严重警告、撤销党内职务、留党察看、开除党籍等党纪处分，受处分的党员可以进行申诉。

2. 刑事法律责任与诉讼救济

广播电视运营者、监管者、受众（用户）及其他当事人违反刑法规定的义务，应当承担相应的刑事法律责任。我国刑法规定的涉及广播电视领域的犯罪行为主要有：破坏广播电视设施罪，制作、贩卖、传播淫秽物品罪，擅自设置无线电视台（站）、擅自占用频率罪，虚假广告罪，侮辱诽谤罪，渎职罪等。由司法机关对犯罪分子进行刑事处罚，包括管制、拘役、有期徒刑、无期徒刑、死刑，以及罚金、剥夺政治权利、没收财产等。当事人可以通过辩护、回避、上诉、申诉等刑事诉讼制度，维护自己的合法权益。

3. 民事法律责任与民事救济

广播电视运营者、监管者、受众（用户）及其他当事人违反民事法律规定的义务，应当承担相应的民事法律责任。涉及广播电视的民事纠纷主要有著作权纠纷、名誉权纠纷、服务质量纠纷等。承担民事责任的方式主要有停止侵害，排除妨碍，消除危险，返还财产，恢复原状，修理、重作、更换，赔偿损失，支付违约金，消除影响，恢复名誉，赔礼道歉等。当事人可以通过委托代理、申请回避、上诉、申诉等民事诉讼制度，维护自己的合法权益。

2011年5月9日，国家广电总局办公厅向各省、自治区、直辖市广播影视局，新疆生产建设兵团广播电视局，中央三台、中国教育电视台、电影频道节目中心发出《关于停止播放"变通通便胶囊"等44条电视购物短片广告的通知》。通知说，日前，一些电视台播放的"变通通便胶囊""中国共产党党史珍邮""魔力秀腿鞋""白大夫一针白""小雷达手机"等44条电视购物短片广告的内容违反了《广播电视广告播出管理办法》（广电总局61号令）、《广电总局关于加强电视购物短片广告和居家购物节目管理的通知》（广发〔2009〕71号）和《广电总局关于进一步加强广播电视广告审查和监管工作的通知》（广发〔2010〕21号）的规定，主要是"变通通便胶囊"购物短片广告，属于71号文件第五条明令禁止播出的药品电视购物短片广告。

第三节 中国广播电视法治建设前瞻

法制建设属于上层建筑的范畴，是由经济基础决定的，同时反作用于经济基础和生产力发展。当前，我国广播电视已进入更多地依靠科技创新推动快速发展的新阶段，已进入更多地依靠统筹兼顾推动协调持续发展的新阶段，已进入更多地依靠法律治理推动健康有序发展的新阶段。广播电视要始终确保导向正确、确保安全运行，都必须加强法治建设，解决立法滞后的"瓶颈"，努力做到有法可依、有法必依、执法必严、违法必究，更好地发挥广播电视在社会主义民主政治、市场经济、先进文化、和谐社会建设中的重要作用。

一、广播电视立法任务

目前，我国已初步建立了以《广播电视管理条例》《广播电视设施保护条例》为核心的广播电视法规体系，但是存在法律效力低、规定过于原则、权威性不够、可操作性较差、理论准备不足等问题，亟待制定一部符合我国基本国情的广播电视法。

当前制定广播电视法的时机已基本成熟，主要表现在五个方面：一是我们党和国家对广播电视的方针政策非常明确，许多方针政策已被实践证明是科学、可行和成功的，完全可以通过法定程序上升为国家法律。特别是党的十七大提出，兴起社会主义文化建设的新高潮，推动社会主义文化大发展大繁荣。文化领域立法滞后已经成为突出问题。由于广播电视覆盖面广，社会影响大，乱播滥放以及低俗化问题屡禁不止，完全有必要制定广播电视法。二是我国广播电视发展迅速、规模庞大、种类很多、竞争激烈，难以有效管理，迫切要求制定广播电视法予以规范。三是我国涉及广播电视的法律、法规、规章很多，为制定广播电视法提供了坚实的法律基础。四是我国人民群众物质文化生活水平不断提高，民主法治意识不断增强，对广播电视等文化消费的要求越来越高，对广播电视依法行政、依法管理的呼声越来越强烈，制定广播电视法的外部舆论环境已具备。五是我国实施联合国人权公约的压力越来越大，我国已加入《经济、社会及文化权利国际公约》，正在研究加入《公民权利和政治权利国际公约》，制定广播电视法，有利于保证国际公约在我国的正确实施、维护我国作为负责任大国的国际形象。

当然制定广播电视法也存在一些争议点：一是如何落实党的十七大报告提出的"保障人民的知情权、参与权、表达权、监督权"以及宪法规定的

"国家发展为人民服务、为社会主义服务的文学艺术事业、新闻广播电视事业"和"公民有言论、出版……的自由"。这关系到制定广播电视法的宪法依据问题。二是如何表述广播电视的所有权结构,即哪些属于国家所有、哪些属于集体所有、哪些属于私人所有、各自的组织结构如何界定等。这关系到广播电视生产关系是否与生产力发展相适应的问题。三是如何科学设计广播电视的监管体制和运营机制。是借鉴国外经验、全国统一垂直监管,还是继续分级负责、属地监管?是所有电台、电视台继续按照事业单位体制运营,还是有选择地将部分台、部分频道(频率)实行企业体制运营?这直接关系到广播电视全国统一市场的建立和运营主体的内部活力。四是如何平衡广播电视业者与我们党和国家、社会公众、公民个人之间的利益关系。既要维护广播电视业者依法独立行使采访报道权,又要保证党的领导、国家的安全、社会的公共利益和公民个人的合法权益。这些争议点不能成为广播电视法制定时机不成熟的理由。相反,国家有关部门可以通过起草广播电视法,加强立法调研,理清立法难点,借鉴境外的成功经验,从我国广播电视的性质、功能和任务出发,制定出一部有中国特色的广播电视法,引领和保障我国广播电视科学健康有序发展。

根据《国家广电总局 2008 年立法计划》,当前广播电视立法任务主要有:①推动《广播电视传输保障法》的起草修改,规范广播电视传输活动和传输秩序,确保传输安全和信息安全,维护传输业者的合法权益和人民群众的视听权益。②推动《广播电台电视台法定许可播放录音制品支付报酬办法》的起草修订,明确报酬支付的具体办法,维护著作权人的合法权益。③推动《卫星电视广播地面接收设施管理规定》的立法解释,满足广大农村群众通过卫星方式接收广播电视的实际需求,加强卫星接收设施的有效监管。④修订《广播电视付费频道业务管理暂行办法》《广播电视广告播放管理暂行办法》《电视剧审查管理规定》《广播电视编辑记者、播音员主持人资格管理暂行规定》等规章,起草《有线数字电视服务质量监督管理办法》《公共场所视听载体管理办法》等规章。

二、广播电视行政执法任务

行政执法是指行政机关进行行政许可、行政调查、行政处罚、行政复议、行政裁决等执法活动,是政府进行市场监管、社会管理、推动法律实施的重要手段。行政许可是指行政机关根据公民、法人或者其他组织的申请,经依法审查,准予其从事特定活动的行为。行政调查是行政机关对公民、法人和组织的个人信息档案、从事商业经营和公共事业活动的信息档案进行调查,获取有关证据材料。行政处罚是指行政机关对违反行政法律规范的公民、法人和其他组织给予的制裁,包括警告、罚款、没收违法所得和非法财物、责令停产停业、暂扣或者吊销许可证或执照、行政拘留等处罚。行政复议是指公民、法人或其他组织认为行政机关的具体行政行为侵犯其合法权益,按照法定的程序和条件向做出该具体行政行为的上一级行政机关提出申请,受理申请的行政机关对该具体行政行为进行复查,并做出复议决定的活动。当事人对行政复议决定不服的,可以依法提起行政诉讼。行政裁决是指行政机关对公民、法人或其他组织之间存在的民事争议进行调解裁决。当事人不服行政裁决决定的,可以向法院提起民事诉讼。在广播电视领域,这几种行政执法形式都存在。

广播电视行政执法的主体是中央和地方各级政府广播电视行政部门。比如国家广电总局和各省广电局主要进行行政许可、行政复议等执法活动,市(地)、县广电局主要进行行政处罚、行政调查等执法活动。广播电视行政执法的对象包括系统内的广播电台、电视台、发射台、转播台、广播电视站、有线网络公司等,也包括系统外的宾馆饭店等其他组织或个人。

加强广播电视行政执法,其主要任务:一是要严格遵守《广播电视管理条例》《广播电视设施保护条例》《卫星电视广播地面接收设施管理规定》《有线电视管理暂行办法》《卫星地面接收设施接收外国卫星传送电视节目管理办法》等法规规定的执法项目,不能擅自设立执法名目,不能超越职权进行执法。二是要严格遵循《行政许可法》《行政处罚法》等法律规定的执法程序,不能违反行政执法程序。三是要加强执法检查,严格推行行政执法责任制。要按照国务院办公厅《关于推行行政执法责任制的若干意见》(国办发〔2005〕37号)的要求,梳理执法依据,分解执法职权,确定执法责任,建立评议考核机制和奖罚机制,建立严格执法、公正执法、文明执法的良好环境。四是要坚持执法与服务并重,增强服务意识,强化公共服务,努力建设法治政府和服务型政府。2010年11月11日,国家广电总局向各省、自治区、直辖市广播影视局,新疆生产建设兵团广播电视局,总局机关各司局、直属各单位发出《广电总局关于印发加强法治政府建设工作规划的通知》,对依法行政和规范广播影视执法行为做出具体规定,表明在广播电视法治建设的过程中,广播电视的行政执法依然是一项长期而重要的任务。

三、广播电视普法任务

我国是人民民主专政的社会主义国家,法律是人民意志的体现,是社会和谐的调节器,是社会生产力发展的助推器。要使法律转化为人民群众的自觉守法行动，构建和谐社会，必须加强普法，加强法制宣传教育，牢固树立公平正义的社会主义法治理念，努力在全社会形成知法、守法、用法的良好氛围，让人民群众成为推动法律实施的主体。我国非常重视法制宣传教育普及工作，从1986年开始到2005年，我国实施了4个五年普法规划。2001年，中共中央、国务院转发的"四五"普法规划确定每年12月4日为全国法制宣传日。

2006年，中共中央、国务院转发了《中央宣传部、司法部关于在公民中开展法制宣传教育的第五个五年规划》，提出法制宣传教育的对象是一切有接受教育能力的公民，重点领导干部、公务员、青少年、企业经营管理人员和农民群众；指出法制宣传教育工作要坚持围绕中心、服务大局，坚持以人为本、服务群众，坚持求实创新、与时俱进，坚持从实际出发、分类指导；明确法制宣传教育工作有7项主要任务：一是深入学习宣传宪法，二是深入学习宣传经济社会发展的相关法律法规，三是深入学习宣传与群众生产生活密切相关的法律法规，四是深入学习宣传整顿和规范市场经济秩序的法律法规，五是深入学习宣传维护社会和谐稳定、促进社会公平正义的相关法律法规，六是坚持普法与法治实践相结合、大力开展依法治理，七是组织开展法制宣传教育主题活动。全国人大常委会通过了《关于加强法制宣传教育的决议》。国家广电总局印发的《全国广播影视系统法制宣传教育第五个五年规划》(广发〔2006〕34号)对广播影视法制宣传教育工作的指导思想、主要目标、工作原则、主要任务、工作安排、组织领导等做了全面规定。

广播电视是我国覆盖面最广、最为普及的大众传播工具和信息载体，承担着开展公益性法制宣传教育的社会责任，是推动法制宣传教育工作的重要方面军。要坚持"三贴近"，加强广播电视法制节目的制作，扩展报道范围，丰富节目形态，提高节目质量，增强法制节目的吸引力、感染力、说服力和公信力，发挥广播电视在"法律进机关""法律进乡村""法律进社区""法律进学校""法律进企业""法律进单位"等活动中的重要作用。要加强广电系统领导干部的法制宣传教育，提高依法决策、依法管理的水平；要加强广电系统公务员的法制宣传教育，提高依法行政、依法办事的水平；要加强广播电视编辑、记者、播音员、主持人、制片人的法制宣传教育，提高从业人员的法律素养和职业道德修养；要加强广播电视经营管理人员的法制宣传教育，提高依法经营的水平。同时要加强广播电视法规的宣传教育，为我国广播电视立法、执法、法律监督营造良好的社会环境。

四、广播电视法律监督和执法监察任务

法律监督是指检察机关依照法定程序，检查、督促和纠正法律实施过程中存在的违法情况，以维护国家法制的统一和法律正确实施的一项专门工作。我国宪法规定：人民检察院是国家的法律监督机关，依照法律规定独立行使检察权，不受行政机关、社会团体和个人的干涉。人民检察院主要对公安机关、人民法院、监狱、看守所、劳动改造机关的活动是否合法实行监督。对广播电视行政部门以及有关运营机构的活动是否合法进行的监督，不属于人民检察院的职权范围。但是如果广播电视工作人员因为违反刑法而被司法机关追究的，人民检察院应对司法机关的侦查、审判、执行等活动进行监督。

执法监察是指监察机关对国家公务员以及行政机关任命的其他人员执行法律法规、政策决定的情况进行监督检查、纠错惩戒等活动，目的是保证政令畅通、维护行政纪律、加强廉政建设、严格行政执法、改善行政管理、提高行政效能。《行政监察法》对监察机关的职责、权限、监察程序、法律责任等进行了规定。执法监察属于行政监督的范畴，我国政府的监察机关与党的纪检机关一般合署办公，党政监督合一。这一点在我国广播电视领域体现得更加突出。广播电视是我们党、政府和人民的喉舌，各级广播电视播出机构既是党的宣传机构，也是政府的事业单位。在广播电视播出机构的工作人员中，共产党员的比例较高，对广播电视播出机构及其工作人员的监督充分体现了党政监督合一的特点。2002年，国家广电总局根据《国务院关于国家行政机关工作人员的奖惩暂行规定》《广播电视管理条例》等规定，制定发布了《广播电视播出机构工作人员违反宣传纪律处分处理暂行规定》(广发纪字〔2002〕423号)，对广播电视播出机构工作人员的违规、违纪、违法行为进行行政监察提供了法规依据；同时国家广电总局党组根据《中国共产党纪律处分条例》《中宣部、广电总局关于建立违纪违规广播电视播出机构警告制度的意见》等规定，制定发布了《广播电视播出机构中的共产党员违反宣传纪律党纪处分暂行规定》(广党发纪字〔2002〕41号)，为关于广播电视播出机构党员的违规违纪违法行为进行纪检监督提供了党纪依据。另外，广播电视纪检监察部门加强了对西新工程、"村村通"广播电视工程、农村电影放映工程等国家重点工程和政府招标采购活动的监督检查，确保工程建设质量、确保专款专用。

课后习题：

一、名词解释

1. 广播电视法治
2. 广播电视行政许可
3. 有线电视收费制度

二、简述题

1. 简述中国广播电视法治的内涵及意义。
2. 简要说明中国广播电视的法规体系。
3. 简述我国目前广播电视法治存在的问题与改进方法。

三、论述题

1. 结合实际案例，谈谈你对中国广播电视两种审查制度的看法。
2. 如何正确理解广播电视的法律关系？

第七章 广播电视的接受主体

受众是信息传播的接收者，是整个传播活动的目标，是对传播效果最直接的检测。中国特色社会主义广播电视把为人民服务放在传播工作的首位，将接受主体工作作为广播电视工作中十分重要的环节。广播电视宣传工作应切实强化受众意识，这既是提高广播电视宣传工作质量、切实提高收听收视率的需要，也是提高广播电视宣传工作"两个效益"的需要。

第一节 中国广播电视受众的基本特征

广播电视接受主体是一个数量庞大、成分复杂的无组织群体，不同层次和类型的受众有着各自的特点。中国是世界上人口最多的国家，也是世界上广播电视受众最多的国家。截至2010年，中国广播节目播出时间为1266.03万小时，电视节目播出时间为1635.5万小时，广播综合人口覆盖率为96.78%，电视综合人口覆盖率为97.62%，中国广播电视的受众规模已达12亿人以上。[①] 从宏观上来看受众是一个巨大的集合体，从微观上来看受众又体现为具有丰富的社会多样性的人，对广播电视的需求和心态也存在较大差异，在接收广播电视信息传播过程中的行为和心理上都存在许多特点。了解和研究这些特点，并根据这些特点采取相应的举措，对于提高广播电视传播效果，具有非常重要的意义。

一、广播电视接受主体的结构特征

广播电视接受主体是广播电视受传者的复数形式，是以个人身份、个人动机参与到广播电视传播活动中的无组织个体组成的心理群体。对受众的分类有两种方法，从人口统计学角度分，包括性别、年龄、区域等因素；从社

---

① 有关数据参见国家广播电影电视总局发展研究中心《中国广播电影电视发展报告（2011）》；《2010年全国广播电视发展主要指标一览表》，社会科学文献出版社，2011年版，附录三。

会经济学的角度分则包括职业、收入、文化程度等因素。这两种方法的划分，基本上涵盖了受众调查中受众分类的主要因素。

(一) 年龄构成

从年龄角度来看，我国受众由少儿受众、青年受众、中年受众、老年受众等构成。不同的年龄阶段在社会角色以及承担的社会责任等方面都有很大的不同，相应地也会呈现出不同的广播电视传播媒介需求：儿童出于对新事物的好奇和幻想，喜欢看卡通片、科幻片等；青少年已经进入展示自我、追求自我发展的人生阶段，对广播电视节目中探险、意外、新潮时尚的内容较热衷；中年人背负着生活和事业的重担，往往渴求能够在一天劳累后求得精神上的松弛，在节目中追求某种心理的平衡，希望广播电视节目能够给他们指点迷津，或揭示生活真谛，更侧重于追求生活的真实意义；老年人大多喜欢医疗保健类节目以及有回忆色彩的内容，关注前者是出于对自己身体健康状况的关注，关注后者是出于对以往生活的怀旧。

从我国广播听众的年龄构成来看，15~24岁的年轻学生、50~64岁的老人是收听广播最为集中的两个群体。15~24岁的学生最喜欢的广播类型大多与流行时尚、休闲娱乐以及英语学习等相关，其收听时段往往是见缝插针，如乘坐公交车、就餐时，一般在晚上睡前会有一段收听广播的小高峰。对老年听众来说，主要收听内容集中在医疗保健类节目、天气预报以及国内外新闻等方面。在收听习惯上，老年人习惯在晨练时收听广播，因此清晨7：00—8：00一般是老年人收听广播的"黄金时段"。进入21世纪以来，由于私家车的普及，30~45岁的听众人数呈上升趋势。

从我国电视观众年龄构成上看，比例从高到低的年龄段是45~54岁、35~44岁、25~34岁、55~64岁和65岁以上，比例最小的是4~14岁的少儿观众。城市观众和农村观众存在着差异，城市中老年观众比例要高于农村，青少年观众比例低于农村。以2006年为例，农村中青年观众和少年儿童观众（4~44岁）的比例较高，达到61.5%，而城市只有56.9%；城市45岁以上电视观众所占比例高于农村，城市为43.1%，农村为38.5%。

一般来说，岁数越大的观众每天收看电视的时间越多。以2006年为例，15~24岁青少年每天收看电视时间最少，只有142分钟；4~14岁的少年儿童每天也只有144分钟；而65岁及以上的老年观众每天收看电视时间最长，达到241分钟，比15~24岁青少年人均收视时间多了100分钟。[①]

[①] 有关数据参见《中国电视收视年鉴（2007）》，中国传媒大学出版社，2007年版，第16页。

(二) 性别构成

性别是个体的基本社会认同,据研究,儿童到了 4~7 岁的时候,就会获得一种相对稳定的性别意识。这种性别角色的获得,代表了将其社会或文化中固定的性别行为或模式,转化为实际的符合性别要求的行为。男性受众和女性受众基于生理上的差异,在社会职业、社会观念等方面,特别是社会文化积淀中传统的性别观念等,使得不同性别的受众参与信息活动的深度与广度是不同的,在广播电视收听收视习惯、内容侧重等多方面都存在着一定的差异。一般而言,男性好动,多爱体育类新闻报道;女性好静,偏爱文艺新闻,对服饰、化妆之类的内容也爱不释手。

从我国广播听众的性别构成来看,相对于女性受众喜欢收看电视而言,男性受众更喜欢收听广播。据赛立信媒介调查公司调查,男性听众平均每天收听广播的时间是 79 分钟,高于女性的 70 分钟。同时,在早高峰时段,男性听众收听比例占 13.6%,而女性听众则只占 9.4%。这些数据显示了男性听众喜欢在早晨和傍晚时分收听广播的习惯,而女性听众在早晨、中午和下午收听率较高,但是从下午 5 点开始,男性又占据了绝大多数的收听份额。

从我国电视观众的性别构成来看,全国电视观众的性别构成与人口构成基本一致。在 CSM 媒介研究 2006 年进行收视调查的全国 127 个样本市县中,男性观众比例为 50.3%,女性观众比例为 49.7%,与中国内地人口构成比例基本一致。2005 年全国男性人口占总人口 51.53%,女性人口比例为 48.47%。在城市中,男性观众比例为 50.3%,女性观众比例为 49.7%;在农村电视观众中,男性占 49.8%,女性占 50.2%。从收视数据来看,我国女性观众收看电视的时间长于男性观众。以 2006 年为例,男性和女性平均每天收看电视的时间分别是 173 分钟和 179 分钟,女性每天比男性多看 6 分钟电视。

(三) 文化程度构成

从文化程度角度来看,我国广播电视受众由不识字和半文盲、小学、中学、大学以及大学以上受众构成。文化程度不同的受众对信息的接受、理解和吸收能力与方式都有差异,信息寻求动机和选择取向不同,表现在视听习惯、需求和比例等方面都有明显差异。一般来说,文化程度越高,其信息需求的强度越大,且倾向于政治和理论思辨色彩的内容;相反,如果受众文化程度较低,则倾向于娱乐性和实用性信息。

从广播听众的文化程度构成来看,具有较高文化程度的听众每天收听节目的时间要多于较低文化程度的听众，特别是在北京等大中城市，文化程度高的听众在收听行为中扮演着重要的角色。

而从电视观众的文化程度构成来看，存在着文化程度越低的观众收看电视时间越长这样一个趋势，这与广播收听调查中的情况恰恰相反。无论是在城市还是农村，观众都以初中、高中和小学文化程度为主。城乡观众的文化程度构成具有一定差异：城市电视观众的学历要高于农村电视观众的学历。以2006年为例，城市观众以初中及以上文化程度为主，所占比重接近80%，而农村观众以初中及以下文化程度为主，占81.2%。中专、高中以上文化程度观众的比例是城市高于农村，而小学及以下文化程度的观众比例是农村高于城市。

（四）地域分布构成

从地域分布角度，我国广播电视受众可分为三种：按照城乡分布，可分为城市、农村和小城镇受众；按照地区分布，可分为东部地区、中部地区和西部地区受众；按照城市类型分为省会城市、一般地级城市受众。

不同地域的经济发展水平、文化特色及居民生活习惯的差异决定了处于不同地域范围内的受众接触广播电视传播媒介的不同倾向性。一般来说，广播电视受众从心理上更趋同于本地节目，更加关注本地民生民情。这不仅仅是因为本地的信息与自己的生产生活息息相关，从心理层面上说，是人们先天的地域归属意识使然。根据《2006年中国广播影视发展报告》的统计，各地听众最喜爱的广播节目仍以国内新闻为首，但不同地区、不同城市的听众对不同类型的广播节目也有着不同的偏好。例如，京沪的听众都偏好新闻和交通信息，但除此之外，北京的听众还喜爱曲艺相声，而上海的听众则热衷于收听流行音乐和医疗保健节目。天津的听众也将曲艺相声排在相当靠前的位置，广州的听众则更喜爱港台流行音乐。

再以电视观众为例，2006年全国七大行政区的人均收视时间由多到少排列如下：华北、东北、西北、西南、华南、华东和华中。华北、东北、西北和西南四个地区高于全国人均收视平均水平176分钟，其中华北和东北的观众看电视的时间最多，达到人均每天198分钟。华南、华东和华中这三大地区的人均收视时间最少，只有160分钟。

如今广播电视频率、频道日益增多，节目日益丰富，地方台与中央台百花齐放、百家争鸣，受众对节目的喜好也会有所变化。作为广播电视媒介，要尊重受众在不同时期的差异性，并不断调整传播方针和传播内容，随时进行较为精准的市场定位，从而达到理想的传播效果。

二、广播电视受众的视听心理特征

广播电视受众视听心理是社会生活和广播电视传播作用于受众大脑而产生的主观印象，它随着主客观原因的变化而变化。广播电视受众视听心理是影响、制约广播电视受众接受行为的心理活动和规律。在广播电视传播过程中，受众是广播电视节目的接收者和服务对象。但他们不是被动的接受者，而是积极的、主动的信息寻求者。受众总是根据自己的需要、兴趣、价值观念等因素去寻求、选择和理解信息。受众在主动寻求信息过程中，不是兼收并蓄所有信息，而是有选择地接触、注意、理解、记忆。因此，视听心理包括视听动机、视听兴趣、视听态度等因素，加强受众视听心理研究是科学安排节目、提高收视率的重要前提。

（一）视听动机

心理学认为：动机是激发、维持、调节人们从事某种活动，并引导活动朝向某一目标的内部心理过程或内在动力。动机支配着个体行为的方向性与强度，动机愈强烈，个体从事某项活动的指向越明确，活动的持续性和稳定性也就越高。因此，受众的视听动机是建立在受众的各种心理需求之上的，是激励受众视听行为的主要原因。洞悉受众的视听动机，无论对节目编创人员还是广告商无疑都是有益的。

受众的视听动机首先建立在人类基本需要的基础上，每个受众个体有选择媒体满足个人需要的愿望，一旦受众的需要发生变化，媒介也将随之而变化。由于视听动机具有可变性，对于不同层次和类型受众来讲，各类视听动机的强度又不同，这又直接影响到受众的视听兴趣取向，而受众对于广播电视节目的喜好、视听取向还受到国情、价值观等方面因素的影响。

"娱乐消遣"作为受众收听、收看广播电视节目的第一动机，是因为现在的广播电视媒体重视开发广播电视的娱乐功能，满足受众需求，用多种文艺娱乐节目丰富受众的业余生活，使他们能够获得愉悦的享受。另外，城市经济的不断发展，使城市居民的生活变得更繁忙，使他们更愿意在空余时间放松自己，收看电视成为城市居民最为直接、方便的"休闲娱乐"方式。所以，"娱乐消遣"成为多数城市观众收看电视的首要动机。

"信息获取"是受众视听行为的主要动机，是与世界大环境的变化密切相关的，同时也表明，正处于社会转型期的受众，面对增加的机遇与风险，个体的自主性增强。社会的转型带来的是各类竞争日益激烈、各种利益关系不断调整，关系到每个人的切身利益和生活状态，因此受众在接触传媒的时候,会更为广泛地关注时事新闻、方针政策方面的传播内容。

(二) 视听兴趣

兴趣是人们积极探究某种事物或某种活动的意识倾向,它既表现为人们对客观事物的选择性态度,又总带有快乐、欢喜和满意等积极的情感体验。兴趣产生的基础是人们对于物质生活、精神生活和社会生活的需要。可见兴趣是以客体的特点和个人本身文化、教育、能力和性格为转移的,但是它最终又是由别人、集体、社会、社会心理来形成的。兴趣是个人对客体的选择性态度,是由于客体在生活意义和在情绪上的吸引力所致,因此又表现为个人对某种活动的爱好。由于广播电视媒体每日每时地在向受众传播新思想、介绍新知识,丰富人们的精神生活,并为人们的物质生活和社会生活提供方便,因此,媒体传播的信息就成为人们感兴趣的对象。

受众兴趣一般可分为特殊兴趣与共同兴趣两种。特殊兴趣是指受众因性别、年龄、职业、教育程度等个人条件的不同而形成的兴趣差异。兴趣的差异首先表现在其指向性上,如有的喜爱足球新闻,有的喜爱国际新闻;其次表现在兴趣的范围和稳定性上,如有的受众的兴趣广泛而稳定,有的受众的兴趣却单一而多变。许多实践证明,受众的兴趣只有与他们本身的事业和理想结合起来才能稳定、持久,才能发挥积极的作用。

共同兴趣是指大多数受众对某些新闻信息所共有的兴趣。而在一段时期里,受众有共同兴趣的节目类型就代表了最大多数的受众对广播电视节目的选择。调查显示,广播听众选择最多的节目是新闻/时事类节目和音乐;电视观众收看较多的是影视剧、新闻类节目和综合文艺类节目。这反映出广播、电视两种不同媒介在受众的视听选择中所呈现出的各自的特长。广播由于时效快、携带方便,因此新闻类节目是它的长项。而电视由于拥有独特的视频语言,它更有休闲娱乐的功能,尤其是优秀的影视剧,以其曲折动人的情节、形象鲜明的人物给观众留下了难忘的印象。

广播电视媒体对于受众的视听兴趣还应该加以培养和引导。2011年1月1日,中央电视台纪录片频道开播。这是一个覆盖全球的24小时全天候排播免费专业的纪录片的频道。频道每天的第一次收视高峰在18:00—20:00之间;而第二次收视高峰又出现在0:00—2:00左右,这是因为23点之后的时段,电视的黄金剧差不多播完了,而娱乐化的节目也几乎都没有了,这个时候受众便开始寻找他们比较感兴趣的节目。纪录片频道的适时出现,满足了受众的需求,唤起了许多受众对纪录片的兴趣,特别是对于青少年受众,探索自然类的纪录片更是激发了他们对自然的想象。对年轻受众群体的培养将会给中国纪录片的发展带来新的契机。

（三）视听态度

所谓态度，就是个体对人或事物的稳定的心理倾向。而受众的视听态度则是指受众在视听过程中的评价和行为倾向，是个体比较稳定的内在心理结构。一般认为态度有三个层面，即认知、感情和意向。

1. 受众认知

受众认知是指受众对信息的知觉、理解和评价等，它既包括对广播电视媒体提供信息之所知，又包括对信息的评论。影响受众的信息活动最重要的是其评价性认知。能直接影响受众认知因素的就是受众的信息素养。这里所说的信息素养是指受众对信息和信息活动的认识深度及其掌握程度，对信息源的熟悉程度，以及对接收、整理、组织加工信息的方法和技能的掌握程度。

2. 受众情感

受众情感是指受众对事物的内心体验。受众作为信息消费活动的主体，是一个受需要意识和价值观念驱使与约束的既有思维又有情感的主体。马克思曾指出："人作为对象性的感性的存在物，是一个受动的存在物；因为它感到自己是受动的，所以是一个有激情的存在物。激情、热情是人强烈追求自己的对象的本质力量。"在信息活动中，受众的某种内部心理状态一旦产生，就成为其参与信息活动的重要的内部激活因素，支撑因素和调节、控制因素。譬如说受众通过从媒体上获得的信息获益，则会更信任媒体传播的信息，进而强化其信息活动。相反，如果受众多次因某媒体中的假新闻或无用信息而造成损失，则会产生一种消极的情感体验，甚至对那些媒体提供的真实的、可能会给他带来利益回报的信息也采取不信任的态度。

3. 受众意向

受众意向是受众对信息的反应倾向，或者说是受众对信息对象发动行为的可能性，即行为的一种准备状态，所以有人把意向称为行为倾向。由于受众的信息活动在很大程度上是通过各种信息行为表现出来的，因而其行为的准备状态如何会对行为的结果产生重大的影响。行为倾向既有行为的目的状态，即行为期望得到的目的是什么；又有行为的条件状态，即行为所需的条件是否充分具备；还有行为的策略状态，即行为如何运用各种条件以达到目的。

三、广播电视受众的视听行为特征

受众的视听行为由许多复杂因素构成,研究这一构成情况有助于合理编排节目,以进一步提高收听收视率,更好地为广大受众服务。

(一)视听环境的广泛性

广播的收听环境非常广泛,其收听工具廉价而小巧,可随身携带,且收听广播可以和其他许多日常活动同时进行,为受众提供了极大的便利。电视的收视环境主要是家庭,调查表明:截至 2004 年年底,我国 97.9% 的城市家庭拥有电视机,95.8% 的农村家庭拥有电视机。电视在人们的家庭中占据一个非常重要的地位,它不仅是家庭娱乐消遣的主要媒介,而且使人们在轻松而自然的居家环境里接触到现代社会方方面面的最新信息。

(二)视听行为的伴随性

广播受众在收听广播时可以有很多伴随行为。如各地办的交通频道就是专门为一边开车一边收听广播的司机以及车上的乘客服务的,既方便司机及时掌握当时的交通信息,又提供了其他资讯服务,如音乐节目、知识节目等,得到了受众的欢迎。

电视也是伴随性很强的媒体。据调查,人们平时在收看电视时经常会从事其他活动。例如,在不识字和初识字的观众中看电视聊天的人最多,女性观众看电视时最常见的伴随行为是做家务。

这种伴随性的传播特点,一方面使受众在视听时受到身边环境各种因素的干扰,在一定程度上注意力不集中,影响了广播电视的传播效果;另一方面,使受众把听广播、看电视当作一种享受,心情随意轻松。

(三)视听选择的多样性

我国是一个广播电视大国,拥有数量众多的电台、电视台。中央人民广播电台的第一、二套节目是对全国广播,加上各省、市广播电台,大多数城市的听众都能收到十个以上的广播频道。2005 年 CSM 的调查显示,城市居民家庭平均每户可收看 35.7 个电视频道,农村居民家庭平均每户可收看 18.7 个电视频道。广播电视频道数量的增多使受众在享受更多更好的节目的同时,选择范围大为增加。

面对众多的广播电视节目,受众只选择那些能引起他们兴趣以及符合他们需求的节目,在视听时一旦感到不满意,随时可以更换频道,非常方便快捷。据统计，每天晚上，手握遥控器的电视观众平均要更换 100 次频道，最多的达到 200 次。这从另一个角度也说明受众具有多样化的选择。

（四）视听时段的规律性

视听时段是受众在一天之中选择收听或收看广播电视节目的时间段。在节目编排中，只有掌握了受众的作息时间和视听时间规律，合理安排不同节目的播出时间，才能充分满足受众的需求。受众也关心自己喜爱的节目在什么时间播出，以便按时收听或收看。

广播受众的收听时段主要是早、中、晚三个时段。2004 年 CSM 针对全国 20 个城市的广播受众进行的调查显示，收听广播在全天会出现三个高峰：广播收听率最高的时段是早上 6：30—9：30，其次是中午 12：00—13：00，再次之是 18：00—19：00。

电视的收视时段主要是在晚上，晚间的 19：00—22：00 是我国多数观众收看电视的高峰时期。晚上 7：00 以后，一般家庭已经吃完晚饭、做完家务，准备放松身心享受休闲时光。10：00 以后，大多数观众要准备就寝。我国观众的这种作息时间规律使这三个小时成为黄金时段。因此，各电视台都把收视率高的重点节目安排在这个时段播出，以争取尽可能多的观众。

（五）视听时长的差异性

视听时长是指受众在一天之中收听或收看广播电视节目的时间长度。据中央人民广播电台听众调查显示，从一直收听的听众比例来看，城市人口比农村人口比例高，东北沿海地区人口比其他地区人口比例高，男性人口比女性人口比例高，年老人口比年轻人口比例高，高文化程度人口比低文化程度人口比例高，高收入人口比低收入人口比例高。职业群体中，离退休人员一直收听比例最高，其次是机关干部，待业人员比例最低。这个不同群体的一直收听比例在一定程度上反映了各听众群体在收听时长上的差异。

电视受众平均每天收看电视约 3 个小时，受各种因素影响，不同受众情况有所不同。地区差异对收视时长影响较大。华北、东北、西北以及西南地区的人均每天收视时长高于全国收视平均水平，而华南、华东和华中地区的人均每天收视时长低于全国收视平均水平。城市观众在收视时长上明显比农村观众长。农村观众收视时长与文化程度成正比；城市观众则正相反，具有小学和中学文化程度的观众的收视时间较长，而大专以上文化程度的观众收视时间较短。在各类职业中，收看电视时间最长的是自由支配时间较多的离退休人员以及待业、无业人员，而在校学生由于学习任务繁重，收看时间最短。

第二节 中国广播电视受众研究的沿革

在由广播电视传播媒介、社会与人的复杂关系建构起来的广播电视传播理论中,受众是一切问题的交叉点。换言之,广播电视受众是广播电视传播链条中的一个重要环节,也是广播电视传播得以存在的先决条件。正确认识广播电视受众,既是为广播电视受众服务的前提,也能对广播电视事业的发展起到积极的促进作用。

一、中国广播电视受众研究的指导思想

中国共产党领导的广播电视传播,是中国特色社会主义建设事业的组成部分。将全心全意为受众服务的精神贯穿于广播电视传播的全过程,是中国特色社会主义广播电视传播的出发点和归宿。中国特色社会主义广播电视受众研究的指导思想是以受众为本。具体来说就是:中国广播电视受众研究要以维护广播电视受众的根本权益为依归,以满足受众获取多方面信息需求为己任,以提高受众的思想素质、政治素质、道德素质和科学文化素质为目标。

(一)以维护受众根本权益为依归

在传播学研究中,受众权益有广义和狭义之分。狭义的受众权益仅指社会成员作为大众传播的受传者所应享有的权利和利益。广义的受众权益不仅指社会成员视听阅读大众传播的权益,还包括社会成员以其他方式享用大众传媒资源——比如利用大众传媒表达意见,利用传媒举办各种活动的权益。广播电视的受众权益,即社会成员作为广播电视的受传者在传播过程中购买信息产品和接受信息服务所享有的权利和利益。

广播电视媒体不仅是具有意识形态使命的宣传工具,它还是一类为社会提供文化和传播服务的信息产业。既然是信息产业,它的服务对象——受众便不可避免地具有了该产业消费者的特定身份和相关的权益要求。公民享受传媒服务的利益,就是公民作为传媒消费者所具有的各种需要以及这些需要的满足;而公民享受传媒服务的权利,则是公民为获取上述利益,向传媒或其他机构、他人提出某种要求的资格与行为自由,这种资格或行为自由因被社会承认为正当而受到法律保护或者道德、社会习惯的维护与支持。当人们对传媒服务的合理需求有可能受到非法剥夺、侵害或忽视时,就必然要提出维护这种需求的利益主张和权利要求。

开展受众研究,有助于维护受众的根本权益。首先,立法部门将那些合理的、具备实施条件的受众权益准确、科学、适时地明示于法律、法规,有利于保障公民的受众权益的执法、司法工作,建立良好的传播秩序。其次,有助于传播工作者理解、把握传播事业宗旨的精神实质。第三,有助于指导公民树立正确的受众权益意识。我国的法制建设起步较晚,公民的法制观念还仅仅是初步的。开展受众权益的研究和宣传,可以增强公民的受众权益意识,及时纠正人们在这方面的认识误区和行为偏差,并对传播活动中出现的侵权行为进行积极的监督和抵制,维护自身的正当权益,为建立良好的传播双边关系奠定广泛的群众基础。

(二) 以满足受众多方面信息需求为己任

根据传播学的传播致效的原则,人们对信息的传播是选择性地理解和记忆,选择性地认可和吸收。而受众在理解、记忆、接受信息的过程中,心理因素起着决定性的作用。不同年龄、不同性别、不同地域、不同社会阶层的人们的兴趣和爱好都各有不同。广播电视受众研究必须在了解了受众需求之后,才能制定切实可行的方案。

美国心理学家马斯洛把人的需要分为生理、安全、归属和爱、尊重、自我实现等五个层次。受众作为一个普通人来说,其需要是多方面的。但对于传播媒介和传播内容的选择上则主要体现为精神层次的需要。受众接触传播媒介和传播内容的目的也是满足他们的某种需要。但是,由于受众的情况千形百态,同样一条信息能够适应这一部分受众的现实需要,却不一定能适应另一部分受众的现实需要。

因此,对受众的构成、视听行为与心理需求的分析以及对有关传播效果的研究,为广播电视媒体自觉响应受众、满足社会需要提供了重要保障。根据研究成果,受众的信息需求非常强烈,特别强调信息的有用性、重要性和可获得性。信息时代的受众更关注自身利益。媒介是否代表了受众的利益、反映了他们的呼声,是受众选择是否关注该媒介的首要因素。有了准确的受众群的定位,再针对其特定的受众阶层来制作节目,这样才能符合信息时代受众更关注自身利益的特点。

另一方面,媒体不仅要了解受众如何解读传媒的符号,还要读懂受众如何表达他们对媒体文本的读解,以完成传播过程当中重要的一个环节:反馈。也就是说,传媒先是受众的传播者,然后又是受众的"受众",即受众反馈其解读结果时,成为传媒的传播者。受众已经成为传播媒介、传播者的"上帝",从对受众选择条件的不断改进到给受众制造一个良好的选择环境,从对受众种种需要的了解到分析受众选择时的心理，都是传播媒介、传播者所要认真研究的课题。只有认真研究受众的需求和心理，传播媒介才能让受众心甘情愿地选择自己，从而获得理想的传播效果。

（三）以提高受众各项素质为目标

受众素质的提高一方面能促进新闻职业道德建设，实现传媒与社会发展的良性互动；另一方面也有助于受众充分利用媒介资源，完善自我，参与社会发展。

1. 提高受众的思想政治素质

爱国主义、集体主义和社会主义是我们整个民族精神的主旋律，也是我们每个公民应具备的基本的思想政治素质。信息传播的全球化，尤其是网络媒体的迅猛发展和超级媒体集团的崛起，向我们现有的传播体系提出了严峻的挑战。严峻的形势呼唤牢牢占领传媒阵地，坚决抵制西方腐朽文化的侵入和渗透，在广播电视作品中加强主旋律的宣传、渗透、引导的力度。

2. 培养受众的科学素质

公民的科学素质指公民了解必要的科学知识，具备科学精神和科学世界观，以及用科学态度和科学方法判断及处理各种事务的能力。大众传播媒介是面向公众进行科学技术教育和科普宣传的主要阵地，应充分发挥各自的优势，以公众喜闻乐见的形式，丰富多彩、生动活泼地开展科普教育，倡导科学方法，传播科学思想，弘扬科学精神，引导大众树立正确的世界观、人生观、价值观，自觉抵制各种愚昧迷信和反科学、伪科学的行为，形成科学、健康、文明的生活方式。

3. 提升受众的人文素质

人文素质是指人所具有的人文知识和由这些知识所反映的人文精神内化在人身上所表现出的气质、修养，主要指一个人的思想品位、道德水准、心理素质、思维方式、人际交往、情感、人生观、价值观等个性品格。作为上层建筑的新闻事业，除了传递信息，也应发挥文化影响作用，担负起引导广大读者的价值取向、提升其人文素质的重任。要大力弘扬社会主义先进文化，以科学的理论武装人，以正确的舆论引导人，以高尚的精神塑造人，以优秀的作品鼓舞人，在信息作品中适当地渗透、融入有教育意义的内容，抑制受众深层不健康的阅听倾向和低级趣味。

4. 提高受众的道德素质

舆论和社会道德的作用是相互的，每个受众都会受到来自这两方面的影响。广播电视媒体要在全社会大力倡导"爱国守法、明礼诚信、团结友善、勤俭自强、敬业奉献"的基本道德规范,坚持爱国主义、集体主义、社会主义教育,加强社会公德、职业道德、家庭美德建设,努力提高公民道德素质,促进人的全面发展,培养有理想、有道德、有文化、有纪律的社会主义公民。一切大众传媒、文学艺术都要以宣传科学理论、传播先进文化、塑造美好心灵、弘扬社会正气、倡导科学精神为己任,激励人们积极向上、追求真善美,帮助人们辨别是非、抵制假恶丑,为推进公民道德建设创造良好的舆论文化氛围。

二、逐步提高的地位:受众角色的变迁

中国广播电视从内容生产角度,大概可分为以"宣传品"为主导、以"作品"为主导和以"产品"为主导三个阶段。在这三个不同的历史阶段,因为视听条件、视听需求、视听心理的变化作为内容生产过程中重要的因素,广播电视受众所扮演的角色也在不断变迁的过程中。

(一)被动接受者

这一时期大致从新中国成立后到十一届三中全会召开之前。在计划经济体制下,中国的社会分化尚不明显,高度集中的权力体系促成了社会成员利益的高度一致,人们的信息来源单一、封闭。在这一时期,广播电视资源属于稀缺资源,不仅广播电视节目不多,而且拥有收音机的家庭数量也很少,电视机更是罕见。1979年,全国只有广播电台99座,电视台38座。那时的电视甚至还没有自己独特的形态和特点,宣传报道多以新华通讯社的消息、文章配以画面,以高高在上的支配性语态灌输政治观点,属于"宣传品",能满足受众需要的实用信息很少。计划分配体制割裂了卖方与买方的联系,属于传者中心时代。当广播电视以改变人们认知量和认知结构为使命,其所具有的强劲社会性功能在很大程度上遮蔽和弱化了传播中人际性的一面,离传播的当下性、实时性和即时性越来越远。

这个阶段,由于传媒的内容和形式都非常单一,加上受众的传媒购买力与参与度十分低下,不可避免地出现以传者为中心、重政治轻经济、重宣传轻服务的倾向。受众对传媒基本上是被动接受,无法对传媒发展产生影响。广播电视受众收听广播和收看电视的主要目的就是满足对新生事物的新鲜感、好奇感和神秘感,甚至是一定程度的崇拜感。正是因为广播电视受众有这种渴求,又由于建立在社会主义政治体制背景下,中国广播电视从一开始就作为党和政府的喉舌和宣传工具。对于普通受众来说,听广播、看电视的过程就是一个受教育的过程,就是一个净化灵魂的过程。但是,这种灌输的

效果并不理想，它只是表面上的热闹，没有深入人心。广播电视受众完全处于被动接受的地位。因此，受众观念更多的是党的群众路线在新闻传播领域的表现，是适应实际需要，自上而下的一种改革措施的产物，带有浓厚的政治色彩和时代特征，不是传播的本质特征使然。广播电视受众完全是一个"接受教育者"的角色。

特别是在"文化大革命"时期。这一时期的受众观念不但没有发展进步，反而呈现出全面倒退的趋势。受众在广播电视媒体轰轰烈烈的运动中实际上扮演了被愚弄、毫无反抗能力的"沉默的螺旋"的角色。这种对受众的漠视甚至在一定程度上演变为对受众的敌视。

（二）自发欣赏者

这一时期大致从20世纪80年代到90年代末期。电视机、电视播出机构、电视工作人员数量在增加，广播电视节目生产能力在增强，广播电视节目类型在丰富，广播电视信号的传播技术和手段也在改进和丰富……随着人均占有电视机比例的提高，广播电视受众视听环境、视听条件进一步得到改善，中国广播电视也进入了非群体化传播阶段，广播电视受众的心理定式和电视节目的稳定结构都发生了改变，收听收看广播电视逐渐成为大众的、普通的行为。

本阶段，广播电视管理者、从业者、研究者在对广播电视本体、广播电视内容生产规律的认识和研究上有很大进步，广播电视职业化、专业化追求得到了极大的尊重和肯定。广播电视开始逐步关注受众需求，通过增加广播电视节目数量、丰富节目内容来不断满足受众的需要。全体广电人经过共同努力，逐渐探索出具有电视独特传媒特征、艺术特征的新形式和新观念，如电视连续剧、电视专题片、春节联欢晚会等，一大批优秀的导演、编导、主持人、演员出现，创作出大量充满个性、原创性和独特性的电视"作品"。广播电视媒体的社会属性得到不断的体现和实现，其中突出地表现在媒体职能的逐步社会化，不断按照社会需求调整自身的传播内容。

同时，改革开放带来社会环境的宽松，各种新事物、新观念不断涌现，面对身边新事物的增加，受众的好奇心不断增强，他们需要广播电视来帮助他们了解新环境。随着"解放思想、实事求是"思想的确立，人们意识到自己知识的匮乏，认识到信息对工作生活的重要作用，因此对信息的需求大增，求知欲不断上升。广播电视在此时承担起了启蒙者的角色，通过向受众提供各类信息，来满足他们的不同需求。广播电视不再仅仅为政府而生产、传播，而是开始渐渐关注受众的需求，意识到该为受众而存在。受众的主体地位由此初步确立。

在这种环境下，广播电视受众不再满足于收听收看，还要求能够更好、更舒适地收听收看到数量更多、类型更丰富、质量更高的广播电视节目。广播电视受众收听收看广播电视节目有了很强的目的性、选择性。在心理上广播电视受众也不再总是保持着迫不及待、急不可耐的神秘好奇之感。因此，广播电视受众的角色由被动的"沉默的羔羊"转变为积极的、主动的欣赏者角色。

（三）服务享受者

这一时期大致是从21世纪初至今，广播电视受众的需求不断提高，变得多样和复杂，广播电视市场逐渐形成并成规模；广告衍生产品带来很大的利润空间，广播电视的商业属性被高度重视，其产业化的进程逐渐加快；再加上网络技术、信息技术、生物技术等相关科学技术的发展日益迅速，传媒技术的迅猛发展使信息传播渠道激增，广播电视的生产力被极大释放、产品极大丰富。

随着广播电视事业的发展，广播电视频率、频道的数量大大增加，在信息泛滥的情势下，受众的注意力资源变成了稀缺资源：受众不可能穷尽其注意力去关注所有的信息资源，而是有所选择。广播电视受众本身素质的提高也带来了受众地位的上升。受众不再只是满足于收听收看到和收听收看好广播电视，而是对收视行为的意义、价值有新的考量，对节目内容的创新性有更多的要求，对广播电视的先进性、实用性有更全、更高、更强的需求。广播电视受众由受教育者、欣赏者的角色转变为具有更加自觉、"自我"的服务享受者的角色。

一方面，受众的兴趣点在不断地迁移，时尚的周期逐渐缩短；另一方面，受众最关注的不是信息内容能否带来思想上的启迪与收益，而是信息的时尚表现形式。他们不仅要求广播电视节目有较大的信息量和文化含量，还要求广播电视节目能随着时尚潮流调整产品的包装、策划与编排，提供更新、更快、更时尚的资讯和栏目。

而且受众开始注重自身权益的维护，对自身权利的认识日益深入，不仅追求知情的权利，还追求点评、参与的权利。受众的要求越多，广播电视受众的制约程度越大。在受众本身水平提升的同时，受众在广播电视传播中的地位也在不断上升。

另外，新媒介的诞生与普及，也为受众地位的上升和普及提供了机遇。一方面受众可以以各种形式参与到广播电视节目的制作中，与节目主创人员共同完成节目；另一方面受众可以借助新媒体将自己的看法、需求反馈给传播者，从而影响下一步的广播电视传播。

受众身份的衍变经历了前市场化阶段的"漠视"到半市场化阶段的"开始受到重视"再到市场化阶段的"地位凸显"这一过程，表明重视受众身份的主体性成为传媒的必然选择。可以肯定，中国一旦进入以成熟的市场经济为特征的小康社会，受众在广播电视传播活动中的消费心理和接受心态将会发生新的变化。

三、日益清晰的图谱：受众理论的发展

受众是新闻传播流程的出发点和归宿，在传播中占据一个极为重要的地位。随着传媒的发展，受众理论也经历了一系列的发展变化。我国的广播电视受众工作自新中国成立以来也不断发展深入，工作内容和工作方法都有了很大的提高和创新。

（一）受众研究理论的分类

从对待受众的态度来看，国外大众传播理论研究中关于受众研究主要可以分为三类：

一是效果研究中的受众研究，本质上是传者中心论，把传者当成主体，而把受众当成客体，遵循从传者——文本——受众的单向路径，强调传播对受众的影响。这类受众研究包括魔弹论、有限效果论、议程设置理论、培养理论、沉默的螺旋理论等。

20世纪初至30年代末，当时的理论界普遍认为现代社会中的人是一群各自为政的乌合之众，而媒介的力量是极为强大的。最有代表性的受众理论就是"魔弹论"，认为大众传播媒介所传播的信息对受众的作用如同子弹击中目标一样，必定产生媒介所预期的效果。随着时代发展，这种过分夸大大众传播媒介的影响力的受众理论早已被抛弃。

20世纪40年代开始，对受众的研究逐渐深入，到五六十年代，"有限效果论"理论逐渐形成，认为大众媒介传播的信息并不是直接对受众起作用，而是要受到各种因素的制约，这些因素包括受众的个性差异、受众所处的社会群体等。这种理论从根本上推翻了"魔弹论"，但它又过分强调了媒介效果的有限性，低估了大众媒介对受众的影响力。

进入20世纪70年代以后，在对"有限效果论"进行批评和反思的基础上，又形成了一批新的理论和假说，其中包括"议程设置理论""培养理论""沉默的螺旋理论"等。这些理论或假说的主题、内容各不相同，但它们都

不同程度地强调了传媒的有力性，即在充分考虑各种制约因素的基础上，对大众传播的影响和效果重新做出评价。

二是使用满足理论中的受众研究，把受众当成接受主体，遵循受众—文本—传者的单向传播路径，强调受众的主动反应。这种理论特别突出了受众在传播中的主导地位，因此对以往的以媒介为本位的思维定式的受众理论有着重要的启发和修正的意义。然而它本身还存在一些局限性，如过于强调个人和心理的因素，不能全面揭示受众与传媒的社会关系，过分夸大受众的能动性，等等。

三是主体间性传播研究中的受众研究，遵循传者—文本—受众双向互动的路径，强调传播主体与接受主体之间通过文本对意义的共生。包括英国文化研究学派霍尔"编码/解码"理论，哈贝马斯"交往理性"学说等。

"编码/解码"理论主要是从对传统的大众传播学模式的批判中获得了启示。传统的传播学理论的局限在于它只把信息流通当作线性运动，而未考虑到信息在流通过程中可能会出现的各种干扰等情形。由于受到阿尔都塞意识形态理论和葛兰西文化霸权理论的影响，霍尔开始关注意识形态结构对大众传媒意义的编码的介入和作用，同时也看到了受众在解码过程中存在对结构的抵抗与解构。

哈贝马斯认为，相互理解是交往行动的核心，而语言占据特别重要的地位。交往行为是一种"主体—主体"遵循有效性规范，以语言符号为媒介而发生的交互性行为，其目的是达到主体间的理解和一致，并由此保持的社会一体化、有序化和合作化。简言之，劳动偏重的是人与自然的征服与顺从的关系，交往偏重的是人与人的理解和取信的关系。

（二）中国的受众调查研究工作

我国广播电视事业有尊重受众及其在传播过程中的作用的优良传统，1978年改革开放以来，受众调研的规模不断扩大，受众工作的指导思想、工作内容和工作方法有很大改进、提高和创新。迄今，这段历程大体经过了三个阶段。

1. 开始采用现代科学方法阶段

传统的受众调研，一般是由传播媒介采取个别访问、打电话、开座谈会等方法分散进行，收集到的意见零碎而不全面。1982年4月，中国社会科学院新闻研究所和首都新闻学会调查组进行了"北京地区读者、听众、观众调查"（简称"北京调查"）。这次调查以北京地区12周岁以上的人口为抽样总样，严格按照随机原则，首次用电子计算机抽选样本，首次对报纸、广播、电视的传播效果做综合考察。共调查295个单位计2430人，问卷回收率达99.7%，并首次用电子计算机分析受众调查数据。调查结果于1983年1月30日由《中国日报》发布，在国内外引起强烈反响，推动了当时蓬勃发展的新闻改革，是思想解放的一大成果。新闻界公认"北京调查"是我国新闻史上一次突破性的行动，这是中国内地新闻传播学界研究受众的开始。

中国社科院新闻研究所后于1986年、1992年、2001年举办过三届受众研究学术研讨会。1986年10月以甘惜分教授任所长的中国人民大学舆论研究所成立，标志着我国的受众研究有了专门的组织，从而结束了零散无序的研究现状。

从1987年开始，中央电视台和中央人民广播电台开始了五年一次的全国观众/听众抽样调查。从受众的基本情况、行为反应、心理感受三个层次，对受众的收看、收听心理做了较为全面的研究。受众调查开始成为媒介自觉、定期进行的一项受众研究工作。1987年全国电视观众调查是我国电视史上的第一次全国性观众调查，最终成果是《1987全国电视观众调查资料汇编》。时任广播电影电视部副部长的王枫为该书作序，评价道："《1987年全国电视观众调查资料汇编》的出版，不仅对指导改进我们的宣传工作很有现实意义，而且在开辟我国电视宣传学和电视受众学的研究工作方面，也做出了十分可贵的贡献。"1987年还有一项全国性调查引人瞩目，那就是我国不发达地区农村广播电视受众调查。这项调查采取抽样调查与典型调查相结合的方式进行。

2. 由外显研究到内在研究阶段

1990年9月，第11届亚运会在广州举行，由广播电影电视部政策法规司牵头、首都8家新闻单位组成的调查组，开展了"亚运会广播电视宣传效果调查"，多层次、多角度、全方位地考察了受众对亚运会的态度，调查成果收入《中国社会心理的轨迹——亚运会调查报告集》。以此次广播电视传播效果研究为受众调研的新起点，受众理论研究与实践从显性向隐性深入。

1990年6月10日，首次"全国广播电视受众研讨会"在杭州举行，有27个电台和电视台的37名受众调研工作者参加，发出了"关于成立受众研究会的倡议书"。同年9月，《中国广播电视学》出版，书中首次对受众的地位和作用以及受众的心理和受众反馈的原理与特点做出了系统的阐述，为广播电视的受众工作提供了理论指导。

1991年4月，中国广播电视学会受众研究会在广州宣告成立，标志着我国广播电视的受众研究进入了一个崭新的阶段。该会经常支持、参与广播电视机构开展受众调查，举办调研人员培训班，召开受众调研研讨会，评选受众调研优秀论文,并组织力量编著、编译出版受众研究的有关书籍和文章,有力地推动了受众调研工作的开展。

3. 专业化、规范化阶段

1995年以后各类媒介调查公司大量涌现,受众调查进入市场,走向科学化、规范化。1995年6月,全国最大的受众调查咨询机构——央视调查咨询中心成立。该中心的前身是中央电视台总编室观众联系组。与此同时,许多电视台的受众调研队伍一分为二:一部分人进入央视调查咨询中心系统,另一部分人留在电视台的受众调研机构。这种分工有利于受众调研向专业化、规范化发展。

1996年5月,央视调查咨询中心与法国SOFRES集团合资成立了央视索福瑞媒介研究有限公司(简称CSM),专门从事电视收视率的调查研究及相关软件、业务系统的研制开发。从1997年开始,CSM按年度推出《中国电视受众研究》,提供全年电视收视率调查的详细数据。此外,国家统计局系统的北京美兰德信息公司也在广播电视受众调查方面做出了成绩,继多次完成"凤凰卫视中文台内地收视状况调查"之后,1999年又与中国广播电视学会受众研究委员会合作,成功地进行了"中国上星电视台观众收视状况调查"。

1999年10月,中国广播电视学会受众研究会分别成立了广播部和电视部,中央人民广播电台听众工作部主办的内部刊物《听众与广播》特别为广播部设专栏,以交流全国广播系统受众调研信息。同年,研究会与《中国广播电视学刊》联合在天津召开了"新时期广播电视受众工作学术研讨会",着重从理论上讨论了受众在传播活动中的地位,探讨了21世纪受众调研工作应遵循的规律和应创新的方法。

进入21世纪,我国广播电视事业更是飞速发展,开创出有史以来最繁荣、最生动的局面,新闻与传播的研究日益深入,受众活动也日益多样化和多层面。广播电视受众研究需要超越以往受众调查的局限,从多角度,结合多种方法来进行研究。例如,从方法论角度考虑,可以采取思辨和实证相结合的方法。受众研究更应该构筑一个信息平台,整合各研究机构的成果,实现资源共享,进行全方位、多层次、多媒体的交叉式立体研究。

第三节 中国广播电视受众调查的主要方式

广播电视受众调查,就是指系统、客观、科学地收集广播电视受众的相关资讯,并以此为基础对受众状况进行分析、解释、判断和预测的一项活动,也是最科学的受众研究方法之一。通过广播电视受众调查,我们可以了解广播电视传播媒介的受众构成、规模、特征及分布状况,可以了解受众市场状况、受众接触行为和选择偏好、广播电视传播媒介的竞争力状况及受众的评价状况等。

广播电视受众调查对电台、电视台的宏观决策、节目评估、广告经营等方面有着重要意义。广播电视受众调查是广播电视宣传创新和应对市场竞争的必然要求。受众调查既可以为广播电视内容产品的策划和改进提供依据,也可以为广告商选择广播电视内容产品投放广告提供依据,还可为广播电视理论研究提供第一手资料。

一、中国广播电视受众调查的重要性

受众反馈作为重要的传播资源在广播电视传播过程中发挥着独特的调节功能。因此,准确有效地掌握受众反馈是广播电视传播媒介更好发挥作用的重要途径。在广播电视传播中,收集受众反馈信息的重要手段,是受众调查。它是掌握受众行为和心理的重要途径,是充实和改进广播电视传播内容从而提高广播电视传播效果的依据,是促进广播电视传播媒介和受众之间联系的有效方法。根据受众调查所收集的信息,可以测定广播电视传播媒介的受众规模和构成,受众接触广播电视传播媒介的兴趣和动机,受众对广播电视传播内容与形式的看法和反映等。

广播电视受众调查就其形式而言有着悠久的历史,应该说自广播电视传播媒介兴起以来,不同目的、不同层次、不同程度的广播电视受众调查即已展开,但那些个别广播电视媒体为解决某些具体问题而进行的临时性调查并不归于科学调查的范畴。更重要的是早期的广播电视受众调查不是建立在受众本位的基础之上的,而是带着许多不自觉或功利的成分。世界范围内建立在科学方法论基础上的广播电视受众调查的出现不过四五十年的历史,在中国这一历史还不到三十年。随着科学技术的突飞猛进和社会的快速发展,广播电视受众调查已演绎为当代社会越来越不可或缺的生活情状、思维框架和文化景观。受众调查在现代广播电视传播媒介发展中扮演着重要角色,主要体现在以下方面:

首先,受众调查为广播电视传播媒介了解受众提供了基本参考。

广播电视受众调查可以帮助广播电视传播媒介了解受众规模、受众构成、受众特征及分布状况、受众市场状况、受众接触行为和选择偏好、受众的需求、受众的心理、受众的评价状况及受众的权利与义务等;可以帮助广播电视传播媒介贯彻落实"三贴近"原则,不断改进工作,了解和满足受众需求，更好地为受众服务，进而赢得更多的受众；可以帮助广播电视传播媒介建立一个系统、客观、准确的传播效果检验和反馈渠道；可以帮助广播电视传播媒介了解自身的竞争力状况和受众市场环境的变化情况以及探索新的受众市场机会。

其次，受众调查为电台、电视台的广告经营提供了重要依据。

在市场经济条件下，广告已经成为广播电视产业经营的重点。广告客户最关心的是广播电视节目的影响力和影响面。如果受众人数达不到一定的规模，广告客户投放广告的目的就难以达到。因此，受众调查数据可以为广播电视传播媒介制定广告时间价格提供重要依据；为广播电视传播媒介开展广告招商和广告经营活动提供数据；为广播电视传播媒介及广告客户、广告公司检验广告效果提供依据；为广告客户和广告公司做好广告媒体计划提供重要依据。总之，客观公正、准确可靠的受众调查能够使广告客户更好地利用广播电视推广自己的产品，而广播电视也可以由此获得更多的广告收入，使广告经营更趋于理性、成熟。

二、受众调查的主要形式

调查是人们认识主客观世界的一种方法。调查的过程也是研究的过程。只有不断地对调查所获的资料进行去粗取精、去伪存真的分析研究，才能全面地认识和反映客观实际。受众调查，就是运用调查研究的方法，全面了解和认识受众，以便更好地为受众服务。

（一）受众调查的方式

受众调查的方式主要有普查法、抽样调查法、个案调查法等。

1. 普查法

普查法是以受众总体为调查对象的一种调查方法，是为了了解受众的某种现象在一定时空上的情况而进行的一次全面调查。这种调查内容十分丰富，如受众视听的频度、视听时长、选择意向及对某一节目的接纳程度等，具备全面性、精确性，相对稳定。

普查法通常是由专门的普查机构来主持，需要组织统一的人力和物力，确定调查的标准时间，提出调查的要求和计划。由于普查法的侧重点是宏观的，它本身包含着很多具体内容，因此它也是受众调查中运用较少的一种。

2. 抽样调查法

对受众全部进行调查当然是最理想的，但是，受经费和操作中实际困难的制约，受众调查通常采用抽样调查的方式进行。抽样调查是根据部分实际调查结果来推断总体的一种统计调查方法，属于非全面调查的范畴。它是按照科学的原理和计算，从若干单位组成的事物总体中，抽取部分样本单位来进行调查、观察，用所得到的调查标志的数据以代表总体、推断总体。

抽样调查可以通过抽样设计，通过计算并采用一系列科学的方法，把代表性误差控制在允许的范围之内；另外，由于调查单位少，代表性强，所需调查人员少，工作误差比全面调查要小。特别是在总体包括的调查单位较多的情况下，抽样调查结果的准确性一般高于全面调查。因此，抽样调查的结果是非常可靠的。

3. 个案调查法

个案调查法是指采用各种方法，搜集完整有效的资料，对单一对象进行深入细致研究的方法。它针对单一个体在某种情境下的特殊事件，广泛地搜集有关资料，从而进行系统的分析、推理、解释。

个案调查法搜集个案资料的方法是多样的、综合的。研究中常常要综合运用测验法、访谈法、观察法等多种方法，从多角度把握对象的发展变化。只有这样才能全面系统地考察研究对象的特点和发展变化的过程和规律，从而得出比较科学的结论。

个案调查法的研究周期一般比较长，对个案可以做静态的分析、诊断，也可以做动态的调查或跟踪。由于研究对象较为单一，所以研究时就需要有较为充裕的时间，便于对个案进行深入细致、全面系统的分析和研究。

（二）受众调查的方法

受众调查的主要方法有日记调查法、个人访问法、电话调查法、召开研讨会、问卷调查法、装置计量法等。

1. 日记调查法

广播电视机构在一些愿意记录他们使用广播（电视）情况的样本户中发放视听日记本，从中获得受众构成的数据，以此数据作为电脑计算节目收视（听）率的原始数据，这种方法既经济又快捷。

2. 个人访问法

个人访问法是调查人员到抽样户家里，逐个询问每个家庭成员在过去24小时内的视听行为。这种方法可以使访问者深入地询问被访者的想法以及在节目选择等问题上的实质性意见。但由于这种方法费用昂贵，并且在现代社会中深入城市家庭的操作难度日益增加，许多机构在进行大规模调查时已经停止使用它。

3. 电话调查法

电话调查法在中心地区比较容易进行，它比面对面的访问更快捷也更便宜。即使远距离访问，也可以通过服务专线降低费用。它也不受被调查者文化程度的影响。电话调查的不足之处在于：其一，许多人不愿意接听陌生电话询问，问题越深入，厌恶感越强。其二，这种方法不容易获得凌晨和深夜节目的收听（视）情况。其三，如果不是每个受众都有电话的话，这种抽样就会缺少某些受众类型，特别是城市中的低收入者。

4. 召开研讨会

广播电台和电视台在重新修订节目表或增设新栏目时常常会召集各方人士进行座谈，征求他们对原节目的意见和对新栏目的建议，将这些意见和建议反馈到节目的设计和编排中。另外，把自己的重点节目集中起来，组织专家和权威人士进行研究讨论，也是受众调查的有效方法。

5. 问卷调查法

问卷设计和样本选择是进行受众抽样调查的基础工作。问卷调查是用填写表格的方法收集一系列的客观事实，问卷调查要求能够准确地提出问题，选择调查对象，明确调查的目的和任务，提出统计表格的方法。问卷的设计要遵循一定的要求，提问组合要恰当，问题简单易答，以保证问卷的有效性。

问卷的发放要注意样本选择的代表性，样本的数据要准确地反映它所代表的那个整体的特征。这需要两个因素的保证：一是抽样群体（抽样框）的确定，二是抽样方法的选择。调查者要事先确立容许误差，保持一定的样本基数，以既达到抽样目的又节省经费为目标。

6. 装置计量法

计量装置是一种和收音机、电视机相连接并且自动记录开关情况的检测装置。典型的自动记录仪通过电话线与媒介、调查公司的电脑中心连接，定期传回储存的收听（视）信息。通过计量装置收集数据虽然比较准确，但它也有先天的局限性。其一，计量装置耗资大。其二，它无法辨别收音机、电视机被打开后是否有人在收听或收看。其三，它不能提供受众构成情况。其四，它无法记录受众对节目的满意程度。因此，调查机构会将通过其他方法获得的受众构成信息补充进去。

以上各种调查方法可以有效地帮助电台、电视台在激烈的媒介竞争中占据优势。

三、受众研究的分析方法

在获得大量数据之后，接下来要做的工作是对数据进行分析研究。由于研究的目的各不相同，研究方法也是千差万别。目前，最常用的研究方法是定量研究法、定性研究法和内容分析法。

（一）定量研究法

定量研究是确定事物某方面量的规定性的科学研究，是科学研究的重要步骤和方法之一，是主要搜集用数量表示的资料或信息，并对数据进行量化处理、检验和分析，从而获得有意义的结论的研究过程。定量的意思就是说以数字化符号为基础去测量。

定量研究法一般是为了对特定研究对象的总体得出统计结果而进行的。它通过对研究对象的特征按某种标准做量的比较来测定对象特征数值，或求出某些因素间的量的变化规律。由于其目的是对事物及其运动的量的属性做出回答，故称定量研究。

在认识论上，实证主义极力推崇经验的作用，认为主体对客体的认识必须建立在经验的基础上，一切概念必须还原为直接的经验内容，理论的真理性必须由经验来验证，认为"知识"有其客观的规律，具有可重复性。研究者只要遵循一定的方法规范，就可以将研究的结果在更大的范围内推广。

在方法论上，实证主义倾向于夸大科学方法的作用，视自然科学的方法论逻辑为科学理论合理性的依据，试图将自然科学的方法运用于包括哲学、人文科学和社会科学在内的一切研究领域。正是科学主义在教育研究领域的大力提倡，使人们误以为教育研究就是要提倡那种不以人的主观意志为转移的客观规律，强调对教育的研究应精确化、量化。

广播电视受众研究中的定量研究着重受众量的方面，依据的主要是调查得到的现实资料数据，要运用经验测量、统计分析和建立模型等方法，以概率论、社会统计学等为基础，主要以数据、模式、图形等来表达。旨在通过对受众各方面数据的测量，从中发现规律，然后确定它们之间的关系以及解释变化的原因，以指导实践。

（二）定性研究法

定性研究方法是根据社会现象或事物所具有的属性和在运动中的矛盾变化，从事物的内在规定性来研究事物的一种方法或角度。它以普遍承认的公理、一套演绎逻辑和大量的历史事实为分析基础，从事物的矛盾性出发，描述、阐释所研究的事物。进行定性研究，要依据一定的理论与经验，直接抓住事物特征的主要方面，将同质性在数量上的差异暂时略去。

定性研究的理论基础包括建构主义、后实证主义、解释学、现象学等各种理论流派。以现象学为代表的哲学流派则认为，社会现实的本质并不是客观存在的，而是因不同的人在不同的时空赋予各不相同的意义。主体对客体的认识实际上是主体在和客体的互动关系中对客体的重新建构，主体和客体两者是一个互为主体的关系，否认事实与价值是相互独立的客体。他们认为对知识的认识不是唯一不变的，它是对具体社会文化情境的建构，是参与各方面通过互动而达到的一种暂时的共识。知识是一个重构的创造的问题，不存在带有普遍意义的、脱离具体情境的、抽象的知识。

在方法论上，以现象学为代表的哲学流派则对此提出了猛烈的批评，他们认为人为万物的尺度，因此应关注人生的价值、意义、态度与理解，关注价值世界，注重情感、创造性的智慧和对生命的感受。而这一切是无法用数学的语言、用数据的形式来表现的，只能通过描述性、解释性的语言来实现。

广播电视受众研究中的定性研究大多是通过参与观察和深度访谈而获得第一手资料，具体的方法主要有参与观察、行动研究、历史研究法、民族志方法。其中，参与观察是定性研究中经常用到的一种方法。参与观察的优势在于，不仅能观察到被观察的受众采取各种媒介接触行为的原因、态度、依据等，还通过参与获得一个特定受众群体中一员的感受，因而能更全面地理解行动。然后通过对观察和访谈法等所获得的资料，采用归纳法，使其逐步由具体向抽象转化，以至形成理论。

定性研究有两个不同的层次：一是没有或缺乏数量分析的纯定性研究，结论往往具有概括性和较浓的思辨色彩；二是建立在定量分析的基础上的、更高层次的定性研究。在实际研究中，定性研究与定量研究常配合使用。在进行定量研究之前，研究者须借助定量研究确定所要研究的现象的性质；在进行定量研究过程中，研究者又须借助定性研究确定现象发生质变的数量界限和引起质变的原因。

（三）内容分析法

内容分析法是一种对传播内容进行客观、系统和定量的描述的研究方法。其实质是对传播内容所含信息量及其变化的分析，即由表征的有意义的词句推断出准确意义的过程。内容分析的过程是层层推理的过程，是对传播内容进行客观的、系统的统计调查后，予以分析和描述。它以定量研究为主，兼具定性研究的某些因素。内容分析法是媒介以及传播研究中一种非常重要的方法，具有客观、方便、经济等优点。

内容分析法最早产生于传播学领域。第二次世界大战期间美国学者H. D. 拉斯韦尔等人组织了一项名为"战时通讯研究"的工作，以德国公开出版的报纸为分析对象，获取了许多军政机密情报。这项工作不仅使内容分析法显示出明显的实际效果，而且在方法上取得了一套模式。20世纪50年代美国学者贝雷尔森出版《传播研究的内容分析》一书，确立了内容分析法的地位。真正使内容分析方法系统化的是J. 奈斯比特，他主持出版的"趋势报告"就是运用的内容分析法，享誉全球的《大趋势》一书就是以这些报告为基础写成的。

内容分析法与英国文化研究学派所进行的文本分析有所不同。文本分析主要采用的是符号学和结构主义的分析方法来分析文本（Text）的结构和意义，探寻受众对意义的不同解读方式和文本中所隐藏的意识形态的操纵力量，属于定性研究范畴；而内容分析主要是运用统计知识对传播的内容（Content）进行分析与归类，目的是描述传播内容的固有倾向、说明信息来源的特征等，属于定量研究的范畴。在早期的传播学研究中，内容分析主要用于对印刷媒介内容的分析，如拉斯韦尔于20世纪20年代对第一次世界大战时期的宣传技巧进行的研究。随着传播学研究的深入和媒介的发展，内容分析法的运用范围扩展到各种声音和图像信息。

内容分析法的主要操作程序是：

首先，建立假设命题，确定研究范围。例如，以某电视台某一时期的新闻节目为研究对象。

其次，制定一个类别表作为考察和测量节目内容的统一标准。类别表有两项内容：一是把研究内容分成若干类，如新闻节目可以分成国内、国外、地方新闻等。二是在各类研究内容中确定若干个"分析单元"作为内容分析的最小单位，如将新闻节目分为时政新闻、社会新闻等。设计类别表时，要对这些内容做出明确的规定。

最后，制定好类别表以后，从节目中摘出有关分析单元对号入座，分别计算出它们在各种类别中所占的比例，每个分析单元出现的频率数；再以百分比、对比分析、相关分析等统计手段得出结果；最后用这些结果验证假设，完成研究报告。

四、建立合理的受众调查机制

随着受众市场的快速发展和新闻媒介的高速化运转及竞争的日趋激烈，

媒体市场定位日益呈现出细分化、专门化和规模化的特征。市场细分趋势使得受众从一个笼统的整体概念转变为具体的、有明显特征的小群体，每个群体都有自己的目标受众群。这使得广播电视媒体必须依据一种比较科学的工具来进行辅助。这个工具就是受众调查。

从 2003 年开始，我国广播电视节目评奖开始参考视听率、满意度等受众调查数据。其目的是通过数据了解受众的媒介接触行为、态度和对媒体的满意度，以便在激烈的市场竞争中，吸引更多受众的"眼球"。但在实践中，人们发现这些数据的获得却存在不完整、不科学的问题。因此，在评奖操作过程中，数据只是作为参考，主要还是以专家对参评节目进行主观评价为主进行评判。于是，建立一套为多方认可的合理的受众调查机制，并最终通过行业标准的形式颁发并推行成为受众工作的目标。具体来讲，可以从以下几个方面予以完善：

第一，确立准确的数据采集样本户。

按照《全球收视率测量指南》的规定，固定样组的规模应该由需要被测量的次级人群也就是目标收视人群的地理分布和人口覆盖情况以及频道覆盖的数量和规模来决定，还应该考虑到由不同的抽样方法所带来的样本设计的有效性等方面。完整的固定样本量的设置取决于这个地区以上那些因素的综合情况。

根据我国相关研究，如果需要做全国受众调查，需要建立一个全国受众调查网络，抽取的样本要能代表全国电视信号覆盖区域内所有 4 岁以上的广播电视家庭人口。并且在抽样之前要开展大规模的基础研究，固定样本量要在 2000~6000 户。

如果需要做省级受众调查，则需要建立省级受众调查网，调查总体为某台在全省电视信号覆盖区域内所有 4 岁以上的电视家庭人口。抽取的样本为 600~1000 户，其中城乡各 300~500 户，并且在抽样之前要开展基础研究，基础研究的样本量在 700 户以上，其中城乡各 350 户。市级受众调查总体为某台在全市（包括区、县）广播电视信号覆盖区域内所有 4 岁以上的电视家庭人口，样本量为 100~400 户。在大城市特别是省会城市，样本量要在 300 户以上，而在一些小城镇，样本量可以为 100 户。

第二，合理分配数据采集样本。

由于广播电视受众数量巨大，普查是不合适的，只能选择具有代表性的样本，通过样本统计量对总体参数进行估计。从理论上来讲，样本量的确定受四方面的影响：一是抽样总体中各单位的差异程度。差异度越大，为保证达到一定的抽样精度，所需要调查的样本量就越大。二是最大的允许误差。

允许误差越小所需要调查的样本容量也就越大。三是抽样的方法。不同的抽样方法决定了不同的效率。四是人力、物力、财力等条件的限制和投入。调查单位所投入的人力、物力和财力随着样本量的增大而增大。在具体的实践操作中，允许误差和投入是此消彼长的关系，最优化的方案是达到两者的平衡，从而达到预期的调查目的。

在我国，市镇与乡村总人口的差异非常大，但目前我国的受众调查主要针对城市进行采样，但却忽略了庞大的农村人口基数。这导致样本的采集不具有代表性或代表性不强，直接导致调查结果不准确的后果。

样本调查范围本身还存在"盲区"。例如，受众调查首先是对常住收视、收听人口的调查，而现实生活中却大量地存在一些非常住人口；另外，随着受众生活方式的变迁，新媒体的快速发展，手机电视、IP电视、网络电视的崛起，给传统的视听率测量带来了极大的挑战。因为这些新媒体拥有大量潜在的受众，对于这些受众群体，传统的视听率调查方式是无法测量其视听行为的，这同样也给受众调查带来了新的课题。因此，如何合理分布数据应该有一个客观性的描述，并且要切实做到。

第三，建立受众调查监督机构。

受众调查行业是专业性较强的服务性资讯行业，也是一个依赖技术的行业。因此，在选择调查公司的时候，需要格外看重它的资质，包括调查的专业性、人员的素质、客户的评价、行业口碑以及行业权威性等。一个资质良好的调查公司意味着调查数据能得到认可，能比较准确地反映广播电视受众的视听状况；相反，如果调查公司资质不够，数据的可信度较低，业内认同度不够，就很难确保节目评估的准确和客观，用这样的数据去参与节目的综合评估也就失去了意义。

目前在我国从事受众调查服务的机构大约有100多家，从目前的市场份额来看，CSM大致占到了整个市场份额的80%，而AGB尼尔森占到10%~15%的份额，其余5%~10%的份额是其他小型调查机构占有的。专业的视听率调查公司一般按照严格的操作规范进行测量，数据来源可靠，抽样方法科学。但目前由于市场上调查机构的背景、实力、规模、资信、市场地位差别较大，在具体的执行标准上存在很多差异，所以在这种情况下，要想获得"唯一性"较强的数据显得有些困难。

受众调查行业在国内尚属于新兴产业，目前还没有适当的"行业准入"制度，也缺乏相应的规范。受众调查不可避免地会出现误差和各种问题，需要第三方来进行监督；对于数据异动现象，也需要调查公司配合公益性质的第三方机构进行调查和处理。目前，国家广电总局传媒机构管理司已经着手开展对收视调查行业的管理和引导工作，其宗旨是要将受众调查纳入政府可管控的范围之内。

第四节 构建科学的广播电视节目评估体系

广播电视节目评估主要是指电台、电视台为提高节目质量、传播效果和经管效率，按照一定的原则和标准，对节目传播所产生的包括社会效益和经济效益在内的各种直接或间接效果所进行的评价和测定。广播电视节目评估体系是指为实现节目评估目的而建构的一套评估系统。虽然是一种业内评价的标准，却连接着广播电视受众、从业者和政府三种完全不同的群体或机构。它既是一种效果评估机制，也是一种激励机制，更是一种导向机制，有着重大影响和作用。

一、广播电视节目评估体系建构的背景

节目评估体系的建构虽是依循我国广播电视发展的历史必然所做的现实选择，但其背后既有深刻的历史和现实原因，也有我国广播电视所特有的体制机制的原因。

首先，建构完整的节目评估机制是我国广播电视体制的必然要求。

媒体以其资金来源的不同大致可以分为两种类型：一是官方给予特殊政策扶持的公益媒体，如英国的BBC、日本的NHK等；二是私营的商业媒体，如美国的CNN等。因其定位的不同，节目评价的标准也各异。公益媒体更多的是为全民服务，因此其节目评价的标准主要是受众的满意度；商业媒体则是以市场手段取得收入，节目的广告是其收入的重要来源，而影响广告收入的关键因素是节目的视听率。我国广播电视媒体集政治属性和产业属性于一身，既要服务于社会效益，同时又要考虑经济效益。如果用单一的指标来检验评估节目不但会顾此失彼，也会影响到双重效益的均衡发挥。所以，我国广播电视节目的评价标准既不同于纯商业媒体可以"唯视听率"马首是瞻，少量兼顾或者并不兼顾其他评估指标和内容，也不同于公共媒体以"满意度""欣赏指数"等作为节目主要考量的标准而忽略视听率的因素。

我国广播电视不仅具有意识形态属性，也具有产业属性；不仅是上层建筑，也是社会生产力。这种双重属性决定了广播电视媒体的双重任务，既要发展公益性事业，也要发展经营性产业，这正是中国广播电视的特色所在。

因此，我国广电体制决定了广播电视节目评估体系必须要坚持双重效益，遵循双重规律。坚持双重效益，就是要找准社会效益和经济效益的结合

点,始终坚持把社会效益放在首位,实现社会效益和经济效益的统一。遵循双重规律,就是要找准文化发展规律和市场经济规律的结合点,既遵循意识形态建设规律、精神文化建设规律,也要遵循社会主义市场经济规律。

其次,建构完善的节目评估体系是我国广播电视深入持续发展的迫切需要。

改革开放几十年以来,广播电视在环境监测、社会协调、文化传承以及娱乐提供等方面发挥的作用日渐强大。在计划经济向市场经济转变的过程中,媒介竞争环境的变化带来了媒体管理者经营理念和管理理念的变化。特别是20世纪90年代以来,广播电视遵循科学发展观要求,解放思想,实施了一系列改革。广播电视媒体的产业功能也得到主管部门的正式认可。这一转变带来了广播电视节目评估体系的变化和发展,相应的广播电视节目追求的目标定位也发生了一些变化。虽然政治标准和艺术标准依然是评价节目不可或缺的因素,但在来自国内外的媒介竞争日益加剧、国家划拨经费日益减少的背景下,媒体不得不慎重考虑如何更加有效地开发和配置资源。

按照媒介经济学的观点,在视听市场上,广播电视传播进行着双重交换。其一是广播电视业生产具有某种专业或艺术价值的节目,作为商品,通过传播来交换和满足人们的视听需要;其二是以此为基础,广播电视传播"生产"自己独特的产品——受众,并将这些受众作为商品出售给广告商,通过后者的广告投入,实现广播电视传播的价值补偿。因此,在愈演愈烈的媒介竞争背景下,必须提高节目的品质以形成自己理想的受众群,并进一步吸引更多的广告客户,创造更多的经济效益和社会效益,从而实现媒体资源和社会资本的优化配置。也就是说,受众成为广播电视竞争的根本,受众需求成为媒体行动的直接动力,受众评价成为媒体改革和发展的主要依据。只有把按照受众需求来决定如何结构节目的内容和形式作为广播电视运作的中心,才能通过受众信息了解媒体的市场状况、竞争状况和受众需求状况,才有可能赢得尽可能大的受众市场。

针对受众需求的视听率、满意度以及与市场紧紧相连的经济效益指标也逐渐成为节目评估的主导因素。节目评估体系为节目质量的提高提供了一种持续不断的推动力和鞭策力。进入"十二五"规划以来,广播电视既面临着三网融合的机遇和挑战,同时也承受着境外及网络视听媒体竞争的挤压,如何保证其持续有力地提供优秀产品,在竞争中取胜,是广电媒体面临的一项重大课题。在这样的社会发展形势下,只有构建体系完备的节目评估机制,才会在竞争中用内容占住先机,制播出既符合社会发展要求又为受众所喜爱的节目。节目评估体系的完善与否,既关系到广播电视是否能够提供满足受众需求的节目,也关系到广电媒体的自身发展。依靠科学的评估机制作导向,以多元的评估体系取代简单的节目评价办法成为一种必然的趋势。此外,随着体制机制改革的深入,广播电视势必会获得更好的发展机遇,更为规范化的节目交易市场的形成指日可待。为业界所普遍认可的节目评估体系的建构亦可以为节目交易市场的形成及规范化运作提供保障。

第三,建构完备的节目评估机制是规范广电媒体日常管理的重要环节。

广播电视属于创意文化范畴,其管理的规范化相对来说比较困难,有体系完整的节目评估机制就可以在日常管理中有据可依。这不但涉及节目质量管理的范畴,还与人员评聘、激励以及品牌发展等密切相关。在竞争日趋激烈的情况下,建立科学的节目评估体系不仅是媒体加强频率、频道管理的当务之急,更是科学的节目管理体系中不可缺少的环节。

在宣传管理体系中,核心体系是节目管理体系,节目管理体系中又以节目评估体系最为核心、最为重要。构建节目评估体系是建立广播电视媒体管理体系的迫切需要。许多广播电台、电视台已经将节目评估体系纳入管理体系之中,并把它作为管理体系的核心。评估体系能为创立名牌节目提供制度保障,为节目的合理定位、设置和布局及节目运作机制提供科学依据,为衡量广播电视媒体的整体实力提供依据。节目质量的管理过程涉及人才培养、考核机制、质量管理、广告管理等诸多因素,科学完善的节目质量管理体系必须从实际出发、多者兼顾、操作性强,才能有的放矢,有效增强广播电视媒体的竞争实力。

广播电视节目评估体系的建立,可以发挥节目导向的功能。不仅可以使节目的策划、采编和播出过程形成科学的运作机制,使节目的质量不断提高,而且能够使节目的定位、内容、形式、设置、布局以及时间段的使用更趋合理,为广播电视节目改革、调整和广告业务提供科学的依据。它还是提高队伍素质、鼓励督促人才的一项根本性措施,是推动、深化电台、电视台人事制度、分配制度、内部管理制度等改革,建立科学合理的成本核算机制、分配机制的强大动力。它的建立,将充分弥补传统型、经验型的节目评价各方面的不足,成为指导节目运作过程的有效工具,从而实现科学的节目管理。

二、广播电视节目评估体系的发展历程

节目评估大体分为两种,一种是对节目质量进行评估,另一种是对节目传播效果进行评估。节目效果评估又分为播前评估和播后评估。播前评估属于预馈性的,是一种预估;播后评估则属于反馈性的,主要针对传播效果而

言。播前评估和播后评估,都有可能涉及对节目质量(或价值)因素的评估。国内常见节目评估体系,是指为实现评估目的而构建的一套多指标、综合性、定量化的评估系统。一般是将各种待评要素指标化和可测化(或可评化),主要采用量化方式处理不同指标之间的关系,最终形成由各种指标、权重和数学运算组成的系统,基本属于播后效果评估这一类。

(一)节目评估体系发展的初级阶段

20世纪80年代之前,受众对节目的评价主要通过自发来信和媒体不定期地到受众中召开座谈会的方式进行。虽然不是属于普遍常态化的媒体行为,但是至少说明了广播电视管理者对节目质量和受众的重视。

真正意义上的节目评估初级阶段肇始于20世纪80年代。此时的广播电视媒体的主要功能是宣传功能,是否符合党的宣传口径就成了广电媒体的主要价值取向,这就决定了它以争取社会效益作为唯一的或主要的目标。因此,各级领导者义不容辞地担负了节目评价主要任务。此外,从事媒介作品生产与研究的专家,也是节目评估的一支主要力量。领导和专家的意见充分保证了舆论导向的正确性,他们用专业眼光分析节目的艺术表现力,注重节目本身的质量检验,为广播电视媒体生产出高水平的精品节目做出了很大的贡献。

领导和专家的意见受到广播电视媒体的重视,对改进节目本身质量、发挥积极的社会效益起到良好作用。他们评价节目的方法一般是:由专家们汇聚一堂,对节目逐个审看,对节目的思想性、艺术性、表现手法、创新程序、主持人作用等加以点评、综述,优胜劣汰。受众的意见却很难对节目的评估产生根本性的影响。

总之,这一时期对节目内容和质量本身的关注尽管渗透着评论者对节目的人文关怀,也包含着评论者对节目创新能力的肯定,但这种传统的节目评价只注重节目本身的质量检验,而没有把节目作为一种精神文化产品。它并没有真正了解节目的传播效果,缺乏市场的分析与调研,忽视经济效益。而个别访谈和座谈会式的受众调查也存在不够全面和精确的缺点。所以初级阶段的节目评估只能是局部的分析与探讨,很难自成体系。

(二)节目评估体系发展的多样化阶段

在激烈的市场竞争中,受众的地位和作用发生了很大的变化,传媒更加重视对受众的研究。"传播者本位"为主导的传播模式客观地、必然地让位于"受众本位"为主导的传播模式。媒体必然要根据受众的需求来决定传播的内容和形式。节目评估方法开始重视受众的节目评价意见,从引入视听率到满意度的推出,受众调查朝着多样化方向发展。

1. 视听率指标的推出

20世纪80年代中期到90年代中后期,广播电视节目越来越瞄准市场、瞄准目标受众,就越来越重视受众的意见和要求。此时,媒体越来越感觉以前获取受众评价的方法已经跟不上时代的发展了。因此,媒体开始借鉴国外的受众调查方法,利用节目收视率和收听率数据来研究受众。视听率指收看或收听某一电视台或电台节目的受众人数(或家户数)占总体受众的百分比。视听率调查缘起于社会经济发展要求和概率统计学科的日臻成熟。

20世纪90年代初期,视听率调查还带有很明显的非市场性特征。调查数据主要作为媒体内部分析节目效果的参考,仅相当于媒体的自我反馈行为,而不是一种市场行为。90年代中后期,随着竞争日益白热化,视听率作为反映广播电视受众视听行为和偏好的主要指标在节目编排、广告投放决策以及广播电视节目评估中的作用越来越被业内人士所重视。在这种背景下,以1997年12月4日央视索福瑞媒介研究有限公司(CSM)成立为主要标志,广播电视媒体改变了仅靠受众零星来信反馈意见的落后状况,开始整体上客观地、科学地反映受众对节目的评价。

2. 满意度指标的推出

单纯的视听率指标本身存在诸多缺陷,于是人们在引入视听率的指标之后,再次引入满意度指标。满意度是测量受众对节目质量的评价,对频道(率)或节目满意程度的指标。在我国香港地区,欣赏指数调查于1989年引进,1991年开始实行。在内地,受众满意度调查是在参照英国BBS欣赏指数调查的基础上推出的,同时从香港电视节目欣赏指数调查中汲取了一些经验,并结合具体的国情进行了改进。

1999年年初,中央电视台开始委托央视调查咨询中心进行全国观众满意度调查,采用入户问卷访问的样本调查方式,每季度举行一次。从启动伊始,这项调查就一直在寻求创新。在引进国际上比较通行的一些指标的同时,将评分办法从十分制改为百分制,另外让观众选择自己喜欢收看的一定数量的频道和栏目进行评价。种种举措为内地电视界的创新提供了宝贵的信息。

从视听率的引入再到满意度的推出,节目评价方法进一步丰富和完善。在此期间,广播电视还采用了受众抽样调查,发放节目调查信,召开受众座谈会,组织评审员,建立评估工作站,开展评估周、评估月,由受众评选自己喜爱的节目和组织专家监听、监看与评议节目等多种方法来获取受众和专家对节目的评价。这些做法和过去比较，能够更加全面客观地把握受众的需求，对广播电视节目的发展进步产生了更为显著的促进作用。但它的不足也客观存在，如无法进行节目质量的横向比较和排序，更无法进行末位淘汰等。

（三）节目评估体系发展的规范化阶段

节目评估体系的逐渐成形是在 21 世纪初期左右。随着媒体市场竞争的加剧和媒体内部管理需求的增长，媒体开始思考如何用科学的方法来全面、系统地考核和评估节目质量，开始考虑如何从理论上对节目评估体系进行探索，并尝试着建立起具有一定理论指导意义又具有可操作性的节目评估体系。

2001 年 4 月，全国部分广播电台及调查公司的代表，在福建厦门举行"广播节目研讨会"。大家就广播节目评估的概念、构成、各指标的量化及计算方法、运作程序等问题进行了深入的研究。在这次研讨会上，把"投入产出比"这个成本指标纳入节目评估体系是一个重大的突破。中央电视台实施的《节目综合评价体系方案》将成本指标引入节目评价是一个重要亮点。加入这个成本指标后，突出了成本因素，有利于加强成本核算、增收节支。经过一段时间的酝酿和实践，"广播电视节目综合评价体系"开始实施。这就是俗称的"三项指标，一把尺子"，所谓三项指标是指客观评价指标、主观评价指标和成本指标，"一把尺子"则是指三者加权后得出的节目最后的评价值。客观评价指标以视听率为主要考核内容，主观评价指标反映的是领导、专家对节目的评价，成本指标体现的是节目的投入产出情况。

2002 年，中央电视台推出《中央电视台栏目警示及淘汰条例》，即俗称的"末位淘汰制"。《条例》实行后，中央内部人员评价说："这是央视用人制度和管理制度的一项强有力的改革。""栏目质量和每个人的生存状态息息相关。"各个电台电视台对"三项指标，一把尺子"以及"末位淘汰制"的运用虽有所不同，却使我国节目评估体系的实践与研究得以发端。

总体上看，21 世纪初推出的节目评估体系具有两个重要特征。第一个特征是注重视听率，并将其设为节目评估体系中最重要的指标。这一方面说明从西方引进的视听率可以从客观上反映节目的受欢迎程度及其市场表现，但同时也为日后广电媒体"唯视听率马首是瞻"埋下了隐患。第二个特征是强调了节目评估的体系性，不是用单一指标来考量节目的表现，而是综合了领导、专家以及投入产出等主要元素来对节目进行评估。这一方面体现了评估体系正逐步走向全面与平衡，但另一方面主观评价指标的定义及规范的模糊以及对成本指标的相对轻视，造成这两个指标在实际操作时不能被有效体现。

这一时期节目评估体系的推出和实施，产生了较好的示范作用，并奠定了以后节目评估的主要指标体系。

（四）节目评估体系发展的科学化阶段

广播电视实践及生态变化丰富且复杂，整个行业一直未有统一的评估标准与规范出台。但各个广电媒体还是进行了大量的有益的探索和尝试，评价指标更为多元和全面，评价方式也更强调可操作性，节目评估体系逐步走上了科学化发展的阶段。

2005年左右，由于各家媒体盲目争夺"收视率"，一味追求高的收视份额，导致了"唯收视率"观念的盛行。仅仅以收视率作为导向的价值观导致了节目的同质化倾向严重，也促使了节目的各种"三俗"化的倾向。出于对"三项指标，一把尺子"和"末位淘汰制"的反思，2005年，中央电视台借用"绿色GDP"的概念，又提出了"绿色收视率"的口号。

所谓"绿色收视率"就是努力提高收视率和收视份额，确保国家主流媒体对观众的影响力和对舆论的引导力，有效体现节目的思想性和导向性；同时，又要杜绝媚俗和迎合，坚守品位、抵制低俗，实现收视率的科学、健康、协调、可持续增长，增强电视台的权威性、公信力和品牌价值。

绿色收视率概念的提出，主要是回应已出现的过分夸大视听率指标的倾向，体现了一种对视听率认知的反思以及对其作用的理性认识。从这一点上来讲，绿色收视率概念的提出具有积极意义，但此概念更多体现的是观念上的警示性和愿望上的美好性，并没有可资实践操作的具体方案，因此，也未能使节目评估体系有实质上的提升。

2011年5月央视又推出《中央电视台栏目综合评价体系优化方案暨年度品牌栏目评选方案（试行）》（以下简称《优化方案》）。推出该《优化方案》的目的是以评选年度品牌栏目的方式提高节目品质，推进栏目品牌化建设，全面提升国家电视台的引导力、影响力和传播力。从2011年7月1日起，《中央电视台栏目综合评价体系优化方案暨年度品牌栏目评选办法》进入实施阶段，此举宣告了在央视实施6年之久的"末位淘汰制"的终结。

这套新的评价体系由引导力、影响力、传播力、专业性四大块构成。"引导力""影响力"这两个新的指标考核的是栏目的社会效果，权重占到了45%。原来的收视率指标也转换为"传播力"指标，用来考核栏目的市场效果，权重占到了50%，而专业性却只占到5%。在由四个一级指标构成的评价指标中，对传播力的考评也不再以收视率的绝对高低为依据，而是进一步深化为收视目标完成率、观众规模、忠诚度、成长趋势等多维指标。

为了保证数据的有效性和可信度，央视从调查方式、抽样原则、问卷设计、统计方法等诸多方面进行了制度化和规范化的设计，力求用标准化的操作流程确保数据的有效性和可信度。在观众调查方面，样本量达到了每季度1.2万个，通过在全国184个抽样点随机抽样确保其代表性；在专家调查方面，专门组建了由300人构成的专家评审队伍，并设计了严格的抽选、轮换和打分原则，并在专家组成结构上充分考虑到职业、背景、年龄和性别的均衡，确保专家打分的公平性和客观性。

《优化方案》在重视定性定量考评的科学合理性的同时，也关注通过对节目的考评来鼓励栏目的创新创优，以正向激励带动负向激励，以奖优带动罚劣，变硬性淘汰栏目为主动置换栏目，从而使全台宏观调控和频道精细管理之间实现联动对接，也使品牌栏目的建设走向良性发展轨道。《优化方案》为节目评估面临的问题所提供的改进措施是建设性的，预示了我国广播电视节目评估体系的未来发展趋向，但其中仍存在操作成本过高等问题，需要在实践中进一步调整。

三、广播电视节目评估体系的未来趋向

节目评估体系的建构是关系我国广播电视发展的重大问题，统一行业标准的建立不但关系到节目评估的公认度，更关系到广播电视效益的发挥和市场的完善。因此，构建节目评估体系一直是与广播电视有直接或间接关系的各个不同组织的共同愿景，它不但牵涉节目自身，还关系到管理的体制机制以及国情。总的来说，广播电视节目评估体系的未来趋向有以下几个方面。

（一）全面完善综合评估指标

用全面反映受众视听行为、体现节目品质的指标体系进行评估，引导广播电视媒体制作出叫好又叫座的节目。

1. 丰富受众态度层面的指标

建立新的综合评估体系应重新梳理相关指标，可根据传播效果理论设置认知层面、态度层面和行为层面三个层面的一级指标。在其下分别设置二级指标，如对认知层面的传播效果可以设置除视听率以外的占有率、到达率等指标；对态度层面的传播效果，可以筛选出知名度、喜爱度、公信力等指标进行评估；对行为层面的传播效果，可以用忠诚度指标进行测量。要避免对视听率指标的过度甚至非理性依赖，并充分考虑到实践中的可操作性，对某

些指标的具体实施进行监督和测评。

2. 增加衡量新媒体受众的指标

受众接触媒介的行为在新媒体时代发生着革命性的变革。根据中国互联网信息中心（CNNIC）2011年发布的信息，截至2010年年底，我国网民规模已超4.5亿，大规模的人群通过网络来收听收视广电节目。因此，节目评估体系不但涉及传统渠道播出的节目，还涉及通过网络媒体播放的节目。

收视调查的测量指标也要做出相应的调整，增加反映受众接触电视节目的新的收视习惯的指标。对于在新媒体上传播的电视节目，增加点击率、点播率等指标，反映电视节目在新媒体上的传播效果。可以借鉴AGB尼尔森公司2006年率先提出的"随时随地媒体测评"理念，利用新技术的开发来测评受众观看电视的各种新方式。

3. 完善指标加权方法

节目评估体系中的指标数据是不同类型的数据，如视听率是计数数据（比率数据），满意度、专家评议是等级数据，节目成本是连续数据。这些不同类型的指标，只有经过转换才能综合到一个统一的评价公式中去，否则无法产生一个综合的评价分值。

目前，大多广电媒体都是采用加权评估法，把所有指标数据统一起来进行节目评价的。通过加权可以解决节目横向比较的问题，但是，权数的计算在现有的运用中还缺乏科学理论依据。一些媒体计算出来的权数大都是凭经验大致估算的，计算方法没有理论依据，也缺乏科学论证。从权重的意义来看，一方面权重的确定反映出评估机构对评估指标的侧重点和倾向性；另一方面，除了权重确定的方法选择，权重的确定也是各方博弈的结果。在节目评估中，影响评估指标的因素很多，且这些因素都在变化，它们的权数是难以准确计算的。不同节目的加权评比问题，同一节目在不同时段不同频道播放的横比问题，还有地面频道与上星频道、国家台与地方台之间具有差别的指标加权问题，是评估体系建构中所必须面对的难题。

完善指标加权方法，在对不同节目进行分类时，应综合多方面因素慎重考虑。区别对待不同的节目，用多元的权重比例来修正不同节目的影响因素。节目评估体系并不拘泥于某些固定不变的指标，在尽可能健全这些主要指标的情况下，还可以针对节目的特征细节补充一些其他指标来进行评估。例如引入修正因子，采用系数修正法，修正视听率指标的片面性等。

（二）建立多层次监管机制

第一，要建立独立于数据提供方的用户委员会监督机制。用户委员会是最直接的监督力量，由数据用户自发形成，与数据提供方相互独立，独立行使监督职能。鉴于中国视听数据用户较为分散，建议由广电行政部门组织中央级媒体牵头，联合几家有号召力的省级卫视发起成立视听调查数据用户委员会。广电行政部门应从行政上推动用户委员会的建立与发展。

第二，要建立行业协会的监督机制。行业协会的主要功能是在广电行政部门的指导下，制定视听调查的行业标准，规范数据的使用行为，对干扰破坏视听调查公正性和独立性的行为予以监督和处罚。政府相关行政部门可在政策、资金等方面支持行业协会的发展，帮助行业协会建立起可操作的审核程序和投诉处理程序。

第三，建立政府监管机制。一方面，广电行政部门可以扶持不受制于任何利益方的非营利性调查评估机构，使之成为指导广电事业产业发展的有力工具；另一方面，推动建立比单一视听率更全面更科学的评估体系，定期对广播电视节目进行调查评估并公布相关数据，逐步引导广播电视业界建立起全面评估的意识。

（三）重视理论研究的跟进

我国广播电视节目评估体系的建构几乎都是发端于电台、电视台自身，这一方面体现了节目评估实践性强的特征，另一方面也暴露出理论的滞后。任何一种体系的成熟，都少不了学界理论的支撑，如果只着眼于节目评估实践的评价、解读与修补，就会忽略理论研究跟进的不足。

广播电视节目评估体系的建构需要心理学、统计学、社会学、新闻学、传播学等多学科的人才。他们负责数据的调查、分析、监测，日常的节目评估，并为媒体提供分析结论、给出合理建议。从20世纪90年代末开始，关于节目评估研究的理论成果不断涌现，诸多专家和业界人士各自从不同角度进行探索。纵观现有研究，在研究主题方面，从理论出发，对节目评估体系进行宏观思考和建构方面的文献最多；而从微观的实施角度切入，论述节目评估实际操作原则和步骤的文献较少。在研究方法上，批判性、描述性的总结式研究较多，引入数据为根据的实证性研究较少。在节目评估的几个难点问题，比如指标修正、权重分配、节目分类等方面，表示重视和关注的文献较多，但给出实际可行的解决方案的较少。

国家广电总局于2003年批准立项了国家重点研究课题"中国广播电视节目评估体系"。它的提出与论证不但是对广电媒体节目评估工作现状的总结和梳理，更为重要的是从行业管理及媒体节目资源优化配置的角度，探索建立一套节目评估体系，以实现我国广播电视节目管理的科学化、标准化和可操作化。这对我国广播电视评估体系的理论研究是一个极大的推动。但这一课题的研究成果还需要一定的转化时间，相关的理论研究工作仍需要继续深入。

广播电视节目评估体系是现代广播电视发展面临的一项非常复杂的系统工程，无论是理论的构建还是具体的实践操作，都需要持续不断地探索与尝试。这需要业界、学界、行业协会以及政府管理部门共同努力，致力建立一个开放的、动态的并具有一定稳定性的节目评估系统，更好地服务于中华文化的繁荣与发展。

课后习题：

一、名词解释

1. 广播电视受众
2. 受众认知
3. 受众调查
4. 广播电视节目评估
5. 视听率
6. 抽样
7. 视听习惯
8. 绿色收视率

二、简述题

1. 简述中国广播电视受众的几个层次及其各自的特点。
2. 简述受众调查的主要方式及其重要性。
3. 简述中国广播电视节目评估体系的历史、现状及未来趋势。

三、论述题

1. 请回顾中国广播电视受众研究的嬗变历程，并谈谈受众研究的实际意义。
2. 针对某一节目，请还原一套受众调查的完整流程，包括调查机制、分析机制等。

第八章　广播电视的传播主体

2014年，习近平总书记在中国科学院第十七次院士大会、中国工程院第十二次院士大会上指出："创新的事业呼唤创新的人才。实现中华民族伟大复兴，人才越多越好，本事越大越好。知识就是力量，人才就是未来。我国要在科技创新方面走在世界前列，必须在创新实践中发现人才、在创新活动中培育人才、在创新事业中凝聚人才，必须大力培养造就规模宏大、结构合理、素质优良的创新型科技人才。"广播电视传播主体是党和国家整个人才队伍的重要组成部分，是社会主义先进文化的建设者和传播者，是广播影视科学发展的第一资源。传播主体队伍的素质直接影响和制约着我国广播电视未来的发展，加快广播电视人才队伍建设显得尤为重要。

第一节　广播电视人才素质的架构

什么是素质？《辞海》对"素质"一词的定义有三：一是指人的生理上的原来的特点，二是指事物本来的性质，三是指完成某种活动所必需的基本条件。由"素质"的第三个定义出发，广播电视人才素质是指广播电视从业人员为履行广播电视新闻工作职责所必须具备的各种能力，它是生理、心理、知识、价值观、能力等诸多要素的综合体现，具有明显的专业特征。广播电视事业集政治性、意识形态性、技术性和文化艺术性于一体，作为一个高素质的广播电视人才，除了应具备一般新闻工作者应具备的基本素质，还必须具有特殊的职业素质。纵观国际传媒的发展趋势，结合新技术革新给我国广播电视事业带来的机遇和挑战，建立新的广播电视人才素质架构刻不容缓。

一、广播电视人才的基本素质

广播电视具有信息传播、舆论监督、宣传教育、文化娱乐等功能，它在我国政治、经济、文化中的地位，决定了新世纪广播电视人才素质要求的特点。

（一）政治立场

广播电视是党和国家意识形态领域的重要部门，也是党和国家的舆论宣传机构。我国广播电视事业的性质决定了广播电视人才必须具备较高的政治思想素质，且在人才基本素质中居于核心地位。概括而言，广播电视才人的政治思想素质是：以正确的理论为指导，坚持真理，实事求是，坚持党的基本路线、方针、政策，坚持正确的舆论导向。具体而言，就是要具有高度的马克思列宁主义理论修养，坚持辩证唯物主义和历史唯物主义的思想方法，善于从纷繁复杂的表象中寻找事物的本质，正确引导社会舆论、引导社会心理，使人们的价值取向和行为方式朝着正确健康的轨道良性发展。

随着社会主义市场经济发展，广播电视事业引入了市场机制，实现了一些部门和业务的市场化运作。这是广播电视改革发展的必然趋势，但也对广电人才队伍的思想政治工作带来了挑战。加强广播电视人才队伍的思想政治工作，提高他们的政治素质，需从实际出发，建立一套完善的人才政治思想工作机制。

首先要更新观念。思想政治工作须树立全新的服务观念，即为党的中心工作和人民群众服务的观念。坚持以人为本，以全面提高全员的素质为宗旨，把为全员排忧解难和思想实际紧密结合起来贯穿于整个思想政治工作之中。

其次要创新内容。不同历史时期的思想政治工作，有着不同的工作内容。当前，广播电视部门首先要抓好党的方针精神的学习贯彻，并在学习、宣传、贯彻、研究等四个环节下功夫，理论结合实际，正确引导全员用科学的理论武装头脑。其次，广播电视部门须把握好政府的政策方针，激发全员紧密围绕政策方针开展学习、宣传。

最后要革新形式。形式上，这种机制应具备喜闻乐见、激励性强、针对性强、开放性强等几个特点。具体可以从以下几个方面建制：①建立促进核心人才发挥模范作用的制度和有效的沟通制度。②建立一套完善的思想政治工作激励机制。③在加强思想政治教育的同时，建立以针对性、实用性、开放性为重点的教育培训机制，素质教育、思想教育相得益彰。④建立完善的反馈机制。

（二）人文素质

人文素质是指人们在人文方面所具有的综合品质或达到的发展程度。当代社会所提出的人文素质，在很大程度上是作为"科学主义""实用主义"的对立面而出现的。它相对于"科学主义"，强调的是关注人的生命、价值和意义的人本主义；相对于"实用主义"，它强调的是注重人的精神追求的理想主义或浪漫主义。"科学""实用"与"人文""理想"是人类生存和发展不可或缺的两个价值向度。

对于广播电视从业者来说，人文素质是不可或缺的基本素养，因为它体现了一名广播电视从业者对自然、对社会和对他人所持的基本态度，以及对正义、高尚、卑劣的辨识。具体而言，人文素质包含以下几个方面的内容：首先要具备人文知识。人文知识是人类关于人文领域（主要是精神生活领域）的基本知识，如历史、文学、政治、艺术、语言知识等。其次要理解人文思想。人文思想支撑人文知识的基本理论及其内在逻辑。同科学思想相比，人文思想是有很强的民族色彩、个性色彩和鲜明的意识形态特征。人文思想的核心是基本的文化理念。三是要掌握人文方法。人文方法是人文思想中所蕴含的认识方法和实践方法。人文方法表明了人文思想是如何产生和形成的。学会用人文的方法思考和解决问题，是人文素质的一个重要方面。与科学方法强调精确性和普遍适用性不同，人文方法重在定性，强调体验，且与特定的文化相联系。最后是追求人文精神。人文精神是人文思想、人文方法产生的世界观、价值观基础，是最基本、最重要的人文思想、人文方法。人文精神是人类文化或文明的真谛所在，民族精神、时代精神从根本上说都是人文精神的具体表现。

（三）法律意识

高素质的广播电视人才必须具备较强的法律意识。法律是国家的行动准则，也是现代社会、政治、经济、文化实践活动赖以有序运行的准则。社会主义市场经济的实质是法制经济，广播电视正是围绕经济建设这个中心服务的，因此强化广播电视从业者的法律意识显得尤为重要。

首先，广播电视是为人民群众喜闻乐见的传播方式，这对于开展法治宣传极为有利。广播电视肩负着普法宣传的职责，其目的在于提高每一个社会成员的法律意识。如果从业者自身的法律意识淡薄，就难以通过广播电视节目传递正确的法治的声音，难以做好对老百姓的普法宣传工作。

其次，近年来，在新闻报道和社会传播活动中一些维权、涉法的事件不断出现，广播电视从业者更应该提高警惕，增强法治观念，依据法律武器维护自己的合法权益，并避免侵害他人的正当权利。如果广播电视从业者对基本的法律常识都不知道，就很容易踏入雷区、触犯法律。

将法律意识纳入广播电视人才基本素质的架构中，意味着不仅是从事法制节目采编的从业者必须具有法律素养，而且全体广播电视从业人员都应具备高度的法律警觉，自觉地学习法律知识、接受法律培训，把法治观念融入节目生产的各个环节中，以减少新闻侵权的发生，保证广播电视事业的顺利进行。

综上所述，坚定的政治立场、良好的人文素质、充分的法律意识，是当代广播电视人才必须具备的三个基本素质，是保证广播电视各项工作有序开展的基础。当然，由于广播电视系统内部分工的不同，不同岗位对应了不同的职位要求。纵观当代世界传媒业的发展，我国广播电视事业正处于一个快速发展时期，因此广播电视人才不仅应具有基本的政治、人文和法律素养，还必须具有更加专业化的技能、更高的职业素质。

二、广播电视人才的职业素质

所谓广播电视人才的职业素质，是指他们在从事新闻实践的过程中，为了完成或实现特定的任务或目标，所应该掌握和具有的某些特长或综合能力以及带来的整体效应。从根本上看，广播电视业发展的主要驱动力是人，因此人才队伍的职业素质，决定了广播电视事业发展的专业程度和传播品质。广播电视人才队伍结构大致包含节目制作、节目播出、节目传输与发射、管理等几大块。每类人才由于工作性质的不同，对其职业素质的要求也会有所偏重。

（一）节目制播人员的职业素质

节目传播系统的从业人员是广播电视人才队伍的主体，它主要由两部分构成：节目制作人员和节目播出人员，统称为节目制播人员。如新闻节目采编、编辑与艺术创作、播音主持等领域的专业人员，其专业性质往往较多地或最鲜明地体现广播电视这一传媒的特性。节目传播系统人才队伍的建设是整个广播电视系统人才队伍建设的核心和关键。

1. 合理的知识结构

知识结构是指知识系统下属子系统的内容，各系统的结构、比例关系以及结构所产生的功能。广播电视人才的知识结构之所以重要，是因为从事这项工作每天都要同各领域的人交往，要接触到各类新闻事件。如果知识结构不合理，就会对受众产生误导。

在信息爆炸的时代，广播电视人才应具备"T"形知识结构。"T"上面的一横代表"博学"，下面的一竖代表"专长"。

首先，广播电视制播人员应是知识广博的人，既懂人文社会科学又懂自然科学，成为触类旁通的"杂家"和"通才"。要成为"杂家"，广播电视从业者就必须具有较强的求知欲望和快速获取知识的能力，同时还要找到获取知识的途径和方法。互联网技术的发展、搜索引擎的出现，为各类知识的获取提供了方便，但也增加了辨别知识准确性及信息真伪的难度。因此，广开门路，多渠道求索，可以开阔眼界，拓展知识的宽度。

其次，由于广播电视采编涉猎的领域不同，还要求广播电视从业者要成为某一领域的专家。如果说知识的"杂"可以促进节目的多样性和内容的广泛性，那么知识的"专"有助于增强新闻报道的深度、提高节目质量。

在"杂"和"专"的关系问题上，我们提倡的是先当"杂家"，成为知识面较广的多面手，然后在"杂"的基础上再成为某方面的"专家"。只有成为"杂家"和"专家"，才是符合时代要求的复合型知识结构的高素质人才。

2. 扎实的业务技能

中国广播电视事业正进入一个高速发展的时代，对从业人员的业务能力提出了更高的要求，就是将各种基础知识和广播电视专业知识融会后，外化为在广播电视各工作环节中去分析、解决问题的技巧和能力。它包含以下几个方面：

(1) 练好采写基本功

采访与写作是广播电视采编人员的安身立命之本。在广播电视传播过程中，无论技术如何发展，各栏目的文稿、各类文体和脚本的写作仍然是该行业最基本的工作环节。记者型主持人的出现，告别了口播新闻的时代，主持人即便是出镜亮相，也得在幕后练好采访与写作的基本功。

(2) 谋事在先懂策划

策划是借助特定的广播电视媒体信息、素材，为实现某种目的而提供的创意、思路、方法与对策。无论是采写一篇新闻报道，还是经营一个栏目，抑或是对广播电视机构的品牌塑造，都离不开策划。策划是一个节目的起点，是节目成功与否的关键。

(3) 掌握现代高科技

在互联网络时代各种新的传播技术已渗透到广播电视传播领域。因此，广播电视工作者必须具备熟练运用摄像技术、录音技术、编辑技术、多媒体技术、动画合成技术以及卫星通信等多项现代技术的能力。

(4) 精通外语走天下

当代世界性的经济、文化和信息的频繁交流，使世界形成一个经济、文化整体。互联网络时代的广播电视从业人员不仅面向国内传播，更需要把视角伸向世界的各个角落，开展更广泛的跨文化交流。国际上第一通用语言是英语，为了实现与英语国家及其他国家的平等对话，广播电视从业者必须熟练掌握至少一门外语，了解世界多样文化，积极参与跨文化沟通和交流。

（5）社会交往能力强

广播电视是一项社会性极强的工作，从业人员必须深入实际与社会各阶层沟通交流。因此，必须具备较强的社会活动能力、公关沟通技巧，方能成功地与各个阶层不同文化程度、生活经历、生活方式和人格理念的人士交流，并激发起交流对象的良性互动，配合确保工作任务的顺利完成。

（6）随机应变不怯场

现场具有不可知性，随着传播技术的发展、直播手段的运用，使得广播电视从业者面临着挑战。从事广播电视工作，随时可能遇到突发的情况，这就要求从业者临危不乱、从容应变。

在以上各项专业技能中，采写与策划能力是核心技能，是基础；科技及外语能力是广播电视工作的助推器；交往及应变能力则是顺利开展工作的润滑剂。为确保广播电视工作的专业性和高效率，必须以这六项专业技能为依托，打下扎实的业务基础。

3. 良好的精神品格

精神品格包含两层意思：一是外在的精神状态和风貌，二是内在的品格和修养。新闻之所以重要，主要的一个原因，就是新闻主体是人。它报道人，影响人，而且通常只有当它对人有影响时，最无生气的题目才会显得重要。人是新闻之所以称为新闻的理由。只要是人，除了知性、理性，就还有感性的一面。广播电视从业者不仅要表现新闻人物的情感世界，也要以自身的精神品格去打动受众。

（1）精神风貌的外显

首先要热爱广播电视新闻事业。对一项事业的热爱是获取成功的不竭动力。有记者曾说，表现历史的时候要有事件，表现事件的时候要有人物，表现人物的时候要有激情。激情是热爱的结果，一个对事业缺乏热爱的人，只把广播电视工作当作一种职业看待，当一天和尚撞一天钟，得过且过，这样即便做出点成绩，也没有太大作为。而对于将其作为事业追求的人来说，即便遇到很多困难、受到很多阻碍，他依然干劲十足、虽苦犹荣，这就是爱岗敬业精神所产生的神奇力量。

其次要有踏实肯干的工作作风。广播电视事业的成功，要靠广电人一点一滴、脚踏实地地做事。2011年，由中宣部、中央外宣办、国家广电总局、新闻出版总署、中国记协五部门发起的,在全国新闻战线开展的"走基层、转作风、改文风"活动,便是加强从业者作风建设的重要举措。

(2) 品格修养的内化

如何内化品格修养?首先要认清自己的缺点,承认自己的不足,敢于担当和面对问题。其次,要树立行业楷模,以此为榜样激励自己,时刻提醒自己要做一个品格高尚的人。然后,通过学习以及艺术熏陶,使心灵得到净化。最后坚持原则,克己奉公。

作为广播电视从业者,磨炼自己的品格是非常有必要的。在广播电视人才的职业素质结构中,它处于金字塔尖的位置,也就是说即便有丰富的知识、扎实的业务能力,若缺乏良好的品格,也难以成为优秀的广播电视人才。

(二) 技术人才的职业素质

广播电视系统中的许多技术部门的专业人员也是直接从事节目传播工作的。在广播电视节目生产制作过程中,技术部门及其专业人员直接参与从采编到完成制作的整个过程,然后技术人员又承担节目的播出、传送和发射系统的工作,他们是广播电视人才队伍中的重要力量。当代广播电视技术人才所需具备的职业素质主要包括两方面:

首先是专业素质。广播电视技术工作由于其专业性强,从业者必须具备与技术相关的专业知识和专业技能,如通信、电子、电力、机械等专业知识。在学历上,由于岗位分工的不同,广播电视技术人才至少应具有大专学历。随着广播电视技术的发展,高学历将成为未来广播电视技术人才的职业需求。

其次是心理素质。广播电视技术工作因其工作的特殊性,要求工作人员必须具备吃苦耐劳的品格,且能胜任高强度的甚至是危险的工作,具备良好的心理素质。

当然这只是针对纯技术工作人员的职业素质要求,对于从事一般性技术工作,如涉及广播电视摄像、灯光、录音、编辑等技术工作的人员,则以广播电视制播人员的职业素质要求之。

(三) 管理人员的职业素质

管理系统包括编播业务管理、技术管理、经营管理、行政管理、后勤服务管理、政治工作等几个主要方面的工作,并渗透到广播电视工作即节目传播工作的各个环节中,是整个广播电视系统正常运作的可靠保证。管理人员不仅要具备和掌握广播电视各种业务的相关知识，还要具备和掌握管理学知识，具备比一般业务人员更高的素质。

1. 要具有全面的综合素质

这是当今社会中科学、产业、经济日益整合一体的要求，也是广播电视媒介多方位发展的要求，具体而言：①对自己专长的某一职能以外的其他各方面职能都要有广泛的了解和经验；②能够平衡经济目标、社会目标以及科技目标、政治目标之间的关系；③善于与各方面专家沟通，利用他们的知识与经验增强管理决策的科学性、准确性、适应性和前瞻性。

2. 要具备相应的管理技巧

广播电视媒介管理者要具备三方面的技巧：

第一，专业技术方面，要具备业务能力。广播电视媒介涉及广泛的专业领域和科学技术领域。管理者必须具备广博的专业技术素养，了解广播电视传播、工程、节目、市场等各方面的基本状况，同时精通负责管理的领域。

第二，人际关系方面，要具备人际关系能力。管理者须具备良好的人际关系、良好的人际沟通能力，善于调动员工积极性、鼓舞员工士气。其中最重要的是要有统一协调，促进员工合作共事的能力。

第三，现代化理念方面，要具备概念形成能力。广播电视媒介是现代化媒介，其管理者必须具备现代化的理念。

3. 要具有胜任角色的能力

广播电视媒介管理者具备了上述技巧，就具备了胜任其角色的基础条件。角色分为三大类：

第一，在人际关系方面，作为组织的象征，广播电视媒介管理者有三重角色：领导者角色，即发挥高度的指挥功能，人际关系挂名领袖的角色以及内外部的联络者角色。

第二，在信息传递方面作为组织的"神经中枢"，广播电视媒介管理者要扮演三种角色：信息监听者角色、内部沟通者角色以及外部发言人角色。

第三，在决策制定方面，由于在组织策略制定过程中的责任，广播电视媒介管理者要扮演三种角色：媒介资源分配者角色、冲突协调者角色和谈判者角色。

4. 要有良好的心理素质

广播电视媒介管理者应具备的心理特质是：与时俱进的创新能力、当断则断的决断能力、灵活机动的应变能力。对应变力的理解要注意三个方面：一是应变行为的总目标不能变，就是说行为的变化不是随心所欲的，而须符合活动的总体目标；二是应变行为要有新意，大胆探索适应新形势的新思路和新方法；三是应变速度要快，因为媒介市场的竞争激烈。同时，广播电视管理者，必须具备坚强的心理承受能力。只有具备了以上心理素质，才有了较好的驾驭各种复杂局面的心理基础，从而有利于做好媒介管理工作。

5. 良好的个性特征

良好的个性特征也是值得注意的素质要求。管理者的个性特征是管理人员选拔和培养中更值得注意的素质要求。它包括较强的管理欲望，正直的优秀品质，饱满、稳定的情绪，能换位思考的移情意识及高度的责任感和成熟的心智。

在广播电视人才队伍中，除了制播人员、技术人员和管理人员，还有广播电视支持系统各部门，如节目报刊业、音像出版业、视听广告业、专业教育业、科研教育业等，也对自己的专业人员有各自的专业和素质要求。需要指出的是，虽然各个专业都有自己的分工，但在广播电视实践中，一些专业分工和智能岗位之间的界限并不是很明显，不少专业岗位通常与其他岗位在工作职能上还存在着交叉现象。因此，在广播电视领域，团队合作精神是广播电视人才必须具备的职业素质。

三、广播电视人才的职业道德

所谓职业，是指个人在社会中所从事的作为主要生活来源的工作。职业所固有的社会性质和地位，决定了每种职业在道德上都有自己的特殊要求，各行各业都有与本行业相一致的道德准则和行为规范。所谓职业道德，就是所有从业人员在职业活动中应该遵循的行为准则，涵盖了从业人员与服务对象、职业与职工、职业与职业之间的关系。

（一）广播电视职业道德的基本规范

广播电视属于我国社会主义新闻事业的范畴，是新闻事业的重要组成部分。因此，中华全国新闻工作协会制定的《中华新闻工作者职业道德准则》应成为广播电视从业者的基本行为准则。广播电视编辑、记者应遵循《中国广播电视编辑记者职业道德准则》；播音员、主持人须遵守《中国广播电视播音员主持人职业道德准则》。

1. 责任担当与舆论引导

广播电视工作者所从事的事业，担负着传播先进文化、弘扬民族精神、维护国家利益、促进经济社会发展、推动人类文明的崇高使命和社会责任。在舆论导向方面，广播电视从业者必须树立政治意识、大局意识、责任意识，坚持正确的舆论导向，把好政治关、事实关、安全播出关，杜绝政治导向问题和政策性错误，不给不良言论、有害信息提供传播渠道；应坚持正面宣传为主的方针，及时传达党的主张，反映人民呼声，营造积极健康向上的舆论环境；报道内容要符合特定的政治、经济、文化、道德、习俗等社会环境要求，坚持正确的新闻价值取向，维护国家尊严、民族荣誉和社会道德规范；不宣扬利己主义、拜金主义、享乐主义的人生观、价值观和生活方式，坚持把社会效益放在首位，严肃认真地考虑新闻传播的社会效果；不片面追求经济利益，不报道危害国家安全、影响社会稳定、违背社会公德、损害公共利益的内容；不炒作和蓄意制造舆论"热点"，误导受众。

2. 维护真实与秉持公正

广播电视从业者应该对报道内容的真实和准确负责。报道必须以事实为依据，不编造新闻，不歪曲、夸大事实。消息来源必须真实可靠。应深入新闻现场采集第一手信息，保证新闻要素准确无误，未经证实的消息，应加以说明，除需要对提供信息者保密外，报道中应指明消息来源。在报道、说明、解释和评论事实时，要全面把握和正确反映社会生活的本质和主流，避免因为报道肤浅、片面而导致公众对事物的判断产生偏差或错误。报道一经发布，如果发现错误，应立即公开更正。

广播电视从业者应坚持客观公正的职业理念，坚持深入实际、调查研究、忠于事实、追求真理的职业精神；要区分报道事实和评价事实，不将评论或猜测作为认定的事实发表；不参与任何可能有损自身公正和信誉的组织及活动，不在自己服务的媒体上发表本人及亲属涉诉事件的报道和评论，不阻挠正当的舆论监督；正确行使舆论监督职能，勇于批评和揭露违法违纪行为、消极腐败现象和违背社会公德的不良风气，弘扬社会正气，捍卫社会公正，维护社会稳定。

3. 语言规范与形象庄重

广播电视从业者要积极推广、普及普通话，规范使用通用语言文字，维护祖国语言和文字的纯洁，发挥示范作用。除特殊需要，一律使用普通话。不模仿有地域特点的发音和表达方式，不使用对规范语言有损害的口音、语调、粗俗语言、俚语、行话，不在普通话中夹杂不必要的外文。用词造句要遵守现代汉语的语法规则，语序合理、修辞恰当、层次清楚。避免滥用方言词语、文言词语、简称略语或生造词语。表达要通俗易懂、准确生动、富有内涵、朴素大方。避免艰涩、易生歧义的语言和煽情、夸张的表达。不追求低俗的主持风格和极端个人化的主持方式。与受众和嘉宾平等交流、沟通，做到相互尊重、理解、通达、友善，赢得公众信赖。

广播电视从业者尤其是播音主持人代表着广播电台、电视台的形象，言谈举止有着广泛的社会影响和示范效应，应自觉树立良好形象，维护媒体公信力。第一，树立良好的声屏形象，尊重大众审美情趣和欣赏习惯。服饰、发型、化妆、声音、举止等要与节目（栏目）定位相协调，大方、得体，避免媚俗。形象设计要符合中华民族的文化传统，不盲目模仿境外和外国人的形象，不用外国人的名字作艺名。少儿节目主持人的服饰、发型、化妆、声音、举止要充分考虑到对未成年人的影响，展示积极健康向上的形象和精神风貌。第二，严格约束日常行为。在工作和生活中要保持良好仪表和文明举止；自尊自爱，不参加任何有损于媒体形象、自身形象的组织和活动；要有公众人物的自觉意识，接受社会、公众和媒体较常人更为严格的监督。第三，确立正确的公众人物观念。尊重观众、听众，热情礼貌地对待观众、听众；不以个人知名度和社会影响寻求利益，谋求优惠、照顾和方便；在涉及个人的纠纷中，不以强调个人工作身份和个人知名度影响、干扰和破坏法律、法规的实施。第四，努力提高政治素养、文化内涵、语言能力、心理素质，保持外在形象和内在素质的和谐统一。

4. 作风清廉与品格高尚

广播电视编辑记者应该清正廉洁，克己奉公，反对任何形式的"有偿新闻"。不利用职务之便，直接或间接地为本人、亲属及其他人谋取私利。不擅自组团进行采访活动，不参加他人擅自组织的采访活动。不以任何名义索要、接受和借用报道对象的钱物。不以批评报道相威胁或以表扬报道相引诱，为个人和小团体谋利。不以"公开曝光""编发内参"等方式要挟他人以达到个人目的或其他不正当目的。严格区分新闻报道与广告，不以任何形式从事广告和其他经营活动。不利用新闻报道拉赞助、拉广告；不以新闻报道形式为企业或产品做变相广告或形象宣传；广告和广告信息应有明确广告标识。自觉遵守有关廉政的规章制度和财经纪律，自觉接受公众和有关部门的监督。

广播电视从业者应恪守敬业奉献、诚实公正、团结协作、遵纪守法的职业道德。尊重公民和法人的名誉权、荣誉权，尊重个人隐私权、肖像权，不揭人隐私，避免损害他人名誉。努力营造有利于未成年人健康成长的文化环境。不传播含有恐怖、暴力、色情、封建迷信和伪科学的内容。报道意外事件，应顾及受害人及家属的感受，在提问和录音、录像时应避免对其心理造成伤害。尊重和保护未成年人、妇女、老人和残疾人的合法权益。报道违法犯罪的未成年人和性侵犯的受害者时，录音、图像应经过特殊处理，使之不可辨认；不公布其真实姓名，不描述犯罪过程。涉及使用其他新闻来源的报道时，应尊重其他新闻来源和相关作者的知识产权。对内容的选择应忠实于原作，不断章取义。尊重采访对象的声明和要求，采访时应主动出示工作证件或单位介绍信。同行之间互相尊重、互相学习、互相支持，开展正当的业务竞争。

（二）建构传播者职业道德的保障机制

传播者所具备的职业道德除了靠自我学习和自我约束，还必须靠制度来进行约束，或奖励，或惩罚，以保障其职业道德的持久性。建构传播者职业道德的保障机制，可以从四个方面着手：

1. 建立新闻真实的保障机制

首先要确立忠于事实的职业理念。这个要求看似很"虚"，但却是中国特色假新闻存在的主要问题。为了宣传而造假是最常见的现象，而且很少被披露和受到批评。这说明我们没有真正把忠于事实放在职业道德的首要位置，而把实现某种主观需要看得更加重要。同时我们也缺乏宣传伦理，并非目的正当就可以不择手段造假，手段的不正当恰恰说明正当的目的也是可疑的。

其次要有证据意识。当下，中国正处在社会转型中，社会资源和利益的重新分配引发了很多矛盾和冲突。同一事件，可能涉及矛盾双方甚至多方，即使针对同一事实，不同的当事人也可能有大相径庭、截然相反的表述。为了维护公共利益、体现媒体报道的正义，记者需要搜集所有能"说明问题"的证据，包括之前的公开报道、内部资料、物证、书证、证人证言、鉴定结论、笔录等。证据是事实的重要载体。尽管并非所有事实都能得到不同信源的印证，但记者必须多方求证，把得到确认的事实写进报道，尽可能做到报道的客观与平衡。

证据意识是记者的一种重要职业素质。在判断一个选题能否操作时，记者要看是否有证据做依据；一个事件能否最终形成报道，要有核心证据的支撑；报道引发官司，要能够拿出证据呈送法庭。因此，记者从介入一个选题开始，就要有判断、搜集和保存证据的意识。

2. 形成工作流程中的监督机制

形成一套行之有效的涉及新闻采访、写作和编辑的职业规范，以及相应的工作流程中的监督机制。例如采访，至少需要有这样的要求："不采用无可证实的事实；不采用取证不当的事实；不采用证据存疑的事实。"再如核实，至少要知道"不能向作者核实，不能向新闻作品中被肯定的一方核实"。在编辑流程中，要有制度保障各个环节的衔接，以及后续编辑必须查看原始稿件的要求，以免发生因删节、丢失等原因造成的误读。

3. 形成失实后的"更正与答辩"机制

新闻以时效性为特征,第一时间报道的事实很难保证所有细节的真实性。因而,主动更正此前发布新闻中的差错,是新闻传媒的正常业务之一。一些不属于技术性差错的假新闻,报道的传媒有必要向公众道歉。发生重大的新闻失实,要追究当事人,以及有责任的上级领导人的责任,这就要求传媒内或行业内制定具体的追究责任的程序和处罚条例(现在这方面具有借鉴价值的可操作文本不多)。

4. 组织及人员保障

传媒内部要有具体的部门和专人来监督本传媒内各项职业规范的落实。有些报社的经验证明,只要有专人在管,假新闻出现的案例就会明显减少。

第二节 新媒体时代对广播电视人才的需求

改革开放以来,中国广播电视的发展步伐加快,实现了三次重大的突破。经过这三次重大发展,中国广播电视走出了从分散到集中再到融合的道路。当代广播电视传媒生态环境呈现出复杂的多元共生的特征,媒介人才的需求状况也发生了根本性的改变。

一、广播电视人才队伍的特征

广播电视人才队伍是一支不断发展壮大的队伍,支撑着广播电视事业建设和产业发展。新中国成立初期的1949年年底,全国广播系统工作人员只有1802人;到改革开放初期的1980年,广播电视系统从业人员增长到22万人;进入21世纪以来,广播电视人才队伍总量稳定增长,根据国家广电总局人事司提供的数据显示,截至2010年年底,全国广播电视系统从业人员共64.40万人[①],人才素质逐步提高、结构有所改善,基本形成了一支以新闻宣传、艺术创作、工程技术、经营管理人员为主体,专业门类齐全,充满生机活力的人才队伍。

(一)人才队伍规模不断壮大,结构逐步优化

随着广播电视事业产业的快速发展,广播电视人才队伍也呈现出较快的发展态势。"十一五"规划期间,全国广播电视人才在五年内增长了

---

① 《办世界一流的电影教育》,2012-1-06,http://news.163.com/12/0106/05/7N2FFAT300014AED.html。

14.1%，增长近8万人。相对于机关和事业单位，国有企业从业人员高速增长，五年间共增加5.8万人，较2006年增长近一倍（见表一）。

表一 "十一五"期间广播电视系统人才队伍增长情况

单位：人 （数据为约数）

年份	从业人员合计	机关	事业单位	国有企业
2006	56.47万	2.03万	48.58万	5.86万
2010	64.40万	2.49万	50.25万	11.66万

数据来源：国家广电总局人事司

从从业人员岗位构成来看，主要分为公务员、事业单位管理人员、企业经营管理人员、专业技术人员和工勤人员五大类。"十一五"规划期间，广播电视专业技术人员增加8.8万人，增长最为显著。各类岗位人才发展情况见表二。

表二 "十一五"期间广播电视系统各类岗位人才队伍发展情况 单位：人

年份	公务员	事业单位管理人员	企业经营管理人员	专业技术人员	工勤人员
2006	1.88万	8.72万	1.09万	26.23万	18.55万
2010	2.23万	8.62万	2.38万	35.04万	20.31万

数据来源：国家广电总局人事司

广播电视系统专业技术人员分布于采编、播音主持、工程技术、艺术等岗位。随着广播电视事业产业的不断发展，"十一五"规划期间，即2010年，行业采编、工程技术两种岗位的专业技术人员队伍分别较2006年增长了17.18%和8.98%，表明采编和工程技术人员的需求量增长较快，而播音主持和艺术人才的增长不明显（见表三）。

表三 "十一五"时期广播电视系统专业技术人员主要岗位构成变化情况

单位：人

年份	采编	播音主持	艺术	科研工程技术
2006	11.14万	2.39万	1.28万	11.22万
2010	13.06万	2.52万	1.55万	12.22万

数据来源：国家广电总局人事司

从专业领域看，"十一五"规划期间，广播电视系统人才队伍已基本涵盖了党政管理、新闻宣传、艺术创作、国际传播、工程技术、新媒体新业态、经营管理、出版、法律等各个专业门类，拓展了新领域、新专业。

从知识结构看，大专学历以上的占到了68%，队伍整体的学历水平明显提高。

从专业结构看，专业技术人员占54%，总量比2006年增长了33.6%，其中高、中级职称比例和人数均呈上升趋势，高层次专业技术人才、高技能人才和复合型人才数量进一步增加。

从布局划分看，中央占4%，省级占21.8%，市级占28.9%，县乡占45.4%，基层人员所占比重较大。

从年龄结构看，35岁以下的占了40%，形成了老中青相结合，充满活力的人才梯队。

从部门分类看，2009年，广播电台、电视台、广播电视台、传输覆盖从业人员分别为4.62万人、9.56万人、13.32万人、14.74万人，所占比例为7.4%、15.31%、21.32%和23.6%。[①]

表四 2009年广播电视系统人员分布情况（单位：人）

	广播电视系统	事业单位编制内	事业单位编制外
1. 广播电台	46 160	33 446	11 738
2. 电视台	95 645	65 310	27 343
3. 广播电视台	133 153	97 459	31 491
4. 传输覆盖	147 413	74 015	21 212
合计	624 564	379 118	130 703

数据来源：国家广电总局人事司

广播电视系统公有经济企业专业技术人才增长迅速。2010年，广播电视系统公有经济企业的专业技术人才达到5.3万人，较2006年增长了12.7倍。"十一五"规划期间，广播电视公有经济企业经营管理人才也成倍增长。2010年，广播电视系统公有经济企业的经营管理人才近2.4万人，较2006年增长了1.18倍。五年间广播电视系统公有经济企业经营管理人才发展情况见表五。

---

① 国家广播电影电视总局发展研究中心：《2010年中国广播电影电视发展报告》，新华出版社，2010年5月第1版，第190页。

表五　"十一五"期间广播电视系统公有经济企业经营管理人才发展情况（单位：人）

	2006 年	2010 年
出资人代表	281	487
企业负责人	1180	2322
部门负责人	3467	6465
其他经营管理人员	5983	14517
总计	10911	23791

数据来源：国家广电总局人事司

另外，在上述数据之外，还有两部分人员，也是广播电视行业的重要力量：一是由于管理体制等因素的影响，难以做出准确统计的基层电影发行放映人员，据电影部门测算，其规模在 25 万人左右；二是由于国家文化体制改革的不断深入和发展，在系统管理之外产生的相当规模的民营广播电视节目制作、营销机构，也聚集了一大批专业人才和管理人才，其规模和数量目前还未能准确掌握。

到 2016 年全国有广播电视从业人员近 92 万人，其中专业技术人员近 50 万人，包括编辑、记者、播音员主持人、工程技术人员、艺术人员、经营人员等。

（二）广播电视人才素质不断提高

在思想政治素质方面，广播电视系统坚持用中国特色社会主义理论体系武装头脑、指导实践，努力把党的理论创新成果转化为各级广播电视系统谋划发展的工作思路和具体措施，引导各级干部高举旗帜、践行宗旨，全面贯彻科学发展观，进一步强化各级班子和广大干部的党性意识、阵地意识、导向意识和责任意识。截至 2016 年年底，广播电视系统从业人员中共产党员人数为 30.09 万人，占从业人员的近 33%。

在业务能力提高方面，坚持在重点工程、重大项目、重要岗位实践中培养人才、锻炼人才，在完成急难险重任务中提高能力。通过重大宣传报道项目培养锻炼了一大批新闻宣传和艺术创作人才；在"村村通"、西新工程等重点工程的实施中，培养了高层次技术研发和应用型人才；在推进实施数字广播电视、移动多媒体广播电视等重点技术项目中，加强了新媒体新业务人才的培养使用；在实施"走出去"工程中，不断扩大国际传播人才队伍；在深化体制机制改革、大力发展广播电视产业过程中，培养锻炼了一批优秀的产业经营管理人才；还培养了一大批专门从事少数民族语言广播电视的优秀人才等。大多广播电视台先后制定实施《首席记者、编导、播音员、主持人评聘管理试行办法》，开辟了人才专业晋升的通道，首席记者、首席摄像、首席化妆师等专业技术人才的酬薪待遇远高于相应的管理岗位。

在专业技术人才管理方面，通过加强资格准入，不断提高队伍素质。"十一五"期间，广播电视系统规范了编辑记者、播音员主持人职业资格管理。2006年以来共有11.14万人参加了广播电视编辑记者、播音员主持人资格考试；基本完成了广播电视系统新闻记者证换发工作。

在特殊专业技术人才方面，到2010年，全国广电系统有225人享受国务院政府特殊津贴，39人成为有突出贡献的中青年科学、技术、管理专家，13人入选新世纪百千万工程国家级人选，95人成为全国宣传文化系统"四个一批"人才，4人被授予"全国技术能手"荣誉称号，2人被授予"亚广联工程业界杰出贡献奖"。

（三）干部人事制度改革进一步深化

干部人事制度改革不断深化，以培养、吸引、激励为主要手段的广播电视人才资源开发体系及工作机制不断健全和完善。"十一五"期间，国家广电总局共选派69名干部到中西部地方党政部门、广电部门及国家重点工程挂职锻炼，同时安排116名基层干部到国家广电总局交流任职。仅2010年就安排了40名干部在国家广电总局范围内挂职锻炼，其中司局级后备干部12名；国家广电总局机关和直属单位的6名干部参加为期3年的援藏援青，1名干部到国家信访局锻炼；进行了第二批国家广电总局所属单位与西藏、新疆广电单位专业干部双向交流锻炼；参加了全国博士服务团赴地方挂职交流，接受"西部之光"访问学者和新疆"特培"干部。

二、媒介融合对人才的新需求

从中国当前媒介融合的现实环境以及广播电视业的发展趋势来看，未来广电人才市场需求结构将出现以下几方面的变化。

（一）对高层次人才的需求加大

广播电视人才需求的第一个趋势是，以注重传统的专业技术队伍向掌握广电科技发展新技术的高层次人才转变。传统广电媒体的主要任务就是采、编、播、控。对广电人才的要求是政治高、纪律强、业务精，就能满足传统广电媒体宣传业务的需求。因此，民间流传着"一流人才进报业，二流人才进电台，三流人才在电视台"的说法，也印证了广电行业进入门槛较低的普遍现象。但广播电视数字化带来的是广播电视制作、传输、播出、监测、监管等方面的技术革命，因此数字化也正改变着广播电视业现有人才结构。当前，那些能掌握广电科技发展新技术如数字技术、网络技术、卫星技术等的高层次人才的缺口巨大，此类人才在今后将会有旺盛的需求。

（二）创新型复合人才需求加大

广播电视人才需求的第二个趋势是，以注重专业技术型队伍向创新型、专业交叉型、学科综合型人才队伍转变。《国家"十一五"时期文化发展规划纲要》明确提出，"抓好文化创新能力建设，以内容创新为核心，着力培育创新主体，加速科技与文化的融合，提高中国文化自主创新能力，取得一批具有重大影响的文化创新成果"。广播电视产业作为文化产业的重要组成部分之一，其内容创新、广播电视艺术创新以及广播电视技术创新等已经成为今后发展的着力点，相应的创新性广电产品、服务将会有大量的创新型、综合型的人才需求。

（三）经营管理人才需求增加

广播电视人才需求的第三个趋势是，以注重传统宣传队伍向既懂宣传业务又懂传媒经营、管理的知识复合型人才队伍转变。随着现代广电产业的发展，传统广电人才队伍在市场意识、营销观念、经营能力、管理水平等方面已经出现明显的不适应，因此在某种程度上大大阻碍了广电产业的快速发展。为适应新形势发展的需要，一些广电单位开始着手挖掘、培养一批广播影视改革发展急需的战略规划、资本运作、版权管理、科技管理、项目管理等知识复合型经营管理人才。这一类人才在未来5~10年将会成为广电人才市场需求的重点，并且在人才数量上会有较大的增加，从而在根本上改变广电现有的人才结构。

（四）国际化人才需求增加

广播电视人才需求的第四个趋势是，以注重本土化队伍培养向注重懂传播、会管理、精通外语的外向型、国际化人才队伍转变。随着网络技术、卫星技术的发展，广播电视业开始转向跨行政区域、跨媒体经营，有的甚至开始走出国门。因此传统本土化的人才队伍已经很难满足广播电视业走出去发展的需要，一些懂传播业务、会经营管理以及精通外语的优秀人才成为广电人才市场需求的重点之一。

第三节 广播电视人才的培养

"十一五"规划期间,广播电视系统高度重视人才队伍建设,取得了显著成绩。人才工作机制不断创新,人才队伍规模不断壮大,政治素质不断提高,业务能力进一步加强。但是,广播电视人才队伍的整体水平与我国经济社会发展需要和广播电视科学发展要求相比还存在一些不适应的地方:人才结构和布局还需进一步改善,人才发展体制机制障碍没有得到根本性消除,人才资源开发投入不足,基层人才队伍薄弱,特别是高层次复合型、创新型、外向型人才,新媒体新业态、国际传播、经营管理等人才缺乏。为此,我们更要增强紧迫感和责任感,坚定不移地走人才强国、人才兴业的道路,做到科学规划、锐意创新、重点突破、整体推进,加强对人才的培养和选拔,不断开创人才辈出、人尽其才的新局面。

一、加快人才培养的重要意义

广播电视人才是党和国家整个人才队伍的重要组成部分,是社会主义先进文化的建设者和传播者,是广播电视科学发展的第一资源。加快广播电视人才培养建设是广播电视事业发展的直接驱动力。

(一)广电人才培养有其特殊性

与传统行业不同,广电行业是一个智力密集型行业,内部岗位分类复杂,专业跨度极大,既有从事采编播的新闻、综艺、影视剧制作人才,又有从事广电工程的技术人才,还有从事综合保障工作的现代化后勤专业人才;此外,评价广电行业业绩的标准不仅仅是节目视听率的高低,更关键的是要将节目的视听情况转化为企业的广告和多种经营的业务收入,而这又依赖于具有良好营销能力的专业人才和各类策划创意人才。因此,广电行业的人才具有如下特点:一是广播电视的创作方式与其他文艺创作方式不同,更多的是依赖团队协作和整体素质,拼的是激情和活力,比的是勇气和毅力;二是创新是广电行业发展的根本,观众总是喜新厌旧,如果广电行业的团队没有足够的创新活力,发展就会受到影响;三是培养人才周期长,尤其是从事深度报道、专题报道、影视剧创作、广电工程设计等工作的人才;四是人才评价比较困难,广电行业的核心岗位都是"技术+艺术"型的,而对艺术的评价则会受到文化背景、风俗习惯等多方面的影响;五是年轻员工群体规模庞大,年轻人的独立个性对传统人力资源管理手段提出了极大的挑战。

（二）广电人才培养在当下还有其迫切性

近年来，国内广电行业的竞争不断升级，各广电机构都绞尽脑汁，纷纷出奇招、出险招，于是，这里《快乐男声》《加油！好男儿》《绝对唱响》还未落幕，那边《名师高徒》《丑女无敌》等新节目又相继登场，新节目形态层出不穷，生动地反映了国内广电行业的竞争态势。与此同时，传媒业与国际市场的接轨日益紧密，具有西方传媒集团或通信巨鳄背景的企业利用各种途径进入中国市场抢地盘、挖人才，可谓内忧外患。人才对于行业发展的重要性愈加显著。伴随着竞争的加剧，各大型广电传媒纷纷推行相关多元化战略，业务领域不再仅仅局限于传统的播出业，而是更积极地向内容制作、演艺行业（如天娱传媒）甚至新型无店铺通路零售业（如快乐购、东方CJ、好易购）扩张，而这些新兴产业的企划、运营显然是传统广电行业人才不熟悉的，急需一大批懂经营、会管理的创新型专业人才。

二、广播电视人才培养的原则、目标和任务

广播电视的人才培养是一项有序的、系统的工程，必须遵循一定的原则，在一定的目标指引下完成特定的培养任务。

（一）培养原则

高举中国特色社会主义伟大旗帜，以邓小平理论和"三个代表"重要思想为指导，深入贯彻落实科学发展观，遵循广播影视发展规律和人才成长规律，实施人才强国、人才兴业战略，人才队伍建设需遵循以下原则。

坚持党管人才原则，把握正确用人导向，树立和落实科学的人才发展观。

坚持德才兼备、以德为先的人才标准，着力培养政治素质高、道德素质好的优秀人才。

坚持服务发展，紧紧围绕广播电视科学发展的主题，制定人才队伍建设目标任务，加大培训力度，完善政策措施。

坚持以用为本，重视实践锻炼，积极为各类人才的健康成长和发挥才能提供机会和条件。

坚持创新机制，努力构建与广播电视改革发展相适应的人才工作机制，激发人才创造活力。

坚持高端引进，以各领域领军人才、拔尖人才为重点，突出培养急需紧缺的复合型人才、创新型人才、外向型人才，充分发挥高层次人才的示范带

动作用。

坚持整体开发，统筹抓好各类人才队伍建设，重视基层和西部少数民族地区广播电视人才队伍建设，重视青年创新人才的培养锻炼，实现人才队伍的协调发展。

（二）培养目标

到2015年，广播电视人才发展的总体目标是：培养造就规模适宜、素质优良、结构合理的人才队伍，为广播电视改革发展提供坚强的思想政治保证、人才保证和智力支持。人才队伍的规模不断壮大，人才的增长幅度与广播电视的发展速度相协调，确保满足事业产业发展的需求，到2015年，广播电视系统人才总量达到100万人。人才素质显著提高，人才队伍的年龄结构、知识结构、专业结构更加合理，创新型、复合型、外向型人才比例逐步提高，人才布局与广播电视事业产业布局相适应、相协调。人才竞争比较优势明显增强，在党政管理、新闻宣传、国际传播、艺术创作、经营管理、科技研发、新媒体新业态、理论研究等方面培养一批优秀人才。人才工作体制机制更加完善，人才培养、管理、服务体系更加健全，形成育才、引才、聚才、用才的良好环境。

（三）培养任务

广播电视人才包括党政管理人才、新闻宣传人才、国际传播人才、艺术人才、经营管理人才、科技人才、新媒体新业态人才、研究和法律人才等。他们在各自的岗位上，各司其职，共同维护着广播电视系统的正常运转。在人才培养上，应针对其岗位、职位的特征，适时调整人才培养方针和培养任务。

1. 广播电视党政管理人才培养

按照深化干部人事制度改革的要求，以提高领导水平和执政能力为核心，努力建设一支政治坚定、勇于创新、善于推动广播电视科学发展的高素质党政管理人才队伍。把思想政治建设作为首要任务，不断提高各级广播电视管理部门、事企业单位领导班子和领导干部的政治意识、大局意识、责任意识，确保广播电视的领导权牢牢掌握在忠于党和人民的人手中。加大竞争性选拔干部力度，逐步做到竞争上岗工作常态化、制度化。注重从基层选拔干部，不断优化领导班子结构，增强整体功能。加大干部实践锻炼力度，把多岗位锻炼、交流任职、挂职等作为实践锻炼的主要方式，不断提高干部的实际工作能力。逐步建立健全干部岗位职责规范及其能力素质标准，形成较为完善的体现不同类型、不同层次干部特点的考核评价体系。加强后备干部队伍建设，按照干部管理权限制定落实后备干部培养锻炼计划。

2. 广播电视新闻宣传人才培养

适应建设国家一流媒体的要求，以提高广播电视舆论引导能力为核心，努力建设一支政治坚定、素质优良、作风过硬的新闻宣传人才队伍。到2015年，新闻宣传人才资源总量达到18万人。加大名编辑、名记者、名评论员、名播音员、名主持人培养力度，加快培养复合型、专家型编辑记者和新闻评论等人才。进一步深入开展"三项学习教育活动"，加强中国特色社会主义理论体系、马克思主义新闻观、职业精神职业道德学习教育，提高广播电视新闻从业人员思想政治素质，增强把握导向、引导舆论的能力。进一步加强新闻宣传人才实践锻炼，有计划地安排中青年业务骨干到基层和艰苦地区挂职锻炼。切实加强广播电视编辑记者、播音员主持人资格管理，进一步完善准入退出机制。

3. 广播电视国际传播人才培养

适应加强国际传播能力建设的要求，以提高广播电视国际传播能力为核心，按照掌握话语权、赢得主动权的要求，努力建设一支熟悉国际传播规律，掌握对外宣传策略和技巧，具备跨国界、跨文化沟通能力的国际传播人才队伍，到2015年，国际传播人才资源总量达到2万人。加强与国内有关高校在人才培养方面的交流合作，有计划地选派优秀国际传播人才到海外研修培训。积极创造条件从海外引进国际传播高层次人才和急需紧缺人才。探索海外本土化人才聘用方式，优化人才资源配置，不断增强广播电视重点媒体和骨干企业的国际传播整体实力。

4. 广播电视艺术人才培养

适应推进文化艺术大繁荣大发展，多出精品、多出效益、多出人才的要求，以提高艺术创作、创意、创新能力为核心，建设一支思想进步、社会责任感强、业务精湛的优秀艺术人才队伍。到2015年，广播电视系统艺术人才资源总量达到2万人。加强高层次人才培养，加大自主扶持力度，促进广播电视剧创作、动漫形象创意、文艺栏目、节目晚会和影视评论等方面的广播电视名家、艺术大师的不断涌现。完善扶持青年编剧、青年导演的资助培养机制，加强年轻人才培养。引导广播电视工作者坚持"二为"方向和"双百"方针，坚持深入实际、深入生活、深入群众，从社会生活中汲取营养、激发灵感，推动创作的繁荣。

5. 广播电视经营管理人才培养

适应广播电视产业发展的要求，以高级经营管理人才为重点，着力培养造就一支讲政治、懂业务、会经营、善管理的广播电视经营管理人才队伍。到 2015 年，经营管理人才资源总量达到 14 万人。以推动产业发展和经营性事业单位转企改制为契机，打造一批广播电视骨干企业和企业集团，进一步加强高层次复合型经营管理人才培养，加大广播电视业务、现代企业经营管理业务培养力度，壮大职业经理人队伍，提高其综合素质。积极培养和引进企业管理、新媒体经营、市场营销、资本运作等高层次人才，努力提高开拓国际国内市场的能力。

6. 广播电视科技人才培养

适应广播电视高新技术发展的需要，以提高研发运用和高技能操作能力为核心，建设一支掌握现代高新技术、善于运用科技手段推动广播电视发展的科技人才队伍。到 2015 年，科技人才资源总量达到 40 万人。结合广播电视重点工程、重大科研攻关项目，加大数字技术、网络技术、广播影视制作、播出、放映技术等人才培养力度。加强领军人才、核心技术研发人才培养和创新团队建设，切实发挥高新科技在广播电视科学发展中的引领、支撑、保障和推动作用。以技师和高级技师为重点，加强高技能人才培养培训，充分发挥行业协会的作用，依托鉴定机构和职业院校，逐步建立重点职业（工种）技能实训鉴定基地。

7. 广播电视新媒体新业态人才培养

适应新媒体新业态快速发展、传统媒体新兴媒体深度融合的趋势，以抢占舆论制高点、掌握发展主动权为目标，培养造就一支创新能力强的视听新媒体人才队伍。到 2015 年，新媒体新业态人才资源总量达到 20 万人。适应互联网视听节目服务、互联网电视、IPTV、手机电视、视频点播、公共视听载体等新业态的发展需要，加强网络文化、新媒体运营、视听新媒体人才的培养培训。与有关高校、企事业单位、社会培训机构联合建立若干新型人才培养基地。

8. 广播电视发展研究和法律人才培养

适应广播影视改革发展的需要，以广播电视宏观政策、发展战略、体制改革、产业发展等重要问题研究为重点，建设一支政治素质好、理论水平高的研究人才队伍。适应加强广播电视法治建设的需要，以提高法律服务和保障水平为重点，建设一支具有较高政治素质、业务素质的法律人才队伍。坚持以马克思主义新闻观、文艺观为指导，培养一批用科学理论武装起来的广播电视研究人才，切实加强广播电视领域迫切需要解决的规律性、政策性课题研究。与有关高校、科研院所合作开展理论研究人才培训培养工作。鼓励支持优秀研究人才开展对外交流合作。加强对法律人才的政治、业务培训，充分发挥法律人才队伍在科学决策、依法行政、防范风险等方面的作用。

三、中国广播电视人才培养现状

中国广播电视人才培养的重要基地是高校，以 1959 年北京广播学院成立为标志，中国广播电视教育事业经过半个多世纪的发展，已实现了从"部门办学"模式向"广电大教育"办学模式的转变。在办学层次上，完成了从低学历向高学历专业人才培养的过渡；在培养方针上，更加重视应用型、国际化、全媒体人才的培养，以适应广电媒体大跨步的发展。

（一）广播电视人才培养历史沿袭

我国广播电视人才的培养是与中国广播电视事业同步发展起来的。1926年 10 月 1 日，我国自办的第一座广播电台哈尔滨无线电台开始播音，与此同时，我国的广播人才的培养开始萌芽。经过八十多年的曲折发展，现已建立了一套较为完整的人才培养体系。

1. 广播电视人才培养的萌芽

从 20 世纪 20 年代末到 1959 年这一段时期可以视为我国广播电视教育事业的奠基阶段。1959 年以前，我国的广播人才培养尚未形成系统，主要是由广播管理机构或各广播电台组织的培训班来培养大部分采编播人员和技术人员。1959 年北京广播学院（现为中国传媒大学）成立，标志着中国广播电视教育事业的正式创建，我国的广播电视教育"在 30 年中经历了短训班、中等专科教育、高等专科教育三个阶段之后步入了高等本科教育的阶段"[①]。

2. 广播电视人才培养的发展

1977 年，全国高等院校通过统一高考招生的方式得到恢复，"文化大革命"期间试行的从工农兵中选拔学员保送入学的做法被取消。党的十一届三中全会以后，随着全国政治上、思想上的拨乱反正，各高等院校也逐步恢复了正规的教学秩序，重新走上健康发展的道路。1979 年起，北京广播学院开始招收硕士研究生。

20 世纪 80 年代以后，全国各地普遍开办广播电视院校。1986 年，浙江广播电视专科学校（2004 年更名为浙江传媒学院）成立，主要为地市级广播电视部门培养新闻、艺术人才，学制为两到三年，设有新闻、播音、文艺、摄录等专业。1992 年，山西省太原市创建了广播电影电视部管理干部

---

① 赵玉明：《中国大陆广播电视教育的回顾与前瞻》，《声屏史苑探索录——赵玉明自选集》，北京广播学院出版社，2004 年版，第 174 页。

学院，作为培养各级各类管理人才的成人高等学校。同年，广播学院建立了广播电影电视部培训中心，担负短期培训国内外广播影视人才的任务。广播电视部还于80年代中期开办了华北广播电视学校（太原，1992年开办的广播电影电视部管理干部学院在此基础上建立）和郑州广播电视学校两所中等专业学校，主要培养影视动画、录音艺术、摄影和广播电视技术人才。这一时期，广播电视教育的管理日趋规范科学，全国共有17个省的广电厅（局）开办了广播电视中专学校。

在专门培养广播电视人才的院校复兴并蓬勃发展起来时，一部分综合院校的新闻系也开始开设广播电视新闻专业，广播电视系统自己培养广播电视人才的模式得以突破。1985年起，中国人民大学、复旦大学、武汉大学、厦门大学等著名综合大学的新闻学院（系）先后开设了广播电视新闻专业。90年代初期，南京大学、四川大学、杭州大学等新闻系的新闻学专业，又先后开设了广播电视专业方向。一些综合大学的中文系和电影戏剧专门院校也充分利用自身的资源优势，开设了电视文化、影视文化、电视剧编导等专业（或专业方向）。另外，一些著名的工科院校则以自身传统的无线电专业为基础，以广播电视人才市场需求为风向标，培养相关的人才。

3. 广播电视人才培养体系的创建

对于国家的发展而言，1992年是一个重要的转折。邓小平同志年初视察南方后，发表了重要谈话。随后党的十四大召开，确立了建立社会主义经济体制的目标。"南方谈话"和党的十四大经济体制改革的提出，极大地促进了我国传媒业的发展。而对于我国的广播电视教育而言，这也是具有转折意义的一年。传媒结构的调整、报道内容和形式的更新、新技术的应用、新媒体的出现等这些都对广播电视教育产生了深刻的影响。

1992年国家技术监督局颁布了新的国家标准《学科分类与代码》，其中将"广播与电视"列为"新闻学与传播学"学科范围的二级学科，下设"广播电视史""广播电视理论""广播电视业务""广播电视播音"等三级学科。广播电视学的学科地位得到确认。此后，我国的广播电视教育开始呈爆炸式发展。1998年，教育部修订后颁布的《本科专业目录》中，涉及广电教育的相关本科专业增加至二十多个（详见表六）。而从全国开办广播电视教育的高等院校来看，1992年到1999年，增设广播电视新闻学专业点的速度比较平稳，8年内增设了13个广播电视新闻学专业点。而到2000年，一年就增设了13个专业点，2001年则猛增了18个专业点。进入21世纪，广播电视教育不仅在理工类、师范类、财经类、法制类、体育类、政法类、农业类院校全面开花，而且在一些地级城市院校广播电视教育也开始纷纷涌现。据统计，2006 年，全国广播电视新闻学本科专业教学点已达 158 个，而广播电视其他相关专业点如播音与主持艺术、广播电视编导、录音艺术等的数量也有了较大幅度的提高（详见表七）。

2000 年，根据国务院在《关于进一步调整国务院部门（单位）所属学校管理体制和布局结构的决定》和国务院办公厅转发的有关通知精神，北京广播学院从广电部划归教育部管理，后改为中国传媒大学；浙江广播电视高等专科学校（现为浙江传媒学院）划转浙江省管理；国家广电总局管理干部学院划转山西省管理，新成立山西传媒学院；其他广播电视民办与独立院校纷纷建立起来，比如河北传媒学院、四川传媒学院等。我国的广播电视教育从"部门办学"模式逐渐向"广电大教育"的办学模式转变。在办学层次上，广播电视教育不但培养中专、大专、本科和硕士学历的专业人才，也开始培养博士学历的人才。北京广播学院就于 2004 年设立了广播电视新闻学和广播电视艺术学等广播电视专业方向的博士点。四川大学从 2002 年起，先后设立了"广播影视文艺学""广播电视新闻学"等专业方向的博士点。这一时期，各院校都加大了对广电教育的经费投入，办学实力明显增强。高校从事广播电视教育的师资力量得到充实，很多具有博士学位的教师开始走上教学岗位，教师的待遇也得到了进一步改善。这些措施有力地推进了我国广播电视教育的发展。在改革开放日益深化的大环境下，我国的广播电视教育开始走向国际化，通过与世界各地办有不同类型广播电视教育的国家和地区互派教师讲学、培养对方留学生、共同研究课题、联合召开国际性学术研讨会和合作制作节目等多种形式，深化交流与合作，积极促进我国广播电视教育的教学科研水平的提高。

表六　广电教育相关本科专业一览表（1998）①

层面　分类	新闻传播类	广电艺术类	通信技术类	经营管理类
核心际层专业	新闻学 广播电视新闻学 广告学	播音与主持艺术 广播电视编导 录音艺术 影视学*	广播电视工程*	
外围层专业	编辑出版学 媒体创意*	戏剧影视文学 戏剧影视艺术设计 动画 影视艺术设计*	电子信息工程 通信工程	公共事业管理 文化产业管理

---

①　数据来源于《中国广播电视年鉴》（2006 年卷），第 603~615 页。

续表六

层面　分类	新闻传播类	广电艺术类	通信技术类	经营管理类
相关层专业	传播学*	摄影 数字媒体艺术	计算机科学与技术	

表七　全国高校传媒本科专业设置一览表（2006）[①]

专业名称	新闻学	广播电视新闻学	广告学	编辑出版学	传播学	媒体创意	播音与主持艺术	广播电视编导	戏剧影视文学	戏剧影视设计艺术	动画	摄影	数字媒体艺术	数字媒体技术	录音艺术	广播电视工程
数量	229	158	262	64	22	2	58	69	43	18	127	53	21	16	15	5

（二）当代广播电视人才培养的特点

目前我国的广播电视教育正处于积极平稳的发展状态，整体发展势态良好，教育结构多样化、教学课程应用化、教育协作国际化、教育宗旨终身化的广播电视教育模式初步形成。

1. 教育结构的多样化

经过几十年的发展，我国广播电视新闻教育的办学方式日益灵活，单一的教育结构已经逐步向多样化的教育结构演化。现代经济社会和广播电视事业的发展都给广播电视教育提出了新的要求，单一的"部门办学"的培养方式已经很难适应社会对广播电视专业人才的需求。这也就促使我国的广播电视教育改革传统的广电管理部门办学培养专业人才的教育结构，实现教育结构类型的多样化。现在，我国的广播电视教育除了专门的高等院校教育如中国传媒大学（原北京广播学院）、浙江传媒学院（原浙江传媒高等专科学校）的广播电视教育，还有综合高等院校的广播电视教育，师范、财经、农业、法制等专业高等院校的广播电视教育，地方院校的广播电视教育以及民办高等院校如中国传媒大学南广学院（成立于2004年）的广播电视教育。民办高校也已成为广播电视教育不可忽视的一股力量。除此之外，还有各地的广播电视学校的中专教育、中央及各地广播电视大学的成人教育、各高校的远程教育以及广电管理部门或传媒单位组织的和一些大型传媒集团投资的广播

[①] 数据来源于《中国广播电视年鉴》（2006年卷），第603~615页。

电视教育机构提供的在职教育。广播电视教育多种方式并存，培养目标各有侧重，教学方法灵活多样。

从广播电视专业人才培养的结构层次来看，研究生、本科生、专科生、中专生等各层次均已齐备。以广电人才培养的重要基地中国传媒大学为例，建校初学校以培养本科生和专科生为主，1979年开始招收硕士研究生，1999年迈入了招收博士研究生的新阶段，2004年学校开始拥有3个博士后科研流动站（现已增加至4个）。从教育结构的多样层次可以看出，我国完整的广电人才培养体系已经建立起来，广播电视全程化教育得以实现。

2. 教育课程的应用化

广播电视事业的发展和现代科学与生产的发展趋势相一致，都是以应用化为基本特征。尤其是网络技术的发展和新媒体兴起以后，传统媒体与新媒体相融合，单纯掌握专业技能的人才已经远远不能满足当下广播电视等传媒行业的需求。这一发展趋势反映在广播电视教育上，就是教学课程走向综合化、应用化，重视跨学科发展，专业教育和基础教育、应用研究相互渗透、交叉进行，把教育的重点放在培养适应广播电视事业发展的需要和具有解决复杂现实问题的能力的复合型人才上。

经过多年的实践积累，目前我国的广播电视教育已基本形成一套比较固定的课程体系框架。框架主要包含两大部分：一部分是公共基础课，如政治理论、文史哲知识、体育、外语和计算机等；另外一部分是专业课，这又细分为专业基础课（即核心课程）和专业课。此外，各专业学生还需完成专业实践和论文。综观我国主要的广播电视教育专业点的课程设置，近几年各专业点都适当增加了公共基础课的比重，课程范围拓宽，内容涉及人文、社会和自然等多个学科领域。除规定的必修课和限选课以外，还积极鼓励学生选修或辅修若干门其他专业，如社会学、经济学、心理学等学科的课程，开始重视"大学科"教育内容，在通识层面上重构专业课，打通专业界限，增强学生学习的能动性。

在课程改革方面，高等院校的广播电视教育还表现出另一个特点，即越来越重视实践教学。例如，中国人民大学在大一就开设《新闻传播技术基础》课程，尽早掌握了音频视频内容制作的基本方法，鼓励学生充分利用焦点小组访谈实验室、广告实验室、全媒体实验室等进行跨媒体实验。汕头大学采用医学院的办学模式来办新闻的主张也备受瞩目，即主张把实习变成实战，一定要在媒体上发表新闻；把课堂变成战场，边干边学；变校园为社会，积极推进实践课程改革。汕头大学的实践教学与其国际化、实战型师资分不开，其外教占教师总人数的48%，教师中有5年媒体工作经验的占

82.7%，有 10 年媒体工作经验的占 58.69%。[①] 实践性课程改革是当前高等院校广播电视教学的重要课题。

3. 教育协作的国际化

新技术革命的兴起，大大缩短了各国之间的地理距离，加强了在经济、科技、文化和教育方面的联系。各国的广播电视事业各具优势和特色，各国的广播电视教育也各有不同。面对各国在广播电视教育上的投入和努力，可以说，每个国家的广播电视教育都面临着机遇和挑战。所以，面向世界、面向国际、共同加强协作与交流才是办好我国广播电视教育事业的必由之路。作为广播电视教育任务的主要承担者，这些提供广播电视教育的高等院校越来越多地通过交流办学经验、交换情报资料、参与国际学术活动和合作研究与开发项目、交换学者和互派留学生，拓宽办学视野，提升教学科研水平。加强教育协作的国际化是我国广播电视教育改革和发展的趋势。同样以中国传媒大学为例，从 20 世纪 90 年代开始，学校通过开展学术研讨、业务培训、培养留学生、研究课题等多种形式，已经同美国、加拿大、德国、法国、英国、俄罗斯、日本、新加坡、韩国、澳大利亚等 50 多个国家以及香港、澳门、台湾地区共 160 多个高等院校和广播影视机构建立了交流与合作的关系。其他有实力的综合性大学如北京大学、清华大学、复旦大学、武汉大学等也充分利用自身优势加强国际交流与合作，走上了国际化的广播电视教育之路。

4. 教育宗旨的终身化

迅速多变的现代科技和生产，对社会在职人员提出了新的要求。他们不但要具备一定的生产经验和劳动技能，而且还要具备合理的智力结构和不断更新的知识结构。21 世纪就是一个以终身教育体系为基础的学习型社会，学习、工作和生活紧密联系在一起，成为一种生存要素。终身教育理念的推行，对于广播电视从业人员的教育而言尤为重要。广播电视事业的发展与科学技术的发展联系紧密。随着技术革命的推进，高新科学技术的更新速度也越来越快。而且随着人民生活水平的不断提高，他们对广播电视传播内容的要求也越来越高，单靠大学专科、本科甚至研究生这么短暂的一段学习时期是不可能完成一生所需要的知识、能力、素质等各方面的教育培养的。广播电视行业的从业人员要牢固树立终身教育的观念，通过再教育及时更新理论知识、业务技能，不断地再学习和再补充。

---

① 根据 2012 年 9 月在开封举办的中国高等教育学会新闻与传播学专业委员会第七届理事会第一次会议资料整理。

从我国当前的广播电视教育发展情况来看，教育宗旨的终身化趋势已经凸显出来。在职教育（包括成人教育、远程教育、职业培训、自学考试等）已经成为我国广播电视教育中不可忽视的组成部分。高等院校除了提供全日制的高等教育，也非常重视成人教育、远程教育、职业培训等高等职业教育。中国传媒大学在2005年合并了继续教育学院、现代远程教育中心和成人教育学院，成立了专门承担职业教育职能的"远程与继续教育学院"，采取函授、夜大、现代远程教育等多种教学模式，建立多媒体、多形式、多层次的继续教育体系，为信息传播领域提供全方位的继续教育服务。2006年，"远程与继续教育学院"在全国31个省、市、自治区建立了39个分院、函授站、远程校外学习中心，共有在读生16500人。同时，利用既有的丰富教学资源，学校常年开设电视编导制作包装研修班、电视编辑摄影照明培训、记者型主持人培训等职业培训班，给在校学生和社会在职人员提供提升专业素养的平台。除此之外，各地的广播电视大学、民营高校的高等职业教育也很受广电在职人员的欢迎。随着终身教育理念的深入人心，广播电视等传媒机构也积极鼓励从业人员进行再教育，有些电视台还拨出专款为采编播人员提供进修费用。这些从业人员除了进修广播电视类专业，学外语、电脑、经济管理、法律的也十分热门。一些广播电视单位和高校联合起来，开设了一些常设性继续教育机构，以满足从业人员的需求。

（三）广播电视人才培养的瓶颈

湖北省采取比例配额抽样方法抽取40所广播电视新闻学专业院校，从专业设置、招生形式、生源、师资队伍、人才培养目标、课程体系和学生就业等方面进行了全面调查。其结论是我国广播电视新闻专业教育已完成规模的增长，部分院校呈现出改革动向，但总体面临困境。我国内地广播电视新闻学专业教育存在三大矛盾：

首先是专业点数量增长过快且布局不合理与质量提升的矛盾。209个专业点中，2000年到2009年共计增加191个，平均每年增加19.1个，数量增长迅猛。但区域分布很不平衡，仓促开办和重复建设使有限的师资、资金等办学资源分散。

其次是欠缺的办学条件与较高的人才培养要求的矛盾。媒介发展要求学生由过去单一的能力提高到全媒体所需要的复合能力，由实践能力提高到实战能力。新能力要求的培养条件却受到师资和实践资源的制约。

最后是缺乏科学和特色与实际需求的矛盾。一是有部分院校培养目标受精英教育阶段思想、制度、培养方式等影响深重。少数院校还没有自己的具体定位，基本上是教育部颁布的国际目标翻版或其他院校培养目标的照搬，人才培养目标仍体现精英教育阶段的理念——差异性不明显，缺乏特色。二是课程体系不合理，课程结构呈现为两头小（通识教育和专业选修课）、中间大（专业必修课）的橄榄型结构，即过分强调专业教育而忽视了素质教育和人才的个性发展，造成学校人才培养滞后于媒体发展、学生个体发展和国家建设的需要，使人才培养出现同质化，带来结构性失衡。

四、建立广播电视人才培养新体系

广电行业是高科技、高智力的行业，而人才正是维系这个行业欣欣向荣的生命线。针对广播电视人才培养的现状，我国应采取兼容并蓄、鼓励创新的用人思路，为人才发展营造宽松和谐的空间。一方面紧紧抓好人才吸引、培养、开发、使用、激励等环节，持续提升员工专业技能，大力加强员工队伍建设，加快人才结构调整，优化人才资源配置，促进人才合理分布；另一方面要着力营造有利于人才成长的体制、机制和环境，努力形成人才辈出、人尽其才的良好局面，充分利用信息技术等先进手段，构建持续的人力资源竞争优势，通过"四多"，推进举才、用才、育才工作日臻完善。

（一）广纳贤才，多途径选拔

首先把选才纳贤的着力点放在疏通进口，加快引进急需的传媒、科技人才以及既懂业务又善经营的复合型人才上，优化人力资源"增量"。第一个途径就是从应届毕业的大学生、硕士生中招聘优秀人才，以三个"坚持"严把"选才关"：一是坚持德才兼备的原则，既有严格的学历标准、知识标准，又有严格的政治标准、技能标准和身体标准；二是坚持"公开、公平、竞争、择优"的原则，严格地通过面试、笔试、专业测试等程序，择优录取，量才使用；三是坚持立足当下、着眼未来，通过"未来主打星"活动定期选拔一批具有活力和潜能的人才，为广播电视新闻事业的未来发展打下坚实的基础。同时，根据现实需求，采取"缺什么，补什么"的原则，通过社会招聘等途径不定期招聘一部分急需的专业人才，如新闻与经济专业的复合型人才、新闻与法律专业的复合型人才、广告管理与策划人才等。

（二）因人制宜，多层次培养

应针对广播电视人才职业发展的不同阶段，科学设置培养和开发重点，为处于不同年龄阶段的员工提供有针对性的培训、开发手段，通过四个层次全面推进人才培养工作。

一是对于刚刚入门的新人，重在对其职业理念的教育和培训。让他们在入职前全方位、多角度了解所处的行业现状，认识并认同所在组织的文化，理解并接受组织的共同语言和行为规范，引导他们在充分进行自我分析和内外环境分析的基础上，制定自己的职业发展规划，坚定自己的职业选择。

二是对于有一定从业经历，处于事业上升阶段的员工，重在继续强化专业能力培养，使其尽快成长为岗位能手。督促他们不断更新知识，拓展事业和管理技能，持续提升自身竞争优势。可以每年定期举办专业知识讲座，成立各种沙龙，邀请业界知名专家、学者，和员工进行交流。

三是对于核心业务骨干和基层管理者，处于职业成熟阶段的员工，重在提高其综合素质，拓展专业知识结构，引导他们继续充电，不断更新知识结构，保持发展的动力，使他们向复合型人才方向发展。为应对日臻激烈的媒体竞争与挑战，使得广播电视人才发展与国际接轨，可与国内外的知名院校和媒体展开培养合作，每年选拔骨干人才赴国外进修，使其了解最前沿的媒体业态、最先进的管理理念，结合案例教学和实地考察，进一步开阔视野、激发创新思维、提高创新能力。

四是对于高端核心管理人才，重在进一步提高其全方位竞争意识和战略眼光，引导他们合理配置精力，通过参加高端培训、同行交流拓展其视野。如浙江广播电视集团与浙江大学、中国传媒大学联办"媒介经营""产业单位经营管理"等30余次专题高级研修班。其中2011年该集团在中国传媒大学举办的集团管理人员研修班，由集团主要领导亲自带队，20个广播电视频道总监及宣传部门的负责人共同参加，开创了省级广电媒体"一把手"业务培训的先河，赢得了业界的高度关注和好评。

（三）学以致用，多渠道发展

广电行业是一个智力密集型行业，内部岗位纷繁复杂且相互交融，既有从事采编播的新闻、综艺、影视剧制作人才，又有从事计算机网络、播控、传输、发射的广电工程的技术人才，还有从事综合保障工作的现代化后勤专业人才。此外，评价广电行业业绩的标准不仅仅是节目收视（听）率的高低，更关键的是要将节目的视听情况转化为企业的广告业务收入，而这又依赖于具有良好营销能力的专业人才和各类策划创意人才。因此，应不断引导员工在多条通道上发展，建立为各类专业人才提供更大发展空间以充分实现其专业价值的职业发展多渠道发展机制。一是发展专业技能，通过在现有专业岗位上设置与管理岗位相同的职级，开通专业人才晋升通道。二是拓展专业结构，开展横向岗位交流和岗位轮换，逐步成长为"素质精良、基础扎实、专业宽广、能力突出"的多专多能型人才。三是提升专业空间，晋升更高职务，承担更大范围的工作职责，引导学术前进方向，带领团队不断取得更好的业绩。

（四）全面发展，多方位提升

广播电视是我国党、政府和人民的喉舌，广电从业人员代表的是新闻媒体的公信力，在大众传播的过程中承担着责任与义务。因此媒体从业者的职业道德尤为重要，因为只有有高尚的职业道德品质才会有高尚的道德情操，所以在人才培训内容上，不仅要关注员工业务技能的提升，更要注重加强员工队伍的道德品质和个人情操的提升。一方面，坚持开展马克思主义新闻观教育和职业道德教育，始终把社会效益作为最高准则，认真贯彻实施《新闻采编人员从业管理规定》《中国广播电视编辑记者职业道德准则》等规定，做到用制度规范言行、用制度检阅工作成效，精心打造一支唱响主旋律、打好主动仗的新闻宣传队伍；另一方面，要不断丰富广电员工队伍的精神文化建设的内容，通过一系列的举措和活动加强对专业岗位员工团队精神的培养，提升员工的团队工作技巧，充分发挥团队协作的合力效应，为推动广播电视科学发展提供和谐的文化氛围，注入强大的精神动力。

课后习题：

一、名词解释
1. 记者
2. 编辑
3. 播音员
4. 主持人
5. 广播电视人才素质
6. 职业素质
7. 人才培养体系
8. 精神品格

二、简述题
1. 简述我国广播电视人才队伍的特征。
2. 简述媒介融合对广播电视人才提出的更高要求。

三、论述题
1. 结合中国国情，你认为中国广播电视人才应具备哪些素质？为什么？
2. 结合现实，论述广播电视人才培养的原则、现状、目标与任务。

第九章　广播电视发展的外部环境

"十三五"规划时期,是我国广播影视加快转变、加速转型的战略机遇期,也是我国由广播影视大国向强国跨越的关键时期。在2016年1月,全国新闻出版广播影视工作会议上,中宣部副部长、国家新闻出版广电总局党组书记、局长蔡赴朝明确提出了"十三五"规划时期新闻出版广播影视工作思路:深入贯彻落实习近平总书记系列重要讲话和十八届三中、四中、五中全会以及中央经济工作会议、中央城市工作会议精神,紧紧围绕"五位一体"总体布局、"四个全面"战略布局和中国梦战略构想,牢固树立"创新、协调、绿色、开放、共享"发展理念,着力加强舆论引导和正面宣传、唱响时代主旋律,着力加强国际传播能力建设、打造国际一流媒体,着力加强党的建设和人才队伍建设,为事业发展提供坚强保障,推动从新闻出版广播影视大国向强国迈进。

第一节　广播电视与政治建设

作为传统的大众传播媒介,广播电视媒体属于上层建筑的范畴,在一定的社会形态下,必然隶属于一定的阶级和社会制度。中国是社会主义国家,中国广播电视既具有广播电视的自然属性,也具有中国特色社会主义性质的特殊属性。在中国,党、政府和人民的根本利益是一致的,广播电视媒体不仅是党、政府和人民的喉舌,还是党和政府联系人民群众的桥梁纽带和宣传思想文化的重要阵地。深刻认识广播电视在新的历史条件下发挥喉舌作用的伟大使命,是决定当代中国广播电视健康发展的关键性问题,是发展中国特色广播电视事业的根本出路和必然选择。

一、和谐社会与善治视野下的广播电视

"和谐"一词在中国的传统文化中,隶属于哲学的概念范畴,它反映和表达的是一种思想、一种文化、一种理想的境界。而"和谐社会"则是"和

谐"这一哲学概念运用于社会所形成的一种经世致用的思想，是一种人类始终在不断追求的社会理想。当前，构建社会主义和谐社会是转型期中国社会发展的根本指向，是十六大以后党中央提出的一项奋斗目标和工作任务。"可持续发展能力不断增强，生态环境得到改善，资源利用效率显著提高，促进人与自然的和谐，推动整个社会走上生产发展、生活富裕、生态良好的文明发展道路。统筹人与自然和谐发展，坚持可持续的发展观，反映了当今世界范围各国发展所面临的资源、人口、环境、生态问题对人类的新挑战，反映了中国共产党人高瞻远瞩，着眼于最广大人民的根本利益和长远利益，而在发展观念和发展实践上所实现的深刻转变和伟大的战略转型。"[1] 这种和谐的、可持续发展的辩证思想，是以马克思主义有关人类社会发展的辩证法思想为理论基础的，是当前中国转型期社会发展的重要前提，也是社会主义和谐社会的重要内涵。

作为现代社会发展的中枢神经、感觉器官和传输系统，广播电视的发展不是一种封闭的、孤立的过程，它与所处社会的政治、经济、文化等环境要素存在着不可分割的密切联系。换句话说，不同的社会发展阶段，对广播电视的影响和要求也有所不同。正如恩格斯曾说，"每一时代的理论思维，都是一种历史的产物，它在不同的时代具有完全不同的形式，同时具有非常不同的内容"[2]。进入21世纪后，以践行科学发展观和构建社会主义和谐社会为发展主题的中国社会更加注重对广播电视的发展要求，和谐媒体的构建也因此成为和谐社会构建中的重要组成部分。《中共中央关于制定国民经济和社会发展第十一个五年规划的建议》中指出：建设社会主义和谐社会要畅通诉求渠道，完善社会利益协调和社会纠纷调处机制。这是继《中共中央关于加强党的执政能力建设的决定》中提出建立舆情汇集和分析机制、畅通社情民意反映渠道之后的新要求，标志着新闻传播和舆情研究工作，已成为围绕构建社会主义和谐社会目标、践行科学发展观的重要一环。

一直以来，中国的广播电视都是社会环境的忠实守望者，是社会公众之间沟通交往的重要渠道，具有协调公众行为、整合公众舆论、动员公众力量的社会功能，其凭借独有的传播理念、传播实践、影响力和公信力调节着社会中的各种关系，使之更加平衡、更加有序、更加和谐。广播电视发展史表明，广播电视媒体是在与社会的互动中逐步成长和发展起来的，媒介不是孤

---

[1] 郑保卫等编著：《新闻传媒与和谐社会建设》，中国人民大学出版社，2006年版，第277页。

[2] 中共中央编译局：《马克思恩格斯选集》，第4卷，人民出版社，1995年版，第284页。

立存在的，它也是一种社会子系统，是社会的有机组成部分，它的存在与其他子系统（诸如政治、经济、文化等）也存在密切的关系。

施拉姆在《大众传媒与社会发展》中指出："对任何社会来说，不论发展程度如何，传播总是处于生存的中心位置。每当有危险或机会需要加以报道，有决定需要做出，有知识需要加以扩散，或变革迫在眉睫——信息就开始流动。对发展中国家来说，这些需要特别迫切和普遍。在那里，分配给传播媒介的任务比发展前要广泛得多。如果信息流动和传播渠道不适应于这些任务，就必须加强建设，使之达到所需要的水平。"这段话精辟地总结了大众媒介与社会发展之间的内在联系。作为社会系统中重要的组织部分，广播电视媒体在科学发展观与和谐社会构建的理论框架中，已不再仅仅是传统意义上的"传声筒"或"减压阀"，而是更能敏锐地感知环境的变化，并在社会发展的进程中，积极主动地促进社会各领域、各要素之间的平衡发展。社会主义和谐社会的构建"关系到最广大人民的根本利益，关系到巩固党执政的社会基础、实现党执政的历史任务，关系到全面建设小康社会的全局，关系到党的事业兴旺发达和国家的长治久安"。社会的和谐发展需要广播电视的积极推动，同时，和谐的社会环境也为广播电视的发展提供了机遇和保障。

应该说，广播电视的和谐发展是社会和谐发展的前提，其与和谐社会的构建原则是一脉相承的。广播电视信息传播的目的即促进社会系统的整合和信息系统的有序化运行、顺应并促进与社会的协同发展，其在化解危机矛盾，维护社会稳定，巩固社会秩序，改善社会关系，促进人与自我、人与自然、人与他人以及人与社会和谐共生的过程中，发挥着不可替代的关键性作用。作为中国和谐社会体系构建的核心，广播电视是中国社会发展中不可取代的重要力量：一方面，在确立社会和谐的结构系统中，广播电视媒体有其自身的角色和地位；另一方面，在和谐社会的构建进程中，广播电视媒体又被赋予了监督环境、引导舆论、协调社会以及传承文化等多项重要使命，并以构建社会主义和谐社会为媒介发展的根本宗旨。因此，避开社会发展与和谐社会的构建去片面地讨论广播电视媒体的发展，都是不客观，也是不现实的。广播电视媒体在社会发展中所展示出的传播理念与实践，不仅是对社会主义和谐社会构建的积极响应，同时也是促进自我完善的重要路径。

二、主动设置议程，搭建公共交流平台

"议程设置"是指大众传播媒介通过对事实的选择、编排，在一段时间内集中突出报道，从而吸引受众的注意力，使之成为公众议论的话题。1922

年，美国新闻工作者和社会评论家沃特·李普曼（Walter Lippmann）在其经典著作《舆论学》（*Public Opinion*）中提出，新闻媒介影响"我们头脑中的图像"，这成为"议程设置"理论的雏形。时隔46年之后，美国传播学家M. E. 麦库姆斯和唐纳德·肖采用实证研究的方法对当年的总统大选进行了较为详细的调查分析，重点研究传播媒介的选举报道对选民的影响，并试图厘清媒介议程与公众议程之间的影响关系。随后，他们对研究成果进行了总结并提出：在公众对社会公共事务中重要问题的认识和判断与传播媒介的报道活动之间，存在着一种高度对应的关系，即传播媒介作为"大事"加以报道的问题，同样也作为大事反映在公众的意识中；传播媒介给予的强调越多，公众对该问题的重视程度越高。根据这种高度对应的相关关系，麦库姆斯和肖认为大众传播具有一种形成社会"议事日程"的功能，传播媒介以赋予各种议题不同程度"显著性"的方式，影响着公众瞩目的焦点和对社会环境的认知。

具体来讲，"议程设置"理论分为两个主要方面：一个方面是议题从媒介议程向公众议程的传播过程，另一个方面是公众在头脑中形成这些议题和对象时新闻媒介所起的作用。

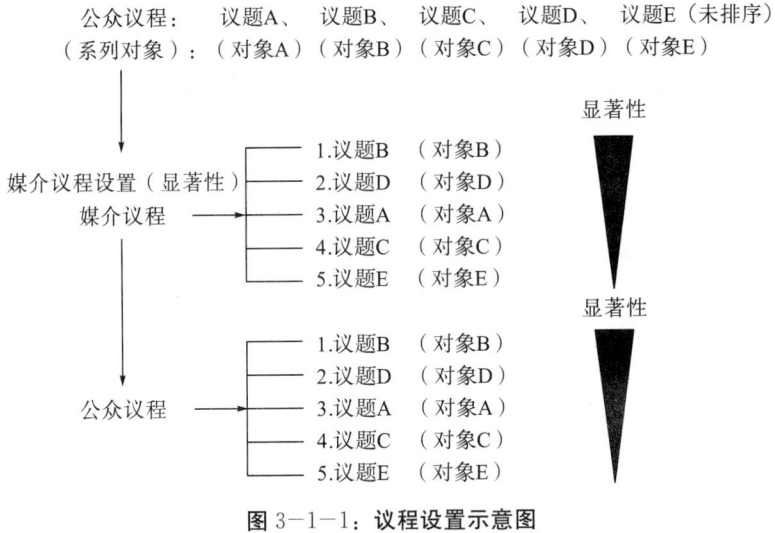

图3-1-1：议程设置示意图

具体到广播电视的议程设置而言，即指广播电视在一段时期内持续、大量地传播某一新闻事件，将其置于频道的黄金时段或栏目的"头条"播出，并由此吸引受众的注意力，形成社会公众关注的"热点"和社会舆论关注的焦点。当前，广播电视仍是中国社会中最具有影响力和公信力的大众传播媒介，由其所建构的媒介议程，在很大程度上影响着中国公众对社会环境的感知和判断。美国政治家伯纳德·科恩在 1963 年《报纸与外交政策》一书中明确提出：在多数时间，媒介在告诉人们该怎样想可能并不成功，但它在告诉人们该想些什么时，却是十分成功的。大众媒介只要对一些问题给予足够的重视，集中报道，并忽视或掩盖对其他问题的报道，就能影响大众舆论。而人们一般都倾向于关注和思考媒介议程安排注意的那些问题，并按照大众媒介给各个问题确定的重要性的次序，分配自己的注意力。从媒介特征来看，广播电视媒体都属于线性媒体，具有极强的时效性和即逝性，因此，其在传播信息时不可能穷尽地呈现世间百态，决定选择报道哪些内容、如何报道，都在很大程度上决定了受众对周围环境的认知。

当前，中国社会正处于政治、经济全面发展的转型期，社会各阶层群体利益复杂化的趋势日益凸显。在此背景下，分属不同社会阶层的群体，因其身份立场、民族文化、教育背景等的不同，其利益诉求也呈现出多元化、分层化的特征。当这种多元化的表达诉求成为一种普遍的客观存在时，大众传播媒介则成为社会公众多元意见交汇互动的公共平台。其中，就广播电视的媒介特性而言，其不仅是社会对话的沟通器，更是社会意见的融合器，广播电视让社会公众体验到真实、平等的传播与接收状态，为普通公众提供了广阔的意见表达场所。社会公众不仅可以直接参加节目的录制甚至直播，还可以通过一些谈话类、评论类的节目直接或间接地发表自己的观点。此外，一些与传统媒体或是新媒体合作的广播电视节目，如读报类节目、微博摘选类节目也将社会公众对当下时事的各种意见、观点集中起来，并有选择地进行整合传播。广播电视通过对来自广大公众的要求和建议进行反映，一方面真实地传递和呈现社会公众的心声；另一方面使国家管理者及相关决策机构及时了解民情民意，真正实现了以中间者的身份成为公众表达意见与看法的公共平台。

在现代民主社会中，广播电视虽然不具有与政府平等的管理权力与地位，但却扮演着与政府部门、组织机构及社会公众共同管理的参与者角色。其中，政府既是广播电视的管理者，又是广播电视的监督对象。政府通过广播电视来了解社情民意，公众通过广播电视来表达呼声和意见，作为其中不可替代的信息和舆论纽带，广播电视在社会管理中成功扮演着参与者和引导者的双重角色。在具体的传播过程中，广播电视虽然不能左右人们的思想或行为，但却深刻地影响了人们考虑事情或问题的思路。其不仅确定了议事的程序，决定什么是重要的、什么需要特写，更为关键的是，它很大程度上决定了人们根据什么来思考。广播电视深刻影响着人们认识世界的主要信息来源和方式。

三、做好舆论监督，辅助政府调查决策

作为社会公众意见沟通的公共平台，广播电视不仅要时刻关注舆论动态、呈现舆论内容、对舆论产生和发展过程中的不同阶段和方向保持敏锐的观察，更重要的是要辨析各类舆论的合理性和科学性，并适时、适度、适量地来整合和引导公众舆论。广播电视媒体是舆论的载体，也是舆论的扩大器，在把握正确的舆论导向方面有着十分重要的作用。

在中国建立和完善社会主义民主制度的关键时期，来自社会各阶层群体的矛盾日益凸显，特别是政治权力的腐败和贫富差距的扩大已经引发了社会公众的强烈不满。这些都对广播电视媒体的舆论监督职能提出了更深层次、更高标准的要求。广义的舆论监督，是指公民在了解情况的基础上，通过一切传播媒介和传播途径，表达意见、建议，形成舆论，对国家事务和社会公共事务及相关人物的言行进行监督，进而影响公共决策和权力运行过程；而狭义的舆论监督，是指新闻舆论监督，公民依法运用新闻传媒充分发表意见、建议和呼声，表达自己的意志，对国家事务和社会公共事务及相关人物言行实行监督。在这一过程中，公民所享有和行使的就是舆论监督权。一直以来，舆论监督权都是广大人民群众的基本权利之一，广播电视媒体是人民实现舆论监督权的重要保障，其在为社会公众提供舆论平台的同时，也以"参与者"的身份积极介入其中，如对信息、意见的核实、选择，对其新闻价值和社会价值的综合考量，以及对其可能产生的社会影响进行评估等。因此，在某种意义上，广播电视也是舆论监督权的实施主体，只是它较之社会公众而言更为隐性，但却同样发挥着舆论监督的社会功效。

在中国，广播电视媒体始终是党、政府和人民的"喉舌"，担负着上传下达的媒介职责，是政府行政职能的拓展和延伸。对于公众而言，广播电视媒体与政府是一体化的从属关系，但在各种力量的博弈制衡中其又有一定的独立空间，可在一定程度上对政治权力进行监督和制约。也正因如此，广播电视媒体在舆论引导和舆论监督方面有着不同于其他媒介的重要使命，其不仅是社会的"守望者""瞭望哨"，同时还承担着辅助政府进行调查和决策的重任。如今的广播电视媒体已不再仅仅是党、政府和人民的喉舌，而日益成为政府公共管理的重要资源和工具。来自广播电视媒体的舆论监督不仅可以最大限度地保障公众知情权、表达权、监督权的充分实施，同时还在维护社会公共利益的基本前提下，协助政府机构制定相关决策，进而促进社会的稳定发展。

2016年，习近平同志在全国党的新闻舆论工作座谈会上指出："随着形势发展，党的新闻舆论工作必须创新理念、内容、体裁、形式……增强针对性和实效性。要适应分众化、差异化传播趋势，加快构建舆论引导新格局。要推动融合发展，主动借助新媒体传播优势。要抓住时机、把握节奏、讲究策略，从时度效着力，体现时度效要求。"为切实贯彻中央这一精神，广播电视媒体正日趋加强与新媒体的合作，在密切关注新媒体舆情的同时，加以积极的回应和有效的引导。

四、维护社会稳定，掌握信息发布主动权

在现代民主社会中，信息的公开透明和公众知情权的拥有是现代民主社会的基本要求。信息成为与物质和能源同等重要甚至比之更加重要的资源，整个社会的政治、经济和文化是以信息为核心价值得到发展的。施拉姆从信息对于人的重要性的角度进行了阐述，他认为，"信息是人类的基本权利之一，是全世界人民实现自由和尊严所必需的东西"[①]。由此可见，对信息的获取已经成为现代社会中人类精神需求和满足的基本方式之一，即信息的知情权。一般来讲，知情权是指公民获取有关社会公共领域信息以及与本人相关信息的权利，又称知晓权、获知权、知悉权等。从1987年党的十三大政治报告首次提出"重大情况让人民知道，重大问题经人民讨论"，到1997年党的十五大报告提出的坚持公平、公正、公开的原则"实行政府信息公开"，再到2007年党的十七大报告提出的"依法保障人民的知情权、参与权、表达权、监督权"的精神，关于保障公民"知情权"的提法逐渐得以规范和完善，充分体现了中国共产党对于保障公民知情权的认可和重视。

作为现代社会公民基本的民主权利之一，知情权的明确提出旨在进一步强调社会公众有权通过新闻媒介及其他手段，知晓和掌握作为一个社会成员所需获得的种种相关信息。从这一意义上说，大众传播媒介即公众知情权实现的载体，其对信息传播享有的自由权利在很大程度上决定了社会公众知情权的有效实现。换句话说，大众传播媒介对信息进行及时、充分和准确的传播是社会公众知情权得以实现的重要保障。对于当前的中国社会而言，以广播电视媒体为代表的大众传播媒介是保障公民知情权得以实现的重要主体，其在完成信息采集和发布的同时，可以全方位地满足社会公众对信息的需求。然而，民众不仅有获取社会公共信息的权利，也有知悉政府工作情况的权利，特别是当信息具有个体接近性或相关性时，公众对信息的需求和依赖

---

① 【美】威尔伯·施拉姆：《大众传播媒介与社会发展》，华夏出版社，1990年版，第253页。

便显得尤为突出。如重大或突发事件发生时，人们就比平时更渴望尽快获得有关事件的最新信息及政府的决策部署，以及时调整自身的行动来积极应对周围环境的变化。

2004年，中国共产党十六届四中全会审议通过了《中共中央关于加强党的执政能力建设的决定》（以下简称《决定》）。《决定》指出要坚持党管媒体的原则，增强引导舆论的本领，掌握舆论工作的主动权，重视对社会热点问题的引导，积极开展舆论监督，完善新闻发布制度和重大突发事件新闻报道快速反应机制。2007年国务院第165次常务会议通过了《中华人民共和国政府信息公开条例》（以下简称《条例》）。《条例》自2008年5月1日起正式施行。其中《条例》第二章第十条第十款特别提到，突发公共事件的应急预案、预警信息及应对情况需及时公开。《条例》的核心内容，即从主动公开、依申请公开和不予公开三个方面对政府信息公开的范围分别做出了明确的规定，这对于实施政务公开已有十多年历史的中国政府而言，具有里程碑式的跨越意义。2011年8月，中共中央办公厅、国务院办公厅印发了《关于深化政务公开加强政务服务的意见》，提出要抓好重大突发事件和群众关注热点问题的公开，客观公布事件进展、政府举措、公众防范措施和调查处理结果，及时回应社会关切，正确引导社会舆论。

由此可见，信息公开的迫切性和必要性已经得到了党和政府的高度重视，其不仅是公众知情权的需要，还是政府决策重要的信息来源。然而，在具体的传播过程中，仍有一些信息未能通过畅通的渠道得以及时传递，也因此为谣言的传播和恐慌情绪的蔓延留有了余地。广播电视媒体的"不作为"或信息的"被阻滞"不仅不能稳定社会公众的情绪，反而可能成为次生风险的源头，造成难以挽回的巨大损失。因此，信息的公开透明是现代化国家发展的基础，满足公众的知情权是民主化社会进步的内在要求。搭建信息传播桥梁，为政府和民众提供及时、充分的信息，在掌握信息发布主动权的同时，积极维护社会的问题，是当前广播电视媒体在信息传播中的重要价值所在。

第二节 广播电视与经济建设

一直以来，经济建设都是中国社会主义现阶段发展的重中之重，其不仅是中国社会主义建设事业中一项长期而艰巨的重要任务，更是实现社会主义核心价值的强大后盾和支撑。中国是一个社会主义国家，而"社会主义的本质是解放生产力，发展生产力，消灭剥削，消除两极分化，最终达到共同富裕"①。邓小平同志对社会主义特征的这一本质性概括，不仅鲜明地指出了社会主义相对资本主义的优越性，也指明了我国现阶段的根本任务，更明确了我国的未来发展方向。而广播电视作为党和政府的喉舌这一根本性质，决定了中国的广播电视必将以服务社会主义建设为根本宗旨。

一、经济基础是广播电视发展的物质条件

改革开放以来，中国经济保持了二十多年的超高速发展，人民生活已基本实现了由温饱到总体小康的历史性跨越。毋庸置疑，经济的快速发展是国家硬实力的坚实保障，是一国综合国力的集中体现，也是国家软实力建设的前提基础。综观中国广播电视事业的发展，不难发现，广播电视的发展与中国经济的发展具有高度一致的同步性。经济体制的转轨、国民经济实力的增强、居民消费水平的提高、消费结构的改善、广告市场规模的扩大等都分别从不同层次、不同领域深刻地影响着中国广播电视的发展。

其一，广播电视是高消耗、高投入的产业，仅是广播电台、电视台的设置建立就需要数额不菲的资金投入，更何况日常的基本运作也是一笔相当可观的费用，这些都需要强有力的经济基础作为保障。因此，社会经济的繁荣是广播电视存在和发展的先决条件。其二，在中国，广播电视媒体依然是最具影响力和公信力的大众传播媒介，分布广泛、数量巨大的受众群体无疑成就了广播电视独一无二的媒介优势，倘若没有经济发展所带来的劳动力的解放和居民消费水平的提高，广播电视的发展就会是无水之源、无本之木。其三，从消费结构来看，经济的发展使中国人民的消费结构进入温饱型并努力向小康型靠拢，由以前的食物消费占绝对比例，过渡到对信息和文化的消费比例逐渐提高。这样，居民对广播电视接收装置的消费，对广播电视传播产品质量和数量上的要求，都提高到一个重要的位置。这也与广播电视产业的发展水平成正相关关系。其四，市场经济的兴起极大地推动了中国经济的飞速发展，对于广播电视而言，则突出表现为广播电视广告的出现和繁荣。中国的广播电视广告是随着社会主义市场经济的发展而迅速发展、成熟起来的，在社会主义市场经济建设中发挥着不可忽视的桥梁和纽带作用。如今，广播电视广告收入已经成为各级电台、电视台财政收入的重要来源。以中央电视台为例，其广告招标金额从1994年的3.3亿元飙升到2004年的52.48亿元，每年都在高速增长。2006年第12届CCTV黄金资源广告招标前四个

---

① 《邓小平文选》，第3卷，人民出版社，1993年版，第373页。

项目夺标价中,中国移动夺得两个项目:《2006年世界杯赛事直播》独家特约,中标价6509万;《2006年世界杯射手榜》独家冠名,中标价3800万。另外,民生药业以4508万竞得《2006年我最喜爱的春节晚会节目评选》独家冠名,隆力奇以5606万夺得《2006年央视青年歌手电视大奖赛》的独家冠名。如果再加上其他频道和其他时段的广告费,这无疑是一笔巨大的收入,为当代广播电视事业的蓬勃发展提供了重要且稳定的经费来源。

作为人类最基本的日常行为,经济活动不仅是广播电视发展的物质条件,更是整个人类社会不断发展的内在动力,它维系着人类的生存与延续。没有经济发展所带来的物质文明,就没有人类对精神文明的追求,也就没有广播电视发展壮大的可能。实践证明,随着生产力的发展和市场经济的繁荣,中国广播电视发展将逐渐改变依赖政府拨款的单一渠道为多渠道广泛筹措资金,逐步增加广告收入在整个经费中的比重,最终形成包括广告收入在内的多元经费结构。

二、广播电视经济报道促进经济信息的交流

现阶段,中国社会的主要矛盾仍是人民日益增长的物质文化需要同落后的社会生产力之间的矛盾。而这一主要矛盾意味着当前的根本任务应当是集中社会各方力量,大力发展社会生产力,尤其决定了经济建设将成为全党的工作重心以及实现党在新世纪奋斗目标的关键。党的十七大报告中具体明确指出,要实现经济发展目标,关键在于加快转变经济发展方式、完善社会主义市场经济体制的发展。这一系列经济方针、政策的全面落实和经济目标、经济意识的深入人心都迫切需要借助广播电视的信息传播得以实现,最终促进我国经济建设的健康发展。因而,大力开展经济报道、服务经济建设,将始终成为中国广播电视一项长期而艰巨的任务。

事实上,身在市场经济日益发达的现代社会,人们不仅需要在微观上熟悉与经济相关的各种知识信息,也需要在中观上对社会经济现象和经济问题有较为透彻的理解,更需要在宏观上大体感知国家的经济政策以及社会经济的发展趋向,以便最终更好地应对经济生活各个层面带来的压力和挑战。具体来讲,中国的广播电视分别从宏观、中观再至微观三个层面,对经济政策、经济现象和经济信息进行了有效的传达和阐释、分析和指导、传播和引导,从而使国家的经济方针政策深入人心并成为大众生活的重要规范准则,使国家经济体制改革能够深得民意并成为大众的一种自觉意识,使经济建设在国家与民众良好的互动之间实现动态有序的健康发展。

首先,在宏观上,广播电视媒体传达经济政策,监测经济环境。经济政

策指党和政府关于经济工作的方针与运行指导方法的总和。它们关系到经济工作的总方向，是指导经济工作的总原则，也是广播电视媒体经济报道的灵魂。这对于以服务经济建设为重要传播任务的广播电视来说，意味着其首要任务应是最迅速、最有效、最深入地将党和政府制定的重大经济政策、方针传递给社会大众；与此同时，还要及时而准确地解释党和政府的最新经济部署和经济政策，帮助广大干部群众正确理解并接受这些政令，使之成为人们在经济工作、经济生活中的自觉行动。在监测经济环境方面，广播电视媒体保持对各种经济行为、经济过程的反映和监督，以激励先进、批评后进，进而构建起一个健康的经济生态环境。广播电视对经济环境的监测主要包括两个方面：一是对于贯彻中央政策过程中或日常经济工作中出现的好的典型和经验以及取得的经济成就，广播电视要进行有针对性、有深度的介绍和报道，通过这些典型和经验来宣传党的经济方针、政策的正确性，通过各行各业的经济建设成就来宣传经济方针、政策的有效性。二是要披露经济工作中的失误，披露经济建设和经济工作中存在的问题和不正之风，从而净化经济建设环境，保障人民正常的经济生活秩序和正当权益。

其次，在中观上，广播电视媒体分析经济现象、指导经济生活。广播电视为经济建设服务，不仅要对经济政策进行全面传达、对经济环境进行有效监测，还要挖掘经济生活领域中的重大问题、普遍现象，并对其进行迅速及时、深入浅出的分析和解读，尤其是对与公众息息相关的经济问题和现象进行贴近性解析和阐释，从而促进经济生产、商品流通，引导人民群众合理地生活消费。国家重大经济事件、重大经济现象，是广播电视经济报道的重要内容，把握住这些重大问题，也就把握住了我国经济建设的脉搏，从而使广播电视能高瞻远瞩并具有强烈的时代感。与此同时，广播电视还对大众经济生活中的热点、难点和焦点问题进行了积极的挖掘和展现，其以与百姓经济生活息息相关的生活内容为题材，通过详尽生动的解析和阐释，来反映市场经济的走向、社会消费的趋势，充分满足了社会公众的知情权。

最后，在微观上，广播电视媒体传播经济知识、传递经济信息。除了宏观上传递经济政策、监测经济环境以及中观上分析经济现象、指导经济生活，广播电视还要从微观上通过传播经济知识、传递经济信息来进一步为经济建设服务。广播电视对经济知识的传播，主要涉及两个方面：一方面是关于从事经济活动的业务知识，如工农业生产知识、商品知识、商务管理知识等；另一方面是与经济活动相关的历史知识、法律知识、科技知识、地理知识和其他知识以及背景介绍等。而无论对哪类知识的传播，广播电视都不应是学校式的纯粹知识理论的直接灌输，而应是通过生动的案例进行形象表达，最终让观众轻松地理解、接受。

三、多元化节目类型丰富经济传播的样式

随着生产力的发展和市场经济的繁荣，中国的广播电视将不再仅仅是经济繁荣的"受益者"，同时还是经济发展的"推动者"。广播电视作为经济信息传播的重要媒介，在消除经济信息的不确定性、满足人们对经济信息的需求方面具有不可代替的重要作用。尤其是广播电视自身具有传递迅速、接收便捷、影响广泛等众多传播优势，决定了它必定成为人们有效掌握大到经济方针政策、小到经济信息知识的不可或缺的重要渠道。而社会主义初级阶段的基本国情和新时期人民生活的现实需求又从根本上决定了我国广播电视必将以经济建设服务作为其重要传播任务之一。广播电视媒体通过各种经济类节目给人民群众提供切实可行的服务和指导，帮助人民群众认知新的领域、掌握新的信息和了解新的政策，从而更好地把握经济形势和市场机会，增强决策的理性和科学，进而从传达经济政策、发现经济问题、指导经济生活、预测经济形势等多个层面最终满足人民群众的经济需要。因此，广播电视无论是宏观上对经济政策的传达和经济环境的监测，还是中观上对经济现象的分析和经济生活的指导，乃至微观上对经济知识的传播和经济信息的传递，相互之间都不是完全独立，而是相互交织、相辅相成的。

如中央电视台的《经济信息联播》节目，就顺应了中国当前经济发展大趋势，以信息量大、实用性强、节奏快等系列传播优势汇集、净化国内外信息，使中国信息产业的潜能得以尽快转化为生产力。在它的影响与启发下，其他各省、市、自治区电台、电视台也积极开发类似的经济栏目。事实上，经济信息的交流不仅要在国内大力开展，还要针对国外展开，包括向人们介绍国际经济进展情况和把国内各种经济信息传送到国外。如中央电视台经济频道推出的《全球资讯榜》，作为经济频道新闻主框架的组成部分之一，该节目主要提供以国际为主、国内外融通的全球经济资讯，其汇聚国内外权威新闻网站的排行和全球媒体的热点聚焦，以分类新闻排行榜的方式精选并发布观众最想知道的新闻资讯；《财经新闻榜》以百姓视角发布财经领域最具影响力的新闻排行；《新闻人物榜》关注当日全球经济领域的风云人物；《科技新闻榜》则报道前沿性和实用性相得益彰的全球最新科技新闻，最终让观众具有了全球经济视野。

不仅如此，广播电视还从指导人们经济生活的角度出发，开办了一系列与百姓经济生活相关的节目，旨在帮助人们正确认识各种经济现象，树立各种正确的经济观念。如中央电视台连续多年推出了《质量万里行》系列报

道，充分发挥了广播电视媒体的传播优势，极大提高了经营者的守法自觉性、消费者的自我防卫能力以及企业的质量意识，在社会生活中引起了积极的反响。正是这种深入群众经济生活的服务方式，有效体现了国家"三贴近"的服务方针，既使人民群众易于接受和认同，又能很好地指导他们的生活方式和消费习惯，更是广播电视提升自身影响力的有效途径。

在充分利用自身的技术优势和政治优势的同时，以中央台为首的各级广播电视媒体纷纷开设专题，对社会各类经济现象、经济问题进行一系列分析和引导，使广大群众对这些问题有了清楚的认识。由地处中国三大经济中心的北京电视台、上海电视台和广东电视台联合制作的《财经连线》节目，即利用了自身的地缘优势和人力资源优势，邀请了京、沪、粤三地极具权威性和代表性的经济界人士为嘉宾，通过他们轻松睿智的语言来透视经济问题、解读财经大事，大大增强了公众的社会认知度和经济洞察力。而中央电视台经济频道推出的《经济与法律》栏目，则是由中央电视台经济频道与最高人民法院办公厅合办，以"推进中国市场经济规范进程"为宗旨，从经济界人士，尤其是民营经济人士的切身需要出发，以"案例说话"的方式对经济领域的法律法规进行生动讲述和传播，最终满足受众需求。

近些年来，伴随着经济的快速发展，全国各地纷纷掀起了房地产热、炒股热、经济开发区热等，引发了社会各方的广泛关注。作为社会环境的"监测者"，广播电视媒体也分别对这些社会热点问题给予了特别的重视。如《经济半小时》《中国财经60分》《创业沙龙》《财富博客》《经济生活》《头脑风暴》《经济信息联播》等经济类栏目就深得受众的喜爱。

四、广播电视产业和相关文化产业的互动发展

任何事物的为与不为，都离不开一定的时空坐标，而不仅仅是由自身特点的优劣决定的。广播电视也概莫能外，其发展路径和目标也必将随着社会政治、经济与文化的动态变化而不断调整。早在20世纪80年代初，中国广播电视业就对实现其经济功能进行了实践性的探索，但真正意义上的广播电视产业是在20世纪90年代初随着市场经济体制逐渐确立而开始的。随着我国由计划经济体制向市场经济体制转轨，我国广播电视的经济属性和产业功能越来越受到人们的重视。人们开始清晰地意识到，广播电视不仅仅是党、政府和人民的喉舌，同时还是一个有着巨大经济潜力的产业机构。特别是在国内外媒体竞争日益激烈的当下，中国的广播电视媒体只有通过大力发展自身产业及其相关文化产业，才能不断壮大实力，满足人民群众不断增长的精神文化需求，最终通过产业功能更好地实现广播电视的政治功能和文化

功能。

改革开放后，中国步入了社会主义市场经济时代，广播电视传媒也随之从单纯的文化、精神产品生产的事业单位，逐渐向产业经营过渡，并经历了一个长期实践的过程。1987年，国家科委编制的《中国产业投入产出表》上，首次将广播电视使用纳入"信息商品化产品"序列。1992年6月，中共中央、国务院发布了《关于加快发展第三产业的决定》，将广播电视明确定位为第三产业，为广播电视产业经营创造了前所未有的条件。该文件还明确指出："现有的大部分福利型、公益型和事业型第三产业单位要逐步向经营型转变，实行企业化管理。"这份文件的出台正式标志着中国广播电视媒介全面进入了产业发展的道路。几乎与此同时，上海东方明珠股份有限公司成功上市，标志着中国广电业开始走上资本运作的道路。"事业单位、企业化管理"在广播电视媒体中实行得比较普遍，一些广播电视媒体还开始进行多种经营。

1993年，中国电视广告收入第一次超过国家财政拨款，这表明中国的电视业在经济上开始自立。到1999年年底，电视的各种经营性收入已经占到全部收入的85%以上。广播电视业的自我创收已经超过国家财政拨款的好几倍，说明中国广播电视有了自我发展的经济动力。在这个阶段，经济动力也推动着广播电视机构不断变革，改变经营方式，以适应市场经济的要求。比如，1996年，中央电视台实行了"栏目带广告、广告带栏目"的广告运作机制，并实行全台广告经营规范化管理。1992年，广东人民广播电台实行广告经营体制改革，实行了系列台承包代理制度，产生了很好的效果；1986年，全台创收100多万元。到1998年，创收增加到1.2亿元。至20世纪90年代下半期，中国广播电视产业初步成形。

在中国，广播电视传媒属于第三产业，但同时它又具有喉舌功能。因为无论从广播电视产品的角度看，还是从传播的目的去分析，都可以看到，广播电视传播的产品是一种物质性和非物质性相融合的信息产品，具有商品性，它能指导经济活动，参与社会生产，促进生产力的发展，其绝大多数产品要进入市场进行交换，参与市场竞争，因而具有鲜明的产业属性；同时，广播电视作为宣传工具，又具有明显的政治属性。由于集政治属性和产业属性于一身，因此，可以把广播电视产业称作一种特殊的产业。

广播电视产业除了属于文化产业，也属于以生产、传播、销售信息为主要活动内容的信息产业。广播电视传媒通过对信息进行收集、加工、传递，引导社会生产要素合理有效进行配置，促进社会生产力提高。在某种意义上，广播电视传媒的这种对生产要素的导向作用，既是信息产业软功能的表现，又是广播电视成为传媒产业的一个重要依据。

国家"十二五"规划纲要在繁荣发展文化事业和文化产业中提出"一手抓公益性文化事业、一手抓经营性文化产业，始终把社会效益放在首位，实现经济效益和社会效益的有机统一"。具体到广播电视的产业发展上，则是要求其承担并完成相应的任务：

第一，在明确事业主体的前提下，加紧塑造产业主体。

第二，在纷繁复杂的中国当代文化中，明辨哪些是"良币"，哪些是"劣币"，不让"劣币驱逐良币"。

第三，加紧制定节目分类指导意见，继续推进制播分离。

第四，在承担社会责任和自主创收之间，要把握一个平衡点；在提供公共服务和满足个性化服务方面，要把握一个度。

第五，在发展新业态方面，既要勇往直前，还要加强调查研究，积蓄力量，量力而行。

第三节　广播电视与文化建设

2013年12月30日，习近平同志在中共中央政治局第十二次集体学习时强调，"提高国家文化软实力，关系'两个一百年'奋斗目标和中华民族伟大复兴中国梦的实现。要弘扬社会主义先进文化，深化文化体制改革，推动社会主义文化大发展大繁荣，推动文化事业全面繁荣、文化产业快速发展，朝着建设社会主义文化强国的目标不断前进"。作为内涵丰富、外延广阔的社会文化形态，广播电视媒体的传播活动从根本上讲是一种文化活动，其不仅担负着自我发展、自我繁荣的任务，更担负着发展繁荣文化的任务。因此，在推动社会主义文化大发展大繁荣过程中，如何自觉地发挥好广播电视传播的优势与作用，是当前广播电视事业发展的一项重要任务。

一、文化是广播电视发展的不竭动力

当今时代，文化作为国家和民族发展的精神基石，不仅是综合国力竞争的重要因素，更是国家和民族立于世界的身份标志。从文化哲学的角度来讲，文化创造乃是人类超越自然，脱离野蛮，向人生、人性更高阶段迈进的文明生成活动。文化的创造显示了人类对于生存意义和精神价值的追问和探求，从而为经济发展和政治进步提供精神动力和智力支持。

当前的中国社会正处于现代化发展的关键转型期，是以现代工业文明的技术理性和人本主义启蒙来塑造国人，并构成现代化主体，这是中国文化转

型的主导价值目标，同时它又构成了中国现代文化建构框架的基本点。而广播电视媒体是人类社会物质文明和精神文明发展到一定阶段的产物，在经历了几十年的快速发展之后，它凭借自身强大的文化影响力，给人类文明注入了新鲜而生动的活力，日益影响着现代社会公众的思想和行为。因此，广播电视传播本身就是一种社会文化现象，必然植根于特定的文化环境之中，其发展不可避免地与文化发生千丝万缕的联系，折射出文化母体遗传因子所赋予它的种种规定性。

首先，广播电视媒体自身的发展是依托先进的物质文化和精神文化的共同作用。在电子传播媒介时代，文化与经济之间的边界开始消失，文化生产本身正在成为最为强盛的经济产业之一。虽然文化、商品、经济利润、意识形态各个环节并非一脉相承，但是，人们不得不承认，文化与经济正在前所未有地交织为一体，共存共荣；文化对于物欲的抗拒意义正在缩减乃至丧失。

其次，广播电视文化作为社会文化的一部分，自诞生之日起就与政治、经济等社会因素有着千丝万缕的联系。一方面，政治、经济的发展状况决定着电视文化的发展方向和活跃程度；另一方面，广播电视文化的表现内容和表现手段都脱离不了当下的政治、经济环境，这是由其与生俱来的时代性和现实性决定的。在当前媒介文化融合的大背景下，广播电视以其及时、形象、便捷、权威的媒介优势依然稳坐中国社会的第一媒体，其自身文化的发展也随着社会的改革变迁而日趋多元。然而，对于广播电视文化而言，来自政治和经济的限制和制约力量是客观存在、不容忽视的，其强大的推动力促使着广播电视文化的繁荣发展。

文化建设是一个国家文明程度的标志，建设中国特色社会主义新文化是事关中华民族振兴的核心问题。广播电视作为20世纪科学技术的结晶，是人类文化发展进程中的现代文化形态之一，中国的广播电视不仅要以文化传承为己任，更要提高中华民族的文化素质，最终促进社会主义文化建设的全面展开。

二、中国广播电视与多元文化格局

自20世纪80年代以来，随着中国社会的改革开放和民主化进程的不断推进，中国的文化格局发生了根本性的变化，形成了以主流文化、精英文化和大众文化三足鼎立的共生文化格局：其一，主流文化是以体现国家意志、维护社会核心意识形态的权威地位为己任，以社会主义主导价值观为价值引导的，在各种广播电视文化中占主导地位。中国广播电视主流文化的首要任务是确定整个广播电视文化的基本价值取向，维护社会主义经济和政治制度，建设社会主义强国，维护民族文化、社会基本道德准则和善恶标准。主流文化注重从上而下对受众的引导和教育，是广播电视媒体政治属性的关键体现。

其二，广播电视的精英文化则是一种高雅文化。由于文化精英是社会所普遍需要的各类文化知识的传播、应用和生产者，所以精英文化本质上是一种自觉的文化，它承担着教化大众、提升社会价值的功能，为全社会确立一种普世的信念，并负责向全社会提供高品质的精神文化产品，向民众传递社会理想和理性精神，确立价值尺度和审美标准。

其三，广播电视通俗文化是在打破原有一元格局后发展得最快的文化形式，直接面对大众群体，以娱乐、消遣为主要价值取向。广播电视通俗文化以不可或缺的文化态势起着沟通意见、撒播文化的社会作用。它具有合乎大众审美需要的内容和形式，同时把过去为少数人享用的文化变成为众多的人所享有的文化，从这个角度来讲，广播电视通俗文化是一种大众文化。在历经了20世纪70年代末到80年代中期的引进模仿期与80年代中期到90年代中期的本土化期后，中国的大众文化自90年代中期起正式进入了中国特色的大众文化期，并伴随着社会、政治、经济的发展而不断地自我完善。

在现代社会中，以消费主义为特征的文化产业理念十分盛行，整个社会文化场域中都弥漫着强烈的后现代色彩，"全球化""个性化""多元化"逐渐成为现代文化的身份标签。所谓"和而不同"，即越是全球化就越是多元化，全球化的愿望越是强烈，个性化和多样化也才越发得以彰显，越是一体化就越显民族化的重要。正因如此，作为党和政府喉舌的广播电视应当担负起为文化建设服务的重任，大力传承和弘扬中华民族的优秀传统文化，尤其深入民族传统的内核层面，在广播电视作品中开掘出国人之魂、展现出中华之志、释放出民族之情，最终提升国人的民族自尊心和文化认同感。而在大力弘扬中华民族优秀传统文化的同时，广播电视还应当以中国特色、中国风格和中国气派发扬民族伟大精神，表现鲜明的民族特色和地域特色，体现出中华文化的民族身份。同其他精神产品一样，广播电视传播中越具有民族性的作品，就越具有世界性和独特性。

毋庸置疑，社会文化多元性和受众需求多元性决定了传媒的多元化发展，而广播电视作为当代大众文化的重要组成部分，在人们的政治、经济、文化、生活中占据着极其重要的位置。作为中国文化传承和建构的主体，广播电视通过多种方式作用并影响着整个文化系统，包括文学、艺术、教育、科学以及人们的生活方式等。广播电视的普及就曾为整个文化系统营造了一个前所未有的文化氛围，它使得电影、戏剧、戏曲等在广播电视文化的压力下去探寻与受众接近的新形式、新方法和新内容。如国外纪实性电影的发展就是受到电视纪实特性的影响，我国近些年来通俗文学、迪斯科、通俗音乐、通俗电视剧、电影电视等的崛起，也同电视播放的相关节目有着深刻的内在联系。至于广播电视对人们的服饰、发型、生活方式的影响就更是不胜枚举了。中国大众文化飞速发展的二十多年的历史，也是中国的广播电视媒体深刻转型的历史。广播电视是大众文化的重要载体，大众文化是广播电视传播的重要内容，两者之间是相互促进与共生的关系。从文化发展的意义上说，广播电视传播是文化传播的革命性变革，广播电视文化对人们的影响已经远远超过了当今其他任何文化形态，广播电视成为改造社会的一种全新的文化力量。

三、传播和引领社会主义先进文化

党的十八大报告在全面阐述中国特色社会主义，强调全面建成小康社会、全面深化改革开放的框架中，提出了"文化软实力显著增强"的文化建设目标，专门阐述、部署了扎实推进社会主义文化强国建设发展战略，为当前和今后一段时期文化改革发展提供了指引和遵循。十八大报告从四个方面提出了新要求，即加强社会主义核心价值体系建设、全面提高公民道德素质、丰富人民精神文化生活、增强文化整体实力和竞争力。

所谓当代中国的先进文化，是指以马克思主义为指导，以培养有理想、有道德、有文化、有纪律的四有公民为目标的面向现代化、面向世界、面向未来的，民族的、科学的、大众的社会主义的文化和文明。当前，中国共产党把代表中国先进文化的前进方向作为其自身奋斗的目标之一，在此背景下，作为党和政府喉舌的广播电视媒体积极传播和引领社会主义先进文化也自然成了其题中应有之义，而电子技术以及相关科技的发展又促使广播电视成为最有利于传播先进文化、提升大众素质的大众传播媒介。而另一方面，面对复杂多变的时代和竞争日趋激烈的社会，提升自身文化素质也是大众的急切愿望和有意选择，更是对他们文化权益的尊重和保障。因此，坚持社会主义先进文化前进方向、努力掀起社会主义文化建设高潮、提高国家文化软实力，成了中国广播电视当前重要的文化使命。与此同时，弘扬主旋律，提倡多样化，突出中国自身民族的、科学的、大众的文化特色，全面提高广播电视文化水平，是中国广播电视在自身发展中以社会效益为最高准则的另一个体现。

江泽民曾指出："文艺是民族精神的火炬，是人民奋进的号角。"广播电视文艺具有广泛的群众性，对人民群众的思想有着重要影响。胡锦涛同志在党的"十七大"报告中提出了"社会主义核心价值体系"理念，要求"建设社会主义核心价值体系，增强社会主义意识形态的吸引力和凝聚力"。具体到中国的广播电视传播活动中，即指弘扬时代精神、民族精神，弘扬爱国主义、集体主义精神，宣扬社会主义思想，提倡有利于改革开放和现代化建设的思想与精神，提倡民族团结、社会进步，提倡诚实守信、人民幸福的思想和精神；通过对先进文化的弘扬，来进一步巩固安定团结的局面，维护改革开放的成果，引导人们特别是青年人树立共产主义人生观和价值观。

对于当下的中国社会而言，无论是民族精神还是时代思想，无论是共同理想还是荣辱价值观，都蕴含着中华民族的悠久文化历史，生动展现了正在全面复兴崛起的社会现实。因此，社会主义核心价值并非玄而又玄的抽象理论，而是对中华民族优秀传统文化中的民族精神和荣辱价值观的继承，是对中国文化精髓的时代性选择和政治化表述。作为核心价值体系的重要载体，精神文化产品始终潜移默化地影响着人们的思想观念、价值判断和道德情操。这就要求中国广播电视事业要高度重视、积极主动地做好意识形态领域的工作，密切关注社会思潮的运动进程，积极传播与引领社会主义先进文化，妥善处理思想文化领域的问题，更好地促进社会团结和谐。

四、反对"三俗"，增强"三力"，提升文化品格

2010年7月23日，胡锦涛同志在中共中央政治局第二十二次集体学习时指出，"要加强对文化产品创作生产的引导，真正从群众需要出发，继承和发扬中华文化优良传统，吸收借鉴世界有益文化成果，推出更多深受群众喜爱、思想性艺术性观赏性相统一的精品力作。要引导广大文化工作者和文化单位自觉践行社会主义核心价值体系，坚持社会主义先进文化前进方向，坚决抵制庸俗、低俗、媚俗之风"。这是近年来中央最高层首次明确强调抵制思想文化领域中出现的"三俗"之风，作为文化领域的主力军，广播电视媒体如何保持自身的健康发展，已成为极具现实意义的重要问题。

目前，中国广播电视媒体中存在的某些低俗现象已经影响了广播电视的公信力和广播电视产业的健康发展，其表现主要有以下几种：

其一，低俗之风盛行。一些广播电视媒体播出涉性不健康节目，严重污染了社会风气，损害了广大受众特别是青少年的身心健康，损害了广播电视形象，败坏了广播电视声誉。

其二，不良和虚假广告泛滥。介绍声讯热线的电话广告、购销广告、流动字幕广告，以消费者、患者、专家、社会公众名义形象做证明的保健食

品、药品、化妆品和医疗广告,夸大治疗功能、保证疗效的药品广告以及夸大功能的化妆品和美容服务广告,大多数都是广大受众反感强烈的视听广告。

其三,虚假新闻、有偿新闻现象时有发生。有偿新闻的形式多种多样,比如,收受以劳务费为名义的红包、有价证券、礼品以及获取的各种各样的消费,以新闻为诱饵换取经营利益(包括广告),以内参曝光形式为要挟、迫使对方提供钱物等。只要是正常的新闻报道工作演变成权钱交易,这些行为在本质上都是一样的。还有一种情况叫作有偿不"闻",只要你有"偿",记者就可以不"闻"、不曝光。从有偿新闻到有偿不"闻",甚至使一些人走上了敲诈勒索的犯罪之路。

其四,优秀青少年节目匮乏。目前,各地广播电台、电视台制作、播出的有利于青少年健康成长的节目比较少,省级台开播的少儿节目不尽如人意,开播的专栏明显不足;国产的影视动画片和有利于未成年人身心健康的公益广告也比较匮乏。但是,对青少年身心健康带来负面影响的网络游戏却大行其道。2007年,国家广电总局发布了禁止播出电脑网络游戏类节目的通知,要求广播电视播出机构提高政治意识、大局意识、责任意识,一律不得开播网络游戏类栏目,不得播出电脑网络游戏节目。

其五,一些婚恋交友类电视节目存在严重的误导。电视媒体推出婚恋交友类节目应是贴近实际、贴近群众的表现,但随着各地电视婚恋交友类节目的纷纷播出,一些深层次的问题显现出来。比如,金钱成为择偶的筹码,而忠诚、厚道、勤奋等美好的品质却没人谈起。对待恋爱、婚姻的态度固然是个人私事,但是电视媒体作为传播机构,担负着弘扬社会主义核心价值观和中华民族优良传统美德的重任,对广大受众的婚恋观应当发挥积极引导的作用。

在社会主义市场经济体制下,市场这只无形的手对广播电视的影响越来越大,然而由于对市场环境的适应能力不强,许多媒体面对经济利益和其他利益诱惑时,往往失去自我控制能力,以媒体的经济利益取代媒体本应该承担的社会公众利益。胡锦涛同志在2009年10月的世界媒体峰会上指出,媒体要切实承担责任,促进新闻信息真实、准确、全面、客观传播。他强调,当今社会对各类媒体来说,树立和秉持高度的社会责任感,比以往任何时候都更为重要。

在中国,坚持社会主义核心价值观,传播引领先进文化,弘扬优秀文化品格,为文化建设服务始终是广播电视媒体的根本职责,是任何时候都坚决不容动摇的。因此,要保证广播电视媒体认真履行好党和政府赋予的神圣职责，必须要通过强制性的力量进行制约，同时要从内部管理着手，加强马克思主义新闻观的教育，并在此基础上提高行业自律意识，通过自我约束、自我规范、自我管理和自我控制，促进广播电视业的健康、稳定、可持续发展。

第四节 中国广播电视与社会发展

社会建设是我国社会主义现代化"四位一体"建设中的重要一位，也是当前党和政府特别强调和突出的发展内容。其以和谐为追求目标，讲究人与人、人与社会、人与自然的和谐共处，具体包括"民主法治、公平正义、诚信友爱、充满活力、安定有序、人与自然和谐相处"六方面内容，而这也决定了我国广播电视当前的历史使命，明确了其为社会建设服务的具体方向。

一、广播电视是构建和谐社会的重要力量

党的十六大召开以来，包括广播电视在内的新闻事业的"喉舌"属性被给予了高度重视。作为党、政府和人民的喉舌，中国广播电视是党的新闻事业的重要组成部分，是党和政府强大的舆论宣传工具，其地位和作用十分重要。广播电视传播导向正确与否、引导得力与否，事关党和政府工作大局，关系着中国特色社会主义事业的兴衰成败。

广播电视作为当今社会最为主流的大众传播媒介，具有"新闻传播、社会教育、文化娱乐和传承文化"四大社会功能。无论是新闻传播，还是信息服务，其实都是对环境的一种监测和体察，努力通过提供与公众社会生活密切相关的各种重要信息，来为大众把握社会发展的方向和脉络服务，这种监测在美国传播学者施拉姆看来即所谓的"社会雷达"功能。而社会教育的本质即整合社会，是通过提供和强化一种社会规范和行为准则，使生活在其中的大众达成共识，最终形成一个有机共同体，从而增强社会的凝聚力。当前，中国广播电视的基本功能与中国社会建设的"和谐"诉求一脉相承，党的十七大报告也充分肯定了包括广播电视在内的新闻媒体在社会主义和谐社会建设中的地位和作用，其传播的核心本质即"民主法治、公平正义、诚信友爱、充满活力、安定有序、人与自然和谐相处"等。

首先，广播电视媒体凭借新闻信息的传播来发挥监测社会环境的功能，在为政府和公众提供信息服务的同时，还对社会发展过程中出现的风险与危机进行监测，对政府的行为进行监督，在此基础上，社会的民主法治才得以建立，安定有序才得以促成。其次，广播电视通过对社会规范、公德意识和

诚信准则的宣传和强化，来实现其社会教育的功能。因此，诚信友爱、公平正义以及人与自然和谐相处等和谐理念的形成和普及，都在很大程度上依赖于广播电视媒体整合社会的媒介优势。第三，广播电视文化传承的功能更是为和谐社会提供了精神支撑和智力支持。通过对中国优秀文化"和谐"精髓的传达，广播电视媒体不仅凝聚了社会人心、求得了民族认同，还激发了社会活力，最终促成和谐社会的全面展开。最后，广播电视通过娱乐功能来调节大众的生活节奏、缓解大众的工作压力、营造轻松的社会环境，进而消除社会的紧张与不安，在无形之中助推了和谐社会的构建。

当前，和谐社会已成为党和政府不懈努力的发展方向，成为国家富强、民族振兴、人民幸福的重要保证，成为全面建设小康社会的奋斗目标。然而，构建和谐社会却是一项复杂的系统工程，其既要发展社会主义民主，又要落实依法治国方略；既要实现社会公平正义，又要增强社会创造活力；既要处理好社会矛盾、保持社会稳定，又要加强生态建设治理、促进人与自然和谐共处。如此复杂的系统建设工程，无论是前期方针政策的宣传贯彻，还是中期具体问题的监督和处理，以及后期结果的反馈和分析，都需要得到人民群众的普遍认同和积极参与。而作为极具公信力和影响力的大众传播媒介，广播电视当之无愧地成为整合民心、协调民意、动员民力的最为便捷、有力的传播工具。广播电视通过对和谐社会理念的广泛宣传，对和谐社会建设的深入报道，对和谐社会与人民群众紧密关系的生动阐释，让人民群众认识到和谐社会建设本身是以改善民生为重点，是与自身利益息息相关的。作为党和政府以及人民群众的喉舌，广播电视有责任和义务为党和政府以及人民群众服务，最终为和谐社会建设发挥出应有的作用。

二、推动社会结构优化，促进社会公平分配

作为和谐社会的重要特征之一，公平正义的实现是社会得以稳固发展的基本前提。所谓公平正义，"就是社会各方面的利益关系得到妥善协调，人民内部矛盾和其他社会矛盾得到正确处理，社会公平和正义得到切实维护和实现"。但遗憾的是，改革开放带来的成果并没有公平地惠及所有人，诸如教育、医疗、就业以及收入分配，在不同区域、行业和阶层之间很不平衡，而且差距还在增大，导致不同群体的区分日益明显。即使同属农民，全国不同地区的差别也极为悬殊，根据国家统计局关于2007年上半年全国各地农村居民家庭平均每人现金收入的调查显示：上海地区位居首位，为6669.3元，而位居末尾的西藏地区只有908.7元，前者是后者的7.33倍。即使同属西部地区，各省市间的差别也较大，四川地区（为1928.1元）就是西藏

地区的 2.12 倍。① 尽管收入差距不能被作为衡量公平与否的唯一指标,但收入之间的差距过大肯定不能被视为是公平的表现。特别是当某些强势群体并非依靠自身的诚实劳动致富,而是通过特殊途径或垄断地位获得非法利益,进而引发了其他群体的强烈不满,严重阻碍了和谐社会的构建。

对此,长期以来,中国广播电视工作高举邓小平理论和"三个代表"重要思想伟大旗帜,全面贯彻落实科学发展观和构建社会主义和谐社会的重大战略思想,自觉与中央保持一致,着眼于巩固马克思主义在意识形态领域的指导地位,着眼于促进社会全面进步和人的全面发展,为全面建设小康社会、构建社会主义和谐社会提供了强有力的舆论支持和精神动力。

具体来讲,广播电视利用自身影响力大、公信力高和传播力强等众多优势,在关注民情、改善民生、促进社会公平正义方面表现出相当的作为,发挥了不可替代的重要作用。在 20 世纪 90 年代,中央电视台创办了《生活空间》栏目,并由此拉开了广播电视媒体以栏目的形式关注民生、反映民意的序幕。2003 年,以江苏卫视《南京零距离》的出现为标志,一股"民生新闻热"在全国迅速蔓延,瞬间就引发了社会极为广泛的关注。随后,全国各大广播电视媒体纷纷推出各具特点的民生类栏目,旨在唤起社会的关注,特别是党和政府的重视,使困难群体受损害的权利得到弥补、被忽略的权力得到尊重、被损失的利益得到补偿。在 2007 年"两会"期间,中央电视台多个频道、多个栏目集体关注民生、反映民情、传达民意,把老百姓特别关注的与他们切身利益息息相关的问题直接传达给"两会"代表。更难得的是《小崔会客厅》和《小丫跑两会》把百姓和"两会"代表一同请进演播室,让百姓直接与代表交流和探讨。该做法不仅促使了某些问题得以当场解决,同时还增加了百姓对党和政府的理解,有力地推动了和谐社会的建设。至此,为大众排忧解难、为群众扶危济困、为弱势群体争取应有的权利和平等的机会,成为中国广播电视媒体发展的着力点。

在现代社会的有机体中,存在着高度组织化的社会分工,不同部分的社会群体之间必须相互依存、关联发展。然而,不同阶层、群体之间由于自身利益、身份等的不同,会产生难以避免的矛盾和冲突。面临这种客观现实,大众传播媒介尤其是居于主流地位的广播电视不仅需要呈现社会各方相互作用的复杂情状,反映出各种社会关系要素的调整与变化,为社会整合提供必要的沟通渠道和传播平台,同时还需要为社会各阶层提供有利于社会和谐的

---

① 参见《国家统计局:各地区农村居民家庭平均每人现金收入〈2007 年上半年〉》,http://www.stats.gov.cn。

必要支持和内在动力。特别是当中国建立了社会主义市场经济体系之后,社会的文化价值体系也随之发生了巨大的变化。社会的价值取向日趋多元,文化发展的大众化、世俗化、功利化倾向也随之凸显,此时,具有较强媒介优势的广播电视媒体在社会文化价值体系的建构中,也逐渐开始承担越来越重要的整合与控制责任。与此同时,中国广播电视媒体本身在构建社会主义和谐社会进程中,也实现了其内在的当代价值。

三、有效利用广播电视手段,增强社会管理职能

当前,中国的社会发展已进入一个新的历史阶段,与此同时,广播电视自身的发展环境也发生了深刻的变化。特别是党的十七届五中全会和十一届全国人大第四次会议通过的"十二五"规划,将保障民生提升到国家战略的重要位置,如注重社会建设、着力保障和改善民生、推进社会体制改革、扩大公共服务、完善社会管理等,都体现了党和国家对民生民情的关注和重视。而作为社会公众的"舆情"渠道和"咨询"机构,广播电视媒体在决策过程、法规完善、政务活动、市政建设及社会管理等方面也发挥着重要的作用,是党和政府执政的力量所在。

对于身处转型期的中国社会而言,各种不确定和不稳定的因素日渐增多,大众对信息的需求也空前增长,尤其是涉及一些事关公共安全和公共利益的危机性事件。因为危机性事件大多是突发性的,且具有极大危险性和破坏性。邓小平同志曾说过:"中国的问题,压倒一切的是需要稳定。没有稳定的环境,什么都搞不成。"[1] 所谓安定有序,"就是社会组织机制健全,社会管理完善,社会秩序良好,人民群众安居乐业,社会保持安定团结"[2]。而要维护好社会的安定有序,"必须创新社会管理体制,整合社会管理资源,提高社会管理水平……形成统一指挥、运转高效的应急管理机制,有效应对自然灾害、事故灾难、公共卫生事件、社会安全事件,提高危机管理和抗风险能力"[3]。对于广播电视来说,要成为应急管理机制中的重要组成部分,必须对信息进行及时、多样而充分的提供,有效进行危机传播,最终促进社会的稳定。

安定有序,是社会和谐的重要前提,也是国家发展的重要基础。广播电

---

[1] 《邓小平文选》,第3卷,人民出版社,1993年版,第284页。
[2] 《胡锦涛强调:深刻认识构建和谐社会的重大意义》,《人民日报》,2005年2月20日。
[3] 《中共中央关于构建社会主义和谐社会若干重大问题的决定》,《人民日报》,2006年10月19日,第1版。

视对风险事件、危机事件相关信息的及时提供,不仅是对大众知情欲的满足和知情权的尊重,而且还能帮助政府获得民众的参与和支持,提升政府的公信力和诚信度,增进人民对政府的向心力和信赖感。更为重要的是,能遏制流言的产生,减轻甚至消除大众恐慌,维持社会的安定与有序,最终起到"减压阀"的作用。如果广播电视对重要性信息保持"沉默"或掩盖甚至扭曲,必然为谣言提供滋生空间,进而引起大众的恐慌,最终影响社会的稳定,同时也使政府和广播电视媒体自身形象受损。2003年"非典"事件就是一次深刻的教训。疫情暴发初期,当地政府保持沉默,媒体对此也集体性"失语"。这导致谣言伺机而起,引发大众疑惑与不安,进而发展为一种全国性恐慌,买粮、买醋、买板蓝根风潮更使恐慌达到"爆发点"。直到政府主动公布有关疫情,才很大程度上稳定了民心。尤其是广播电视媒体积极对各条战线抗击"非典"的感人场景进行记录,如中央电视台记者冒着生命危险报道奋战在一线的医务工作人员,营造了社会各界团结一心、众志成城的感人氛围,产生了极大的社会感染力和震撼力。

在现代社会中,广播电视媒体已成为一股不容忽视的巨大力量,其已广泛地嵌入社会的方方面面,深深地影响着人们的生产方式、生活方式、交流方式、思维方式和思想观念。"以往,我们简单地将新闻媒体看成是党和政府的下属,看成党和政府的喉舌、工具,更多地强调媒体在宣传党的主张、弘扬社会正气方面承担的社会责任和发挥的作用,相对弱化了其他社会职能。2008年,胡锦涛总书记在人民日报社的讲话中,专门提到媒体应当'通达社情民意、引导社会热点、疏导公众情绪';这次李长春同志的讲话中又明确地提出了媒体要全面履行宣传党的主张、弘扬社会正气、通达社情民意、引导社会热点、疏导公众情绪、搞好舆论监督等方面的职责。"[①]

四、加强对农广播电视建设,缩小城乡信息服务差别

长期以来,由于执行农业是基础、工业是主导的国民经济发展总方针,农业服务工业、农村服务城市,政府将公共服务体系建设的重心放在城市,将有限的财力大部分投在了城市,加大了城乡差距。农村经济落后于城市,农民素质低于城镇居民,农村公共服务基础设施落后,占全国人口大多数的农民不能享受与城镇居民同等的交通、能源、信息、医疗、教育、文化等公共服务,而公共服务却是实现社会基本平等和稳定的基础。广播电视公共服

---

① 叶皓:《新时期党管媒体原则的与时俱进——学习李长春同志的"三善论"的体会》,《中国广播电视学刊》,2010年第3期。

务惠及千家万户，关系到国家安全、政权巩固、经济发展、社会稳定。广播电视公共服务，对于传播党和国家的方针政策，提高人民群众的思想文化、科技素质，促进经济发展，有着不可替代的作用。

与城镇地区不同，在中国农村地区，广播电视公共服务体系建设的任务，既存在升级和提高的问题，又存在普及的问题。在农村发达地区，广播电视公共服务水平已接近城镇，在公共服务体系建设方面的任务主要是升级与提高。而在农村落后地区，广播电视公共服务水平不高。据统计，2005年全国尚有大约47万个已通电自然村的5400万农牧民群众听不好广播、看不到电视。可见，在相当一部分农村地区，普及广播电视的任务更为迫切。要在短期内使农村落后地区普及广播电视，就需要从当地的地形地貌、人口分布特征、传输网络现状以及经济发展水平出发，因地制宜，综合利用无线发射、有线联网、多路微波、卫星接收等多种技术手段扩大覆盖面，探索切合本地实际的技术模式，逐步解决农村居住分散地区存在的"入户率低、节目套数少，维护管理难"的问题，充分体现技术先进、政治安全和经济实惠的原则。

当前，影响中国农村广播电视发展的根本问题是覆盖难度大和节目内容的缺乏。因此，调动各方力量，办好对农节目和频道、频率；因地制宜，建立农村广播电视公共服务体系；在政府的主导下，从农村广播电视的经济政策和体制方面为农村广播电视工作创造良好的环境已成为当务之急。[①] 1998年，国家正式启动了广播电视"村村通"工程，并从2000年开始实施西藏、新疆等边疆少数民族地区的广播电视覆盖工程——西新工程，加大对农村和西部少数民族地区广播电视事业发展的投入，旨在使广大农民群众能及时地听到党和政府的"声音"。按照中共十六届五中全会提出的建设社会主义新农村和中共中央办公厅、国务院办公厅《关于进一步加强农村文化建设的意见》（2005年27号文件）将"大力推进广播电视进村入户"列为"加强农村公共文化建设"的首要任务的要求，广播电视"村村通"建设成为农村文化建设的"一号工程"，在社会主义新农村建设中处于先行和先导位置。

由此可见，按照科学发展观和构建社会主义和谐社会的要求，加强农村广播电视工作，推动农村广播电视公共服务体系建设，不断提高广播电视"村村通"水平，满足广大农民群众听广播、看电视的基本需求，是我国广播电视机构面临的重大任务之一。在中国，无偿信息服务不仅是政治的需

---

① 张海涛：《按照科学发展观的要求全面加强农村广播电视工作》，《中国广播电视学刊》，2005年第5期。

要,也是服务对象的需要,更是服务者自身的需要。社会主义新农村建设是新一届中央领导集体提出的新命题,但新农村的建设绝不仅仅是"三农"问题,也绝不仅仅只与相关政府部门有关,广播电视机构应该充分重视新农村建设的公共信息服务。这不仅有助于改变近年来中国本土传媒在人们心中的某些不良影响,也有助于重构人们对本土广播电视机构的信任度。从长远的角度来看,不仅是利人利己之好事,同时也是利国利民之大事。新的形势与新的情况给予了中国本土广播电视机构拓展自己的信息服务空间的机会,特别是为信息无偿服务和公益服务的发展提供了前所未有的机遇。作为执政党和政府喉舌的中国广播电视媒体,作为充分享受到改革开放成果的中国本土广播电视传媒机构,应当不忘使命,面向广大农村,面向一切需要服务的社会各阶层群体,履行好大众传媒应尽的社会服务职责。

第五节 中国广播电视与全球语境

在当今全球化的信息时代,媒体传播已经打破了国与国之间的物理疆界,全球的传媒业正在发生着前所未有的深刻变革。作为中国软实力发展的代言人,中国的广播电视媒体应当进一步加快发展步伐,着力打造语种多、受众广、信息量大、影响力强的国际一流媒体,使中国的文字、图像、声音、信息更广泛地传播到世界各地。与此同时,中国广播电视媒体还要紧跟世界科技发展潮流,加快数字技术、网络技术的运用,加快发展互联网电视、手机广播电视、多媒体移动广播等新媒体业务,加强核心技术、关键技术的自主创新,实现由传统媒体为主向多媒体融合、全媒体发展的转变。

一、全面实施"走出去"工程

"走出去"战略是党中央、国务院根据经济全球化新形势和国民经济发展的内在需要做出的重大决策,是发展开放型经济、全面提高对外开放水平的重大举措,是实现我国经济与社会长远发展、促进与世界各国共同发展的有效途径。具体到广播电视媒体而言,在经过多年探索、积极贯彻"大外宣"思路的基础上,2001 年,国家广播电影电视总局正式启动了广播影视"走出去"工程。在"走出去"工程的指导推动下,广播电视外宣工作不断推出新举措,取得了诸多新的突破。

在中国实力、影响力空前增强的有利环境下,近年来广播电视媒体"走出去"工程抓住机遇,主动出击,成绩斐然。目前,中国国际广播电台每天使用 61 种语言,向全世界累计播出节目 3000 多小时;在全球拥有 70 家境外整频率电台，180家合作电台，24家境外节目制作室，40个海外地区总站和记者站，18家环球网络电台，15家广播孔子课堂，4112家听众俱乐部，2010年受众反馈达300余万件，国际传播能力显著提升。一直以来，中国人民对外广播事业暨中国国际广播电台，紧跟时代步伐，勇担社会责任，不断改革创新，加快推进由传统媒体向现代媒体转变、由单一媒体向综合媒体转变、由对外广播向国际传播转变、由本土媒体向跨国媒体转变，逐步成为集无线广播、在线广播和多媒体传播于一体的全球语种最多、媒体形态齐全、受众分布广泛的现代综合新型的国际传媒机构。

在取得良好的社会效益的同时，也开始取得较好的经济效益。中国卫星电视长城亚洲平台和非洲平台于2005年建成开播，分别向我国港澳台地区、亚洲地区和非洲地区的观众播出。2007年8月28日，中国电视长城（欧洲）平台在法国开播，直接进入欧洲主流社会。此外，中央人民广播电台也用闽南话、广州话、客家话和普通话向台港澳地区每天播出80小时节目，"华语广播网"正在日趋扩大。

客观来讲，广播影视"走出去"工程虽然已经取得了较为显著的成效，但与中国的国际地位和实力、与中国文化产业的发展要求、与发达国家媒体的实力和影响力之间还存在差距。目前，中国的经济总量已跃居世界第四位，正逐步由世界大国走向世界强国的行列，但中国媒体在国际舆论中的影响力仍然偏弱，"硬实力"和"软实力"失衡。中国传媒在海外的规模、实力和影响力还不大。世界500强企业中有8家传媒企业，但没有一家属于中国。中央电视台第四、第九和西法语三个国际频道在海外落地总用户数与BBC、CNN等国际传媒巨头相比还有一定的差距。此外，中国的文化产业正在快速发展，文化产品日益丰富，迫切需要走出国门，拓展海外市场。但和中国对外经济贸易"出超"相比，中国的对外文化贸易则是严重"入超"，进口与出口仍然是10：1的比例，存在着严重的"文化赤字"。因此，进一步加大"走出去"的规模和力度，是由广播影视本身巨大的影响力和国际社会对中国信息的需求决定的。

坚持"中国立场"，就是在重大国际问题上，及时发出中国声音，传播中国政府立场。坚持"世界眼光"，就是把中国的发展，放到全球范围内进行展示，赢得国际社会的理解和认同。坚持"人类胸怀"，就是站在全人类的立场上，尊重和承认各国文化差异，有效回应海外受众的广泛关注；以开阔的视野、开放的胸怀、开明的态度，促进不同文化平等对话、不同文明和谐交流；遵循效果决定论原则，创新国际传播方式方法，实现国际传播入耳、入脑、入心。

二、从"以内为主"到"内外并重"

随着全球化进程的日益加快,以美国为首的西方文化加快了向外扩张渗透的步伐,在此环境下,中国的文化市场就成了国际文化市场中的一部分。特别是中国加入WTO之后,国内的文化市场则以更大的规模、更深的层次参与国际文化市场的运营体系。而作为党、政府和人民的喉舌,中国的广播电视媒体自产生伊始就是舆论宣传的主力军和建设社会主义物质文明、精神文明、政治文明的重要文化阵地。广播电视在促进群众价值观念的形成与更新,丰富群众的文化生活,提高精神文化力量的吸引力、影响力、号召力、凝聚力等方面具有不可替代的重要作用。在2005年召开的第五届全国外宣协作会上,国家广电总局副局长田进指出:"建立现代国际广播体系,既是中央提出的要求,也是广播影视行业在新的历史时期不断向前发展的需要。不能将现代国际广播体系片面地理解为传统意义上的对外广播,也不能简单地认为仅仅是国际台一家的事。现代国际广播体系应是用现代高科技武装的,采取多种形式、多种渠道、多种手段播出的,全国有关电台、电视台参与的,把中国的声音传向世界各地的,真正形成具有广泛影响力、竞争力的科学体系。"

当前,中国已经有中国国际广播电台、中央电视台国际频道等多个对外传播平台,跃居世界国际广播前列,并在五大洲听众中享有较高的舆论威信。几十年来,国际国内形势不断变化,特别是改革开放以来,随着中国经济的发展,中国在国际舞台上扮演着越来越重要的角色,中国国家形象的塑造策略也较以往有很大不同。这要求中国的对外广播策略也要随着时代的要求而不断变化。同时,尽管中国对外广播事业有了很大的发展,但在国际广播领域西强我弱的态势并未得到根本扭转,仍亟待加强。因此,探究适应国际形势和中国国情的对外广播新战略,则成为广播电视各级决策部门和研究者不容回避的重点问题。

在"十一五"规划期间,中国电视媒体的主要外宣任务是进一步提高电视节目在全球的有效覆盖率和收视率,扩大和巩固电视海外整频道落地工作。一是巩固发展长城卫星电视北美、欧洲、亚洲、非洲平台,扩大用户群;二是积极推动CCTV-9和CCTV-4在重点国家和高档酒店落地;三是推动CCTV西班牙语法语双语频道在西班牙、墨西哥等拉美西语国家及欧洲、非洲法语国家和地区的有效落地;四是积极推动中国电影频道(CMC)在境外整频道落地,使之成为中国电影的国际频道;五是提高节目质量,改善对外传播效果,贴近国外实际,贴近当地群众需求,贴近国外受众的欣赏习惯,增强节目的针对性,增强对国外受众的吸引力和影响力。

当前,卫星和电子技术等新媒介技术迅速发展,世界政治格局风云变幻,经济和文化全球化的影响日益加深,如今的国际传播态势与几十年前相比已经大不相同。对于目前国际广播的态势与方向,张振华认为,目前的国际广播界已经或正在从两个方面进行战略调整:首先是苏联的对外广播政治战略逆向调整,由原来的对付西方广播的盾牌和基地,变成了西方广播手中的矛和新的桥头堡。同时,"苏东剧变"后,美国等西方国家一方面弱化对原苏东地区的广播,一方面强化对华广播,中国正在成为西方战略进攻的重点。对于目前中国对外广播的战略目标,要"面对挑战,抓住机遇,调整结构,壮大实力,建立一个新的复合型对外传媒"。为实现这个目标,一要进一步办好音频广播,二要大力发展网上广播,三要努力发展视频广播。具体策略上,要一手抓节目,一手抓覆盖。① 只有这样才能取得真正的效果。此外,在扩大节目海外落地方面可采取的主要措施有:采取多种手段与合作方式,覆盖主流社会;全面推进节目落地"本土化",增强外宣实效;扩大国际台海内外的影响力,加强自我推介;密切跟踪国际广播新趋势,借鉴有益经验。由此可见,中国广播电视行业只有不断推进体制改革和机制创新、强化文化责任和文化自觉、拓宽发展新视野,才能更好地为提高国家软实力提供更多的支持。

作为党、政府和人民喉舌的广播电视媒体集意识形态宣传、信息资讯服务和先进文化传播于一体,其既是文化软实力建设的重要领域,又是文化软实力建设的主力军。因此,进一步增强主流传媒的影响力和竞争力,认真分析客观环境与面临的任务,采取积极措施抓住机遇,从战略层面设计对策,从而更有成效地影响国际舆论、塑造中国的良好形象,是全球化背景下中国广播电视媒体发展的重要目标。

2013年,习近平同志在中共中央政治局就提高国家文化软实力研究进行第十二次集体学习时发表讲话:"提高国家文化软实力,要努力提高国际话语权。要加强国际传播能力建设,精心构建对外话语体系,发挥好新兴媒体作用,增强对外话语的创造力、感召力、公信力,讲好中国故事,传播好中国声音,阐释好中国特色。"同年,习近平同志出席全国宣传思想工作会议,并指出:"在全面对外开放的条件下做宣传思想工作,一项重要任务是引导人们更加全面客观地认识当代中国、看待外部世界。"2016年,习近平同志对《人民日报·海外版》创刊30周年做了重要指示,站在国家软实力

---

① 张振华:《建立复合型对外传媒 迎接新的挑战》,《中国广播电视学刊》,2000年第2期。

构建、国际话语权竞争的高度，指出"讲述好中国故事，传播好中国声音"是对外传播的根本要求。对外传播是跨越政治边界、文化差异、社会区隔的传播行为，"防守者没有前途"，我们必须在全球范围主动作为、积极作为，谋求于我有利的舆论环境。主动做好对外传播，才能在国际舆论场中亮明我们的观点、表明我们的态度，才能构建好国家形象，提高我们的感召力和影响力。

三、从"对外宣传"到"国际传播"

一直以来，"对外宣传"即党和国家的一项全局性、战略性工作，是宣传思想战线上的一项战略性任务。党的十六大以来，中国外宣工作坚持以邓小平理论和"三个代表"重要思想为指导，全面贯彻落实科学发展观，紧紧围绕党和国家的中心工作，坚持贴近中国和世界发展的实际，贴近国外受众对中国信息的需求，贴近国外受众的思维和接受习惯的原则，拓展内容领域，改进方法手段，完善体制机制，努力打造"大外宣"新格局，对外宣传工作整体呈现出扎实推进、蓬勃发展的喜人局面。其中，以胡锦涛同志为总书记的党中央对做好对外宣传工作十分重视，提出了做好外宣工作的一系列战略思想，对中国的外宣工作进行了战略性部署和调整，同时提出了外宣工作奋斗目标和实现目标的"三步走"战略。

2003年12月7日，胡锦涛同志在全国宣传思想工作会议上强调，要紧紧围绕党和国家的工作大局，认真贯彻中央的对外工作方针，及时准确地宣传我国对国际事务的主张，着力维护国家利益和形象，不断增进我国人民同各国人民的相互了解和友谊，逐步形成同我国国际地位相适应的对外宣传舆论力量，为全面建设小康社会营造良好的国际舆论环境。党的十六大以来，各地各部门奋力开拓、勇于创新，把中央对外宣工作的高度重视化作一项项坚实有力的行动。

2004年4月，中央对外宣传工作会议在京举行，明确了新世纪新阶段外宣工作的指导思想、方针原则和发展目标，制定了外宣工作的长远发展规划。2005年，《2006—2010年全国对外宣传工作规划》制定，"大外宣"格局的领导体制和工作机制初步建立。2006年，国务院办公厅下发19号文件，就进一步改进和加强政府新闻发布制度建设提出要求。中央外宣办陆续提出了一系列指导性意见和工作方案，制定了"十一五"外宣重大项目规划。全国各省区市设立外宣领导小组，制定了本地外宣工作发展规划，明确了地方外宣工作的指导思想和目标任务。以上措施形成了包括对外新闻报道工作协调机制、中外媒体交流工作机制、文化外宣联席会议机制、互联网新闻宣传工作机制等十几个行之有效的外宣工作机制。①

2008年10月,胡锦涛同志在党的十七届三中全会上提出,要"建设覆盖广泛、技术先进的现代传播体系"。党的十七届六中全会《决定》②中强调,要加强国际传播能力建设,打造国际一流媒体。这对我国对外广播事业的发展提出了新的更高的要求。

进入21世纪以来,中国国际传播事业迅速发展,国际传播研究成为国内外学界以及外交、宣传、文化等部门关注的焦点问题。2012年5月16日,中国国际传播战略与发展研究中心(暨中国人民外交学会中国传媒大学研究基地)正式成立,旨在通过开展国际传播战略与发展学术研究活动,为政府、媒介机构及企业提供智力支持;组织国际学术论坛,建立国际传播话语平台;提供针对性的国际传播与公共外交人才培养与培训项目,提升公民公共外交意识与素养;定期出版学术研究刊物,建立全球性国际传播交流平台。其中,作为主流大众传播媒介的广播电视媒体也已不仅是一国政府对外传播政策动议的工具,更是以积极主动的参与者身份成为一国外交活动中的主体。在"国际传播视阈下的人民外交与公共外交"研讨会上,赵启正做了题为《开拓公共外交的重要意义》的主旨发言。他说,公共外交就是"讲中国故事",就是解决好讲什么和如何讲得好的问题。他指出,中国正处于上升期,与其他各国的利益冲突、意识形态冲突等造成中国在国际舆论中处于不利境地。很多外国人对中国的迅速发展"看不懂",因此,向世界表达和传播一个真实的中国意义重大。赵启正还表示,中心的根本目的就是"对内做到政治透明,对外做到解疑释惑"。因此,坚持正确的舆论导向,坚持基础设施建设与内容建设并重、体制机制创新与科技创新并重,加快打造国际一流媒体,努力提高国际传播能力,才能不断地开创对外传播新局面。③

四、平等互信、互利共赢,开展交流合作

2009年10月9日,由全球知名媒体共同发起的世界媒体峰会在中国北京举行,峰会以"合作、应对、共赢、发展"为主题,构建21世纪传统媒体与新兴媒体的伙伴关系,促进通讯社、报刊、广播、电视、互联网等媒体间的"发展"。会上,胡锦涛同志发表了重要讲话,他认为,当今世界正处

---

① 《十六大以来我国对外宣传和对外文化交流工作综述》,新华网,2008年1月21日。
② 即《中共中央关于深化文化体制改革 推动社会主义大发展大繁荣若干重大问题的决定》。
③ 蔡赴朝:《贯彻落实党的十七届六中全会精神 加快推进国际传播能力建设——在纪念中国人民对外广播事业暨中国国际广播电台创建70周年大会上的讲话》,《中国广播电视学刊》,2011年第12期。

在大发展、大变革、大调整时期。世界多极化、经济全球化深入发展，世界范围内各种思想文化交流更加频繁、更加活跃，开放合作、互利共赢成为国际社会广泛共识，国与国相互联系更加紧密。同时，国际金融危机的影响仍在持续，发展不平衡更加突出，气候变化、粮食安全、能源资源安全等全球性问题进一步显现，恐怖主义、跨国有组织犯罪、重大传染性疾病等非传统安全威胁依然存在，局部冲突和热点问题此起彼伏，不稳定不确定因素增多，世界和平与发展面临诸多挑战。面对前所未有的机遇和挑战，世界各地媒体应该顺应时代发展潮流，携手并进，努力为建设持久和平、共同繁荣的和谐世界做出贡献。

经过六十多年特别是改革开放以来的不懈奋斗，中国的面貌、中国人民的面貌发生了历史性变化。然而，在推进改革开放和社会主义现代化建设的过程中，中国政府始终高度重视媒体发展，鼓励和支持中国媒体贴近实际、贴近生活、贴近群众，创新观念、创新内容、创新形式、创新方法、创新手段，增强亲和力、吸引力、感染力，在弘扬社会正气、通达社情民意、引导社会热点、疏导公众情绪、搞好舆论监督和保障人民知情权、参与权、表达权、监督权等方面发挥重要作用。中国政府支持中国媒体同外国媒体在新闻传播、人力资源、信息技术、业务发展等方面加强交流、深化合作。现在，越来越多的外国媒体向中国派出了常驻记者，临时来华采访的记者人数不断增加。外国媒体报道中国的信息量越来越大、领域越来越广、内容越来越丰富，对各国人民了解当代中国的发展变化起到了重要作用。与此同时，随着政务公开的继续推动、信息发布的加强，外国新闻机构和记者的合法权益已得到极大的保障和改善，其在华从事采访报道业务较之以往也更为便利。

长期以来，中国媒体的宣传理念中就有"重内轻外""以内代外""以宣传代传播"等倾向。然而，在全球化的现实背景下，中国的外宣工作不仅需要改变传播理念，还需要改善传播方法，以提高对外传播能力和影响力。党的十七大报告提出："当今世界正处在大变革大调整之中。……中国同世界的关系发生了历史性变化，中国的前途命运日益紧密地同世界的前途命运联系在一起。"的确，在全球化背景下，中国不仅在改变着自己，也在改变着世界；中国在影响着世界，世界也在影响着中国。正是由于中国的发展给世界带来了结构性、格局性的变化乃至冲击，在上述中国与世界的历史性互动过程中，中国的对外传播必须克服小富即安的小农意识，未强先骄的暴发户心态，傲视八方、万邦来朝的中央帝国心态和非黑即白、非敌即友的革命思维、斗争哲学和"悲情意识"，建立一种清醒与理性、开放与包容的从容面对各种赞誉与诋毁的大国气度，建立一种实事求是的辩证思维、放眼未来与世界的战略眼光和健康、成熟、稳健的大国心态，做到中国立场、大国心态和世界眼光的有机结合，从而使对外传播立意高远、张弛有度、应对得当、仪态得体，进而收到最好的传播效果。

课后习题：
一、名词解释
1. 广播电视议程设置
2. 广播电视民生新闻
3. "三俗"之风
4. "走出去"战略
5. 讲好中国故事

二、简述题
1. 简述广播电视与构建中国和谐社会的关系。
2. 简述中国广播电视为经济建设服务体现在哪些方面。
3. 简述中国广播电视如何传播与引领社会主义先进文化。

三、论述题
1. 结合实际来看，中国广播电视在舆论监督中具体起到什么作用？有何意义？
2. 论述全球化背景下中国广播电视应如何发展对外事业，讲好中国故事。

第十章 媒介融合背景下的中国广播电视的发展

伴随着媒介技术的发展与进步，广播、电视等传统媒体和以互联网为代表的新媒体之间所依赖的技术越来越趋同，技术的提升使得媒介突破了原有的信息发布的局限，最终在同一个平台上得到了整合。纵观广播电视的发展历史不难发现，广播电视这样的大众媒介的出现与社会发展之间有着紧密的联系，而在新时期，社会发展、进步的重要表征就是"融合"，这一宏观背景使得媒介环境发生了新的变化。由于我国广播电视媒体的舆论影响力直接关系到我国社会的稳定与发展，因此探究媒介融合背景下中国广播电视如何与其他传统媒介和新媒介进行竞争与合作便显得尤为重要。

第一节 媒介融合：广播电视与社会发展互动之产物

媒介融合是科学技术发展到一定阶段的必然产物。广播电视与媒介融合有着紧密的联系，广播电视只有坚持媒介融合的道路，才可能更好地发挥其功能作用。

一、媒介融合是科学技术发展的产物

"媒介融合"是一个研究领域非常广阔的名词，也正是因为这样，直到今天这个概念还没有一个得到公认的准确定义。从媒介的内部机制到外部环境，国内外的学者从不同的角度对此进行了解释和研究。"媒介融合"这一概念的提出始于20世纪80年代的美国，当时马萨诸塞州理工大学的伊契尔·索勒·浦尔教授于1983年在他《自由的科技》一书中提出了"传播形态融合"这一概念，其本义是指不同的媒介呈现出多功能趋于一体化的发展趋势。在浦尔教授之后，又有很多学者提出"媒介融合"的概念，而将媒介融合概念表述得最完整的应该是美国学者李奇·戈登。2003年在他的《数字新闻：显现的媒体与变化的新闻视野》一书中有单独一章专门对媒介融合

的定义进行讨论。李奇·戈登将不同传播语境下的媒介融合分为七大类：媒体科技融合、组织融合、所有权融合、战术融合、结构融合、采访技能融合和叙事形式融合。媒介融合是指报刊、广播电视、互联网所依赖的技术越来越趋同，它们以信息技术为中介，以电缆、卫星、计算机技术等为传输手段，数字技术改变了获得数据、现象和语言三种基本信息的时间、空间及成本，各种信息在同一平台上得到了整合，加强了不同形式的媒介彼此之间的互换性与互联性，呈现出媒介一体化的趋势。

由此我们不难发现，媒介融合的发展从一开始就离不开各种媒介技术的进步，而数字化技术的逐渐成熟和推广，也是媒介融合发展前行的根本推动力，技术的全面性正是媒介融合所表现出来的突出特征。于是，科学技术、媒介融合、社会发展以及作为媒介的广播电视四者之间就产生了共生共融的关系。科学技术既是广播电视与社会发展之间的桥梁，也是媒介融合的根本推动力；而之所以出现媒介融合，也是基于现代社会发展的需要以及人们的生活需求。因此在这种程度上我们可以说，媒介融合也是社会发展与媒介——广播电视互动的产物，而融合又能更好地促进广播电视等媒介的发展，反作用于社会发展。那么，具体到中国特色的广播电视，立足中国的国情，广播电视是如何在融合时代对社会发展起作用的？下面就将重点对此进行论述。

二、广播电视与媒介融合

广播电视是构建和谐社会的主导力量。作为主流、权威的大众传播媒介，广播电视具有自身的优势：相较于报纸，容易让受众理解；传播速度快，覆盖率高，影响面广；说服力强，具有权威性。互联网时代，曾经不易被保存的劣势也被弥补，广播电视成为更加立体的媒介。可以说，广播电视已经成为当代社会最重要的文化形式之一，是整个社会文化的某种表征，它独特的大众文化特性、审美文化特性以及消费文化的特性，具有巨大的社会影响力。

从社会功能上说，它具有传播新闻、传授知识、愉悦身心和信息服务的四大主要功能。可以看出，无论是传播新闻还是信息服务，都是对社会环境的一种监测和体察，通过对各种与公众生活相关的信息的筛选、考察，取天下之精华之后，为公众把握社会发展的脉络与方向，帮助公众扩大对这个世界的认知领域；而教化功能也是通过提供一种社会规范，通过对国家政策法规的上情下达，使得公众能够达成共识，增强社会凝聚力；传授知识（文化）的功能更是为社会的发展进步提供精神和智力的支持，甚至达到帮助公众形成认知图式的作用。日常生活的常识普及，专门专业的经济信息、体育信息等的传达，还有为教育服务的社教节目——例如《百家讲坛》《百科全说》等，以及其他军事、历史、卫生方面的节目的传播，为渴望知识的公众提供了学习机会与环境，有利于提升国民素质，促使和谐社会的形成。

由此可见，中国广播电视的基本功能与构建和谐社会的诉求一脉相承，党的十八大报告也充分肯定了包括广播电视在内的新闻媒体在社会主义和谐社会建设中的地位和作用，其传播的和谐本质就是"民主法治、公平正义、诚信友爱、充满活力、安定有序、人与自然和谐相处"等。而从社会发展对于"软件"的需求来说，广播电视主要能够满足社会发展对精神、价值观传播的需求。

党的十五大首次提出"可持续发展战略"；党的十六大以来，在科学发展观指导下，先后提出走新型工业化发展道路，建设生态文明，促进人与自然和谐发展的要求。于是，在广播电视的内容设置上，诸如纪录片《美丽中国》、环保主题的公益广告以及关于环保等科学知识的传播节目大量出现。2006年，中共十六届四中全会将创建和谐社会、加强社会建设作为国家政府工作的重点，而为受众树立正确的社会主义核心价值观成为广播电视工作的核心，因此出现了《感动中国》这一类型的节目。2007年，党的十七大报告指出："深入贯彻落实科学发展观，加快推进以改革民生为重点的社会建设，着力保障和改善民生，推进社会体制改革，妥善处理人民内部矛盾，促进社会公平正义，推动社会主义和谐社会。"《中央电视台3·15晚会》以及民生新闻的出现，很好地与这一政策相呼应。

2014年之后，互联网时代到来，受众的自主选择性更强，他们往往不愿意接收一些有着强制意味的或者主旋律色彩过于浓厚的节目，而广播电视的文化娱乐功能同样也能让核心价值观寓教于乐，这就是广播电视的独特之处。正如传播学者罗杰斯曾总结娱乐教育媒体在发展中国家的作用时所说：将教育信息放在娱乐节目中可以吸引大量观众，获得超额利润，同时有利于亲社会行为。① 例如浙江卫视《奔跑吧兄弟》就是对于团队精神、拼搏精神的召唤；湖南卫视《真正男子汉》被称为很好的"征兵广告"，也是对社会中男性特质的呼唤；中央电视台的《叮咯咙咚呛》通过韩国明星体验中国文化，来表达对中国传统文化的传承。

所以，广播电视是拥有潜移默化为受众树立观念的能力的，即使是在媒

---

① 亲社会行为，指人在社会交往中所表现出来的谦让、帮助、合作、共享乃至奉献等利他的社会态度，是社会正面价值的直接体现。

介融合时代，新媒体来势汹汹之时，它仍是多元文化、价值观的整合者，可以有效促进价值观在受众心中的内化，这对于整个社会发展来说是极为重要的，有利于社会发展的精神内核的树立、发展、维系。

当然，我们也应该看到，正是因为社会发展是一个动态过程，且中国正处在社会转型的关键时期，而广播电视又具有对信息选择进行舆论引导的能力，所以，在这个过程中，稍有不慎就会产生意料不到的负面效果，甚至威胁到社会的稳定、和谐。如失语造成社会"动荡"：2003年关于"非典"的报道，在疫情暴发的开始，由于当地政府沉默，媒体也集体失语，谣言便伺机而起，最终引起大众疑惑不安，造成全国性恐慌；2008年9月20日，山西霍宝干河煤矿发生一名矿工死亡事故，事故发生后该矿负责人为隐瞒事实真相、封锁消息而向媒体记者及相关人员发放"封口费"阻挠采访，引发"封口费"事件。这些媒体"失语"的表现，都对社会和谐发展造成威胁。此外，"虚假新闻"也是一大隐患。2007年7月8日，北京电视台《透明度》栏目以"纸做的包子"为题，播出了记者暗访朝阳区一无照加工"纸箱馅包子"的节目，引起了北京地区群众极大的食品恐慌。后经公安机关查明，此节目内容是北京电视台2007年新聘用人员訾××一手策划、编造的虚假新闻报道，原因只是这位年轻记者太想出名。因此，"虚假新闻"是对受众错误的引导，也对品牌和信誉有害，这都是不利于社会发展的。

第二节　新媒体对传统广播电视的冲击

作为科技发展的必然产物，传统的广播电视媒介在向世人展现这些巨大转变的同时，自身也在不断发生着变化。新闻媒介总是循着这样一个基本方向向前发展，即传播者能够以更快的速度、更高的质量来保证新闻信息传播取得更好的效果；受众在选择新闻信息方面能够拥有更多的自主性、多样性，能够更便捷地接受新闻信息。每一次科技发展都会给传媒带来巨大变化。每一个身处当前时代的人都无法预测下一个传媒的形式。1946年，人类历史上第一台通用数字电子计算机出现，掀开了数字化时代的序幕。1981年8月12日，第一台个人计算机（PC，Portable Computer）IBM5150由IBM（美国国际商业机器公司）推出，计算机开始在所有行业普及，促使新传媒、新产业、新市场不断涌现，并且逐渐成为世界各国的战略发展重点。在全球化和信息化的背景下，传媒技术不断发展，受众与媒体的依赖与渴求关系推动了新的传播方式乃至新媒体的产生。2010年9月，胡锦涛同志在视察中国人民大学时提出，"各种新型传播手段的出现，给新闻工作带来许多新变化新挑战",因此"要认真研究信息化时代新闻传播特点和规律"。

一、新媒体在传播特性上的优势

"新媒体"一词最早见于1967年美国CBS（哥伦比亚广播电视网）技术研究所所长P.戈尔德马克（P.Goldmark）发表的开发电子录像商品的计划书。至此，"新媒体"一词便开始在全世界流行，但截至目前，有关这一概念的定义仍无一致的看法。有学者认为新媒体分为两类：第一类包括新出现的技术和工艺，它们延长了或倍减了传统手段播发或传输文字、资料、图像、声音的能力；第二类包括新近出现的能使每个人通过简单操作就能得到服务和所选择的节目的所有设备。[①] 也有学者提出，新媒体主要是指伴随着卫星通信、数字化、多媒体和计算机网络等技术的发展而出现的新兴传播媒体，包括跨国卫星广播电视，多频道有线电视，文字、音像的电子出版物以及作为信息高速公路之雏形的互联网等。

一般而言，新媒体是相对于旧媒体即传统媒体（包括报刊、广播、电视等媒体）而存在的一个概念，是指利用数字技术、网络技术，通过互联网、宽带局域网、无线通信网和卫星等渠道，以电视、电脑和手机为终端，向用户（受众）提供视频、音频、语音数据服务、远程教育等交互式信息和娱乐服务，以此获取经济利益的一种传播形式。从媒体发生和发展的过程来看，新媒体永远是一个动态的概念，它区别于以往的媒体，伴随着媒体本身的发生和发展而不断变化。新旧媒体之间并非是相继进化或相互取代，而是存在一种共同演进的关系。每当一种新的形式出现和发展的时候，它就会长年累月地和程度不同地影响一切其他现存形式的发展。[②] 具体到传播内容和传播过程方面，新媒体往往表现为报刊、广播、电视的综合体，其一方面通过文字、声音和图像的多维传播来实现信息传递，另一方面可以同时提供以存储、读取方式为主的非线性传播和以流媒体方式为主的线性传播。由此可见，以往根据样式、材质、符号、属性等物理形态来对媒介进行定义和分类的标准已不再适用于当前的媒介形态，"媒介"本身概念的内涵和外延都已发生了质的改变。

首先，从新媒体概念的内涵来看，新媒体通常是指在计算机信息处理技

---

① 【法】弗兰西斯·巴尔、杰拉尔·埃梅里著，张学信译：《新媒体》，商务印书馆，2005年版，第30页。
② 【美】罗杰·菲德勒著，明安香译：《媒介形态变化：认识新媒介》，华夏出版社，2000年版，第20页。

术的基础之上出现和影响的媒体形态，包括在线的网络媒体和离线的其他数字媒体形式。虽然在很长一段时间内，新媒体这个概念的名称是不变的，但是它的内涵却在不断地发生变化。因此，只有媒体构成的基本要素有别于传统媒体，才能称得上是新媒体，否则，最多也就是在原来的基础上的变形或改进提高。目前的新媒体应该定义为在电信网络基础上出现的媒体形态——包括使用有线和无线通道的方式。美国网络新闻学创始人、"博客"（blog）报道形式首创者丹·吉尔默 2001 年 9 月 28 日在自己的博客上提出了"新闻媒体 3.0"（Journalism 3.0）的概念：1.0 是指报纸、杂志、电视、广播等传统媒体或旧媒体（old media）；2.0 就是人们通常所说的以网络为基础的新媒体（new media）或者叫跨媒体，但新闻传播方式并没有实质性的改变，仍是集中控制式的传播模式；而媒体 3.0 就是以博客为趋势的"we media"。

其次，从新媒体概念的外延来看，广义的新媒体是指形成于第二次世界大战以后，依托于数字化、网络化信息处理技术和通信网络的新型信息媒介的总称。狭义的新媒体是指形成于第二次世界大战以后，依托于数字化、网络化、平民化信息处理技术和通信网络，由专业信息网络机构主导，以各种数字化信息处理终端为输出装置，通过向大量用户大规模提供交互式信息和娱乐服务以获取经济利益的各种新型传媒形态的总称。新媒体随着信息通信科技的发展而不断发展、变异，目前，主要的新媒体包括网络电视、电话广播、移动媒体、数字电视四类。

因此，就其内涵而言，新媒体是指 20 世纪后期在世界科学技术发生巨大进步的背景下，在社会信息传播领域出现的建立在数字技术基础上的能使传播信息大大扩展、传播速度大大加快、传播方式大大丰富的，与传统媒体迥然相异的新型媒体。就其外延而言，新媒体主要包括光纤电缆通信网、都市型双向传播有线电视网、图文电视、电子计算机通信网、大型电脑数据库通信系统、通信卫星和卫星直播技术以及利用数字技术播放的广播网。作为一种既超越了电视媒体的广度，又超过了印刷媒体的深度的媒体，新媒体凭借其高度的互动性、个人性和感知方式的多样性，具备了从前任何媒体都不曾具备的力度，成为真正的互动式数字化复合媒体。

由上可知，新媒体是一个不断发展变化的概念，科学技术在发展，媒体形态也在发展。罗杰·菲德勒认为媒介形态的变化有这样六个基本原则[①]：

（1）新旧媒介共同演化与共同生存；

[①]【美】罗杰·菲德勒著，明安香译：《媒介形态变化：认识新媒介》，华夏出版社，2000 年 1 月版，第 24～25 页。

(2) 新媒体是从旧媒体的形态中逐渐变化出来的；

(3) 新的媒介形式会加强原来各种媒介形式的主要特点；

(4) 一切传播媒介和媒介企业要在改变的环境中生存，都被迫去适应和进化；

(5) 新媒介并不仅仅是因为技术上的优势而被广泛采用的，它需要机会，还有刺激社会的、政治上和/或经济上的理由；

(6) 新媒介要获得商业上的成功，总是要花比预期更长的时间。

目前的旧媒体（传统媒体）在若干年前是新媒体，目前的新媒体在若干年后又会是旧媒体（传统媒体）。新媒体包含三个方面：一是新出现的，以前没有的；二是基于技术进步引起的媒体形态的变革，尤其是基于无线通信技术和网络技术革命基础出现的新型媒体形态，如数字电视、IP电视、手机电视等；三是随着人们生活方式和消费理念的转变，一些一直存在但长期未被发现传播价值的渠道、载体，因为营销理念的变革和泛商业化的运用，成为信息传播的新载体，并被赋予媒体的意义，如大量新兴的户外媒体，包括楼宇电视、移动电视等。综上所述，新媒体是依靠数字技术、网络技术，通过电视系统、高清晰度电视、互联网、手机短信和多媒体信息的互动平台、多媒体互联网、宽带局域网、无线通信网和卫星等渠道，以电视、电脑和手机为终端，向用户提供视频、音频、语音数据服务、连线游戏、远程教育等集成信息和娱乐服务的一种传播形式。

目前我国有七类媒体形态通常被归入新媒体之列：①移动数字电视，包括无线的、车载的、公共交通上的；②有线数字电视；③IPTV，狭义上指基于TV终端的；④网络广播；⑤网络电视，这是新媒体中发展最快的一块；⑥手机电视；⑦楼宇电视。它们有些是传统媒体的数字化形态，比如楼宇电视，在传播方式与服务方式上并没有本质变化，也是以广播＋广告的盈利模式来支撑运营；有些则是相对于传统媒体的数字电视的不同形态，如网络电视、手机电机等。当前，新媒体与旧媒体最本质的区别即新媒体交互参与的传播特点和多媒体融合的表现形态。此外，在技术上新媒体采用的是数字技术和网络技术，分割、融合、交互、放大的信息技术彻底改变了报纸、广播、电视乃至人际传播的诸多特点，使一点对多点变为多点对多点。通过新媒体方式，任何人都可以经济而便捷地以众多形式向他人传播信息。具体来讲：

1. 媒介个性化差异突出

与传统媒体"大众化"的传播方式相比，新媒体更加侧重对受众个体的细分，受众可以随时通过新媒体获取符合自身需要的个性化信息，在时间和内容上极少受到限制。

2. 受众自主选择性增强

在技术层面上，人人都可以通过新媒体发布信息或接收信息，这从根本上打破了新闻机构在信息发布过程中的垄断地位，最大限度满足了信息消费者的细分需求。与传统媒体的"主导受众型"不同，新媒体是"受众主导型"。

3. 信息表现形式丰富多样

新媒体是集文字、声音、画面于一体的多符号传播媒介，其在时间上表现为即时性，在内容上表现为无限性。理论上讲，只要满足一定的网络通信条件，新媒体即可满足全世界的信息存储需要。此外，新媒体还具有独特的"易检索性"和"恒存储性"。

4. 信息发布及时、交互性强

与报刊、广播、电视等传统媒体相比，新媒体彻底摆脱了时间和空间的限制，其强大的媒介技术使得传者与受者之间的关系最终走向平等，所有的信息使用者都可以即时地进行信息互动。

二、新媒体对广播电视市场份额的瓜分

2008年1月17日，CNNIC（中国互联网络信息中心）发布了《第21次中国互联网络发展状况统计报告》，截至2007年12月31日，我国网民总人数达到2.1亿人，半年新增4800万。宽带网民数1.63亿人，手机网民数达到5040万人。目前中国网民仅以500万人之差次于美国，居世界第二，CNNIC曾预计在2008年年初中国将成为全球网民规模最大的国家。尽管网民数量的增长使得互联网普及率提高至16%，但仍低于19.1%的全球平均水平。CNNIC的数据显示，我国域名总数达到1193万个，年增长率高达190.4%，CN域名数量已达到900万个，比2006年同期增长了4倍；CN域名下网站数量首次突破百万，达到100.6万个，在150万的网站总量中"三分天下有其二"。截至2016年6月，中国网民规模达7.10亿，其中手机网民规模达6.56亿，占比达92.5%。同时，2016年上半年，中国网民人均周上网时长为26.5小时。这意味着，网民每天平均上网接近3.8小时。从增长速度来看，网上外卖以31.8%的半年增长率，成为上半年增长最快的个人互联网应用。此外，网络直播发展迅猛，用户规模达到3.25亿，占比接近网民总体的半壁江山，达45.8%。

随着个人新媒体的崛起，网络成为自由人的联合体，是生产和消费紧密结合在一起的新生产与消费体。其一，博客被视为Web2.0最主要的表现形

态。作为一种新的表达方式，博客的形成不仅是个人意见表达的创新，更是群体意见表达和交流方式的创新。从利益原则上看，它是符合经济原则的，因此它能够作为一种生产或行为方式被复制、模仿和传承下去。与此同时，个人新媒体的发展，必将带动互联网的整体繁荣，并在一定程度上促进社会的信息化发展。

其二，具有极强的个性化、交互性和兼容性的网络电视凭借其广阔的发展空间和巨大的影响力，刚一问世就受到传统媒体、互联网站、电信运营商等的共同青睐，成为各方竞争的焦点。20世纪90年代中期，美国在线开始了将网络与电视结合起来的初步尝试，推出了面向大众的交互式网络电视服务——AOLTV。继美国在线之后，微软、AT&T（美国电话电报公司）、有线电视运营商COMCAST（康卡斯特）等也纷纷推出了网络电视。市场研究公司MRG发布的研究报告称，到2008年，全球网络电视用户将从2004年的200万增加到2600万。一些专家把网络电视称为21世纪信息产业和经济发展的火车头。新技术的不断发展将使数字娱乐方式最终超越传统娱乐方式，而在线数字娱乐业的兴起又必将推动网络电视发展的高峰，最终促使网络电视拉开在线数字娱乐业发展的序幕。

其三，IPTV业务更是被看作最具商业前途的新媒体业务。据市场研究公司艾萨普利（iSuppli）最新公布的报告称，由于语音、互联网和娱乐服务捆绑发展的激烈竞争，未来数年内，预计全球IPTV用户的年复合增长率将达到92.5%，到2011年IPTV用户将从2006年的390万户增长到1.03亿户；IPTV的收入将增长40倍，从2006年的9.605亿美元增长到2011年的391亿美元。① 在中国香港，IPTV普及率几乎达到了令人难以置信的59.5%，电讯盈科更是以63.8万的用户数高居榜首。2003年9月，电讯盈科以"Now"为名开通了宽带电视业务。推出以来，成功地吸引了30多家著名的内容供应商，开设了包括免费和付费电视在内的上百个频道。

其四，手机媒体的发展随着手机普及率的提高而日益壮大。在通信技术（例如4G）、计算机技术不断发展的大背景下，手机就成了具有通信功能的迷你型电脑，具有网络媒体的无限延伸性。手机媒体的主要优势在于高度的便携性、互动性、网络化及用户的海量性。2006年的世界杯成了促使手机电视腾飞的催化剂。拥有中国地区独家宽带网络和手机无线版权的上海东方宽频公司称，6月10日比赛当天数小时内，东方宽频视频点击量即突破数亿次。

---

① 参见iSuppli市场研究公司（美国）：《全球IP发展分析报告》，2006年。

借助技术上的优势，新媒体创造了一种个性化、人际化的传播方式，构筑了新的传受关系，显示出了前所未有的强大生命力。从"广播"向"窄播"、从"单向"向"双向"、从"传者中心"向"受者中心"等来自新媒体的一系列转变，深刻影响着软件服务商、设备提供商、电信运营商、广播电视业、印刷出版者等媒体关系网络中重要参与者的战略规划和发展地位，掀起了一场浩大的多媒体竞合革命。在新媒体的强大影响下，传统的广播电视媒体的发展已不可避免地遇到了一定的阻力和障碍，具体表现为：

1. 各级广播电视媒体利益冲突日益激烈，并主要表现为广电系统层级之间的利益矛盾

到 2006 年年底，全国有广播电视播出机构 2544 座，播出 2365 套广播节目和 2984 套电视节目，其中，中央电视台有 14 套节目，各省级台有 8 套节目左右。[①] 由于发展空间小、服务方式单一、盈利模式单一，所有节目频道（频率）只能依赖广告收入，导致节目套数越办越多、制作成本越来越高，但节目内容却相互雷同，频道资源紧张，广告恶性竞争，使层级之间的经济利益矛盾日益加剧。

2. 产业发展空间日益狭小，发展压力增大

广播电视系统的收入增长放缓，发展缺少新的增长点。广播电视体制是在计划经济条件下形成的相对封闭的系统，市场服务没有充分开发，产业化的基础相当薄弱。多年来广播电视主要提供单一的公共类节目，老百姓的消费观念仍停留在免费收看时代，社会各界要求打破垄断、自主办广播电视的呼声越来越高。此外，国内电信行业也加快了与新媒体的互通合作，2005、2006 年全国广电系统的收入仅分别为 764.94 亿元和 1099 亿元人民币[②]，而我国电信业的增长百分比连续二十多年保持两位数以上。

3. 广播电视传输覆盖技术水平低，改造难度大

我国目前大部分地区的有线电视网还是一个单向网、模拟网，双向覆盖和带宽远远不足。新媒体是数字技术、网络技术发展的产物。数字化、双向传输的网络是开展新媒体业务的基本技术条件，而模拟的接入网已成为广电开发新媒体的"瓶颈"。从整体上看，我国有线电视数字化规模还不够大，各地发展还很不平衡，尤其是中西部地区和广大农村地区发展缓慢，难以充分发挥广电的内容资源、网络资源和用户资源优势。而电信网、移动网和互联网已经率先完成了数字化改造，实现了光纤到楼、光纤到户。

---

① 中国广播电视年鉴社：《2007 年中国广播电视年鉴》。
② 国家广电总局计财司：《2006 年全国广播电影电视统计资料》。

4. 广播电视行业和电信业利益冲突日益加剧

在信息内容制作方面，广播电视媒体有着天然的人力和媒介优势，而在信息传输渠道方面，新媒体却有着极强的竞争优势，两者之间尚未形成高效发展的竞合态势，因此在利益的竞争中始终存在着矛盾和冲突。

三、新媒体对受众习惯和媒介生态的改变

自大众传播在人类社会出现以来，每当新的传播技术诞生时，人们的信息消费方式、内容以及信息消费体验就会随之改变。古老的说书艺术以及人际传播的方式被文字艺术和印刷方式所取代，印刷术的发明又使得小说、报纸、杂志的产生成为可能，人们能够在字里行间获得更多有关信息想象的消费感受；随后，电子媒介的出现，又将人们从文字时代带进了图像时代，使人们进入一个幻象的世界，获得了比真实更真实的"超真实"的信息消费体验；如今，互联网所营造的虚拟时空给人们提供了一个巨大的非现实的空间，人们可以随意游走于虚拟和现实两个世界中。

由此可见，在现代社会中，大众传播媒介的发展紧密依赖于各种新技术在传播领域的应用，技术本身的特性决定了信息消费的特点，其不仅改变了人们获取信息消费、表达信息消费的方式，更是改变了人们对信息消费内涵的认识。任何新技术的出现都会带来人们信息消费方式和信息消费体验的变革。当前，以新媒体为标志的数字化技术出现后，人们接收和传播信息的方式被彻底打破，大众传播媒介系统的传统格局也由此发生了根本性的变革。

（一）传播技术发生变化

传播技术的变化主要体现在用数字技术代替模拟技术进行信号处理、传输和接收。

1. 信号处理方式的改变

模拟技术是对信号进行整体处理，在传送过程中，电路中的杂波随同信号被当作信号一并处理，得到的图像质量大大低于发送端的图像质量。数字技术是将原始信号的视频和音频分割成一个个小块进行单独处理，用"0"和"1"的数字化来表示，去除了杂波，减少了损耗，使发送端和接收端的图像质量基本一致，信号质量显著提高。

2. 信号传输方式的改变

模拟技术是对电信号进行实时传输，一个频率或频道对应一套节目，一个通道只能传输一路信号，因此，模拟系统中接收端和发送端处理过程相互独立。数字技术增加了复用环节，把多套节目进行压缩后混合在一个通道

内,即将多路信号打成数据包传输,此时,数据量被压缩30~400倍,传输效率得到明显提高。因此,数字系统中的发送端和接收端是密不可分的整体,接收端如果没有发送端提供的业务信息就找不到相应的节目和服务。以有线数字电视业务为例,由于中央、省级和本地节目的业务信息不同,上述业务信息必须在本地服务平台上被换成统一的业务信息,用户才能正常接收。这就需要服务平台设在地市,并增加节目和服务集成单位的审批。

3. 信号传输系统的改变

模拟技术传输图像、声音、数据信号时,必须使用不同的传输系统和制式,而数字技术是对广播电视、通信、数据信号进行统一编码,以"0"和"1"的通用比特流进行传输和交换、应用,即数字处理是将不同的信号编成同一格式的数字代码信息,打成一个数据包,放在同一个系统、同一个通道里传输。这意味着无论是文本、视频还是音频都可以在一个综合应用的系统中进行传送,无须给每一种媒介提供单独的传送渠道,这就为实现广电节目与各种数据、互联网信息等业务的融合创造了条件,沟通了以往泾渭分明的信息(计算机)业、电信业、大众传媒业三大领域。此外,光纤传输技术和网络多媒体软件的共同发展成就了四通八达的带宽和高质量的光纤传输网络,为各种不同标准的网络业务提供了相互沟通的技术支持。至此,"三网融合"的新趋势得以显现,并呈现出一定范围内的跨领域企业间的并购与整合。

(二)传播方式发生变化

传播方式的变化主要体现在传播形态、资源和体系三大方面。

1. 从单向单一形态变为双向多元形态,实现了真正意义上的互动

传统大众传播媒介传播的特点是信息的单向流动,其所谓的互动主要包括两部分:一是在现场或演播厅,以观众或嘉宾与主持人的互动为主,二是以热线电话、手机短信等形式出现的场外互动。这种互动实际上只是听众或观众对节目本身的一种较为及时的反馈,并非真正意义的传受互动。与传统媒体的互动性不同,新媒体的交互性却是深入节目内容当中的。如在节目播出的同时,受众即可以通过留言、回帖、投票等各种形式实时参与节目的播出过程,用户可随时根据自己的需求进行点播、竞猜和交流等,且参与手段日趋多样、便捷。这种媒体与媒体、受众与受众、受众与媒体之间进行的深度互动,即新媒体与传统媒体在信息传播特点上的本质区别。

2. 从资源垄断变为资源共享

一直以来,广播电视等传统媒体内部资源的配置都是以栏目、频道为基

本单位,广播电视资源按频道划分,再划到栏目,形成以栏目为单元、频道资源为实体的传统资源配置结构。在此前提下,有限的广播电视资源被"诸侯式"地分割成若干"小而全"的"作坊式"的生产单位,频道与栏目之间形成一种自产自销、自购自播、自娱自乐的制播合一模式,并由此导致了各频道频率栏目设置重复雷同、资源配置分散凌乱,无法形成现代企业化资源整合配置的机制和格局。此时,新媒体的出现使得信息传播真正实现了从资源垄断向资源共享的转化。作为一种建立在高技术基础上的信息产业,新媒体产业是生产社会化程度很高的高技术产业,它要求科学地利用媒体资源,真正实现资源的互通共享。

3. 从自成体系变为开放体系

一直以来,传统的大众传播媒介都采取自制自播、自给自足的运行方式,其信息的传递与接收都具有明显的区域性传播特点。然而,随着科学技术、电子媒体以及跨国企业的日益发达,信息传递的方式和资本流动的方式被逐渐改变,人与人、地域与地域、国与国之间的"距离"已日趋模糊,往日宁静的、分割的、与世隔离的封闭体系不再存在,取而代之的是一个真正的"地球村"世界。传统媒体作为把关人为公众设定议程的能力逐渐消失,公众在新媒体的使用过程中,随时都可以成为信息发布者,信息的开放性大大增强。因此,在从传统的大众传播媒介向交互的新媒体转移的过程中,受众的权利是递增的。[1]

(三) 传播能力发生变化

数字化、网络化、交互性、即时性、多媒体、个性化的特点给新媒体传播带来了诸多新的变化。

1. 丰富多样的节目内容

信息技术的不断发展使得新媒体成了集多种传播形态于一身的综合性媒体,其通过新的传播平台对传统媒体的内容资源进行整合,利用海量的内容资源和强大的节目制作能力,创造出了更加符合用户需要的节目内容,并通过虚拟频道、时移节目等形式真正实现了节目播出和节目内容的非线性传播,最终形成了独具优势的核心竞争能力。与此同时,采用数字技术后的广播电视媒体,也在其声音、图像等媒介符号的表现上更具感染力。

---

[1] 【美】约瑟夫·斯特劳巴哈、罗伯特·拉罗斯著,熊澄宇等译:《信息时代的传播媒介》,清华大学出版社,2002年版,第22页。

2. 人性化、个性化的传播方式

以微信、微博等为代表的新媒体平台的出现，彻底改变了传统的"你传我看"的被动传受关系，使受众在面对海量的视听内容时，具有了高度的自主选择权和参与权，受众需求的多样化和受众市场的细分化得以充分满足。

2015年9月，人民网发布了国内首份《"两微一端"融合排行榜》，其中专门将"今日头条"客户端与微博、微信并称为"两微一端"。随后，"一端"的概念被延伸为"新闻移动客户端"。可以说"两微一端"的出现，让体制内外的媒体在内容上实现了互补，也丰富了人们的社会文化生活，尤其是让受众发现，"政务信息"也能如此接地气，从而让政务新闻更加贴近受众。

数字技术的发展大大拓宽了广播电视媒体稀缺的频道资源，其不仅可以传送中央、省级卫星节目及当地所有节目，还可以利用富余的频道资源提供多层次、多样化、对象化的节目。如有线电视分配网一般只能传送40~50套模拟电视节目，频道资源相当紧张。而采用数字技术后，其可以提供500套左右的数字频道，频道资源极大丰富，从根本上解决了频道资源紧张的矛盾。不仅如此，新媒体还具有通信、上网、游戏等功能，最大限度地实现了信息娱乐与通信的结合。

新媒体将传播载体从广播、电视扩大到电脑、手机，将传播渠道从无线、有线网扩大到卫星、互联网，并呈现出与广播电视截然不同的传播方式，如手机电视能够随身携带、移动接收，IP电视能够双向互动、自由点播，网络广播能够留住声音、任意下载等。这些技术变革，让消费者摆脱了按固定节目表收看电视、收听广播的束缚，在任何时候都能从广播、电视、互联网甚至移动通信工具中获得自己喜爱的节目内容，实现了按自己的时间、自己的心情、自己的爱好、自己的价值趋向去选择收看、收听的节目的梦想，改变了受众的行为模式和视听习惯。同时，数字化为广播电视提供的端到端的服务手段，可以控制管理每一个用户、每一套节目、每一个时段，满足不同用户对节目服务的需求，使每一个家庭都可以拥有一个集公共传播、信息服务与文化娱乐为一体的多媒体信息平台。

3. "小众化"的受众群体

按照"沉默的螺旋"原理，人们为了避免成为异类、陷入孤独，往往在大众媒体或舆论活跃分子发表了意见之后，不再表达自己与之不同的观点。然而，在数字网络的新媒体时代，任何一个人通过互联网、手机等新媒介，都可以随时发布信息，人际传播的功能得到凸显和强化。此时，传统的、倾向于无差异的普遍的广大受众，开始分裂为气味相投的或者利害相关的"小众"，如各种各样的网络游戏团体、户外旅游论坛、短信交友俱乐部等。在"小众"中，人们更容易找到适合的伙伴，以对抗大众传播所造成的社会孤立的恐惧，形成和坚持与大众舆论未必一致的意见。

第三节 "广播电视＋互联网"：媒介融合的高级表征

2015年3月，国务院总理李克强在第十二届人民代表大会上提出制订"互联网＋"行动计划，以推动移动互联网、云计算、大数据、物联网等与现代制造业结合，把互联网和包括传统行业在内的各行各业结合起来，引导互联网企业拓展国际市场。当然，"互联网＋"并不意味着互联网与传统行业的简单相加，"互联网＋"带来的最根本改变在于它是对传统行业的"换代升级"。由此，"互联网＋"中的互联网，便不仅仅是一种单纯的新兴媒介，它成了一股新的资源分配、整合与重构的力量。于是，无论在学界还是业界，"互联网＋"已然成为热门词汇，并且作为媒介融合的一种高级表征，具有重要的战略意义。

一、争议："互联网＋"与"＋互联网"

虽然"互联网＋"已经成为热门词汇，但是对于广播电视媒体来说，就一定是"互联网＋"吗？这个问题直到现在也颇受争议。本书大胆认为，广播电视媒体应是"＋互联网"，以主动姿态拥抱互联网。

首先，"互联网＋"与"＋互联网"不仅仅是词序上的不同，而是站位的不同。"互联网＋"强调的是"逆袭发展"，就广播电视媒体来说，如若是"互联网＋广播电视"，那就意味着是新媒体向传统广播电视媒体进行侵入式扩张，结果可能是另一方的消亡。显然，这是不符合现实的。正如美国的罗杰·菲德勒在研究了人类全部的传播变革之后提出了以"共同演进"为核心的媒介形态变化概念，指出新旧媒体之间不是取代关系，而是共同生存的关系。

反观"＋互联网"，主张的是"顺势思维"，即以既有模式为基础，利用互联网技术和理念，提高为受众服务的效率和质量。媒介环境学派保罗·莱文森将新媒体技术演进的过程比作：玩具—镜子—艺术，"它首先是被设计成玩具，接着被用作现实的替代品，最后超越了现实并创造新的现实"。因此，广播电视想要成为一种艺术形式，就应利用好互联网新技术，推动自身发展。从这个意义上说，就更应该是立足现实，实现顺势创新的"广播电视＋"思路。

其次,"互联网+"和"+互联网"两者有不同的优势。"互联网+"拥有的是互联网技术优势和容易引发社会爆炸式增长的优势。而"+互联网"拥有的则是存量优势、标准优势和公信力优势。就广播电视媒体来说,作为传统的传播媒介,其发展历史较互联网要长,虽然广播电视媒体的节目形态在不断变化,但是它们都作为一种资源被保存了下来,并随时可以被挖掘出来产生新的创意,这就是广播电视所具有的"存量优势"。此外,广播电视媒体在权威性、辐射力、群众基础、整合传播等方面,尤其是面对突发重大新闻事件时,依旧占据着优势。因此说"广播电视+"更为合适。

最后,"互联网+"与"+互联网"意味着主导者的差异。"互联网+"的主导者往往是互联网企业,其主导着入侵扩张的进程。而"+互联网"则正好相反,主要是传统广播电视在主导着融合进程。对于传统广播电视来说,无论它用何种方式创新发展,根本目的都是传递信息、服务受众,只是随着科学技术的发展以及受众需求的变化,它需要选择更加先进的传播手段,以达到预期的传播效果。因此,广播电视媒体自身在传播中自始至终都应该是主导者,而互联网只是一种工具。如果传统广播电视媒体主动让出主导地位,实行"互联网+",一切转型发展都跟着互联网企业的脚步,那广播电视还是广播电视吗?答案可想而知。

因此,虽然国家战略发展提出"互联网+"计划,但我们不能一味照搬,对传统广播电视来说,都应该是与互联网相加,借力互联网获得自身发展。并且从发达国家的情况来看,德国如今推行的"工业4.0"提出了一条出路:"不是传统工业的人才去学习四不像的互联网,而是互联网的从业者们,必须懂传统工业流程,必须主动去服务传统业界。很多时候,虚无的概念炒作和投资无法实用不是传统企业不懂互联网,而是互联网的人们已经无法再懂工业化。"而美国倡导的"工业互联网",也是将虚拟网络与实体连接,从而形成更具有效率的生产系统。因此,"+互联网"依然十分重要,"广播电视+"概念的提出,也绝非是没有根据的随意之言。

二、"广播电视+互联网"理念:创新之根本

第三代媒介环境学派代表人保罗·莱文森曾对媒介发展做出了最通俗有趣的述评,并归纳了媒介发展的一些规律。莱文森认为媒介进化不取决于任何诸如技术含量、轻重美丑等因素,而完全由人的需要主宰,且媒介的每一次变革都是进步与缺憾的共生,媒介是在不断的"补救"中向前发展的。他以广播和无声影片为例,解释了为何两种媒介有着完全不同的命运。答案是:媒介的人类学理论表明,媒介倾向于复制前技术的世界。

保罗·莱文森分析认为，在广播的前技术世界，人类习惯闭上眼睛只用耳朵听。所以，只用听觉不用视觉的广播能够继续生存，因为这是一种对前技术世界人类感官模式的复制。而在前技术环境的自然世界中，人们几乎没有只看不听的传播模式，白天万籁俱寂的情形人们无法适应。因此，这解释了无声片的生存境遇。从保罗·莱文森的理论我们可以看到，任何一种媒介形式的出现发展，在于它是否是对人的某一特性的"模仿"，只是"模仿"有偏向而已。因此，无论是广播、电视，还是互联网，它们都是人的某一感知模式的延伸，不是彼此消融的关系，而应是互相补充的关系，"互联网＋"的到来，更多的是给了传统广播电视媒体发展、创新的机会，这是传统的广电媒体人首先应该树立的信心。

"互联网"作为一个集视觉、听觉、思维和语言于一体的综合体，不是一个单纯的新兴媒体。这意味着，传统的广播与电视媒体，不能只把互联网看作一种新的传播手段、渠道和平台，仅仅把传播内容形式嫁接到互联网上，依旧用传统的制作思维，和互联网进行表面的融合。互联网不是延伸广播和电视媒体影响力的工具，在新时代，广电媒体应该运用"广电媒体＋互联网"的理念，整合、重构整个广电行业系统，从而构建出一个"价值环"，如图10-1所示。

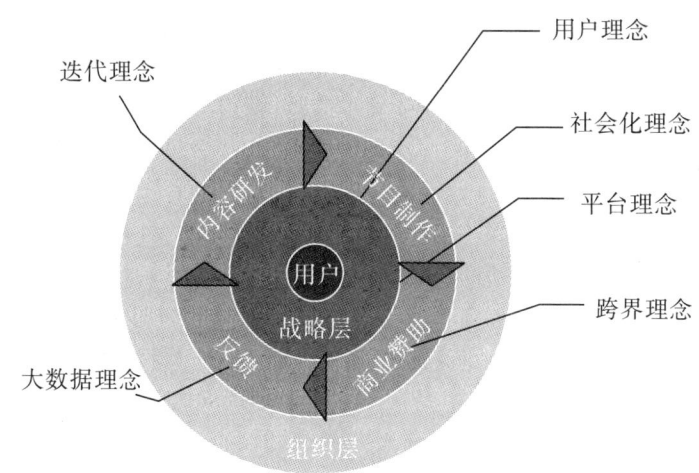

图10-1　广电媒体＋互联网：价值环

（一）用户理念

广电媒体最重要的就是受众，而互联网最重要的也是用户。"用户"是否等于传统的广播电视媒体的受众？似乎在对象所指上，两者没有太大区别,但是对于广播电视媒体来说,传统的传播模式倾向于"霸权式"编码,受众的反馈只能通过受众来信或者是视听率来做出判断。但有了互联网,受众早已没那么好把控,这就要求传统的广电媒体进行思维转型,真正在传播流程的各个环节以用户为中心。没有认同就没有合同,广电媒体要构建、运营和维护用户关系,真正将观众变为粉丝用户,才更有价值。

具体来说,紧握"用户理念",传统广电媒体应该明确三个问题:一是节目之对象——给谁看、给谁听,从而对节目进行合理定位;二是节目之内容——做什么,了解用户需求,进行节目构思;三是节目之表达——怎么做,这是最关键的一步,意味着广电媒体在节目制作中要加强用户体验,例如互动体验,从而提升用户的参与感和代入感。可以说,"用户至上,体验为王"是广电媒体在未来节目制作中应该牢牢把握的"八字箴言"。

(二)迭代理念

迭代法是数学上一个重要的方法,在计算方法中除了用它求方程和方程组的根,还指初始值经过相应公式进行计算后得到新的值,并通过相同方法对新的值进行计算,经过几次反复计算得到最终结果的一种方法。数学上的迭代法引入思维方法后,就可称之为迭代思维法(简称迭代法)。数学中的迭代法一般适用于对真解 A 的大概情况事先有所了解,然后通过迭代来逼近。而迭代思维除此种情况外,对未知目标也可观察迭代过程的中间结果而推断出结论。

互联网时代,小米公司的 CEO 雷军曾用一句话道出了迭代思维的核心——"天下武功,唯快不破。"可见,"微"和"快"是互联网产品开发的典型方法论,而传统广电媒体的制作更多倾向于"慢工出细活"。于是,这两种思想的碰撞能否产生新的火花?

之所以提出"迭代理念",就是希望用"快"来解决问题。2015 年后形成的"920"节目带,无疑给传统电视媒体提供了"试错"的机会。通过不断微小的、迅速的迭代,"920"节目带具有成为节目创新孵化器的潜力。既可以有《变形计》此类互换体验真人秀,也可以通过《直播上海》此类新闻类节目、《美味星婆媳》生活服务类节目来进行新型节目产品的开发。在未来,美食、体育、咨询服务类节目都可能成为填充"920"节目带的有力武器,从而打造多元化的节目市场。可以说,秉持迭代理念,及时通过大数据、云计算等技术,关注受众的需求,把握受众的需求变化,这才是未来广播与电视节目制作的核心。

(三）平台理念

在传媒业，传统的思维方式倾向于一种精英文化的生产方式，是一种由上而下的"告知"；而"开放、共享、共赢"是互联网的关键词。互联网时代，从以前的单向传播到现在的双向互动，受众早已不是被动的信息接收者，甚至也不是传统意义上的媒介消费者，他们变成了更为主动的信息分享者与传播者。受众不仅需要信息，更需要表达、分享、参与，而这一系列变化一定程度上也促使传统被动的媒介文化逐步转向更注重创造与分享的"参与式文化"。从早期的"迷文化"到"参与式文化"，詹金斯在《融合文化：新旧媒体的冲突地带》一书中就将"参与式文化"与"媒介融合"联系起来。他认为："互联网技术为使用者提供了与媒介企业谈判的机会。生产者、媒介、消费者（并不仅仅是迷）以及创造性的思想汇集在一起，使得文化工业呈现出一种双向的通路，在其中，传统内容生产者所带来的创新和消费者所带来的创新具有同样重要的作用和意义。"①

因此，平台思维对受众来说，就是要打造一个能够激发用户交流的平台，邀请用户参与，实现真正的互动。这对于广电媒体自身来说，除了现有的开通官网、官方微信、官方微博与用户进行交流，还需要它们走下"神坛"，运用"摇一摇""抢红包"等参与感很强的手段，链接用户与赞助商，实现共赢，这才是其生存逻辑。

（四）社会化理念

社会化的核心是网，现在的广电媒体面对的用户以网的形式存在，因此，社会化思维主要强调的是广电媒体主动迈向社交化，将注意力放在广播电视内容产业链的下游，让用户参与节目的讨论制作。除了利用好社会化媒体——微信、微博等，打造具有规模的社会化媒体平台，从而通过制造热门话题以反哺传统节目的收视收听，还要运用"众包"模式，加强用户参与节目制作的程度，例如参与剧本制作、嘉宾选择等，既可以"天下贤才入吾彀中"，又能增强媒体活力，多屏联动，实现双赢。

目前，央视 CNTV 推出 "CCTV 微视"官方社交电视客户端，用户可以在看电视的同时，参加"TV 圈"里丰富多彩的互动活动，分享好友或其他观众的推荐和吐槽；也可以实时查询央视和地方频道的收视指南，关注自

---

① 【美】亨利·詹金斯，杜永明译：《融合文化：新媒体与旧媒的冲突地带》，商务印书馆，2012 年版。

己喜欢的节目，定制个人收视提醒；还可以通过 i 报道上传所见所闻，分享给全国的电视观众。湖南卫视推出了电视互动社交智能手机客户端"呼啦"，同样采用"社区"概念，加强与用户的互动。可见，以前的短信、电话交流，或者扫描二维码这样的互动方式，已经逐渐过渡到一种全新的用户与电视的交互习惯，传统广电媒体正在移动社交互动上进行着革新，这也是未来发展的趋势。

（五）跨界理念

互联网和新科技的发展逐渐消融了媒介之间的界限，媒介渠道在增多，终端屏幕也在不断增多。艾瑞发布的《2015 年在线视频用户跨屏研究报告》提到，2015 年用户跨屏收看成为主旋律，人均使用屏幕终端个数为 2.3 个，并且在各终端上，用户收看时间存在互补。于是，传统广电媒体在挟"用户"以令"诸侯"的同时，利用跨界增进互动，根据不同屏幕的特性与用户行为习惯进行相应的调整，以聚合为中心、以用户为主导进行转化，成为其创新发展的一个重要命题。

（六）大数据理念

大数据（big data）是一种工具还是一种思维？大数据是一种集合，具体是指在可能的时间范围内，将无法用常规数据抓取软件进行捕捉、管理和处理的数据进行集合。维克托·迈尔-舍恩伯格及肯尼斯·库克耶在《大数据时代》一书中指出，大数据理念必须放弃"样本"这样一种捷径，而是选择全面而完整的数据。也就是说，"大数据"必须是全数据样本，而并非抽样样本。2015 年 9 月，国务院印发《促进大数据发展行动纲要》，系统部署大数据发展工作，促进大数据加快发展。因此，对于广电媒体来说，"大数据"是运用大数据抓取软件，对节目、用户、市场进行精确的细分，从而更好地为广电媒体服务，这也是"大数据思维"的内核。

那么，广电媒体要如何落实"大数据思维"？一是运用数据抓取软件，挖掘用户数据的各项指标。随着移动互联网的发展，跨屏传播成为新的趋势，因此，用户数据的获得不仅包括了传统广电媒体的视听率，还包括微博、微信等社交媒体的话题热度，百度和谷歌等搜索引擎数据，视频网站（爱奇艺、优酷土豆）数据指数，以及相关论坛、贴吧甚至淘宝等用户痕迹等。这些数据集合之后，不仅能直观地反映用户喜好，还可以通过相关关系的分析，挖掘不同屏幕、不同用户之间的关联，从而为进一步的战略发展提供有力的依据。

二是充分利用数据为节目服务。节目播出前，可以将"大数据"作为平台定位和选择的依据；节目播出时，可以将"大数据"作为节目内容本身，成为全新版块。自从 2014 年成为中国的"大数据新闻"元年开始，"大数据新闻"已经成为一种直观、形象、权威报道的潮流方式。2015 年的"据说春运"、"五一"期间央视新闻频道推出的"五一 E 起游"系列数据报道，都证明了"大数据"成为节目内容本身的独特魅力，更是开掘了"大数据新闻"这一全新的新闻形态。这是传统广电媒体人做出的大胆创新。

此外，还可以利用"大数据可视化"技术，对节目进行视觉包装，吸引用户关注。央视体育频道在重大体育赛事时推出的《豪门盛宴》，就是用虚拟的数字技术，让 C 罗、梅西等海外著名球员出现在节目现场，让整个节目更加鲜活。当然，在节目播出后，更重要的是要运用数据对传播效果进行评估，更好地进行节目调整，从而进入一个良性循环。

三、"广播电视+互联网"的创新动力模型

完善的创新动力系统是推动创新成功的关键。互联网时代是超媒体时代，它为广播与电视行业的创新提供了新的范式和可能。自熊彼特 1912 年在《经济发展概论》中提出"创新"的概念之后，随着科学技术的不断发展，20 世纪 70—80 年代开始，有关创新的研究进一步深入，并开始形成系统的创新理论。而创新动力系统就是"创新"的首要问题，它要解决的是创新为什么会发生，或者说是创新的驱动力问题。因此，本书提出的创新动力是指创新主体受到内部、外部的各种因素的驱动，产生了创新欲望和要求，从而进行创新活动的一系列约束条件的集合。而随着经济、科技的不断发展，原有的基于线性创新模式的技术推动、市场拉动等创新动力模型，已经不能满足现在网络式创新的需要。互联网的普及，改变了创新的动力因素，它更加需要创新主体之间基于信任的以知识交流、能力互补为主的相互合作。

广电媒体创新系统由核心动力系统和辅助动力系统共同构成。用户关系、整体策略以及内容生产共同构成了核心动力系统；而盈利模式以及政策之间的相互影响形成了其创新的辅助动力系统。这两大系统的构成，均是基于广播、电视自身的优势，从而让"互联网"成为其创新发展的动力。创新动力模型如图 10-2 所示。

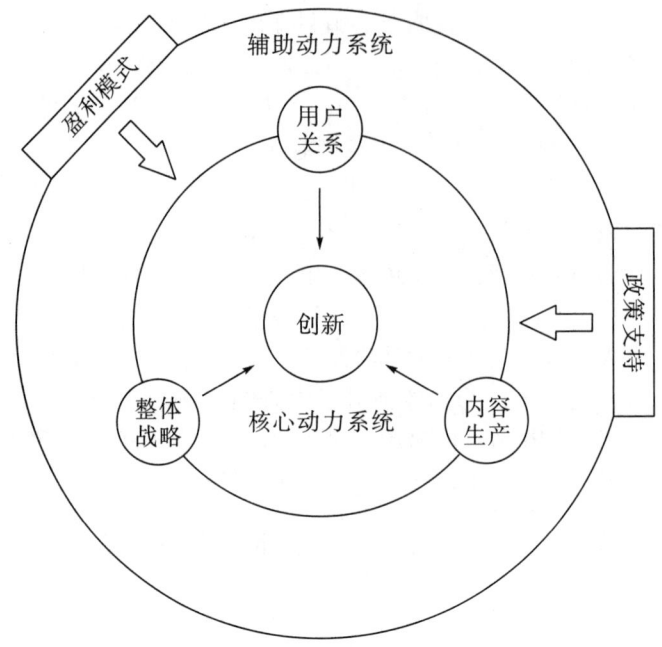

图 10-2 创新动力模型图

（一）用户关系的重构

以往我们搭建的广电媒体与用户之间的关系是在权力中找到平衡，以优化传播效果。但互联网的出现，让用户有了更多选择，将传统的广播电视推向了全面竞争的环境，广播电视的任何一个薄弱环节都有可能失去用户，影响整体的价值和影响力。因此，传统广电媒体应该走出自己曾经的那个舒适圈，通过互联网连接，构造一个更为广阔的空间。从这个意义上说，虽然用户分流打破了传统广电媒体一家独大的局面，但也促使他们积极转型。辩证地看待这个问题，可以说，互联网时代的到来，不仅推动了广播电视的发展，更是推动社会进步的利器。

截至 2015 年 9 月，传统广电媒体用户观看路径发生了变化，PC 端、手机端的出现，分流了传统广电媒体释放的能量，于是催生出广电媒体传播内容的 "IP" 化。"IP" 的本义是知识产权，这两年随着一些热门节目手游开发的成功，"IP" 也逐渐成了电视行业里的热门词和新潮表述方式。无论是综艺节目《爸爸去哪儿》的手游、大电影、书册，还是《盗墓笔记》《花千骨》等 "IP" 电视剧，通过内容系统的 "IP 化"，广电媒体可以全线打通和文化产业间的壁垒，使内容变产品、观众变用户，从而更好地融入市场。

此外，用户观看时长产生变化，尤其是随着智能手机的普及，用户在手机上更倾向于观看精炼、短小的视频。这说明用户观看行为出现了移动化、碎片化的倾向，因此带来了广电媒介内容生产的变化。一是传统广电媒体将自身节目进行切割，然后将其在新媒体终端上进行展示；二是集中收纳用户自制的视频作品作为节目制作素材；三是根据用户需求生产短视频。

而视频网站上，从《老男孩》到《万万没想到》等微电影的流行，它们的跨平台融合，正满足了用户在移动互联时代的观看需求。因此，广电媒体应多在"微"字上做文章，除了制作短小精良、吸引力强的内容，还要利用好"微"平台——微博、微信等，形成全新的生产机制。

（二）内容生产的全新逻辑

曾经有人论言，互联网时代的媒介发展，不再是以内容为中心，而是要占领渠道。但是，本书认为互联网时代，内容还是占据着重要地位，并且广播电视媒体仍然是优质内容的生产者，只是这个内容的生产要紧跟潮流。

就新闻节目来说，前面我们也谈到了生动形象的"数据可视化新闻"，并且广电媒体因其在新闻资讯和评论上的优势，重大的新闻报道仍旧以广播电视媒体为主。而在综艺节目方面，2015年依旧以"引进模式、购买版权"为主，但是随着"限真令"的颁布，相信在未来，综艺节目将走向原创阶段，出现更多中国原创的综艺节目。《叮咯咙咚呛》是国内首档中韩明星跨界体验类真人秀节目，承担着中韩文化交流的重任，具有外国明星体验中国文化的高度立意，极具创新性。晚会节目方面，随着微信的强大，2015年央视春晚开启"抢红包"模式后，如何加强节目与用户之间的交流成为电视媒体值得探索的命题。而在电视剧方面，2015年传统电视剧收视下滑，伴之而来的是网络剧的风生水起，更有《蜀山战纪》先网络后电视的先例。在"一剧两星"的政策下，面对网络带来的压力，边拍边播、"IP 小说"原型以及利用微博、微信的话题互动等方式出现，"自制电视剧"激发了电视剧市场的活力，对未来电视剧发展有启发意义。

可以说，"广播电视+互联网"的节目生产，不仅需要"内容"和"形式"的叠加，还需要"关系"和"场景"的建立，这是以后广电媒体内容生产需要注意的地方。

而关于"场景"，罗伯特·斯考伯和谢尔·伊斯雷尔所著的《即将到来的场景时代》一书指出了与场景时代相关的五个要素：大数据、移动设备、社交媒体、传感器、定位系统。那么，在完成了这几个"硬件条件"后，从互动角度来看，"场景"的确立更是一种情感力量的建立与共享。"互联网+"时代，广电媒体要坚定用户思维，在实践中就应该加强与用户的互动。根据美国社会学家兰德尔·柯林斯提出的"互动仪式链"理论，仪式、互动仪式、情境、互动仪式链和情感能量是完成一个互动的关键词，而"情境"和"情感力量"是重中之重。

2015年央视春晚开启"抢红包"大战，通过对这种全新的社会交往形式的探究，我们发现它其实就是对"场景"的一次有效利用。在"春晚"这一陪伴中国人的互动仪式链中，"红包"作为全新的"符号资本"，完成了在这一特定时间节点中国人内心的一次情感交往——"拜年"。因此，在这一个互动交往中，人们的关注重点已经从"资本关注"转移到了"情感关注"，"抢红包"场景更多的是构建了中国传统节日的文化共享。这才是广电媒体+互联网时代在互动上应该深度挖掘的本质，而并非是简单地停留在"摇一摇"这样的技术层面。

最后，在大型晚会、赛事等直播性节目方面，虽然有乐视体育等互联网公司的出现，但是无论从直播技术、转播技术还是播音解说人员素质来说，都还不具备超强实力，不能撼动电视媒体在此方面的地位。因此，广电媒体依然是内容生产的主力军。当然，互联网对广电媒体在内容生产上也具有启发意义。

（三）整体战略的调整

战略发展的制定是广电媒体融合转型的顶层设计，它直接解决的是"做什么事情是正确的事"的问题。虽然互联网渗透到了我们生活的许多方面，尤其是移动互联网的到来，给人们带来了便利，但是我们也不能否认，广电媒体在整合传播中仍然占据主导地位。重大社会事件在广播电视媒体上播出后，更容易在社交媒体——微博、微信上达到传播高峰，因此，广电媒体整合传播的能力依旧强劲。

在这样的情况下，中央电视台综艺频道（CCTV-3）与爱奇艺联手打造了大型明星互动魔术竞技真人秀节目《大魔术师》；2015年，优酷土豆网和北京卫视联手打造了《歌手是谁》；河南卫视联合爱奇艺，打造了《文学英雄》，将文学创作融入游戏，是对文学类节目的一次颠覆；腾讯视频和东方卫视开创了"慢综艺"——《我们15个》。这些联盟的成立，是在双方成员权利关系对等的基础上产生的一种合作关系。电视的传播，给互联网视频网站带来了流量收益；而互联网站对"90"后、"00"后的吸引力，又增加了传统广电媒体的用户群。这种互动关系的建立，已经证明传统广电媒体战略方向的转变。互联网时代，需要的就是这样的"竞合"。

第二大战略布局，是传统广电融合内部资源，打造航母级传媒集团。2014年5月，中国广播电视网络有限公司挂牌成立，标志着中国电视有线重组和网络整合的启动，具有里程碑意义；2014年11月21日，SMG集团旗下的两大上市公司——百视通和东方明珠以合并换股吸收形式进行资产重组，并注入文广集团旗下的东方购物、尚世影业、五岸传播和文广互动等优质资产，成为SMG新媒体转型的一个平台出口；2015年7月，湖南广播影视集团有限公司完成组建，围绕"湖南卫视＋互联网＋N"的主题，打造融合传播新体系，"HBS＋imgo TV"双平台带动发展，芒果TV从独播战略转变为聚合平台，并着力上市。由此可见，"集团化航母"的打造，将成为今后广电媒体发展的新动向，而这也是顺应整个时代潮流的。

（四）盈利模式发生改变

众所周知，传统的广播电视台以"注意力经济"为中心，主要通过优质的内容、垄断的传播渠道吸引眼球的注意力，销售广告，从而获得盈利。然而，自从有了互联网的渗透，这种注意力便分散开来，包括央视在内的几乎所有传统电视台的广告收入均呈现下滑趋势。于是，向后广告延展获得展示后交易实现成为一条可探索的路径。东方卫视综艺节目《女神新装》，将节目中的元素（衣服）作为商品，用户可以在线购买，实现了电视节目与电商的嫁接；《我是歌手3》与唯品会合作，用户在观看节目时，通过扫描二维码抢得红包，便可以进入电商平台进行支付，实现了从TV到Online的交易。这样，原来被动接收信息的用户，就成了平台中活动的数据，而根据这个数据，又能挖掘与分析出用户真实的图谱，从而更好地为用户推荐合适的内容。在这样的循环下，传统广电媒体作为注意力贩卖者的方式得到了延伸，因为它参与了用户普通的生活场景；而电视机也成了T20的入口。这时"羊毛"不再只出现在"羊"身上，它也出现在"牛"身上，并且由"猪"进行买单。这样复杂的盈利模式，将在未来成为主流。

同时，我们也应该看到，虽然传统广告收入呈现下滑趋势，但是广电媒体尤其是电视媒体，其传播效力仍然很强，依旧是广告商品牌塑造的最高平台，尤其是互联网企业成了电视广告投放的重点。因此，广电媒体＋互联网，需要的是双向互动实现共赢，而绝非是谁将替代谁的绝对论。

（五）政策的支持

在整个广电媒体进行改革创新的过程中，政府的政策起着重要的作用。政府是整个创新中的重要支点，是制度创新的主体。2014年8月，在中央全面深化改革领导小组第四次会议上，习近平总书记强调，要推动传统媒体和新兴媒体融合发展，强化互联网思维，坚持传统媒体和新兴媒体优势互补、一体发展，形成立体多样、融合发展的现代传播体系。2015年3月召开的"两会"上，国务院总理李克强又在政府当年的工作报告中提出政府将制订"互联网+"行动计划。这些政策的出台，为广电媒体的创新营造了一个良好的社会环境，并在传播理念上做出了指导。这是在这个时代，我们必须清晰认识到的问题。

由此，核心系统和辅助系统共同构成了广电媒体创新的模型，推动着创新的实现。可以看出，在新时期的广电媒体创新，需要把握三个关键词：一是"移动"。随着智能手机的普及以及网络技术（Wi-Fi等）的全面覆盖，移动互联网随之而来。虽然电视仍然是最中心的那块屏幕，但是多屏的出现影响着整个节目的生产与运作。针对不同屏幕背后不一样的用户以及用户习惯制作不同的内容，是广电媒体需要进一步解决的问题。二是"互动"。互联网时代是一个连接、互动的时代。广电媒体要与用户互动，打造各式各样的场景，吸引用户的进入；还要与渠道互动，最大化地实现双方的共赢；与技术互动，用科技塑造用户的认知；当然还需要与政府互动，得到政策方针的支持。可以说，"互动"远不仅仅意味着在节目生产中的互动，它深入到整个行业系统甚至各个环节，这是新时代的最大特点。三是"主动"。在"互联网"的海洋，广电媒体依旧有自身的优势与特点，但也应该清楚看到自身所面临的挑战。因此，放下曾经一家独大的姿态，主动与互联网对话，寻求合作，实现优势互补，才是广电人较为智慧的做法。

课后习题：

一、名词解释

1. 媒介融合
2. 互联网+
3. 场景
4. 用户理念
5. 迭代思维
6. 两微一端

二、简述题

1. 简述新媒体的传播特征与优势。
2. 简述我国"两微一端"的发展历程及其对政务新闻的影响。

三、论述题
1. 结合实际论述媒介融合时代中国广播电视的"变"与"不变"。
2. 论述"互联网+"时代广播电视的创新发展路径与模型。
3. "互联网+"与"+互联网"是颇受争议的一组概念,请结合具体案例,谈谈你对此的看法。

后 记

《广播电视学导论》初版于2002年6月,那是我计划编写大学广播电视系列教材中的一本。其间15年,先后多次印刷,发行量数万册。据不完全统计,全国有六十多所高校将其用作教材或者考研书目。新世纪十多年来特别是互联网媒介融合时代,我国广播电视这一传统媒体的发展理念、管理体制、产业经营、内容生产、节目形式、传播渠道等发生了革命性变化。为了使教材更好地适应广播电视的变革,2014年我开始准备对这本教材进行修订。作为一门新兴学科,我国20世纪80年代开始进行广播电视基础理论的研究与建设,90年代中期基本成型,有了一套相对完整的、系统的、中国特色的广播电视理论体系。它包含了广播电视本质理论、内部关系、外部关系三个部分。一门学科的基础理论,其核心内容和观点具有稳定性特点。但党和国家不同时期不同的路线方针政策,对传媒发展有直接影响,使广播电视在功能、作用、任务等方面有了新的变化。这次新推出的《广播电视教程》也是为了使教材更好地符合互联网时代下广播电视发展实际。在原基础上,删去了广播电视产生与发展部分的内容,这主要是考虑到目前许多高校都专门开设了"中国广播电视史"的专业课,全书应以广播电视基础理论为主要特色。具体内容在论述上有较大变化,大多数章节重新撰写,同时增加了媒介融合这方面的内容,压缩并修订了本质理论这一部分。其他关于内部关系和外部关系的理论也做了相应修改,同时每一章增加了名词解释、简述题、论述题。谭筱玲、曾娅妮、梁湘梓、李鹏、朱婧雯、杨璐、陈芊芊、汤天甜、徐明卿、黎薇等参与了这一教材的编写修订工作。修订过程中,我们还参考了大量传媒的研究成果,特别是广播电视基础方面的著作,在此一并致谢!